融合共生 守正创新

——幼儿园联盟式发展路径探索

郭琼 编著

东北师范大学出版社
长春

图书在版编目（CIP）数据

融合共生　守正创新：幼儿园联盟式发展路径探索 / 郭琼编著. — 长春：东北师范大学出版社，2021.8

ISBN 978-7-5681-7528-9

Ⅰ. ①融… Ⅱ. ①郭… Ⅲ. ①幼儿园－发展－研究－中国 Ⅳ. ①G619.2

中国版本图书馆CIP数据核字（2021）第172826号

□责任编辑：石　斌　　　　　□封面设计：言之凿
□责任校对：刘彦妮　张小娅　□责任印制：许　冰

东北师范大学出版社出版发行
长春净月经济开发区金宝街 118 号（邮政编码：130117）
电话：0431-84568023
网址：http：//www.nenup.com
北京言之凿文化发展有限公司设计部制版
北京政采印刷服务有限公司印装
北京市中关村科技园区通州园金桥科技产业基地环科中路 17 号（邮编：101102）
2022年4月第1版　2022年4月第1次印刷
幅面尺寸：170mm × 240mm　印张：25.25　字数：399千

定价：45.00元

序言

探索现代学前教育的有益视角

（代序一）

以习近平新时代中国特色社会主义思想为指导，按照“先行示范区”的总体要求，立足深圳实际，深化学前教育管理体制和办学模式改革，健全学前教育治理体系，扩大优质教育资源，落实立德树人根本任务，高标准办好学前教育，实现幼有善育，努力提高市民对学前教育发展成果的获得感与满意度，是深圳幼教人共同的理想与追求。

深圳市罗湖区清秀幼教集团依据《深圳市罗湖区深化教育领域综合改革方案（2018—2020）》的要求，全面深化“罗湖教改”，不断探索“集团化办学，联盟式发展”的办学模式，充分发挥“名园”和“名园长”品牌效应与优质教育资源辐射带动作用，探索有利于集团各成员园所优质均衡、共同发展的公办学前教育集团办学模式。经过几年的不懈努力，逐步形成了可应用推广的清秀课程体系，取得了信息化教育、儿童学习等相关研究成果，呈现出基于“儿童为本、精心陪伴、持续发展”的教育理念的“一干多枝”“百花齐放”的发展样态。郭琼园长带领清秀幼教集团，运用信息技术重构幼儿园数字化管理体系，实现了教学、管理、家园共育等资源的互联互通，保障了幼儿园管理高效运行，实现了幼儿健康管理的地区资源均衡。其经验已在集团各园区、联盟园、新疆喀什、安慰阜阳等地辐射、推广，取得了较好的效果。

《融合共生 守正创新——幼儿园联盟式发展路径探索》一书正是在这样的大背景下应运而生，是公办学前教育集团发挥优质资源辐射带动作用，激发各类幼儿园创造性、积极性，增强地方性学前教育发展动力的一次有益办学实践。该书是郭琼园长对清秀幼教集团联盟园“质量导向式”发展的一次阶段性梳理和总结，其为现代学前教育治理体系探索展现了三个有益的视角。

视角一：基于地方教育改革背景下的幼儿园主动探索实践。

清秀幼儿园作为罗湖区第一所公办园，带领一支由15所幼儿园组成的幼教联盟，制定联盟园章程与发展规划、创新管理机制、加强师资流动、共享优质课程等形式，分享先进的办学理念、成功的管理模式、有效的课程教学、优秀的教师团队，以“名园+民园”模式，增加优质教育资源总量，促进教育优质均衡发展，打造融合共生、守正创新的发展共同体，实现公办、民办幼儿园共同发展，是积极响应政府号召的主动实践探索，体现了公办幼儿园的责任担当。

视角二：基于“联盟式发展”整体思路下完整的实施路径。

面对联盟内不同类型、不同水平的幼儿园，清秀幼儿园站在促进优质均衡的高度构建联盟式发展的思路，包括理念、目标、内容、实施、评价和保障。在完整的体系中重点从实施路径突破，明确解析联盟式发展原则、形成联盟园所共同愿景、依托信息化环境创设联盟共同体、经常性督导、课程视域下的质量互动、打造教师共同发展的平台等六个路径，为学前教育的学区化治理提供了完整的参考路径。

视角三：基于幼儿园课程质量提升的优质教育辐射案例。

清秀幼儿园在联盟式发展过程中，立足提升各成员园课程建设质量，在联盟内实现各幼儿园共建共治共享，运用教研、培训、督导等多种形式帮扶提升薄弱园；通过建立联盟园大课题群、共享的普适性项目和教师发展共同体等方式，提升成员园科研水平和课程建设能力，助推优质园建设。为促进学前教育管理过程精细化、师资队伍专业化和办园水平优质化提供了多项优质教育辐射成功案例。

清秀幼教集团在自身发展的同时，带领十几所联盟园共同发展的可贵经验，为扩大优质资源的覆盖面和受益面，促进公办园、民办园协同发展，提供了成功的实践样例，为深圳乃至全国学前教育发展贡献了智慧和力量。

深圳市教育局副局长　王水发

2021年7月20日

对幼儿园联盟式发展的思考

（代序二）

学前教育是为个体终身学习和发展奠定基础的重要阶段，而我国学前教育与基础教育、高等教育相比，一直是学校教育系统中的薄弱环节。2015年，我曾撰写《学前教育路在何方》一文，对我国教育体制改革以来学前教育的成果与挑战、影响因素进行了分析，觉得学前教育的发展是多种因素盘根错节地共同造就，其中，教育资源分配不公平则是影响发展的本质问题之一。深圳作为我国第一个经济特区，经济发展的提速使不同人群之间从经济收入到各方面的差距逐渐加大，进而也使学前教育服务供需出现不平衡，在人们对优质学前教育资源的需求与日俱增，而民办幼儿园保教质量良莠不齐，优质公办幼儿园资源稀缺的背景下，幼儿园联盟式发展的实践探索经验及时提供了破局思路。

一是依托集团和联盟发展优势带动区域范围内教师的专业发展。

深圳作为全国先行示范区，在众多方面都体现了“敢为人先”的精神。建立“集团化办学，联盟式管理”体系是罗湖区政府优化顶层设计的重要举措，教育上的“敢为人先”让罗湖学前教育发展走在深圳前列。自2014年罗湖区推出划片管理和片长园工作制度到2017年罗湖区成立幼教集团和联盟，联盟发展模式正式拉开帷幕。以清秀幼教集团为牵头园的清秀幼教集团联盟以教研培训、课题研究、家园共育、评选评比等多项活动为载体，全面显著提升联盟各成员园的办园质量，建设了一支融合共生的幼教新队伍，构建了守正创新的专业发展共同体。清秀幼教联盟以行动研究的方式探索和提炼幼儿园联盟式发展的路径，对全面提升区域范围内教师专业水平提升，具有一定的普适价值和示范作用。

二是立足幼儿园课程建设创新教科研活动的形式和内容。

清秀幼教集团联盟园以清秀幼教集团为牵头园，联盟内各成员单位分布在清水河片区。各园都有独立法人，人、财、物并没有交集，是典型的松散型联盟式幼儿园，这对清秀幼教集团的管理提出了新的挑战。在联盟式发展实践中，牵头园加强联动、智慧共享，从单打独斗到抱团发展，15所幼儿园经历着互动、互生、互长的改变，通过搭建管理、文化、研训、课程等教育共同体模式，对幼儿园教科研协同发展做了一定的探索。15所幼儿园有着不同发展历史、成长环境、文化印记和办学特色，在共同学习、互相磨合中，教科研活动形式得以创新，内容不断丰富。从比较的视野看，这种对于幼儿园课程质量的探索经验，不仅属于清秀幼教集团联盟园的资源，更为学前教育高质量发展提供借鉴意义。

三是站位学前教育未来发展思路上提升办学质量。

普惠性幼儿园是“公平性、公益性”在教育上的延续，提高普惠性幼儿园教育教学质量，缩小各等级幼儿园间的差距是实现教育公平的必经之路。在实际的教育教学实践中，办园经费、师资队伍水平、周边资源等往往制约着园所的高质量发展。单纯地加大投入并不能彻底地解决教育不公的现实问题。授之以鱼，不如授之以渔，无论是幼儿园联盟式发展或是集团化办园，目的都是通过团体的协同发展，以互帮互助、辐射带动、联动学习等途径促进一定范围内幼儿园教育教学质量的全面提升。清秀幼教联盟在构建富有生命力和内驱力的发展共同体过程中，不断启发各成员园思考未来学前教育发展的方向，运用先进教育教学理念提升办学质量。

这是一本用行动写成的书，其中的行动又是基于理论、基于思考的，体现了知行合一、思行合一，是幼儿园联盟式发展实践结出的硕果。认真读完该书后，结合我所了解的清秀幼教集团联盟园发展现状，我对郭琼总园长带领的这支联盟式发展队伍充满期待，希望通过联盟优质园的传、帮、带、学等规范管理，促进各级各类幼儿园的均衡发展，创造区域内相互开放、优势互补、共同发展的学前教育发展环境，让每一所幼儿园的教育教学都能更上一个新的台阶。同时也希望更多的幼教人能从中找到可借鉴和创新的发展路径，共创学前教育的美好明天！

深圳大学教育学院学前教育系主任

刘国艳　副教授

2021年7月

前言

教育公平的关键是教育机会的公平，重点是促进教育均衡发展，根本措施是合理配置资源，缩小教育差距。一直以来，学前教育都存在优质教育资源严重不足的问题。以“优质、均衡、共享、共进”为主题，通过互通、联动、合作等多种形式全面推进幼儿园联盟式发展，是解决学前教育均衡发展问题最快最有效的方式之一。回顾罗湖区清秀幼教集团联盟的发展历程，“优质”“均衡”“共享”和“共进”成为区域教育联盟发展规划设计的关键词，牵头园主动分享优质教育资源，充分发挥省、市级幼儿园的积极作用，促进优质教育资源在联盟园之间合理有序流动。

本书中的幼儿园联盟发展模式，是指选择一所优质幼儿园为牵头园，一个区域的若干所幼儿园组建一个幼教联盟，由优质幼儿园的园长牵头，实现联盟内的不同幼儿园共同发展。本书所述牵头园罗湖区清秀幼教集团自身是罗湖区幼儿园教育集团，其充分发挥优质品牌园所的辐射作用，充分尊重各成员园所的主观能动性，通过制定联盟园章程、制定联盟园发展规划、创新管理机制、加强师资流动、共享优质课程等形式，分享先进的办学理念、成功的管理模式、有效的课程教学、优秀的教师团队，从而增加优质教育资源总量，促进教育优质均衡发展，以“名园+民园”模式，打造学前教育发展共同体，实行联盟园质量导向式发展。

本书共分为五个章节来阐述清秀幼教集团联盟园的发展创新之路。

第一章介绍幼儿园联盟式发展的背景——基于地方性区域的教育改革实践、清秀幼教集团品质建设的优质资源和联盟园优质特色发展的需求。

第二章介绍幼儿园联盟式发展的思路，包括理念、目标、内容、实施、保障和评价等。

第三章主要介绍联盟式发展的实施路径。包括解析联盟式发展的原则、达成联盟园所的共同愿景、依托信息化环境创设的联盟共同体、保障联盟式发展的督导检查工作、课程视域下的质量提升、打造教师共同发展的平台等几个方面。

第四章介绍幼儿园联盟式发展的成效。主要从课程建设成效、教师专业成长等方面进行阐述。

后记部分是清秀幼教集团联盟园牵头园园长郭琼关于联盟式发展的思路及下一步发展的规划。

清秀幼教集团联盟多年来的实践发展模式为幼儿园教育共同体发展提供了借鉴，同时总结发展经验，不断调试，更好地带动清秀幼教集团联盟园共同体发展，共生共进，走向学前教育优质发展之路。

目录

第一章　幼儿园联盟式发展的背景　\　1

第一节　基于地方性区域的教育改革实践 …………………………… 1
一、联盟式办学的区域顶层设计 ……………………………………… 1
二、学前教育联盟管理的区域经验 …………………………………… 3
第二节　基于清秀幼教集团品质建设的优质资源 …………………… 4
一、优质办学的历史资源 ……………………………………………… 5
二、“生活教育”的课程资源 ………………………………………… 5
三、专业底蕴的师资团队 ……………………………………………… 9
四、研究导向的教科研资源 …………………………………………… 11
第三节　基于联盟园优质特色发展的需求 …………………………… 13
一、幼儿园优质管理的需求 …………………………………………… 14
二、教师专业素养提升的需求 ………………………………………… 14
三、幼儿园园本课程建设的需求 ……………………………………… 15

第二章　幼儿园联盟式发展的思路　\　17

第一节　联盟式发展的指导思想与目标 ……………………………… 17
一、调研了解园所实际发展需求 ……………………………………… 18
二、确定联盟式发展的共同目标 ……………………………………… 31

第二节　联盟式发展的内容模块 …… 33
一、园所管理规范化 …… 33
二、课程建构适宜化 …… 34
三、教师发展共同体 …… 36
第三节　联盟式发展的路径解析 …… 37
一、达成与时俱进观的共同愿景 …… 37
二、依托信息环境建设联盟共同体 …… 37
三、保障联盟式发展的督导检查工作 …… 38
四、引领课程视野下的质量提升 …… 38
五、打造教师共同发展的平台 …… 38
第四节　联盟式发展的保障与评价 …… 39
一、联盟式发展的保障 …… 39
二、联盟式发展的评价 …… 41

第三章　实施联盟式发展的路径　\　45

第一节　解析联盟式发展的原则 …… 45
一、联盟园成员协同发展的原则 …… 45
二、打造共同发展的基本式与变式 …… 46
三、建立课程视域下的合作发展 …… 46
四、确保集体意志的组织与制度建设 …… 46
第二节　实施联盟式发展的路径 …… 48
一、达成与时俱进的共同愿景 …… 48
二、依托信息环境建设联盟共同体 …… 58
三、保障联盟式发展的督导检查工作 …… 125
四、引领课程视野下的质量提升 …… 150
五、打造教师共同发展的平台 …… 233

第四章　幼儿园联盟式发展的成效 \ 355

第一节　课程建设成效 …… 355

一、课程建设有实效 …… 355

二、教学现场改善快 …… 360

三、多元评价促发展 …… 369

第二节　教师专业成长 …… 373

一、反思积淀，助力教师成长 …… 373

二、顶层设计，借力专家引领 …… 383

三、侃侃而谈，保健医走上讲堂 …… 384

附 录 …… 386

后 记 …… 388

第一章　幼儿园联盟式发展的背景

第一节　基于地方性区域的教育改革实践

一、联盟式办学的区域顶层设计

（一）幼教发展趋势——大力发展公办幼儿园，积极扶持民办幼儿园

《国家中长期教育改革和发展规划纲要（2010—2020年）》明确指出：应明确政府职责，建立政府主导、社会参与、公办民办并举的办园体制。大力发展公办幼儿园，积极扶持民办幼儿园。

深圳市着力打造高品质、辐射广的学前教育品牌，完善学前教育公共服务体系，逐步缩小区域学前教育发展水平差距，逐步缩小各类学前教育机构办学基本条件和办学水平差距，促进深圳学前教育健康发展，促进教育公平。

（二）区域行动——《深圳市罗湖区深化教育领域综合改革实施方案（2018—2020）》

深圳市罗湖区教育局全面贯彻党的教育方针，全面深化教育综合改革，全面发展素质教育，全面落实立德树人根本任务；秉持“为每一个学生提供适合的教育，让每一个孩子扬长发展”的教育理念；坚持问题导向、目标导向、需求导向、质量导向；聚焦教育的供给侧改革，注重改革的系统性、整体性、协同性，着眼改革的综合化、项目化、责任化；以促进教育公平、提高教育质量为主线，以更新教育观念、理顺结构体系、释放办学活力、创新培养模式、加强能力建设、推动内涵发展为重点；打造具有罗湖特色的“精品教育”，为把罗湖建设成为精致、精品、精彩城区和现代化、国际化、创新型先锋城区做出突出贡献。

按照“整体规划、名校带动、持续完善”的思路，本着“自愿、公平、务实”的原则，罗湖区教育局通过政府主导、兼顾学校意愿的方式，由罗湖区名校或名校长牵头，组合建立教育集团，推动联盟式发展。通过集群式办学，创新办学体制机制，加强校际合作，加大优质教育资源的辐射力度，促进教育优质均衡发展，办好居民“身边的好学校”，让学生享受更加优质公平的教育。

深圳市罗湖区目前已经实现学前教育集团化办园、联盟式发展全覆盖。发挥公办园辐射带动作用，成立了3个幼教集团、7个幼教发展联盟，每个集团或联盟带动13—15所幼儿园，实现罗湖区幼儿园全覆盖，推动区域学前教育优质普惠发展。联盟充分发挥优质品牌园所的辐射作用，充分尊重各成员园所的主观能动性，通过制定章程、制定发展规划、创新管理机制、加强师资流动、共享优质课程等，分享先进的办学理念、成功的管理模式、有效的课程教学、优秀的教师团队等，从而增加优质教育资源总量，促进教育优质均衡发展。罗湖区清秀幼教集团联盟是以清秀幼教集团为牵头园，联合14所民办幼儿园组成的教育共同体。

清秀幼教集团联盟，除清秀幼教集团所属各园以外，14所成员园分布在罗湖区翠竹街道（大地幼儿园、童晖幼儿园），以及罗湖区清水河街道梅园社区（一建幼儿园、武锦幼儿园）、坭岗社区（坭岗幼儿园、亚太幼儿园）、清水河社区（华实幼儿园）、草埔西社区（草埔幼儿园、悦园幼儿园、金祥幼儿园、为民幼儿园、精精幼儿园、春苗幼儿园）、龙园山庄幼儿园。

清秀幼教集团联盟园主要集中分布在罗湖区清水河街道。清水河街道位于深圳市罗湖区西北角，地处罗湖区与福田、龙岗、龙华区三区交界处，也即位于早期的深圳特区边防线附近。清水河街道是市委、市政府为解决历史遗留“三不管”地带——“插花地”问题而成立的。清秀幼教联盟14所成员园中，除2所位于翠竹街道，其余全部属于清水河街道，生源多为“插花地”打工人员子女，14所幼儿园中有6所属于小区配套园，其余均为改造类幼儿园，总体呈现为园舍条件差、收费低、幼儿人数多、师资水平低。

清秀幼教集团联盟园的前身是“清水河片”。早在21世纪初期，政府就将幼儿园按照片区规划管理，清秀幼儿园作为清水河片区牵头园，在马岚园长带领下，逐步走上规范办学之路，为后来的质量发展打下了良好的基础。

2014年开始，清秀幼教集团结合联盟园分布的地理位置、联盟整体特点，采取“一园一案”“区域联动”“岗位结对”“课题推动”等措施，在整体推进联盟园发展的基础上，充分发挥小区域内的引领示范作用，通过组织教师、保健医、安全主任、后勤主管等岗位人员的结对交流，开展小区域内的观摩交流（如针对一日生活环节——晨检环节的观摩活动），推动小区域内的联盟园所教育质量共生发展。目前，联盟幼儿园有6所市级园、3所区级园、4所规范园和1所新办园。

表1-1-1　清秀幼教集团联盟园等级水平

幼儿园等级水平	园所	数量
省级	罗湖区清秀幼教集团	1
市级	罗湖区坭岗幼儿园 罗湖区武锦幼儿园 罗湖区亚太幼儿园 罗湖区第一建筑工程公司幼儿园 罗湖区童晖幼儿园 罗湖区大地幼儿园	6
区级	罗湖区春苗幼儿园 罗湖区悦园幼儿园 罗湖区龙园山庄幼儿园	3
规范园	罗湖区清水河为民幼儿园 罗湖区精精幼儿园 罗湖区草埔幼儿园 罗湖区金祥幼儿园	4
新办园	罗湖区华实幼儿园	1

二、学前教育联盟管理的区域经验

罗湖区学前教育联盟管理工作自1997年开展以来，已经具备成熟的实践经验，尤其在区域行政部门、各级幼儿园之间的上下联动方面，有系统、灵活的运作机制。2018年，罗湖区教育行政部门全面落实《深圳市深圳市罗湖区深化教育领域综合改革实施方案（2018—2020）》，完善幼儿园常态化和动态化相结合的监管机制，进一步规范幼儿园的办学行为和日常工作，构建了罗湖区行政管理、专职责任督学督导、教育科学研究和师资专业培训“四位一体”管理模式，健全学前教育监管体系，创新、灵活、有效地推动全区学前教育优质发展。

联盟管理充分发挥“四位一体”协同管理及等级幼儿园的示范、引领、指导作用，促进园所在互助协作探究中共同发展。牵头园组织专业人员，以牵头园园长为总负责人，成立专项工作指导队伍，在“四位一体”协同管理指导下重点开展三方面的工作。

（1）贯彻落实各项学前教育方针和政策；

（2）统筹区域内幼儿园各项活动的组织开展；结合实际，规划区域内幼儿园发展，落实发展目标；

（3）落实教研、培训、督导等相关部门工作任务，协助本联盟专职责任督学开展各项工作；规范联盟内幼儿园办学行为，帮扶幼儿园内涵发展，提升办学质量。

罗湖区学前教育联盟积极构建区域内幼儿园共同参与的发展格局，充分发挥层级管理作用，大力开展“大手拉小手”活动，逐步形成以等级园为骨干力量和示范榜样，全区公、民办幼儿园共同发展的良好局面。

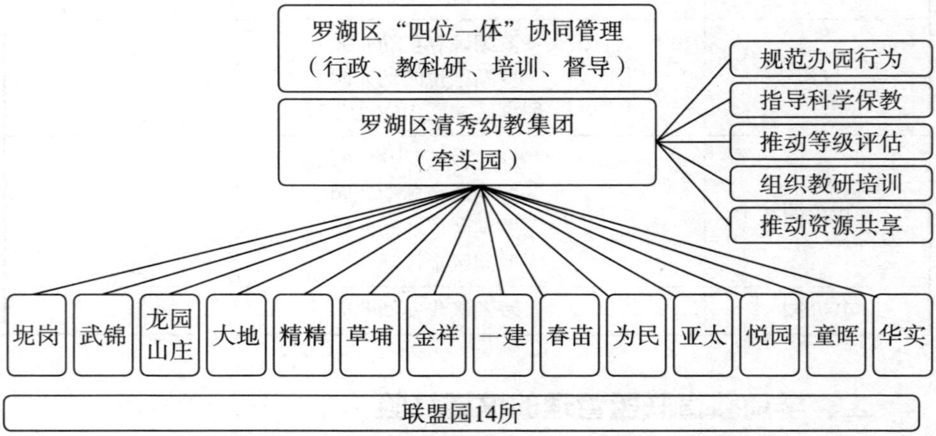

图1-1-1 联盟管理网络结构

第二节 基于清秀幼教集团品质建设的优质资源

“资源”是指一定地区内拥有的物力、财力、人力等各种物质要素的总称。清秀幼教集团的优质资源体现在四个方面：第一，优质办学的历史资源；第二，以“生活教育”为特色的课程资源；第三，专业的人力资源；第四，与日常教学紧密结合的教科研资源。

一、优质办学的历史资源

深圳市罗湖区幼儿园创办于1984年4月，由港商廖清桂、廖秀英捐资建造，取名“清秀”，其时隶属于罗湖区妇联管理，2013年12月，由罗湖区教育局接管，2007年12月成为“广东省一级幼儿园”。“十二五”期间通过了市级绿色幼儿园复评，被评为罗湖区四星级健康幼儿园。2016年，又成为“深圳市优质示范园”创建园，并顺利通过多次视导验收。2018年10月30日，成立清秀幼教集团，现有德弘、荣悦、淘金山、金岭、金鹏、金桂、木头龙7所园。

清秀幼教集团的发展历史展现了我国幼教变革的进程，其课程的发展脉络也清晰可见。20世纪80年代，清秀幼儿园以集体教学为主。20世纪90年代，清秀在将集体教学转变为分组教学的同时，积极创设区域活动环境。2003年之后，清秀将健康与生活科技进行结合，在对孩子的生活习惯、生活科技探索培养方面有了明显发展。2015年，清秀“健康人生”园本课程的顶层设计初步完成，围绕健康生活、健康身体、健康品行三个核心目标建构课程框架。2019年，正值清秀幼教集团成立35周年，集团开启了课程建设升级完善的新篇章。

清秀人一直以来拥有共同的愿景——“快乐工作，幸福生活”。清秀的园所文化体现在教职工的日常行为中，流露在言谈之间，绽放在幸福的笑容中。清秀人一直致力于为孩子创设丰富的学习环境，组织有序、快乐的一日生活，便于孩子去求知、交往和创造。在清秀，师生、家长共同参与幼儿园一日生活，并在共同生活中共成长。清秀的园所文化在集团化的建设中，通过入职培训、员工互动、团队拓展与课程建设持续传承和发扬！

二、“生活教育”的课程资源

清秀幼教集团贯彻落实《幼儿园教育指导纲要（试行）》和《3—6岁儿童学习与发展指南》的要求，遵循幼儿身心发展规律，不断开展课程建设。

（一）“生活教育”的探索历程

1. 初探——摸索“生活教育”经验

20世纪90年代，随着区域活动传入国内，清秀幼儿园一方面将集体教学转变为分组教学，另一方面积极创设区域活动环境，以角色游戏区为重点，帮助孩子将生活经验与游戏、学习相结合。当时，由于市场经济改革的推动与企业改制，清秀的家长群体由原来的机关事业单位工作人员部分转变为周边卖海鲜、卖布料的个体户，家长的文化素养有所改变，其对孩子的家庭教养方式也有很大改变，这些变化促使清秀寻找新的家园合作重点，关注幼儿群体的生活经验，注重在日常生活中进行科学探索，研究生活、科技与教学的有机结合。

2. 再探——初建课程模型

“十二五”至“十三五”前期，全市学前教育资源持续扩大，财政投入大幅增加，师资队伍越来越稳定，保教质量稳步提升。2015年，清秀幼教集团“健康人生”园本课程的顶层设计初步完成，围绕健康生活、健康身体、健康品行三个核心目标建构课程。清秀在教育实践中进一步细化和梳理具体的课程实施途径与课程内容。

3. 创模——立体创建“生活教育”

2018年，根据政府指示，清秀幼儿园组建集团，探索集团办园管理模式，进一步梳理园本课程框架，挖掘教学实践中的特色与亮点，再次聚焦，最终确定生活教育——爱生活、会生活、乐生活。

同年，罗湖区大力开展教育领域综合改革，打造精品教育。清秀幼教集团紧跟步伐，大力改革，探索精品教育品牌的建立。清秀团队对儿童学习与发展各领域的核心经验持续进行深入、系统的研究，并扎扎实实地在一日活动中渗透对幼儿生活习惯、自理能力的培养，为孩子创造更多自主选择、自我服务的机会。

（二）生活教育的阐释

1. 内涵界定——清新灵气，秀外慧中

清秀幼教集团将生活教育的内涵凝聚为“清新灵气，秀外慧中”。

清新灵气：清美新颖，而灵气是一种智慧，指人对外物的感受和理解能力。清秀幼教集团致力于打造清美新颖的学习环境，弘扬积极向上、友善的园所氛围。从内部的价值理念、管理作风到外部的物质环境，每一个细节、行为，无不散发着清新灵动的气息。通过生活教育，培养孩子端正、友善、坚毅的品格，使其形成良好的生活态度和习惯。

秀外慧中：内心聪慧，外表秀美，培养孩子良好的文明礼仪，以及积极主动发现和解决问题的能力。我们的生活教育最终落实到培养目标上，聚焦于培养自主、聪慧、友善的身心健康的儿童。

2. 课程理念及目标

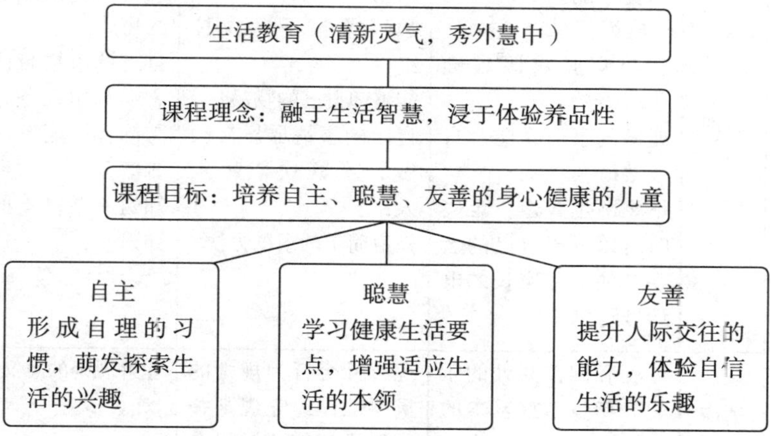

图1–2–1　课程理念及目标图

表1–2–1　各年龄段发展目标表

发展目标 年龄段		小班	中班	大班
爱生活	探索生活	对事物产生好奇心，有初步探究欲望，感知生活中数的有用和有趣	喜欢接触新事物，体验探究的乐趣； 在实际操作中，理解数、量及数量的关系，感知形状与空间的关系	喜欢刨根问底，积极探究寻找问题答案； 能用数学方法解决生活中常见的问题，体验解决问题的乐趣
		能初步感受并喜爱环境、生活和艺术中的美	喜欢参加艺术活动，并能大胆地表现自己的情感和体验	能用自己喜欢的方式进行艺术表征活动
会生活	健康生活	喜爱运动； 能在较热或较冷的户外环境中活动	在运动中动作相对灵活协调； 能在较热或较冷的户外环境中连续活动半小时左右	擅长运动，具有一定的力量和耐力； 能在较热或较冷的户外环境中连续活动不少于半小时

续 表

发展目标 年龄段		小班	中班	大班
会生活	自理生活	在引导下不偏食、不挑食，能熟练地用勺子吃饭； 学习穿脱衣服、鞋子； 能做的事情，愿意自己做； 不跟陌生人走，走失时可以说出自己的名字、住址和家长的电话号码	不偏食、不挑食，能用筷子吃饭； 学习叠被子、拉拉链； 能整理自己的物品； 自己的事情尽量自己做，不喜欢依赖别人； 知道简单的求助方法	学习系鞋带； 能按类别整理好自己的物品； 自己的事情自己做，主动承担任务，并能与同伴一起解决，有自信心； 知道一些基本的防灾知识
	适应生活	体验和同伴共处的乐趣，初步掌握基本的交往技能	理解社会行为规则的重要性，遵守规则并获得成就感，增强自信心	理解规则的意义
乐生活	自信生活	情绪比较稳定，很少因一点小事哭闹	经常保持愉快的情绪，不高兴时能较快缓解	会正确地表达和缓解情绪

3. 课程内容

（1）爱生活

探索生活——认知探索、表达交流、艺术创造。

（2）会生活

健康生活——卫生保健、身体锻炼、心理健康。

自理生活——自我服务、保护自己、服务集体。

适应生活——遵守规则、友好交往、文明礼仪。

（3）乐生活

自信生活——友善关爱、自主勇敢、愉快情绪。

4. 课程实施

清秀幼教集团重视当前教育内容对儿童终身学习与发展的突出意义，把幼儿园时期当作人生中一个独特而重要的阶段来对待；重视教学内容与生命、健康之间的有机联系，重视将教学内容与当前生活、游戏、学习建立起直接联系；力图通过环境创设、学习与游戏、一日生活等途径，有效落实健康意识、安全意识、卫生行为习惯、生命教育、社会性培养等教育目标；为儿童提供适宜的生长环境，旨在从小支持幼儿在身体、品行和能力等方面打好基础。

5. 课程资源沉淀

在课程建设过程中，清秀幼教集团积极开发与利用园内外的各种独特资源，将其有机融入教育教学中，收集、整理并沉淀优秀资源，将资源融入课程中，并架构课程资源运行流程。

表1-2-2 清秀课程资源

类别	具体资源
一日生活	幼儿园一日生活常规培养指引
	教师、保健医、保育员、厨师工作指引
	一日生活过渡环节组织策略资源
学习环境	户外环境创设资源
	室内基础环境创设指导资源
	主题环境创设资源
	区域标识设计资源
主题活动	形成主题开展的三阶段、五策略的结构模板，以及小中大主题维度模板
	原创主题案例资源包
自主游戏	自主游戏活动设计资源
	活动材料指引表
	教师观察指导的手册资源
领域教学	数学小组教学活动指导册
	音乐活动资源
	信息技术运用于教学的案例集
	创意戏剧教学原创活动设计资源
家园共育	体验式家长会系列资源
	深圳市“社区共育”项目——阅读、国防教育资源

三、专业底蕴的师资团队

专业的师资队伍是课程有效实施的重要因素，也是教科研扎实推进的坚实保证。清秀幼教集团师资团队的专业性体现在三个方面。

（一）学历优势明显

全园现有教职工135人，其中专职教师87人，他们毕业于国内师范大学学前教育、英语、体育、音乐、美术、法律等专业。其中，大专以上学历教师占100%。本科学历42人，硕士研究生学历9人，正高级职称1人，中级职称17人。

（二）团队积极进取

清秀幼教集团团队在职后教育中积极进取，全体教师每年除了完成72学时的继续教育任务以外，还积极提升学历。其中，有20位老师通过自学、函授、面授等方式获得本科学历。还有一部分老师积极参与跨领域学习，如沙盘游戏、心理咨询、教育戏剧、家庭教育、自然教育、信息技术提升、食品安全、园林规划等，将不同领域的精髓融入教育实践中，在提升自身专业素养的同时，促进幼儿发展。

（三）专业辐射影响

1. 专业队伍

清秀幼教集团拥有一支对幼教饱含热情、对研究孜孜不倦的名师队伍。其中，省级优秀园长1名；市级优秀教师4名，市级优秀班主任2名，区级优秀教师20名；深圳市学前教育苗圃工程“名园长”1名，“教科研骨干”1名；省级讲师团讲师4名，市级讲师团讲师6名，区级讲师团讲师4名。近5年来，市级以上论文获奖与发表50余篇。

2. 名师工作室辐射

清秀幼教集团园长郭琼于2013—2016年主持“罗湖区郭琼名师工作室”，以幼儿园信息化管理为研究视角，带领罗湖区十多所幼儿园教师共同开展研究，并取得显著的研究成果。2014年，郭琼园长就幼儿园信息化管理问题在深圳市学前教育专业委员会组织的全市交流会上发言。同年，郭琼园长被邀请在第四届全国园长大会上分享《网络环境下幼儿园的全面信息化管理》，分别前往哈尔滨、成都、梅州等地进行专题讲座，帮扶民办园，分享名师工作室在信息化建设过程中对区域材料研究的最新经验，帮助民办园提升学习材料的管理与投放能力。2017年，郭琼园长被邀请前往珠海，在中国学前教育研究会“十三五”课题培训会上给来自全国各地的千余名同行分享课题研究经验。

3. 接待交流

近5年来，来自安徽、贵州、江苏、黑龙江、浙江、福建、新疆、湖北、四川、湖南、广西、香港的幼教同行陆续前往清秀幼教集团，与清秀团队重点交流幼儿学习与发展、园本课程建设及幼儿园管理经验。

4. 帮扶支教

清秀幼教集团一方面积极引领帮扶区域内民办幼儿园；一方面派出讲师前往深圳市薄弱幼儿园，以及安徽阜阳、芜湖和贵州毕节、新疆喀什等地的幼儿园进行帮扶支教，重点围绕课程建设的重要路径——学习环境创设、一日生活组织、教学活动设计与实施以及主题探究进行交流研讨。

四、研究导向的教科研资源

清秀幼教集团将教科研与教育教学紧密结合，围绕幼儿一日生活组织、课程资源管理进行实践研究，建立课题群，分层进行课题布局，在国家级课题、市级课题、区级规划课题、区级小课题之间进行上下联动。在研究中促进教师成长，提升教育品质。清秀团队参与并承担了大量的课题研究，积累了丰富的经验。

表1-2-3 清秀教科研资源

序号	级别	课题名称	数量
1	国家级课题	中国学前教育研究会“十三五”课题《幼儿园建构游戏组织策略的研究》	5
2		中国学前教育研究会“十三五”课题《幼儿园卫生保健信息化管理研究》	
3		中国学前教育研究会“十三五”课题《幼儿园数学区材料投放策略的实践研究》	
4		中国陶行知研究会“十二五”重点课题《集团化教学资源共享的管理策略研究》	
5		中国学前教育研究会“十二五”课题《幼儿音乐活动生活化游戏策略的研究》	
6	市级课题	深圳市教科院规划《幼儿园卫生保健信息化管理模式的研究》	1

续 表

序号	级别	课题名称	数量
7	罗湖区软科学研究计划项目课题	《网络环境下幼儿园实物资源管理及共享的研究》	1
8	罗湖区教改规划课题	《公立学前教育集团化办学模式实践研究——以深圳市罗湖区清秀幼教集团为例》	4
9		《物联网环境下多园联动的3—6岁幼儿阅读活动指导策略研究》	
10		《信息技术在幼儿一日生活中的深化应用与融合创新研究》	
11		《“大体育”在幼儿园实施的行动研究——以罗湖区清秀幼教集团为例》	
12	2017年罗湖区“智慧课堂”小课题	《大班幼儿绘本戏剧活动指导策略的研究》	7
13		《小班幼儿“娃娃家”材料投放策略的研究》	
14		《小班幼儿良好进餐习惯培养策略的研究》	
15		《培养大班幼儿自我物品管理能力的研究》	
16		《培养小班幼儿如厕习惯的研究》	
17		《中班幼儿收整玩具的习惯培养研究》	
18		《在混龄教室中培养幼儿常规的研究》	
19	2019年度罗湖区“智慧课堂”小课题	《幼儿园中班区域材料与主题活动融合的研究——以深圳市罗湖区清秀幼儿园为例》	22
20		《小班幼儿美术教育活动的实践策略研究》	
21		《数学在大班一日生活中运用策略研究》	
22		《培养小班幼儿主动喝水习惯的研究》	
23		《小班幼儿户外运动常规培养策略研究》	
24		《大班绘本阅读中“定格动画”的运用研究》	
25		《幼儿同伴学习研究——以幼儿园混龄班（生活区）为例》	
26		《促进中班幼儿数学发展的策略研究——以幼儿园种植活动为例》	
27		《小班区域活动常规的培养策略》	

续表

序号	级别	课题名称	数量
28	2019年度罗湖区“智慧课堂”小课题	《大班幼儿绘画能力培养策略研究》	22
29		《大班幼儿一日生活中过渡环节的策略研究》	
30		《小班一日生活中音乐使用的策略研究》	
31		《幼儿园种植活动中教师指导策略研究》	
32		《幼儿园中班一日活动过渡环节的常规培养策略研究》	
33		《幼儿园大型综合玩具的安全使用策略研究》	
34		《混龄班幼儿语言区材料投放策略研究》	
35		《信息技术运用在大班语言活动中的策略研究》	
36		《信息技术在大班幼儿区域自主学习活动中的运用研究》	
37		《大班幼儿器械使用策略研究——以篮球为例》	
38		《自然教育背景下的班级自然材料收纳研究——以罗湖区清秀幼儿园淘金山园为例》	
39		《淘金山幼儿园周边自然资源的利用方式研究》	
40		《自然材料在幼儿园大班户外活动中的应用研究》	

第三节　基于联盟园优质特色发展的需求

《国家中长期教育改革和发展规划纲要（2010—2020年）》中明确指出，应加强优质教育资源开发与应用，积极扶持民办幼儿园特别是面向大众、收费较低的普惠性民办幼儿园发展。民办幼儿园已成为罗湖区幼教事业的主体，并为适龄儿童提供“公平而有质量”的学前教育做出了重要贡献。民办幼儿园的现状决定着本区域幼儿教育的整体水平。纵观民办幼儿园的发展现状，师资水平不高、教师队伍不稳定等问题影响着民办幼儿园的教育质量和持续发展。

结合调研结果分析得出，联盟园优质特色发展的需求主要体现在幼儿园管理、教师队伍、课程建设三个方面。

一、幼儿园优质管理的需求

幼儿园作为学前教育机构，是一个复杂的有机体，其管理工作也是一种综合性、整体性很强的行为，需要根据实际情况的变化，采用多种途径和手段进行宏观调控，以保证幼儿园各项工作取得整体的最优效果。联盟园在园所管理方面主要存在两方面的问题。

（一）园所硬件设施的改善

民办幼儿园作为自主经营、自负盈亏的主体，园所的教学设备、办园经费、园舍经费等均要从保教费中开支，有限的保教费要应付众多的经费开支，在改善办园硬件设施方面面临挑战。在实际入园帮扶过程中，部分园所的班级存在玩具材料数量不足的情况。让幼儿在游戏中学习是幼儿园教育必须保持的基本教育理念。《幼儿园教育指导纲要（试行）》明确指出，“要促进每一个孩子的全面发展”。民办幼儿园的教学质量绝不仅仅是幼儿园自己内部的事，更是关系到贯彻国家教育方针、政策，培养社会需要合格人才的大问题。

（二）管理制度与流程

联盟园中部分园所的管理制度、管理流程及岗位职责存在模糊不清的现象。良好的制度保障有助于幼儿园顺畅地运行，服务于教学的开展。这些制度、流程及岗位职责需要梳理清楚，达到人人有责、人人明责、安全管理的目标。

二、教师专业素养提升的需求

教师群体的质量是影响民办幼儿园生存和发展的核心要素，现实却令人担忧。由于经费、待遇等方面的原因，造成了教师队伍不稳定、学历层次不高、文化底蕴薄等问题。联盟园优质特色发展需要下大力气建设一支数量足够、结构合理、素质优良、相对稳定、能适应民办园工作特色的教师队伍。

（一）教师队伍学历有待提升

联盟园教师中，教龄为1—5年的居多，尚未评职称的教师基本占据整个队伍。这不仅意味着联盟园幼儿教师专业经验和能力上有待提升，更意味着教师队伍老中青梯队的形成存在困难。

学历是教师素质的重要标志。高学历的教师在教育理念、环境创设、师幼互动、活动设计及组织、解读幼儿、个性化教育，以及反思和个人发展等方面都有着明显的优势。调研结果显示，联盟园师资以大专学历居多，大专以下学历次之，这需要教师队伍加强继续教育学习，不断提升专业素养。

（二）教师队伍职后培训有待完善

联盟园普遍重视教师的专业发展，但培训层次较低，培训途径单一。在职培训是提升幼儿园教师专业水平的基本手段之一，联盟园开始意识到幼儿园发展的关键是制度保障和教师的专业发展，因此普遍重视教师管理，有完善的园所规章制度并能加以落实，全体教师参加过培训，培训意愿大多能得到满足，开展教研活动的频率较高。但是教师的专业培训大多为园内培训，而园内培训的质量缺乏针对性、实操性。可见，联盟园教师的在职培训并未真正深入落实到位，这成为阻碍幼儿园提高教师专业发展水平的重要因素之一。

《国家中长期教育改革和发展规划纲要（2010—2020年）》中明确规定了政府对加强学前配备和教师队伍建设的责任。罗湖区教育行政部门高度重视幼儿教师的培养培训工作，通过教科研部门、联盟式发展等承担起加强民办幼儿园师资队伍建设的责任，构建幼儿园区域扶持与合作联盟等方式，为联盟园教师的专业发展创造良好的外部支持条件和环境，每学期开展各类短期培训班，如理论培训班、技能培训班、教法培训班等，以加强其理论修养，改进幼教理念，从而更好地指导实践教育工作。

三、幼儿园园本课程建设的需求

《幼儿园教育指导纲要（试行）》是罗湖区各级各类幼儿园课程建设的重要依据。在其精神的引领下，幼儿园坚持以促进幼儿全面和谐发展为宗旨，利用幼儿园、家庭及社区的各种资源，分析幼儿园现实的基础、条件，建设幼儿园课程。调研与访谈显示，联盟园课程建设存在以下两方面的问题。

（一）部分园所课程价值取向不清晰

幼儿园的课程价值决定着幼儿园的课程安排和内容设置，幼儿学习应该以“什么样的学习经验是最有价值的活动”为主要课程价值，以此展开有利于幼儿学习和启蒙的课程安排。但受幼儿园领导的专业能力、资金、文化等多种因素影响，幼儿园课程价值变为寻求标新立异的特色教育。

（二）课程内容的选择存在盲从和迷失现象

课程内容存在超载现象，民族文化和地域文化相对缺失。受媒体、商业及家长非理性思维影响，民办幼儿园的课程内容开始出现幼儿教育的显性知识、技能教育增多的问题，存在超载现象。部分园所受传统教育理念影响与部分家长的压力，出现小学化倾向。

对于幼儿园来说，园所优质特色发展，是在办园过程中逐步形成的独特的个性风貌，通过积累和深化教育实践经验，逐步形成某种富有个性的强项或优势。它既包含园所独特的办园理念，又体现了本园优势，同时呈现出园所特有的文化气息。幼儿园优质特色发展需要建立在园所规范化管理、课程体系明确的基础上，而不是空喊口号。幼儿园需要借助联盟式发展的资源与支持，在更新教育理念、完善经营管理、提升教师素质、改革教学方法等方面持续推进。

第二章 幼儿园联盟式发展的思路

罗湖区实现学前教育集团化办园、联盟式发展全覆盖，以区教育局公办园（或民办优秀园）为依托，建立联盟。联盟发展为“名园+民园”“优园+弱园”的形式。联盟园成员园接受牵头园的专业团队指导、教育教学资源共享、发展规划设计等。

联盟式发展的整体思路如下：

第一步，明确指导思想与目标。以“共生共享共进”为发展理念，结合联盟园发展的实际情况，确定了联盟式发展的目标——发挥名园品牌效应，推动教师共同成长，促进优质课程共建共享，建设信息资源共享平台。

第二步，确定发展的内容模块——园所管理规范化、课程建构适宜化及教师发展共同体。

第三步，确定发展路径——达成与时俱进观的共同愿景，依托信息环境建设联盟共同体，保障联盟式发展的督导检查工作，引领课程视野下的质量提升，建设教师共同发展的平台。

第四步，通过组织、经费及督导三方面进行保障，并结合督导及联盟内评价来动态检核联盟式发展的成效，不断调整完善。

第一节 联盟式发展的指导思想与目标

清秀幼教集团联盟以“共生共享共进”为发展理念，凝聚人心，达成一致。

结合本区域幼儿园发展的实际情况，确定了联盟式发展的目标——发挥名园品牌效应，推动教师共同成长，促进优质课程共建共享，建设信息资源共享平台。

一、调研了解园所实际发展需求

清秀幼教集团联盟在成立之初的首要任务是制定联盟发展规划，对联盟园发展情况进行调查研究。清秀幼教集团作为牵头园，针对联盟园园长、教师设计了专门的调查问卷，并对园长进行深度访谈，牵头园研究小组对调查数据进行了相关整理。

（一）教师发展需求调研结果

教师调查问卷的内容包含四部分。

第一部分是教师的基本信息及专业发展情况。主要从教龄、学历、福利待遇、获奖荣誉、入职动机、自身职业评价、工作压力、影响专业发展因素及职业规划等方面进行调查。

第二部分是幼儿园课程情况。主要从教师对课程的认识、课程实施情况进行调查。

第三部分是教研培训。主要从园本教研培训的方式、时间、内容、效果等方面进行调查。

第四部分是联盟式发展。主要从教师对联盟式发展的评价、有效的区域教研培训方式与内容方面进行调查。

本研究选取了联盟园的教师为研究对象，发放电子问卷，回收235份问卷。我们在调研中发现教师的专业发展需求旺盛或者数量大，这为后期设计联盟式发展模块提供了数据参考。

1. 教师基本情况

（1）教师年龄分布

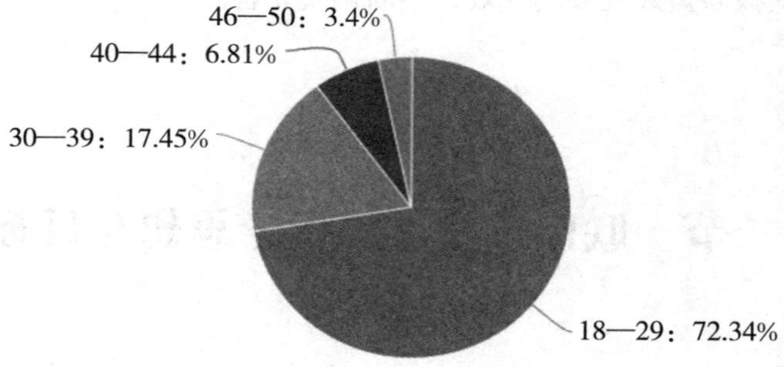

图2–1–1 教师年龄分布比重

教师年龄调查显示，18—29岁的人数占比72.34%；30—39岁的人数占比17.45%；40岁以上的老师占极少数；教师的年龄结构呈现金字塔式；“年轻”几乎成为联盟园教师的代名词。年轻的队伍，需要在职业认同、职业道德、职业知识与能力方面进行综合培养。

（2）教师教龄情况

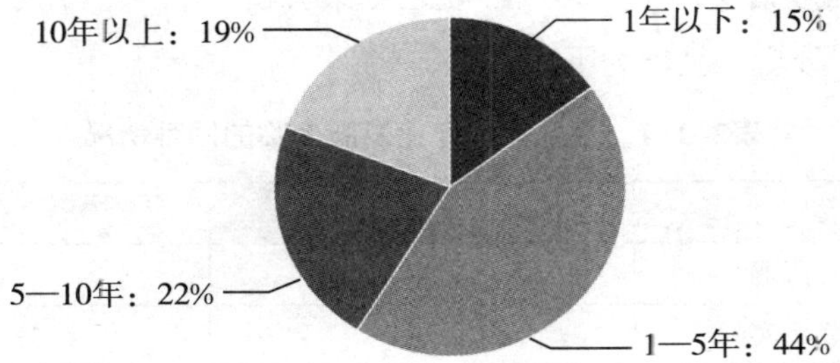

图2-1-2 教师教龄分布比重

教师教龄调查显示，1年以下教龄的教师人数占15%，1—5年教龄的教师人数占44%，10年教龄以上的教师人数仅占19%。这个数据的背后不仅意味着联盟园教师在专业经验和能力上的不足，更意味着教师队伍老中青梯队难以形成，在落实“传帮带”这一传统有效的教师专业发展培养方式方面存在困难。

（3）教师学历情况

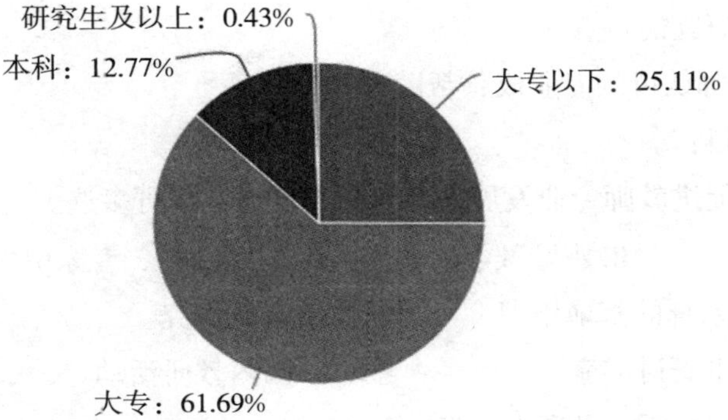

图2-1-3 教师学历分布比重

教师学历调查显示，大专以下学历的教师占25.11%，大专学历的教师占61.69%，本科及以上学历的教师仅占13.2%。整体师资队伍的学历层次偏低，而学历是教师素质的重要标志。在现实中，我们发现有些年轻教师不会开展区域活动，这需要教师队伍加强继续教育学习，不断提升专业素养。

2. 教师专业发展情况与需求

（1）幼儿教师专业发展面临的困难

问卷题目：

您认为目前幼儿教师专业发展面临的困难是哪些方面？（可多选）

A. 理论基础薄弱　B. 理论不能联系实际　C. 单位不支持

D. 工作任务繁重，压力大　E. 缺乏专家引领　F. 其他

调查数据分析，呈现为下表：

表2–1–1　幼儿教师专业发展面临的困难情况

选项	小计	比例
理论基础薄弱	88	37.61%
理论不能联系实际	76	32.48%
单位不支持	15	6.41%
工作任务繁重，压力大	150	64.1%
缺乏专家引领	89	38.03%
其他	30	12.82%
本题有效填写人数	234	

教师对于自身专业发展的困难主要聚焦在工作压力大的方面，这为联盟式发展思路提供了有价值的线索，如何帮助老师从重复、繁重的工作中解放出来是值得研究的重点。

（2）教师认可的专业成长帮助方式

问卷题目：

您认为促进教师专业发展最有效的途径是：（可多选）

A. 自学　B. 观摩教学　C. 名师带教、专家引领

D. 参加系统的基地培训　E. 课题研究

F. 与同事研讨交流　G. 园内教研活动

调查数据分析，呈现为下表：

表2–1–2　教师认可的专业成长帮助方式情况

选项	小计	比例
自学	87	37.18%
观摩教学	192	82.05%

续表

选项	小计	比例
名师带教、专家引领	164	70.09%
参加系统的基地培训	169	72.22%
课题研究	126	53.85%
与同事研讨交流	160	68.38%
园内教研活动	160	68.38%
本题有效填写人数	234	

从调查结果来看，教师最喜欢参加的是观摩优质教研活动，然后是与专家互动、与同事研讨交流、园内教研。

（3）教师喜欢的联盟培训内容

问卷题目：

关于联盟园培训内容，您希望获得的帮助是哪些方面？（可多选）

A. 当代国内外幼儿教育理论　　B. 教师基本功（如讲故事）

C. 课题研究和论文写作

D. 教育教学技能（如一日活动组织、主题探究）

E.《3—6岁儿童学习与发展纲要》（以下简称《纲要》）、《3—6岁儿童学习与发展指南》（以下简称《指南》）解读

F. 教学智慧　　G. 教师和幼儿的心理调适

调查数据分析，呈现为下表：

表2-1-3　教师喜欢的培训内容情况

选项	小计	比例
当代国内外幼儿教育理论	90	38.46%
教师基本功（如讲故事）	88	37.61%
课题研究和论文写作	80	34.19%
教育教学技能 （如一日活动组织、主题探究）	200	85.47%
《纲要》《指南》解读	82	35.04%
教学智慧	79	33.76%
教师和幼儿的心理调适	106	45.3%
本题有效填写人数	234	

调查显示教师最喜欢的教研培训内容是教育教学技能（如一日活动组织、主题探究）；居第二位的是教师和幼儿的心理调适；其次分别是当代国内外幼儿教育理论、教师基本功（如讲故事）、《纲要》《指南》解读、课题研究与论文撰写、教学智慧。在教研组织方面，我们结合教师的实际需求，从理论培训、观摩交流、现场指导以及课题研究多维度进行设计规划，帮助教师全面提升专业素养。

（二）幼儿园发展需求调研结果

从联盟发展的现状和需求出发，研究小组分别设计了园长调查问卷和园长访谈。调查问卷由五部分组成：园长基本信息、园所规模、园所课程建设、园所管理、联盟式发展部分。园长访谈主要围绕幼儿园的课程建设过程、园所管理及联盟共同学习进步开展。

1. 幼儿园课程实施情况

（1）幼儿园课程实施途径

问卷题目：

您认为幼儿园课程可以通过哪些途径进行实施？（可多选）

A. 一日生活　　B. 学习环境

C. 学科教学（如语言活动）　　D. 家园共育

E. 其他（可填写）

调查数据分析，呈现为下表：

表 2-1-4　幼儿园课程实施路径情况

选项	小计	比例
一日生活	20	100%
学习环境	20	100%
学科教学（如语言活动）	17	85%
家园共育	19	95%
其他	3	15%
本题有效填写人数	20	

调查显示，联盟园对于课程实施途径的理解比较一致。大部分园所选择了一日生活、学习环境、学科教学、家园共育。

（2）幼儿园在一日活动安排与组织教研方面的困惑

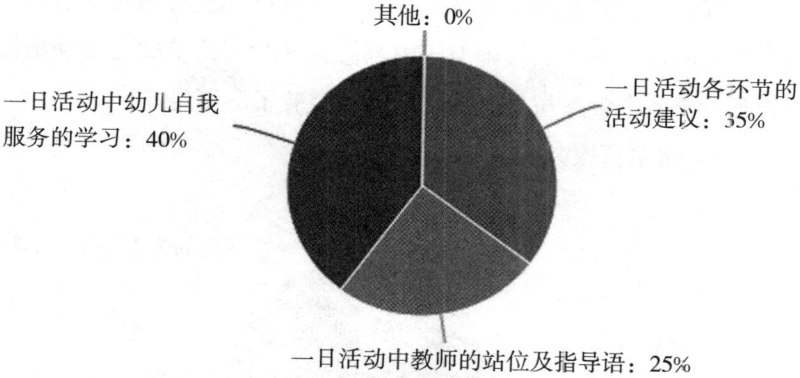

图2-1-4　幼儿园在一日活动安排与组织教研方面的困惑比重

一日活动是实施幼儿园课程的主要途径。《幼儿园教育指导纲要（试行）》指出："尽量减少不必要的集体行动和过渡环节，减少和消除消极等待现象。"师幼互动的有效性直接影响着幼儿的全面发展。问卷调查显示，25%的教师在"一日活动中教师的站位及指导语"方面存在困惑，35%的教师在"一日活动各环节的活动建议"方面存在困惑，40%的教师在"一日活动中幼儿自我服务的学习"方面存在困惑。而这些都是影响师幼互动质量的要素，决定了联盟式发展中一日生活基本式教研的方向。

（3）幼儿园在学习环境创设教研方面的困难

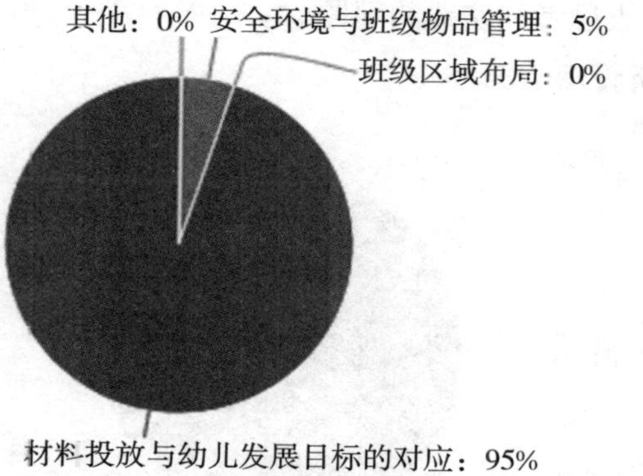

图2-1-5　幼儿园在学习环境创设教研方面的困难比重

高质量的幼儿教育要求幼儿园为幼儿提供安全、具有丰富价值的环境。班级区域需要科学合理规划，各区域要有操作、转换、组合材料的投放。对于幼儿来说，游戏是其最喜欢也是最基本的活动，而材料是幼儿开展学习与游戏的基本保障。调查显示，95%的教师在“材料投放与幼儿发展目标的对应”方面存在困难，一方面教师对于材料蕴含的学习价值缺乏准确把握，另一方面教师对于各个学习与发展领域的关键经验了解不足。

（4）幼儿园主题探究活动方面的困难

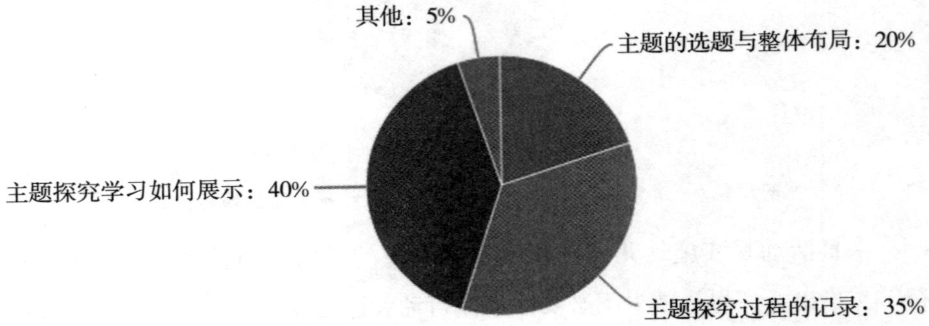

图2-1-6　幼儿园主题探究活动方面的困难比重

幼儿园主题探究活动提倡幼儿亲身体验、探究学习。而在实际教学中，其往往缺失了“探究”，呈现形式多为各个领域教案的简单拼凑。问卷调查数据显示，联盟园中20%的教师困惑于“主题的选题与整体布局”，35%的教师困惑于“主题探究过程的记录”，40%的教师困惑于“主题探究学习如何展示”。如何在主题探究活动中激活“探究”，落实幼儿的自主性学习，这是需要整个联盟去思考和实践的问题。

2. 联盟园园所管理情况

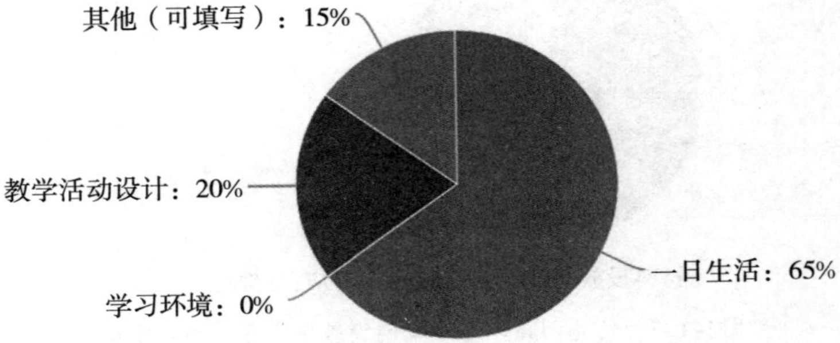

图2-1-7　联盟园园本教研内容比重

立足幼儿园发展现状与需要的园本教研，可以激发教师反思，为教师提供强大的专业发展内动力。实践证明，参与式教研、观摩式教研是园本教研中最有效的学习方式，有利于形成教师队伍成长中“自我造血”的良性循环。联盟园园本教研内容方面的调查显示，65%的内容与一日生活相关；20%的内容有关教学活动设计研究，而作为课程实施主要途径之一的学习环境却为0。这促使牵头园去重点关注如何在学习环境创设方面进行教研布局，通过观摩、研讨、实操等方式提升教师群体在学习环境创设方面的能力。

3. 联盟式发展需求情况

（1）联盟园园长喜欢的联盟培训形式（可多选）

问卷题目：

有关联盟园培训的形式方面，您比较喜欢哪些？

A. 聘请有丰富教学经验的教师教授基本理论、传授专业知识

B. 请有实践管理经验的幼儿园园长来园讲课

C. 园所交流

D. 互动式培训（通过双向交流来培训）

E. 组织到外地学习最新的理论知识，获取最新的幼教信息

调查数据分析，呈现为下表：

表 2-1-5　联盟园园长喜欢的联盟培训形式情况

选项	小计	比例
聘请有丰富教学经验的教师教授基本理论、传授专业知识	12	60%
请有实践管理经验的幼儿园园长来园讲课	11	55%
园所交流	15	75%
互动式培训（通过双向交流来培训）	11	55%
组织到外地学习最新的理论知识，获取最新的幼教信息	9	45%
本题有效填写人数	20	

调查显示，联盟园园长最喜欢的是园所交流方式；其次分别是聘请有丰富教学经验的教师教授基本理论、传授专业知识；实践管理经验培训、互动式培训（通过双向交流来培训）；组织到外地学习最新的理论知识，获取最

新的幼教信息。

（2）联盟园园长喜欢的联盟培训内容

问卷题目：

以下培训内容，您觉得有帮助的是什么?（可多选）

A. 政策理解方面，如《教育法》、《教师法》

B. 沟通协调方面，管理创新领域

C. 品牌创建领域

D. 课程研究

E. 幼儿园教科研方法

F. 讲授教学实践

G. 无所谓

调查数据分析，呈现为下表：

表2-1-6 联盟园园长喜欢的联盟培训内容情况

选项	小计	比例
政策理解方面 如《教育法》、《教师法》	10	50%
沟通协调方面，管理创新领域	17	85%
品牌创建领域	9	45%
课程研究	18	90%
幼儿园教科研方法	15	75%
讲授教学实践	11	55%
无所谓	0	0%
本题有效填写人数	20	

调查显示，园长最聚焦的需求是课程研究，包括一日生活的组织、学习环境创设、主题探究活动开展等。位居第二的是沟通协调方面、管理创新领域；其后依次是幼儿园教科研方法、讲授教学实践、政策理解方面及品牌创建领域。

（三）联盟园课程建设情况及需求

为了使联盟园的课程建设帮扶工作更加有效，我们对联盟园开展了充分的调查研究，结合调查问卷与访谈，研究小组梳理了各园课程发展情况及帮扶重点。

表2–1–7 联盟园课程建设情况及帮扶重点

园所名称	等级	园所发展情况	帮扶重点
坭岗幼儿园	市级	1.课程建设：创意体能特色课程（深圳市学前教育专委会“体能梦想中心”）。 2.师资水平： （1）骨干老师：比较擅长体育游戏的设计、组织，以及“一物多玩”的创意开发。 （2）年轻老师：需要通过体能活动组织策略培训，提升其在课程实施方面的能力。 3.课题研究：对研究方法的理解比较模糊	1.环境创设：结合本园的体育特色，提升幼儿学习环境创设的品质。 2.园本教研：教研的有效性提升，丰富教研形式。 3.小课题研究的开展方法
武锦幼儿园		1.课程建设：传统文化课程特色。从2016年开始尝试中国传统文化课程，借鉴广东“十一五”课题研究成果——汉源国学课程，弘扬传统。 2.课题研究：小课题研究能力比较薄弱	1.学习环境：彰显园所文化的环境打造。 2.课程建设：课程体系的梳理。 3.课题研究：研究方法及研究推进策略
亚太幼儿园		1.课程建设：以建构创意活动为特色，深圳市学前教育专委会“建构梦想中心”。 2.师资水平：教师已对建构的关键经验有了较系统的掌握，但是在支持和引导孩子创意表达方面，缺乏策略与经验。 3.课题研究：结合课程特色，申报了国家级课题研究项目，但是在研究资料的收集、整理方面遇到了困难	1.园本教研：教研组织的多元策略。 2.课程建设：课程体系的梳理。 3.课题研究：国家级课题研究开展的思路及资料收集的方法
童晖幼儿园		1.课程建设：以亲子阅读为特色。 （1）家长资源开发：深入挖掘阅读资源，广泛发动家长参与，大力发展幼儿与家长的阅读习惯培养，从妈妈，到爸爸和爷爷、奶奶的集体加入。 （2）课程资源：现在阅读课程与主题结合，师生开始深入探索。 2.师资水平：阅读课程提升了教师的阅读能力。有6位老师成为罗湖图书馆故事老师。教师在幼儿一日生活中的观察、支持水平还有待提升。 3.课题研究：有开展培养个别儿童参加集体活动积极性的小课题研究。研究的过程缺少科学的研究方法指导	1.学习环境：创建园所书香园。 2.课程建设：优化阅读课程建设，梳理课程体系。 3.课题研究：小课题研究方法的运用

续 表

园所名称	等级	园所发展情况	帮扶重点
第一建筑工程公司幼儿园	市级	1.课程建设：以阅读课程为特色。最初，以活动开展为主，缺乏连续性和统筹性。在摸索的过程中，逐步形成有关教研、家园共育的有机方案。计划创设年龄段绘本馆。 2.课题研究：在课题方案编写与课题开展方面遇到了困难	1.学习环境：打造阅读特色环境，重视内涵的表达。 2.师资队伍：重点以大阅读为切入点，通过教研培训，提升教师阅读教学方面的能力。 3.课题研究：小课题研究方法
大地幼儿园	市级	1.课程建设：以阅读课程为特色。结合综改及联盟园大阅读活动，园所从阅读环境展开，设计了阅读漂流瓶。 2.园所困惑：如何按照各年龄段分类推荐书籍	1.课程建设：梳理幼儿园课程，初步探索课程架构。 2.课题研究：小课题研究策略
春苗幼儿园	区级	1.课程建设：以主题活动为特色。主要参照南师大的主题活动开展，开始关注主题墙与幼儿学习过程的结合。 2.师资队伍：教师对于主题探究的阶段和策略缺乏经验	1.学习环境：创建书香园所。 2.师资队伍：提升教师在主题活动组织与阅读教学方面的能力
悦园幼儿园	区级	1.课程建设：以体能活动为特色。基于户外场地空间较大，结合外出参观学习获得的经验，积极摸索体能活动开展策略。先从各个年龄段的操节创编入手，推动体能活动开展。 2.园所困惑：关于拍球等运动项目的年龄段发展目标比较模糊	1.学习环境：户外体能环境的创设。 2.师资队伍：重点以大体育为切入点，提升教师在体育教学方面的能力
龙园山庄幼儿园	区级	1.课程建设：以体能活动为特色。根据班级数量划分了户外场地，对大型器械进行了更新和完善。 2.园所困惑：在体能方面做得不够深入。 （1）老师的主题活动如何与体育器械融合，如民间体育游戏，探究与体育相关的话题。 （2）老师在指导孩子技能练习的策略方面需要指引	1.课程建设：通过观摩、教研，重点解决如何科学地开展户外体能大循环活动。 2.课题研究：小课题研究策略

续 表

园所名称	等级	园所发展情况	帮扶重点
清水河为民幼儿园	规范园	1.课程建设： （1）在阅读活动方面：结合联盟园大阅读活动，开展了亲子阅读。在家庭阅读环境创设活动中，部分家长缺乏主动参与的积极性。 （2）在体育自主游戏方面：之前进行了分区分班创设体育游戏环境。在专业帮扶下，开始探索大循环锻炼。 2.园所困惑：如何支持孩子在体育游戏中自主探索	课程建设：阅读活动、体能活动开展的策略
精精幼儿园		1.课程建设：以阅读活动为特色，主要进行两个方面的探索——幼儿阅读和亲子阅读。 2.园所困惑：在亲子阅读中，家长参与度不高。在阅读活动中，书籍的选择缺乏专业指导	1.学习环境：在公共环境、班级环境中创建书香园所。 2.师资队伍：重点以大阅读为切入点，通过教研培训，提升教师在阅读教学方面的能力
草埔幼儿园		1.课程建设：以阅读活动为特色，随着阅读活动的开展，孩子阅读自主性、阅读习惯成效明显。阅读的兴趣习惯深入家庭。 2.活动重点有两方面：一是推动家长为孩子提供更好的支持与陪伴。二是将阅读室创建起来，让老师和孩子一起分享	1.学习环境：在公共环境、班级环境中创建书香园所。 2.课程建设：在阅读活动方案、阅读资源方面需要支持。 3.师资队伍：重点以大阅读为切入点，通过教研培训，提升教师在阅读教学方面的能力
金祥幼儿园		1.课程建设：以音乐活动为特色。借鉴奥尔夫音乐资源，在幼儿园开始普及非洲鼓，节奏活动开展丰富。 2.师资队伍：教师音乐素养和游戏教学经验方面需要进一步提升	1.课程建设：音乐活动课程资源的积累。 2.师资队伍：音乐活动组织策略
华实幼儿园	新办园	1.课程建设：以艺术教育为特色，配备了舞蹈房等设施设备。 2.师资队伍：因房屋加固，生源流失严重。举办者欲将幼儿园转手，已经明显减少开支，老师流动性大	1.课程建设：一日生活组织有序，日常教学维持稳定是现阶段重点需求。 2.师资队伍：重点提供观摩机会，帮助团队建设

（四）调研结果分析

通过调研，牵头园研究小组搜集到关于教师、园长与园所发展情况及需求的数据，并开始规划联盟式发展的整体布局，从需求入手，从问题入手，从自身优势入手，突破发展瓶颈，实现合作共赢。

1. 教师队伍方面

（1）教师整体专业素质不高

联盟园教师队伍年轻化、学历层次较低、教师的职后教育需求强烈，尤其希望能够用理论指导实践，提升教学实操能力。清秀幼教集团联盟园依托信息化技术，通过教研培训、课题研究等多种手段，推动教师专业成长的内动力，促进教师共同体的发展，盘活优势资源。

（2）教师工作压力大

由于教师教学经验的不足及园所管理的水平限制，教师工作压力大，重复性工作繁重。在联盟式发展中，我们一方面可以为联盟园教师提供教学资源模板（如基础环境创设模板、一日生活流程模板），从而减少教师在制作模板方面的时间消耗；另一方面可以帮助各园精简管理流程从而提高工作效率。

2. 园所课程实施

作为课程实施途径的一日生活、主题探究活动与学习环境创设，联盟园在实践中遇到的困惑有很多共同点并期待解决难题。联盟通过开展多元的“1+N”模式推进课程建设。其中“1”指基本保障：保障联盟的基本教学质量。在实际操作过程中，联盟依托牵头园的信息技术优势，以常态性督导作为质量检核，以联盟园互助为辅助路径来保障教学的基本质量，以基础环境创设、一日生活各环节的活动与建议、领域目标与区域材料作为基本内容，从而实现资源有效共享的联盟发展基本态。在“1”的基础上，牵头园帮助联盟园梳理各自的特色课程“N”。

特色课程是立足于各园的办园特色、课程历史背景和课程理念，以本园幼儿为本，在长期的课程实践中开发、探索、积淀形成的。在特色课程建设进程中，武锦幼儿园的中国传统文化特色课程独树一帜。该园自2016年开始探索开展中国传统文化教育，从主题活动、节庆活动及学习环境方面进行全方位的课程资源开发。以了解中国传统文化，树立民族自豪感为活动目标，培养健康快乐，文明有礼，善于表达、表现，乐于探究，符合现代化需求的中国小公民。

表2-1-8　武锦幼儿园传统文化课程内容

模块	内容
环境	中国节、陶瓷、国画、书法、剪纸（祥云纹案）、诗词、十二生肖、节气、风筝、百家姓
游戏	甩纸板、捡石子、踢毽子、折纸、风筝、滚铁环、翻绳、弹弓、打陀螺、玩沙包、套圈
区域活动	剪纸、画脸谱、装饰旗袍、艺术纸花、蜡染、皮影、刺绣、糖人、做花灯、开设美食店、语言区融入主题活动、剧场
特色活动	中秋节、春节、端午、元宵节，春天风筝节活动，夏天泼水节活动，初秋重阳节、教师节，寒冬美食节（元旦），传统文学主题阅读活动
主题学习	小班上学期： 快乐家园　饮食起居　幸福童年　感恩孝亲 小班下学期： 四时节令　言谈举止　山川大地　交往礼仪 中班上学期： 尊师亲友　思乡之情　诚实守信　离别之情 中班下学期： 风花雪月　知行合一　琴棋书画　向善求仁 大班上学期： 惜时立志　勤劳节俭　优雅情趣　知耻改过 大班下学期： 好学好会　恤民之情　智慧人生　报国咏志

二、确定联盟式发展的共同目标

联盟式发展的共同目标是整合优质教育资源，实现优质教育资源共享，共生共进，共同发展。

（一）联盟式发展的指导思想

全面贯彻党的十九大精神，以习近平新时代中国特色社会主义思想为指导，深入贯彻习近平总书记对深圳工作的重要指示批示精神；坚持“以人民为中心”，落实教育优先发展战略，牢固树立创新、协调、绿色、开放、共享的发展理念；全面贯彻党的教育方针，全面发展素质教育，全面落实立德树人根本任务；秉持“为每一个学生提供适合的教育，让每一个孩子扬长发展”的教育理念；以促进教育公平、提高教育质量为主线，以更新教育观念、释放办学活力、创新培养模式、推动内涵发展为重点。

经过需求调研与深度研讨，联盟确定以区域教育联盟为载体，促进联盟园之间在园所规划、制度建设、教育管理、队伍建设、教学质量、课题研究等多方面的联动发展，增强区域联盟的管理共进、资源共享、信息互通、文化濡染，推进优质教育资源共享。

（二）联盟式发展的目标

联盟式发展是共同体打造基础上的共进共赢，其目标聚焦于以下四个方面。

1. 发挥名园品牌效应

清秀幼教集团作为省一级幼儿园，在罗湖区教育发展推进中，责无旁贷地需要贡献其智慧和资源，发挥名园的品牌效应，围绕管理水平、教育教学、师资队伍建设等方面开展行动，规范联盟园办学行为及内部管理制度，提高教师的保教质量，实现优质教学资源有效共享，促进区域教育均衡优质发展。

2. 推动教师共同成长

发挥联盟内优秀教师的作用，建立人才库，制定教师培养方案，打造教师成长共同体，推动整个教师队伍专业发展。建立联盟内教师常态交流机制，促进优质师资共享，以开设讲座、公开课等形式分享交流；充分发挥名优教师的辐射引领作用，以入园帮扶、大教研组、课题群、名师工作室等多种形式开展教育教学研究工作。

3. 促进优质课程共建共享

整合联盟内各园所优质课程资源和社会教育资源，通过普适性项目介入课程建设，多种活动联动开展，推动园所的课程资源利用、开发，建设地域特色的优质课程开发、共享机制。

4. 建设信息资源共享平台

集聚联盟力量，加强信息技术与教育教学管理融合，与主题、领域教学融合，充分发挥信息平台在园际课程资源共享、教育教学研究等方面的作用，提高各园办学效率和课程资源利用率。

第二节 联盟式发展的内容模块

基于联盟式发展的理念、目标，我们确定了发展内容的模块。一方面，自上而下，根据国家的教育方针政策、牵头园的优势资源来确定；另一方面，自下而上，根据联盟园的园所管理、教师队伍及课程建设实际情况，不断聚焦问题，挖掘各园的优势资源。

一、园所管理规范化

园所管理规范化发展的帮扶，主要围绕园所管理制度、流程开展，帮助园所提高管理的科学性、高效性。以《幼儿园工作规程》《幼儿园教育指导纲要（试行）》《3—6岁儿童学习与发展指南》及《深圳市罗湖区深化教育领域综合改革实施方案》为依据，坚持统筹规划、分类指导、突出重点、注重实效的工作原则，帮扶工作主要通过以下两种形式进行。

（一）结构性帮扶

针对罗湖区督学经常性督导及联盟内入园帮扶发现的问题，结合联盟园组织架构、各类管理制度、管理流程、档案归类等问题进行梳理，集中联盟中省市级幼儿园的优势资源帮助薄弱园建立科学管理制度，建立健全行政管理、教育教学、卫生保健、消防安全、财务管理等各项制度。比如，各岗位职责的明确与学习、幼儿园工作行事历的建立——明确固定时间该完成的工作种类。同时，健全、完善园务会、教代会、家长委员会等组织机构，并帮助薄弱园逐步树立科学的办园理念。

在结构性帮扶中，安全工作制度的完善尤其重要，包括各类安全预案的重新整理与学习、每日安全检查要点集中学习与加强检查结果的交流反馈。安全的人防与技防缺一不可。人防方面关注教职工来源，做好体检工作，培养每位教职工的安全职责、岗位职责、常规活动职责。技防方面主要做好监控、防撞及消防。在安全方面，联盟园的安全管理人员形成了小团队，资源共享，共同进步。安全小组首先现场查看各园的安全环境及安全管理资料，发现问题。在此基础上，成立三个小组进行分工合作。一组完善安全资料、安全制度；一组完善操作流程、应急预案（如意外伤害）；一组精简、整理各类工作表格（如食品留样表）。

（二）动态性帮扶

联盟园各方面管理质量的提升，需要持续不断的交流与调整。针对园长的管理水平，通过每个学期定期的四次联盟工作会议、区域教研培训、园所现场帮扶，结合信息技术，对园长进行管理经验和教育思想的培训，提升管理者在幼儿园的办园理念、管理知识与技能、课程规划与设计等方面的专业能力。

结合牵头园的优势资源——卫生保健管理信息化的研究经验，牵头园将成果推广至联盟园以后，联盟园借助互联网工具，实现幼儿健康管理，呈现幼儿健康信息环境集，联通幼儿园各环节、家园之间，以及与政府职能部门之间的信息通路。优秀的保健医是多数幼儿园的稀缺资源，清秀幼教集团联盟园通过卫生保健信息化管理及保健医入园研讨活动，实现了园际共享保健医，将优质的卫生保健管理经验、健康教育经验在联盟园实现共享共建。

在园所管理规范化帮扶中，牵头园引导各园自觉遵守教育规律、提高办园质量，办出适应市场需求的各具特色的幼儿园，形成自己的特色教育品牌，以此得到法律的保护及社会的认可，赢得人们的尊重，让自己在激烈的市场竞争中站稳脚跟，持续发展。

二、课程建构适宜化

清秀幼教集团联盟以信息技术作为主要载体，以常态性督导作为质量检核，借助联盟园相互帮扶，以基础环境创设、一日生活各环节的活动与建议、领域目标与区域材料作为课程建构的基本内容，以此推动联盟园课程建构。

（一）一日生活的组织与实施

联盟园教师整体年轻化，对于幼儿一日生活的教育价值及组织策略缺乏经验。对于如何让一日生活组织顺畅、如何为幼儿自我服务提供机会，各园都存在急需帮助的需求。

清秀幼教集团在生活教育方面有着长久的理论和实践研究，确立了幼儿园课程应关注幼儿生活，利用社会生活，在生活中促进幼儿发展的课改思想，形成了以“生活教育”为依托的园本课程特色。对于联盟园课程建设的推进方面，从一日生活入手，重点围绕“幼儿自我服务的学习”“各环节的活动建议”和“教师站位及指导语”三个方面进行教研培训，抓住课程最基本的部分，促进联盟办学质量的整体提升。

（二）学习环境创设

幼儿园的环境创设作为幼儿园文化、教育理念、班级文化、教师教学理念呈现的重要手段，对幼儿各方面的发展有着重要影响。学习环境创设需要室内外一体化，整体性打造——班级基础环境、活动环境、户外环境三大模块。

班级基础环境是整体环境模块中最重要的部分，该模块共分为五大板块，分别是：教室门口板块、功能展板、区域环境板块、安全环境板块、物品管理板块。每个板块设定基本涵盖的内容指标，以及相应的创设要求。在联盟式发展中，牵头园通过集中培训、入园指导、跟岗学习，促进各园在学习环境方面做到科学性、生活性和教育性。

（三）主题探究活动

在课程实施中，联盟园均开展了主题活动。牵头园全面推进探究取向的主题探究活动开展，明确主题探究的思路，帮助教师理解五种组织策略（讨论、实地调查、表征、调查研究、展示）在三个阶段（第一阶段了解旧经验发现兴趣点、第二阶段丰富新经验探究新问题、第三阶段统整发表运用概念）中的运用。在主题探究活动的深入推进中，帮助教师理解幼儿的学习，支持幼儿的自主学习。

（四）区域活动

区域活动是幼儿园一日活动中重要的教育形式之一，是幼儿重要的自主活动形式之一。区域活动的教育功能主要是通过材料来实现的，联盟采取区域材料共享的模式以促成联盟园所之间优质材料的共享共生，多元、有效地开发和使用优质材料；线上线下打通，建设材料资源库，以实现存储、借用的功能；对于可借用的材料，每份材料都有一份指引表——包含材料名称、材料构成、材料价值分析、材料的玩法、幼儿的典型表现这几部分内容。在材料共享的基础上，联盟通过教研形成与五大领域相应的学习与发展目标，帮助教师快速筛选和评价班级区域材料的适宜性、丰富性、有效性及合理性。

三、教师发展共同体

幼儿园的课程能否得到有效实施，一定会受制于课程实施者即教师的专业发展情况。不断学习、探索未知事物及系统地改善教学实践的研究能力，是联盟园对教师专业能力的要求。通过调研了解教师发展水平、共性发展困难及需求，并进行分层解析，建构“片区联盟，资源统合”的教研模式。该模式立足于联盟园实际，整合教育行政部门、教研培训机构等多方优质资源，形成教师发展共同体，倡导理论引领实践、实践解释理论的理念，探寻有效的解决路径。

（一）整体推进教师队伍发展

联盟的教师队伍发展，需要立足于提升师资队伍的核心素养，从知识、技能、情感、态度、价值观等方面进行提升。只有培养具备核心素养的师资队伍，才能支持“活在当下的儿童、预见未来的教育”。核心素养是知、情、行、意的统一体，是知识、实践与专业价值观的统一体。在整体推进教师专业素养方面，我们通过公需课和专业课的学习、教师岗位练兵活动、跟岗实践及评比互动等，推动教师素质提升。

（二）分层培养教师队伍

根据教龄、教学经验与能力，联盟的教师队伍主要分为新手期教师、适应期教师、稳定期教师、瓶颈期教师及更新期教师几个层次。定期开展面向联盟园的教研，从问题收集、入园观摩、参与研讨、实践反馈等环节逐层推进。针对教师的不同层次，有针对性地组织相应的教研与外出学习。结合小课题研究，重点提升各园骨干教师的研究能力，逐步促进教师专业提升。

（三）以联盟为场域，促进名园教师辐射与成长

在联盟共同发展的进程中，充分发挥幼儿园各级骨干教师、“名师”的带头示范作用，通过讲座或示范课向其他教师传授课堂教学经验、展现教学基本功与教学技能。在互动帮扶过程中，能够使教师的教学研究团队不断扩大，促进教师实现专业化的发展与成长。

第三节　联盟式发展的路径解析

在确定联盟式发展的目标与内容的基础上，我们从组织文化、课程建设、教师队伍、教研培训、督导评价几方面联合推进联盟园的共生共进。

一、达成与时俱进观的共同愿景

愿景的意思是希望看到的情景，是由牵头园与联盟园共同形成，具有引导与激励组织联盟内成员的未来情景的意象描绘，提出方向性的长程导向，把联盟活动聚焦在一个核心目标上，持续依循的明确方向、步骤与路径前进的组织目标。因此，愿景会引导或影响联盟及其成员的行动和行为。建立共同愿景不能靠命令，不能靠规定，只能靠周而复始的沟通和分享。

清秀幼教集团联盟在组织文化基础上建立起共同愿景——追求公平与有质量的学前教育，促进教师队伍共同发展。联盟分别通过两个方面进行推进：一是活动导向的共融文化建立；二是课程导向的专业共生发展。

二、依托信息环境建设联盟共同体

清秀幼教集团运用信息化手段，建构起网络环境下的信息化教育模式。以幼儿基础数据为基点建立幼儿园管理体系；通过信息技术，从园内实物资源管理走向园际资源共享，并将日常工作管理流程作为督导管理蓝本，建立了基于幼儿、教师的基础数据，以及幼儿园日常管理（信息资源、实物资源、教学过程、家园共育、督导评估）的“一站式”云信息系统。

清秀幼教集团联盟园秉持“技术助力，共生共长”的目的，以“夯实基础，多元发展”为基本路径，积极创建网络互动平台，随时展开在线交流、研讨，让平台成为教师学习互动的平台、资源共享的平台、成果辐射的平台。重点实现四个方面的共享：一是幼儿园基础环境资源共享；二是幼儿园一日生活资源共享；三是幼儿园领域目标与区域材料共享；四是幼儿园健康区域协同管理。

三、保障联盟式发展的督导检查工作

清秀幼教集团联盟在区行政部门的督导管理体制基础上建立了联盟园督导检查制度，通过制定联盟园考核评价制度、定期开展联盟园检查工作等具体措施推动联盟园改进园所的管理，促进联盟园规范办园行为，以保障幼儿身心健康、快乐成长，全面提升教师的综合素养。

四、引领课程视野下的质量提升

清秀幼教集团联盟以幼儿园课程为核心，围绕课程实施的质量提升，重点从四个方面打造互动式共同体。一是以课题的联盟教研为引领，规范区域教师研究行为，将研究与教学紧密结合，提升教师的专业素养。二是通过普适性项目，如早期阅读、学习环境创设、一日生活组织、主题探究活动等，提升课程实施整体水平。三是通过举行项目式竞赛分享优质教育资源，促进家园共育的品质提升。四是通过多样的联盟交流活动，推动课程建设的进展。

五、打造教师共同发展的平台

清秀幼教集团联盟为教师提供了一个联合教研的平台，以课程建设为契机，通过三方面展开建构互动式共同体：一是梯队——师资培训体系建构与讲师培养。建立了培训、管理和激励三位一体的机制，分层进行针对性培训。二是互动——组织教师之间相互学习。通过入园研讨、课题培训和联盟园考核等方式，促进联盟园所教师之间的观摩研讨、相互学习。三是内动——培养研究型教师。以“反思—合作—行动”为基本研究模式，提升教师专业成长的内动力。

第四节　联盟式发展的保障与评价

一、联盟式发展的保障

（一）组织保障

在罗湖区教育领域综合改革领导机构的框架内，把推进集团化办学、联盟发展作为深化教育综合改革的重点项目，定期召开办学工作会议，成立“集团化办学和联盟式发展”项目组。负责集团化办学工作的研究、规划、实施、推进、评估、反馈、改进等全链条工作。

区域联盟工作由罗湖区教育局教育二科统筹管理，同时接受教研、培训、督导等部门相应的业务指导并负责工作任务的落实。清秀幼教集团联盟内部由清秀幼教集团牵头，组建联盟式发展领导小组，精心组织、分工合作、周到部署，做好年度工作计划，建立活动档案，确保帮扶结对活动全面展开、扎实有效。

联盟下各幼儿园积极主动配合工作，接受牵头园的指导和帮扶，并为促进集团联盟共同进步、发展出谋划策，各园园长作为负责人对接相关工作。举办者要提供便利和相应的工作条件，园长和教师要认真参与研习培训、交流活动，并接受幼儿园发展规划的有效指导。

表2-4-1　联盟园工作领导小组分工责任

小组分工	职责内容
组长	全面负责各项工作的开展，组织送教到园、理论学习、专题讲座等事宜
副组长	辅助组长的各方面工作
教研培训组	负责区域教研计划制定、教研活动方案设计；量身定制邀请专家；入园现场进行交流与帮扶
资料收集组	活动材料收集、记录、整理、建档工作
宣传小组	负责成果展现、宣传工作

（二）资金保障

罗湖区教育行政部门给予每个幼教集团联盟专项经费扶持，标准为20万元/年。经费使用用途为：组织集团联盟内园所开展教研培训活动、课题研究、家园共育活动、集团联盟内各类评选评比活动及日常事务办公用品购置等。

清秀幼教集团联盟由清秀幼教集团作为牵头园，制定年度项目实施计划并申请经费预算，报区财政按程序审批通过后纳入部门预算，所申请经费主要用于联盟办公、课程开发、教科研等。区教育局每年对专项经费使用情况进行考评，考评结果作为集团联盟负责园下一年度制定专项经费计划的参考。集团和联盟负责园不得违反财务纪律，不得隐瞒、截留、占用和挪用专项经费，专款专用。一旦违反专项经费使用要求，按相关规定进行处理、处分或处罚，并追回已拨付项目的全部资金。构成犯罪的，依法移交司法机关处理。

（三）督导保障

罗湖区以“督导服务于学校发展”和“学校的需求就是督导的责任”为宗旨，探索区域教育督导的创新和发展，进一步完善区域内督学分片巡视制度，努力提升督导工作服务学校发展的品质，使督学责任区建设成新时期教育督导推进学校发展的主要动力。

2017年，罗湖面向全市招聘专职学前教育责任督学，此举属全国首创，其目的在于真正实现责任督学专职化、专业化。罗湖区学前教育专职责任督学履行下列职责：一是规范办园，提升办园质量；二是指导申报等级评估的幼儿园开展创建；三是幼儿园热点、难点专项督导。学前教育专职督学队伍根据工作需要，对整个区的幼儿园进行有关经常性督导（校园安全情况、依法依规情况、办园资质、招生与财务管理、园务管理和制度执行情况、教职工队伍、卫生保健、办园理念与特色建设）、专项督导（课程建设、去小学化、办园行为等）和综合性督导。督学开展经常性、针对性的督导活动，及时了解和掌握幼儿园的办学情况，加强监督与指导；及时发现典型经验并总结推广；及时发现问题，定期或不定期地向教育行政部门和学校报告，提出建议及督促和指导幼儿园规范办学行为，提高教育教学质量。

常态督导是保障幼儿园教育质量的重要途径之一。专职责任督学通过每月对每所幼儿园督导次数不少于1次，每次督导时间不少于0.5个工作日的方式保障幼儿园常态教学质量。督导采取随机听课、查阅资料、列席会议、座谈走访、问卷调查、园所巡视等方式，对幼儿园依法依规办学进行监督，对园所管理和教育教学工作进行指导。责任督学针对督导中发现的问题提出改进建议，形成反馈意见，将督导结果当场向园所反馈，并及时向区政府教育督导室提交督导报告；对督导中发现的重大问题，向幼儿园下达《罗湖区责任督学挂牌督导整改通知书》，明确提出整改要求和整改时限；需区有关部门或教育局机关科室（中心）支持、配合、协调解决的问题，提请区政府教育督导室向相关部门或科室出具《罗湖区责任督学挂牌督导工作协调意见书》。责任督学按时撰写学期督导报告，督导报告应包括督导任务、督导过程典型经验、突出问题、督导结论及督导建议等。区政府教育督导部门每月听取责任督学工作汇报，研究处理相关问题。教育行政、教育督导等有关部门重视督导结果和责任督学建议，将其作为对幼儿园综合评价、主要负责人考评问责的重要依据。在幼儿园评优评先方面，充分听取责任督学意见。

二、联盟式发展的评价

联盟式发展进程结合评价反馈，主要包括督导评价、联盟园内部评价。评价是为了发展，可持续发展是联盟发展评价的一把标尺。综合督导评价与联盟园内自身的评价工作，联盟对阶段性的工作进程与发展效果给予及时的反馈，进行反思调整，不断完善。

（一）督导评价

为全面落实《深圳市罗湖区深化教育领域综合改革实施方案（2018—2020）》，建立健全幼儿园常态化和动态化相结合的监管机制，进一步规范幼儿园的办学行为和日常工作，构建罗湖区行政管理、专职责任督学督导、教育科学研究和师资专业培训“四位一体”管理模式，创新、灵活、有效推动全区学前教育优质发展。根据《深圳市教育局关于推行幼儿园日常管理积分制的指导意见》（深教〔2016〕37号）精神，结合罗湖区实际，自2019年起在罗湖区幼儿园推行“四位一体”日常管理积分制。

案例

"四位一体"日常管理积分制方案

一、指导思想

全面贯彻党的十九大精神，聚焦教育的供给侧改革，注重改革的系统性、整体性、协同性，以打造罗湖"精品幼教"，推动学前教育规范、普惠、优质发展为目标，遵循依法办学、依法管理的原则，落实行政、督导、教研和培训一体化管理责任，健全学前教育监管体系，提高幼儿园办学水平，提升学前教育质量，努力为市民提供高质量的学前教育公共服务。

二、基本原则

（一）依法行政，规范管理

罗湖区依法依规对辖区各类幼儿园进行管理，杜绝随意性管理行为。通过动态化、日常工作积分管理等方式，强化监管力度，引导和督促幼儿园依法规范办学行为。逐步形成政府依法有序管理、幼儿园自我约束的长效监管机制。

（二）过程性评价与结果性评价相结合

将幼儿园日常工作和保育教育管理等过程性要素纳入评价体系，采取定期和不定期检查、经常性督导、全年累计积分等方式对幼儿园个性工作进行检测和评价。按年度进行综合评价，累计积分纳入相应年度检查成绩。

（三）以引导、促进幼儿园质量提升为目的

通过动态、随机监管，专项督导及综合督导等方式，及时发现问题并提出整改意见，督促幼儿园制定方案认真整改，促进幼儿园规范办学行为，不断提高办学水平和保育教育质量。

三、主要内容

（一）指标体系

根据幼儿园日常管理实际和民办幼儿园年检要求，将指标体系分为办学资质、行政管理、教职工管理、招生管理、安全管理、保育教育管理、财务管理等七个项目，共64条管理要求指标。

（二）积分规则

每个幼儿园的起始分值均为100分。各单位根据定期和不定期组织现场检查评价意见，对幼儿园违规办学的具体事项做相应扣分处理。每学年度对

幼儿园日常管理累计积分进行综合评价。其他行政机关、执法机关在执法、检查中对幼儿园依法做出的表彰或处罚（整改）决定，可作为加分或扣分的依据；对获得区级以上奖励的幼儿园，做适当的加分处理，所有额外加分事项合计为5分。

（三）结果运用

日常管理积分制原则上适用于我区各级各类幼儿园。民办幼儿园年度积分纳入当年年检考核，积分结果即为年检得分；公办幼儿园年度积分计入当年办学情况档案。各年度积分结果作为幼儿园参与评优评先的重要参考依据。

四、工作机制

“四位一体”管理积分制工作属于区教育局“四位一体”协同管理业务范畴，接受“四位一体”联席会议领导小组统一领导。具体管理成员主要由教育二科、督学事务中心、区教科院学前教育教研及培训相关工作人员组成，区教育局其他业务科室工作人员负责所涉及业务中扣分项的记录。

结合日常管理工作，区教育局将64条管理要求指标七个项目分解至日常工作内容，各部门及教育局其他业务科室，将办学资质、行政管理、教职工管理、招生管理、安全管理、保育教育管理、财务管理等方面所涉及内容的最后积分结果，交由教育二科统一汇总。

对幼儿园上一年度的日常积分管理结果，于第二年的3月中旬进行汇总。对每年不同业务部门提交的积分表中一票否决项或者对积分结果有争议的，召开“四位一体”联席会议讨论是否采纳。

五、工作要求

（一）强化监管考核

各部门根据《罗湖区幼儿园“四位一体”日常积分制管理项目指标表》（见附表）和积分标准，结合日常管理需要，组织考核组定期或不定期开展现场评价。对违规行为及时出具整改通知书，并限期整改，促进幼儿园规范办学。

（二）加强结果运用

区教育局将上一年的日常管理积分情况向辖区幼儿园公布，并将结果向市教育局报备。同时，将积分结果作为年检结论向社会公告，接受公众监督。依据《中华人民共和国民办教育促进法》及其实施条例的相关要求，将幼儿园的日常管理积分与评优评先、政府资助、优惠政策和招生等工作挂钩，对积分较低的幼儿园，责令其限期整改（整改情况向市教育局报备），情节特别严重的，依据相关法律法规予以处理。

具体评分表（略）

（二）联盟内部评价

联盟内部评价主要包括教师考核评价及联盟园内部工作督查。

（1）牵头园完善集团内部的教师考核评价方案，实施验证后将考核方案推广到联盟园中，各个联盟园根据园所实际情况进行调整。

（2）牵头园每1—2个月组织联盟园的教管人员、教研员、骨干教师、后勤人员、保健医等到各园进行入园研讨、现场帮扶。从教学到后勤，从教育到保育，全方面提升联盟园的办园质量。此外，定期对联盟园进行常态化的督查工作，使用记录表对联盟园的各个部分进行督导和记录并及时反馈联盟园。

第三章　实施联盟式发展的路径

第一节　解析联盟式发展的原则

在联盟式发展中，充分发挥优质品牌园所的辐射作用，充分尊重各联盟园所的主观能动性，通过制定集团章程、制定集团规划、创新管理机制、加强师资流动、共享优质课程等，分享先进的办学理念、成功的管理模式、有效的课程教学、优秀的教师团队等，从而增加优质教育资源总量，促进教育优质均衡发展。

一、联盟园成员协同发展的原则

在清秀幼教集团联盟园中，有省级园、市级园、区级园、规范园及新建园。从教育资源与办园历史来分析，清秀幼教集团联盟园犹如一个混龄班，具有以下两个特点。

（一）每个成员都独一无二，各具特色

武锦幼儿园的园所空间小，但是在中国传统文化课程开展的过程中，园所环境丰富，生动呈现中国文化，主题活动彰显中国传统习俗，幼儿在日常行为中体现文明礼仪。垠岗幼儿园的户外环境创设彰显了体育活动特色，区域规划有序而类别丰富，器械种类多元，器械摆放便于孩子自主拿取，有利于孩子进行身体动作的探索和身体素质的锻炼。

（二）成员之间能共生共进，相互学习

亚太幼儿园在房屋受损时，联盟园一起沉稳地开展应急处理；春苗幼儿园对打造小而精的学习环境有着宝贵的经验；童晖幼儿园实施阅读活动，园内幼儿的阅读能力具有显著优势，该园的阅读活动组织策略值得学习。

在清秀幼教集团联盟这个“混龄班”中，成员们互帮互助，成就彼此。

二、打造共同发展的基本式与变式

“幼儿园应为幼儿提供健康、丰富的生活和活动环境，满足幼儿各方面发展的需要，使其在快乐的童年生活中获得有益于身心发展的经验。”基于这一认识，联盟园建设立足于各园现状，充分发挥各自的优势，建构优势活动中心和学习现场，围绕环境创设、课程建设、主题活动等进行交流互动，共同探索构建幼儿园课程的路径。

清秀幼教集团联盟通过开展多元的“1+N”模式推进课程建设。其中“1”指基本保障，即保障联盟园基本的教学质量。在实际操作过程中，联盟园依托牵头园以信息技术作为主要载体，以常态性督导作为质量检核，以联盟园相互帮扶作为辅助路径来保障教学的基本质量，以基础环境内容、一日生活各环节的活动与建议、领域目标与区域材料作为基本内容进行资源共享共建，推动课程发展的基本式。在“1”的基础上，牵头园帮助联盟园建设变式，即各自的特色课程“N”。联盟园的特色课程主要涉及阅读活动、体育活动、艺术活动、建构活动等。

三、建立课程视域下的合作发展

清秀幼教集团联盟以幼儿园课程为核心，围绕课程实施的质量提升，打造互动式共同体。一是以基础环境内容、一日生活各环节的活动与建议、领域目标与区域材料作为课程建设基本内容，挖掘各园的优势资源，推动课程资源的开发与利用。综合课程建设成果，开展“集团课程展”“联盟课程发布会”，进行资源共享共建；二是联盟园联动课题研究，聚焦课程实施中遇到的问题进行选题，解决问题推动课程质量的提升；三是结合各园课程建设需求，制定教研工作重点，通过多元的教研形式，进行深入的探讨和研究。整体来说是以课程建设为支点撬动幼儿园和人的发展，促进联盟内优质教育资源的融合共建。

四、确保集体意志的组织与制度建设

“没有规矩，不成方圆”。一个组织的发展离不开制度的保障。组织制度的建立，有利于保证正常的联盟工作秩序，规范牵头园和成员园的责任，协调相互关系，提高管理成效。清秀幼教集团联盟制定组织建设与制度，以明确职责，完善管理机制，构建区域联动。

案例

罗湖区清秀幼教集团联盟园组织制度

一、融合交流，构建区域联动

牵头园在区教育局学前教育科、区人民政府教育督导室领导下，在区幼教教研员的指导下开展各项活动。统一思想、观念与认识，积极建立清秀幼教集团联盟。逐步形成以等级园为骨干力量，等级园起引领示范作用，联盟园中公、民办幼儿园共同发展的良好局面。

二、明确职责，完善管理机制

联盟内园所各自的独立法人属性不变，人、财、物分置，牵头园与联盟园形成联盟关系。牵头园主要通过分享管理经验、共享教育资源、培养优质师资、加强学术交流等方式，定期开展研讨、互动、观摩、交流等教研活动及评估指导，使联盟园所提升教育教学质量，实现跨越发展。牵头园组织联盟内的市级园协助完成各项工作。

三、制定联盟发展规划，系统部署

牵头园根据本联盟各幼儿园实际制定联盟学前教育工作计划，定期组织召开本联盟学前教育工作会议与活动，定期交流总结。每学期初、末进行学期工作计划与总结；每月进行一次教研、培训或观摩交流活动；每学期组织1—2次跟岗学习；针对每一园所的发展情况，每学期进行2次入园帮扶互助活动；建立联盟园课题群，通过课题推动教学研究。学期结束前一周上交活动总结，重点推进以下几方面工作。

（一）制定联盟发展规划

牵头园广泛征求各联盟园代表意见，在专家的指导下，制定联盟发展规划。将制定联盟发展规划当作凝聚教育共识、形成清秀幼教联盟文化、推动联盟协同发展的重要工作来抓。

（二）打造教师成长共同体

联盟园充分发挥外聘教育专家和联盟内优秀教师的作用，建立人才库，制定教师培养方案，打造教师成长共同体；建立联盟内教师常态交流机制，促进优质师资共享，以开设讲座、公开课等形式分享交流；充分发挥名优教师的辐射引领作用，通过入园帮扶、大教研组、课题群、名师工作室等多种形式开展教育教学研究工作。

（三）促进优质课程共建共享

整合联盟内各园所优质课程资源和社会教育资源，建设具有清秀幼教集团特点和地域特色的优质课程开发、共享机制。

（四）建设信息资源共享平台

集聚联盟力量，加强信息技术与教育教学管理融合，与主题、领域教学融合，充分发挥信息平台在园际课程资源共享、教育教学研究等方面的作用，提高各园的办学效率和资源利用率。

（五）探索联盟特色创新发展

探索联盟共同发展政策，鼓励联盟园所进行个性发展和特色发展，形成各美其美、百花齐放的区域教育新局。

四、建立管理档案

及时进行联盟园活动文字、音像等资料的整理与保存，建立管理档案；及时在罗湖教育信息网及深圳市学前教育网站上发布活动新闻。

五、建立评价机制

结合罗湖区学前专职督学的督导工作，对联盟园发展进行追踪评价，及时反馈改进。

第二节 实施联盟式发展的路径

一、达成与时俱进的共同愿景

随着社会发展，追求公平与有质量的学前教育成为办好学前教育、实现“幼有所育”美好盼望的关键。为发挥联盟园共生共进、促进教育公平等特点，以清秀幼教集团为牵头园，促进优质教育资源共享成了清秀幼教集团联盟园实现共同愿景、满足社会需求的有效手段。联盟园的发展不仅需要建立共融文化，更需要在良好的联盟园文化氛围中促进并完善联盟园课程的建构。

（一）活动导向的共融文化建立

为了更好地促进联盟园的共融发展，清秀幼教集团不断建设联盟内文化共同体，促进幼儿园文化辐射，开展了联盟园新年活动、联盟阅读评比活动、联盟园主题建构活动等，进一步建设联盟文化。

案例1

联盟园新年活动

联盟园以传统文化为主题开展新年活动，前期通过收集家长资源和专家资源，在各班开展不同的传统文化活动，如糖画、剪纸、写春联等，不仅在清秀幼教集团开展传统文化相关的春节活动，清秀幼教集团联盟园各园也一同进行“传统艺术文化大家玩”活动。该系列活动在幼儿园传承与发展了中华民族传统文化，在各个联盟园获得了热烈反响。

2018清秀幼教集团联盟园——“传统艺术文化大家玩”活动方案

1. 活动时间

2018年12月31日

2. 活动地点

清秀幼教集团联盟园

3. 活动形式

集体活动

4. 活动前言

中国传统艺术文化是我们祖先留下的宝贵历史遗产。加强中华优秀传统文化教育，是深化中国特色社会主义教育和中国梦宣传教育的重要组成部分。儿童是祖国的未来、民族的希望，将传统艺术文化融入早期教育中有重大而深远的历史意义。通过“传统艺术文化大家玩”项目活动对引领幼儿认识与了解传统艺术文化具有重要意义。

5. 活动目标

（1）积极主动地参与活动，初步了解传统文化的意义；

（2）在活动交流互动中，体验传统艺术文化的精髓；

（3）通过“传统艺术文化大家玩”活动，促进联盟园之间的友好情感建立。

6. 活动准备

（1）各联盟园根据自己的环境与教师自身素养和家长资源，选择适合的项目开展活动；

（2）活动材料准备：各联盟园自行准备，牵头园提供部分材料支持；

（3）各级组或各班准备策划开展活动的地点（班级、幼儿园操场、多功能室、幼儿园公共区等），并安排每班3名老师+2名家长义工负责，或请有传统手艺的家长义工来园表演；

（4）各园所准备宣传横幅1条。有LED显示屏的可用，没有的用横幅，统一标题：清秀幼教联盟园“传统艺术文化大家玩”项目；

（5）各园营造好“传统艺术文化大家玩”环境氛围，并做好宣传牌放于幼儿园大门处；

（6）联盟牵头园提供的材料包括：剪纸+折纸（2—3包）/园，1000张/包。

备注：各联盟姐妹园在12月24日下午2：30—5：30，自行安排人员来清秀幼教集团荣悦园领取剪纸/折纸材料。

7. 活动原则

（1）每位教职工、幼儿都积极参与“传统艺术文化大家玩”活动；

（2）“折纸和剪纸”是此次“传统艺术文化大家玩”的必选项目，还需再任选两项以上其他传统活动。

8. 活动记录与宣传

各联盟园所抓拍活动各环节原始照片（5—10张）+方案+新闻稿或者美篇1篇，活动结束后的当天整理并形成活动记录提交活动组织群内。

9. 安全预案

各联盟园根据本园场所制定相应的安全预案。

10. 附传统艺术文化活动项目供参考

活动一：折纸+剪纸；

活动二：画（做）风筝、画脸谱；

活动三：皮影戏；

活动四：翻花绳；

活动五：茶文化；

活动六：刺绣；

活动七：地方戏曲、民谣；

活动八：书法、国画、对联、猜谜游戏；

活动九：打快板；

活动十：变脸；

活动十一：棋类；

活动十二：糖画。

案例2

联盟园合唱团

由清秀幼教集团牵头组建联盟园合唱团，在提升联盟园教师专业素养的同时，也加强联盟园的合作与交流。此外，联盟园合唱团代表清秀幼教集团联盟园参与多场演出与比赛，满载荣誉。音乐不仅成为一种文化的表征，更是连接各个联盟园的纽带，合唱团的活动有效提升了教师的音乐素养，也让联盟园所间的关系融合得更加紧密。

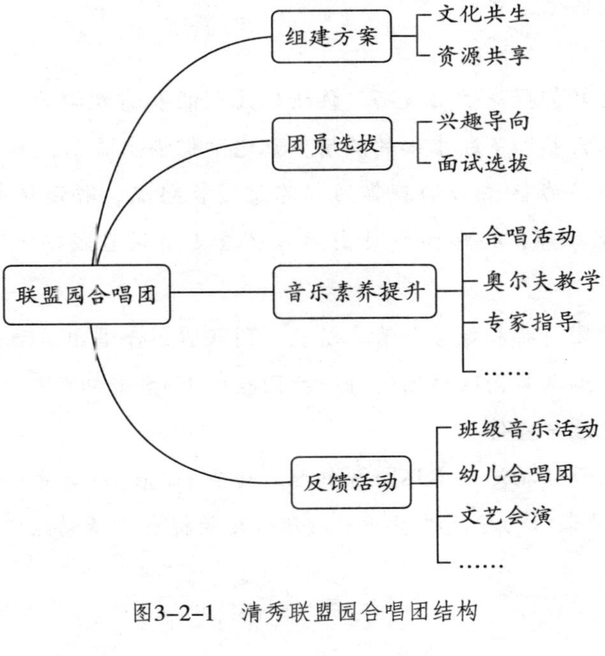

图3-2-1　清秀联盟园合唱团结构

清秀幼教集团联盟园合唱团组建方案

1. 活动时间

2018—2019学年，双周周二下午

2. 活动地点

清秀幼教集团联盟园

3. 活动形式

集体活动

4. 活动目标

（1）提升清秀幼教集团联盟园教师的合唱水平；

（2）在活动交流互动中，体验音乐活动的快乐；

（3）促进联盟园之间的友好情感建立；

（4）提升教师指导幼儿音乐活动的能力。

5. 活动准备

（1）物质资源。

① 活动场地：清秀幼教集团；

② 活动设施：音响设备、麦克风、录像/录影设备、钢琴。

（2）专家资源。

聘请合唱团专家导师。

6. 活动原则

为帮助老师们提高歌唱技巧，促进幼儿园的歌唱教学活动，满足老师们提高个人音乐素养和不断求知的热情，让老师们唱出欢乐，畅享生活。清秀合唱团活动由罗湖区清秀幼教集团郭琼总园长组织，并邀请彭小琪老师担任合唱团专家导师，合唱团成员由清秀幼教集团联盟园15所园的园长和老师们组成。

（1）每位团员都积极参与清秀幼教集团联盟园合唱团活动；

（2）清秀幼教集团联盟园的每一所园至少有3名老师参与。

7. 活动记录与宣传

各联盟园所抓拍活动各环节原始照片（5—10张）+方案+新闻稿或者美篇1篇，活动结束后的当天整理并形成活动记录提交至活动组织群。

图3-2-2 清秀联盟园合唱团第一次合唱活动

（二）课程导向的专业共生发展

为了促进联盟内优质教育资源的融合，逐步实现教育共赢发展与优势互补，联盟园以课程为支点，开展“集团课程展”“联盟课程分享会”“探究活动展”等活动，强化园所课程建设的意识与行动。接下来以牵头园组织的探究活动展中的“联盟园主题建构活动”为例，展现课程导向的专业共生发展过程。

由清秀幼教集团联盟园牵头园采购一批关于“幼儿园、社区、深圳、中国和世界”等不同维度的主题绘本，以及“大体育”“大艺术”“大阅读”“大创客”活动相关的主题绘本。并配备不同种类的搭建材料，包括常用的积木、纸盒，还有辅助材料如汽车玩具、动物模型等。

采用“1+N”的形式开展主题搭建活动。“1”指幼儿使用彩泥、陶泥等进行作品拼搭；“N”指各个联盟园根据实际情况用不同的搭建材料进行主题搭建，如纸盒、树枝、各类积木、万能工匠、包装盒、磁力片、纸板、乐高、废旧材料、软管、PVC管、石头、砖头瓦片、纸杯等。

活动开始前，由牵头园组织对联盟园的教师进行相应的主题搭建培训，具体内容包括绘本的运用及指导幼儿搭建策略的研讨。各个联盟园根据本园所选主题开展“1+N”活动，并做好活动策划与记录。

联盟园的主题搭建案例在整理后将形成联盟园主题搭建的案例集和活

动册，以成果资源的形式与各联盟园共享。每个园至少形成1个本园特色案例，15个联盟园合在一起就会有更多的创新，形成真正的学习共同体。

案例3

2019清秀幼教集团联盟园——“主题建构”活动方案

1. 活动时间

2019年9月3日至2019年12月27日

2. 活动对象

清秀幼教集团联盟园

3. 活动形式

集体活动

4. 活动前言

建构游戏是融思维、操作、艺术、创造为一体的活动，能帮助幼儿发展想象力、创造力和动手能力。幼儿通过了解各种建构材料的性质，学习空间关系的知识，理解整体与部分的概念，增强对数量和图形的认识，促进自身感知觉、思维的发展，同时提高建构造型的审美能力，培养耐心、协作、互助、坚持等良好的学习品质和行为品质。

此次采用“1+N”的形式开展主题搭建活动，“1”指幼儿使用彩泥、陶泥等进行作品拼搭，“N”指各个联盟园需要用不同的搭建材料进行主题搭建，利用与主题相关的绘本资料，配合使用积木、纸盒、PVC管等不同类型的搭建材料和辅助材料，用建构的形式表征幼儿思维下的幼儿园、社区、深圳、中国和世界。

5. 活动目标

（1）积极主动地参与活动，锻炼幼儿的想象力、创造力和动手能力；

（2）在活动交流的过程当中，增加幼儿对周围建筑物、环境的关注和了解；

（3）通过“主题建构”活动，促进幼儿之间友好情感的建立。

6. 活动准备

（1）各联盟园根据自己的环境与教师自身的素养和家长资源，自行选择适合的项目开展活动；

（2）活动材料准备：各联盟园自行准备，牵头园提供适当的帮助；

（3）各级组或各班准备策划开展活动的地点（班级、幼儿园操场、多功能室、幼儿园公共区等），每班3名老师+2名家长义工负责，或请有搭建艺术才能（或设计师或美术老师）的家长义工来园协助；

（4）各园所准备宣传横幅1条。有LED显示屏的可用，没有的用横幅，统一标题：清秀幼教联盟园"主题建构"项目；

（5）各园营造"主题建构"环境氛围，并做好宣传牌放于幼儿园大门处；

（6）主题相关培训安排：

表3-2-1 清秀幼教集团联盟园主题建构培训安排表

培训时间	培训主题	负责人
9月5日下午 3：00—4：00	绘本在幼儿建构活动中的有效运用	清秀幼教集团教研员
10月28日下午 3：00—4：00	有效指导幼儿进行建构活动的策略	清秀幼教集团教研员

（7）联盟牵头园提供材料：主题绘本2本/园，建构材料10份/园。

备注：各联盟园在11月29日（周五）下午2：30—5：30，自行安排人员来清秀幼教集团德弘园领取活动材料（地址：田贝三路德弘天下清秀幼儿园）。

7. 活动原则

（1）各联盟园积极组织教职工、幼儿参与"主题建构"活动；

（2）"1"代表此次"主题建构活动"的规定项目，其他主题建构材料再任选一项；

（3）每个园至少完成1个园本活动案例。

8. 宣传新闻

（1）各联盟园需认真收集、整理此次活动的文字资料及照片，抓拍活动各环节原始照片（5—10张）+方案+新闻稿或者美篇1篇，活动结束后，12月29日前完成文档并提交至组织群内（后附文档/照片格式要求）；

（2）各联盟园的主题搭建案例在整理后会形成联盟园主题搭建的案例集和活动册，以资源形式与联盟各园共享。

9. 主题建构活动项目安排

表3-2-2 清秀幼教集团联盟园主题建构活动安排表

序号	活动模块	材料	单位
1	幼儿园	彩泥+积木	坭岗幼儿园
2	幼儿园	陶泥+纸盒	武锦幼儿园
3	幼儿园	彩泥+树枝	亚太幼儿园
4	社区	彩泥+万能工匠	童晖幼儿园
5	社区	陶泥+包装盒	第一建筑工程公司幼儿园
6	社区	陶泥+磁力片	大地幼儿园
7	深圳	彩泥+纸板	春苗幼儿园
8	深圳	陶泥+乐高	悦园幼儿园
9	深圳	陶泥+废旧材料	龙园山庄幼儿园
10	中国	陶泥+软管	清水河为民幼儿园
11	中国	彩泥+PVC管	精精幼儿园
12	中国	陶泥+石头	草埔幼儿园
13	世界	彩泥+砖头、瓦片	金祥幼儿园
14	世界	陶泥+纸杯	华实幼儿园
15	世界	陶泥+废旧汽车玩具	清秀幼教集团

10. 安全预案

各联盟园根据本园场所制定安全预案。

11. 主题建构参考活动形式

活动一：彩泥

材料简介：彩泥具备可复制性，可任意捏成各种形状，现场配有不同形状的模具、模板，可将彩泥制作成各种物品，或者在老师或家长指引下，创作出自己想要的作品，在对儿童的手脑眼协调培养及色彩识别和创作思维能力方面有着独特的教育效果。

材料准备：塑刀、压板、剪刀、梳子等。

操作过程：

（1）教师提供各类相关建筑的造型图片，供幼儿参考；

（2）幼儿根据自己的想法进行建构。

建议：可以将搭建好的作品展示于托盘、层架等用于环境装饰。

图3-2-3 彩泥作品

活动二：陶泥

材料简介：陶泥是一种制作陶器用的黏土，因含有铁质而带黄褐色、灰白色、红紫色等色调，具有良好的可塑性。矿物成分以蒙脱石、高岭土为主。陶土主要用作烧制外墙、地砖、陶器具等，陶泥一般用于民间工艺美术，是一种培养孩子智力和创造力的材料。

材料准备：塑刀、压板、剪刀、记号笔、直尺、白乳胶等。

操作过程：

（1）教师提供各类相关建筑的造型图片，供幼儿参考；

（2）幼儿根据自己的想法进行建构。

建议：可以将搭建好的作品展示于托盘、层架等用于环境装饰。

图3-2-4 泥塑作品

活动三：雪花片

材料简介：雪花片是一种经典热销的拼插玩具，传统外形为圆片状，材料为软塑料片（PP），圆片中间有孔，周边设有用于拼插的齿口，一般齿口为8个，形似雪花，故名雪花片。雪花片可以相互对接拼插，构建出各种造型，如建筑、家具、交通工具、动物、花卉等，是深受幼儿喜爱的材料。

操作准备：

剪刀、记号笔、胶水等。

操作过程：

（1）教师提供各类相关建筑的造型图片，供幼儿参考；

（2）幼儿根据自己的想法进行建构。

建议：可以将搭建好的作品展示于托盘、层架等用于环境装饰。

图3-2-5 雪花片作品

二、依托信息环境建设联盟共同体

清秀幼教集团在探索信息手段融入园所管理与教学的路上已有多年经验，从早期的卫生保健信息化管理到现今幼儿活动中信息化技术的运用，信息化技术在幼儿园教育教学中不断得到延伸与发展。网络教育资源是“互联网+教育”背景下教育资源开发利用的新方向，牵头园借助信息技术建立清秀幼教集团联盟园的线上线下一体化资源库，实现联盟内资源共享，促进联盟园共同发展。

清秀幼教集团联盟以“技术助力，共生共长”为目的，以“夯实基础，多元发展”为基本路径，利用信息技术实现资源共享，切实保障联盟园教育教学质量的有效提升。

在具体实践层面，联盟采用“夯实基础，促进多元发展”的“1+N”模式。其中“1”指基本保障，即保障本联盟的基本教学质量。在实践过程中，联盟依托牵头园的信息技术优势开展以幼儿园基础环境、一日生活、领域目标与区域材料为基本式，以信息技术作为主要载体，以考核及督导检查作为质量检核，以联盟园相互帮扶作为辅助路径，来保障教学的基本质量，并通过不断地修订与发展将联盟园园所筛选过后的基础环境内容、一日生活各环节的活动与建议、领域目标与区域材料作为基本内容，从而实现资源有效共享的联盟发展基本式。

（一）幼儿园学习环境资源共享模式

1. 联盟园基础环境创设现状

幼儿园的环境作为园所文化、教育理念、班级文化、教师教学理念呈现的重要手段，影响着幼儿发展的方方面面。在联盟园已有的环境创设中，环境创设缺乏整体思考、环境创设的原因不明、环境是成人视角而非儿童视角等问题仍然存在，具体情况见表3–2–3。

表3–2–3　班级环境创设问题

问题	缺乏整体思考	创设原因不明	成人视角
具体表现	（1）环境创设不考虑后期使用，如出现胶水粘墙、墙体脱落的情况； （2）字体过大，占据过多版面； （3）使用的材料与整体环境的色调、风格不一致	（1）环境内容设置不合理，与幼儿无关； （2）容易形成因为“要创设”而创设，忽视创设的目的； （3）环境创设中缺乏幼儿的学习痕迹，教师的思考较弱	（1）环境创设缺乏幼儿的参与； （2）成人主导，多展示类
导致问题	（1）环境的教育效果没有达到； （2）增加教师重复性的工作量		

2. 联盟园基础环境创设的解决思路

我国著名教育家陈鹤琴先生曾提出：“怎样的环境刺激，就得到怎样的印象。”通过联盟园的前期讨论、入园观摩、专家指导及教研活动等一系列研讨与分析，本书将幼儿园环境分解为班级基础环境、活动环境及户外环境三大模块来分别阐述创设路径。

（1）幼儿园基础环境创设总路径

首先明确工作思路，再确定工作路径，最后实践论证基础环境创设整体思路的可行性，见图3–2–6。

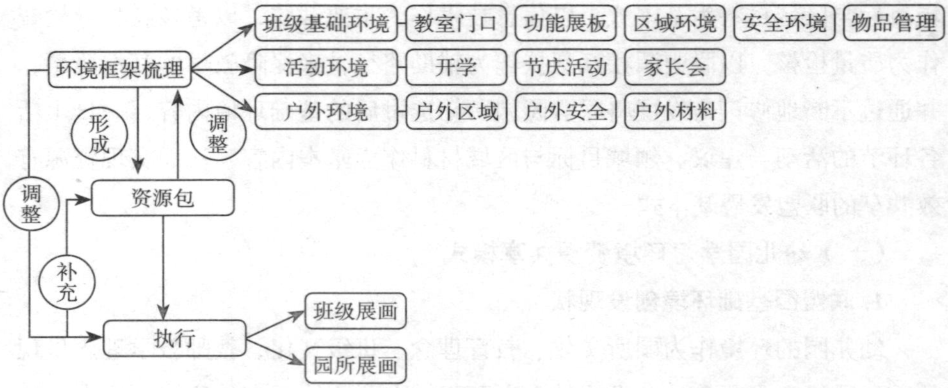

图3–2–6　基础环境创设的工作思路

第一步，梳理幼儿园环境的框架。包括班级环境、活动环境和户外环境三大模块，并分解模块的具体板块内容。

第二步，形成环境资源库，将符合儿童发展目标、体现教师教育行为适宜性的环创图片分类整理，并形成文字的指标体系解释，将图片与文字一一对应，编码存档，见图3–2–7。

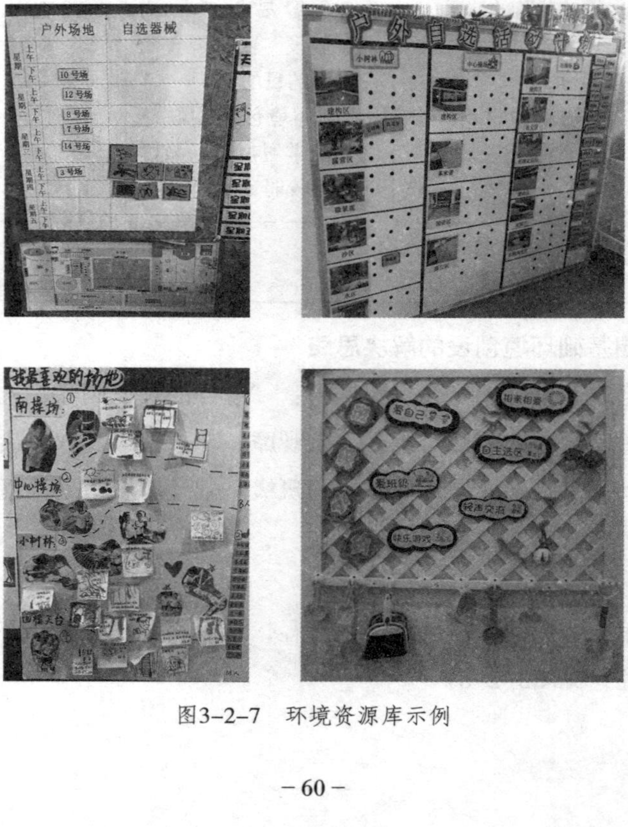

图3–2–7　环境资源库示例

第三步，形成园所环境创设的教学、教研计划，推进工作开展，以管理的方式保障环境创设的质量。

第四步，调整修正。基于教师新的创造与幼儿新的表征等变量，丰富环境资源包内容。

（2）幼儿园班级环境实施策略

在幼儿园环境创设中，班级环境与幼儿的相关性最大，具有相当重要的作用。根据环境的空间方位，将该模块细分为五个部分，即教室门口、功能展板、区域环境、安全环境、物品管理。再将每个部分从内容指标与管理角度详细阐释，形成班级环境创设指引体系，见表3–2–4。

表3–2–4　幼儿园班级环境创设指引体系表

模块	内容指标	管理
教室门口	1.家园栏：教学类（周计划）、保健类、育人类、通知类（大型活动）、风采展示类； 2.班务栏：班务记录表、安全交接班登记本、幼儿缺勤登记本、电访记录/约谈/家访等	确定负责人及更换频率
功能展板	1.常规类：一日生活流程、户外活动安排、值日生、进区计划、班级公约、天气预报/日期版/今日播报； 2.流程类：各类常规养成的流程（喝水、来园/离园等）	设计内容符合儿童发展特点，展板高度符合儿童身高特征
区域环境	1.区域外环境：区域规则； 2.区域内环境：材料标签、材料放置	设计内容符合儿童发展特点
安全环境	1.安全标示：尖利物品使用提醒、防滑、防拥挤等； 2.安全隐息：用电、教室内门口防夹手等； 3.班级物品归位：美工区工具	进行安全预判、环境安全隐患的处理
物品管理	1.教师的物品管理：一套户外活动工具、一套班务工具； 2.幼儿的物品管理：一套印章、一套图书修补工具	统一管理

牵头园创建班级环境指引体系，将此资源借助信息平台对联盟园开放与共享，实现了联盟园资源的园所共享及跨园使用，帮助联盟园明晰了班级环境的具体指标、价值指向与创设策略，详见表3–2–5。

表3-2-5　学期基础环境内容及要求表（部分）

________学期________班级环境检核表示例

维度	内容	要求	班级自查	教管检查
A家园栏	**教学类** 周计划（必放）； 主题介绍：主题导图、本月主题重点等 **保健类** 保健常识：提高免疫力等； 常见病预防：预防流感、接种疫苗等 **育人类** 好书分享：可以是孩子的阅读感悟，家长或老师的阅读感想； 育儿有招：如何看待孩子说谎，如何应对孩子分离焦虑，等等 **通知类** 大型活动：运动会、秋游活动； 节假日安排：放假通知 **照片类** 班集体风采：班集体的合照； 教师风采：教师集体照片与教育理念	A01 家园栏 保证三种以上的文本内容（两类以上），由班级自定义； 要有负责人（确定人员）：负责更换、负责修缮； *家园栏应有“负责人：班主任/配班老师”		
		A02 家园栏文本内容末端署明日期，格式“更新至____年____月____日”		
		A03 根据更换频率进行及时更换； 更换频率： 一周一换：周计划，周五下班前更换好； 一月一换：主题介绍、保健类、育人类、班集体合照； 灵活周期：通知类； 不需更换：教师风采		
		A04 不需要经常更换的内容建议使用底板装饰		
		A05 1.5m以下的地方不能有钉子。粘贴材料可考虑无痕胶、夹子等（也可使用套袋式等方法）		
B班务栏	班务记录表； 安全交接班登记本； 幼儿缺勤登记本； 消毒登记； 班级自制表格等	B01 统一摆放到门后位置，高度为1.6m		

续表

维度	内容	要求	班级自查	教管检查
C常规类	C01 一日活动安排	C01.1 设计内容：根据幼儿的年龄特点进行相应的设计		
		C01.2 小班：环节简单、建议实物照片、简易图形； 中班：增加环节；自主绘画或象征图画； 大班：细化各环节；用汉字或表征图呈现；采取较复杂排列形式，如时钟形式		
		C01.3 幼儿能根据一日活动安排开展活动		
		C01.4 一日活动安排应体现一日活动开展的情况		
		C01.5 设计高度：幼儿能看到，建议1.5m以下		
	C02 户外活动安排	C02.1 设计内容：根据幼儿的年龄特点进行相应的设计。 小班：建议实物照片、简易图形（幼儿绘制）； 中班：自主绘画（幼儿绘制）； 大班：用汉字或表征图（幼儿绘制）呈现		
		C02.2 设计高度：幼儿能看到，建议1.5m以下		
		C02.3 呈现方式：灵活更换		

续 表

维度	内容		要求	班级自查	教管检查
C常规类	C03·值日生：根据班级需要，教师与幼儿协商后形成班级值日生安排表		C03.1 设计内容：工作内容，人员安排。 小班、中班：建议实物照片、幼儿自主绘画（幼儿绘制）； 大班：用汉字或表征图（幼儿绘制）呈现		
			C03.2 设计高度：幼儿能看到，建议1.5m以下		
			C03.3 呈现方式：灵活更换		
			C03.4 值日生应每日及时安排		
	C04 班级公约：根据班级需要，教师与幼儿协商后形成		C04.1 设计内容：根据幼儿的年龄特点进行相应的设计。 小班：简易图形（幼儿能看懂），可配文字（教师写）； 中、大班：用汉字呈现（大班幼儿可写），可配图		
			C04.2 设计高度：幼儿能看到，建议1.5m以下		
			C04.3 班级公约位置在班级的显眼处，能起到提醒作用		
	C05 天气预报/日期版/今日播报		C05.1 设计内容：根据幼儿的年龄特点进行相应的设计； 记录：符号/图画记录		
			C05.2 幼儿能看到，建议1.5m以下		
			C05.3 幼儿能操作，建议1.5m以下		
	其他	C06 饮水记录	C06.1 幼儿能操作，建议1.5m以下		
			C06.2 有效记录幼儿饮水情况		
		C07 餐点牌（水果）	C07.1 幼儿能看到		
			C07.2 幼儿能根据餐点牌指引正确取餐		
		C08 进区计划	C08.1 能用一体机满足班级幼儿的进区需求		

续 表

维度	内容	要求	班级自查	教管检查
D流程类	喝水； 洗手； 叠衣服/叠被子； 照顾动/植物（由教师与幼儿讨论得出）； 图书修补； 前书写练习流程； 来园×部曲/离园×部曲； 其他	D01.幼儿做事有流程		
		D02.流程图/展示图放置的位置直观且能够对幼儿进行有效指引（如喝水流程指引应放在饮水机附近、图书修补流程放在书架附近等）		
E区域外环境	区域规则	E01设计内容：根据幼儿的年龄特点进行相应的设计。 小班：建议简易图形，无文字； 中班：自主绘画+文字； 大班：文字为主		
		E02规则是由教师与幼儿讨论后得出		
安全环境部分				
F班级责任区	F01 尖锐地方的安全措施	防撞条		
	F02 桌角、尖角	使用防撞角		
	F03 设施完整	破损、缺少零件应及时维修、报备		
	F04 玩具更换	破损玩具及时处理；不完整的玩具补齐配件或更换新玩具		
	F05 展示板	1.5m以下不用珠钉； 褪色、发泡等问题及时整理		
	F06 植物	1.常更换水； 2.常修剪枯枝落叶		
	F07 门口	有门的地方要备齐防夹手工具		
G安全标示	G01 禁止类标示	禁止入口：细小物品；非饮用类液体，化学物品，消毒粉、消毒液		
	G02 建议类标示	小心使用：剪刀、电器； 提醒类：洗手间防滑、防夹手		

续 表

维度	内容	要求	班级自查	教管检查
G安全标示	G03 解释类标示	玻璃易碎品；玻璃； 危险品；化学物质		
	G04 安全责任	班级应急疏散图出现翘起、发泡等问题及时整改； 安全责任区的安全措施需要及时整改（走廊的防撞条，消防栓的安全角等）		
H班级必备物品	H01 必备物品	H01.1 一套印章：幼儿姓名印章、日期印章、印泥		
		H01.2 一套植物护理与观察工具：植物护理工具，铲子、毛巾、剪刀、喷水壶、打扫工具；植物观察工具，放大镜、尺子、记录本、笔等		
		H01.3 幼儿成长档案		
		H01.4 一套幼儿清洁工具：小簸箕、抹布、小扫把		
		H01.5 一套户外活动工具：手提篮、橡皮筋、梳子、纸巾、防蚊液（无比滴等药用品由班级自行准备）		
		H01.6 一套图书修补工具：订书机（小型）、双面胶、透明胶、胶水、剪刀		
		H01.7 一套积木区工具：A4板夹、A4纸、笔、储物架		
		H01.8 一套家长会工具：台签（4个）、笔筒、板夹（2个）、茶杯垫、签到牌		
	建议物品	区域计划……		
环境				
I班级必备材料	I01 一套工具	I01.1 集中存放		
		I01.2 相同的物品要统一放置，收纳整齐		
		I01.3 要有标签指引		

续表

维度	内容	要求	班级自查	教管检查
J教学物品	J01 班级在用物品	J01.1 物品按形状、颜色、材质、功能等方式进行准确分类，集中存放，选择适合的容器收纳		
		J01.2 物品有相应标签，标签翘起、掉色、泡发等问题应及时更换		
		J01.3 标签应让幼儿看得懂		
		J01.4 教师电脑桌应该摆放整齐，白板笔应放置在相应的笔筒内		
	J02 备用物品	J02.1 备用物品放置准确分类、整齐摆放、一目了然		
K教师物品		K01 私人物品集中摆放至收纳柜的一个位置		

表3-2-5作为环境检核表，教师、教管通过参考检核表上的内容对环境进行逐一检核，由教师检核通过后再由教管进行检查，保障幼儿的学习环境。当然，基础环境资源库除了提供相应的文本借鉴与参考，还提供有效的参考图片给教师。

（二）幼儿园一日生活资源共享模式

幼儿园一日活动是实施科学保教的重要途径，也是幼儿及教师共同经历、参与的全过程。合理、科学、愉快及健康的一日活动安排，不仅能激发幼儿学习的积极性，还能促进幼儿身心健康发展。适宜的一日生活组织需要教师科学合理地安排班上一日生活流程、幼儿的常规培养，以及在不同环节采用针对性的策略以减少消极等待，等等。

通过前期联盟园需求调研，不同园所反馈对一日生活中的“幼儿自我服务的学习”“各环节的活动建议”“教师站位及指导语”这三方面内容的组织与安排方面希望得到相关指导的，具体需求整理见表3-2-6（源于联盟园问卷调查结果）。

表3-2-6 清秀联盟一日生活中普遍问题及需求

问题维度	具体问题	整体需求
幼儿自我服务	年轻教师对幼儿习惯养成策略了解不足	幼儿自我服务的学习
一日生活各环节的组织与安排	组织时间过长、过渡环节活动内容单一	各环节的活动建议 教师站位及指导语

一日生活内容丰富，学习和活动都颇具价值。我们考虑解决一日生活中存在的普遍问题，也同时考虑如何促进园所关注一日生活中的深度学习。清秀幼教集团借助信息平台，实施一日生活共享模式来解决上述问题，详见图3-2-8。

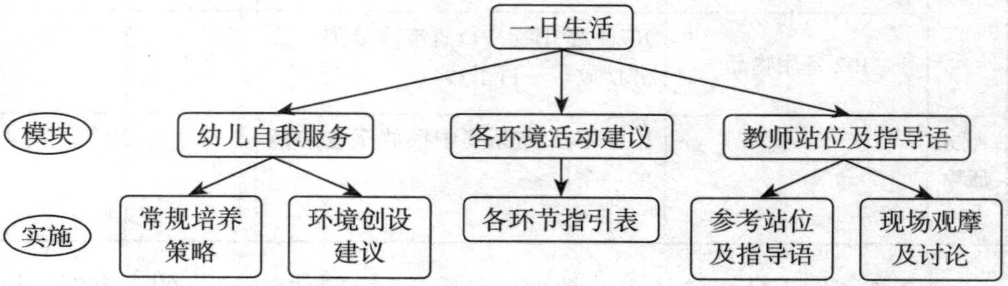

图3-2-8 一日生活实施共享模式图

1. 幼儿自我服务模块

幼儿在学前阶段已经表现出强烈的自我独立意愿，渴望自己能够独立地做一些事情。因此，教育要充分适应幼儿的心理特点，不过分溺爱幼儿，让幼儿学会自我服务的能力。从促进幼儿长远发展这一角度而言，可以让幼儿在相应的年龄段独立完成能做到的事，如浇花、洗手、收拾自己的玩具等。幼儿园要给幼儿提供独立的机会，鼓励幼儿独立完成一些对他们而言有挑战的事，逐步帮助幼儿成为一个自我服务的独立个体。

让幼儿学会自我服务是一个长期培养的过程，这部分的具体教学内容包含了常规培养的策略及环境创设的建议两部分。

（1）常规培养策略

在具体的培养内容上，包含安全感的建立、班级管理、行为习惯的养成等内容。在年龄差异上，根据不同年龄段的特点进行有侧重点的培养。

对于小班幼儿而言，首先要培养幼儿独立的意识与能力，如自己穿脱鞋子、取放盥洗用品（毛巾、口杯）、自己放书包等。

对于中班幼儿来说，中班年龄段的幼儿渐渐脱离以自己为主体的生活，向外交往，故而产生了对外交往的需求。中班幼儿的年龄特点是大多处在以自我为中心的阶段，换言之，幼儿缺乏为别人考虑的意识，所以在具体实施的时候应注意相关材料和策略的使用。比如，用玩具轮流玩的制度暗示幼儿每个人都机会平等；而当利益发生冲突时，只有一颗糖果应该给谁的时候，用石头剪刀布这样相对公平的办法和平解决矛盾。

对于大班幼儿来说，更多考虑让大班的幼儿起到行为榜样的作用，如鼓励大班幼儿协助小年龄段幼儿穿衣、叠被等，以及鼓励同龄互助的方式促进幼儿协作和关爱他人的能力。在常规培养方面，牵头园会定期对联盟各园开放，组织开展幼儿生活技能观摩交流等活动。

（2）环境创设建议

环境作为幼儿的第三位老师，能起到隐性的教育作用。因此，牵头园整理出不同常规培养环节中环境创设的建议示例投放到共享信息平台上，供各联盟园参考使用。图3-2-9为大班进餐常规的一个示例场景。

图3-2-9　环境创设的建议示例

具体说明：大班进餐环境创设建议：提供分饭桶、碗和饭勺，让幼儿根据自己的食量来盛饭；在桌面提供清理毛巾，帮助幼儿进行餐后清洁。

2. 一日生活环节活动建议

在幼儿园一日生活中不仅可以创设丰富、适宜的环境，也可以利用儿歌及故事的形式，培养幼儿良好的常规习惯，丰富一日生活的教育教学质量；游戏活动可以培养和巩固幼儿良好常规习惯，并同时减少消极等待等现象。

（1）一日生活各环节指引

虽然不同园所在一日生活的时间安排上会略有差异，但每日活动的内容模块大同小异。清秀幼教集团联盟以牵头园的一日生活流程作为模板，组织各园所的教学代表共同讨论一日生活中各环节可开展的活动，以及围绕“如何开展、如何借鉴、如何实施”来研制方案，形成联盟一日生活各环节指引，见表3–2–7。

表3–2–7　清秀幼教集团联盟一日生活各环节指引

时间/名称	环节建议
1. 晨间活动	击掌；拥抱；垒拳；贴脸儿等（要求：老师一定要蹲下来与孩子打招呼）
2. 餐前活动	橡皮泥（准备多种橡皮泥作品的图片）；主题画（根据各班的主题幼儿展开想象）；折纸（准备自制折纸书）；勺子盛豆子；石头造型；拧螺丝；瓶盖对应；绳子游戏；穿线；拼图；阅读绘本；三段卡；听声音；图书；手头玩具；楼顶植物照顾；植物角等
……	……

在实际教育教学中，若班级教师在组织一日生活中存在困难，即可翻看本指引。除了文字指引介绍外，还包含具体的参考内容建议，包括折纸图书、陶泥的参考图书等文本资源的推荐等，以及网络教学资源的整理，见表3–2–8。

表3–2–8　餐前餐后环节活动参考表

类别	能力发展	参考
石头造型	精细动作逻辑推理	立体  平面 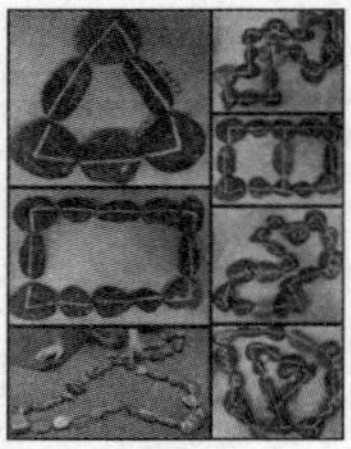
拼图	逻辑推理空间关系	 1. 常规的拼图材料； 2. 开放性材料让幼儿自由创作； 3. 提供底图，让幼儿用不同的材质进行拼贴

（2）开展一日生活中的深度学习

开展一日生活中的深度学习，促进教师关注教学现场的学习契机。关注幼儿在一日生活中的深度学习，其实就是关注幼儿在一日生活中的参与程度。幼儿的参与可以培养幼儿独立性、责任感，鼓励他们适当地协助集体日常活动安排，承担集体责任，直接参与设计与决策的过程。具体的实施路径是分析深度学习案例的形成路径，以及整理与分享一日生活中的深度学习案例，见图3-2-10。

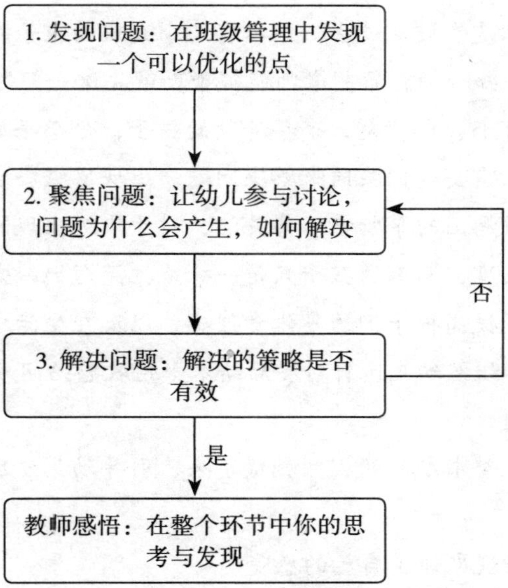

图3-2-10　一日生活深度学习案例的探究路径

通过分享一日生活深度学习案例的探究路径，将探究分为三个阶段：第一，发现问题，找出在班级管理中可以优化的教学点；第二，将问题通过多种手段记录下来，如以拍摄、录像、现场讨论等方式进行问题聚焦，让孩子讨论，问题是什么，为什么产生，如何解决；第三，鼓励幼儿思考如何解决问题，并通过投票等方式决定实施方案；第四，看解决的策略是否有效，现场是否有改善，大家一起来反思和思考。通过这样的方式，让老师知道如何开展一日生活中的深度学习案例，知道如何让孩子参与班级管理，学会倾听孩子的声音，关注孩子在一日生活中的学习。

案例4

餐后绘本的收整问题

苏晓芳　王 影

一、发现问题

午餐后，孩子们总是会选择自己喜欢的绘本进行一番阅读。当老师提醒收书去散步时，孩子们就会直接把书本扔进筐中。绘本筐十分混乱。书本摆放得横七竖八，甚至有的书页还折叠着就放进筐里。而孩子们每次散步回来看到这种情况，都是直接走过去，偶尔有几个大班的孩子发现了书本混乱的问题，都是选择告知老师，希望老师能够帮助解决这一问题。

混龄班级中有小、中、大三个年龄段的孩子，每个年龄段孩子的发展情况都不一样，因此需要我们共同来解决问题。出现班级餐后绘本混乱这种现象，说明孩子们对周围的事物都不甚关注，对于班级出现的问题都采取一种“视而不见”的态度，而有的孩子只是一味地把问题抛给老师，依赖老师帮助解决问题。为了提高孩子们的集体责任感，以及在生活中独立思考和解决问题的能力，教师组织幼儿园针对餐后绘本如何收整的问题展开了讨论。

二、聚焦问题

教师将幼儿收整书本时的视频拍摄下来，引导幼儿发现问题：我们的绘本怎么了？

幼儿针对这种现象谈了自己的感受。

朱言：书乱七八糟的，一点都不好看。

佳烨：像个垃圾堆。

师：为什么会出现书本凌乱的情况呢？

幼儿针对这一问题提出了各自的想法。

幼1：有人在收整书本的时候没有把书本放好，他随便一放，后面的小朋友也跟着放歪了。

幼2：有人在收书的时候没有排队，现场很乱。

幼3：有好多人同时在放书。

幼4：不会整理，看完就乱扔。

幼5：他们听到要走秀就随便乱扔，赶着去走秀了。

老师小结：我们在餐后小朋友们都会选择阅读绘本，但是在收整绘本时都会遇到这样的问题，如拥挤放书、不排队、不爱护书本等，那么现在请你们来想一想，如何能让我们的绘本整整齐齐地躺在筐里呢？

三、解决问题

针对这一问题，我们为此又展开了新的讨论。

幼1：我们可以设立一个值日生整理书本，每天都有人来负责整理图书的事情。

幼2：我觉得筐里的书可以少放点，这样方便整理。

幼3：大号的书和小号的书分开放。

幼4：小朋友们不能同时放书。

幼5：放书的时候排队。

孩子们通过发现问题、探索问题，一共讨论出了多种办法来解决绘本的杂乱问题，那么哪种方法是最简单有效的呢，教师组织幼儿一起来验证。

四、生活验证

孩子们通过实践，绘本的收整比之前要整齐了许多。

教师在集体讨论时播放幼儿摆放书本的视频和照片，对比第一次的绘本收整情况，和孩子们一起展开讨论。

师：小朋友们有什么新发现？

幼1：我发现大家开始排队放书了，书本变得整齐了许多。

幼2：但是有的书大有的书小，我们摆放得还不是特别整齐。

幼3：摆放整齐之后，书本破损的少了。

五、分享感受

师：小朋友们最大的感受是什么？

佳烨（6岁7个月）：现在拿书比之前要方便很多，我一下子就可以选出我想要的那本书。

希希（5岁3个月）：我觉得书本被我们保护起来了。

云心（6岁9个月）：最开心的是我们一起做到的，因为我们是一个大集体。

俊俊（5岁3个月）：我也要做值日生。

师：还可以运用到哪里？

思绮（5岁5个月）：我们还可以让值日生整理教室，我们也可以一起帮

忙。（表达观点）

六、教师总结

绘本是孩子们最重要的快乐源泉之一，但是绘本的收整问题却鲜少有人关注到。通过一日生活中绘本收整的讨论及实践，孩子们的责任心加强了，同时思考问题的方式也变得多样化，做起事情来更加认真、仔细，也懂得小组之间互相合作，互助互惠，为整个班集体贡献自己的力量。同时在解决问题的过程中，教师在提问时注重问题的开放性，鼓励幼儿进行思考，拓展其思维和看问题的角度。充分发挥幼儿的主体作用，让其在认知中获得发展，以此提升思维，促进自身能力的培养。案例中教师着重引导幼儿发现问题、解决问题，并进行反思，使幼儿解决实际问题的能力得到发展。

作为一名老师，要从生活中寻找教育的契机，基于孩子们的视角，这样才可能更好地让孩子吸收，从而内化。而教师在引出问题的同时，也要学会做孩子的支持者和引导者。

以上是餐后活动习惯培养的案例。关于餐后活动，不同的班级在活动的组织和探究方面都有各自的特色，接下来展示的是餐后幼儿活动场地分配的案例。

案例5

餐后活动如何分配活动场地

谈丽清　杨嘉利

一、发现问题

吃完午饭后，幼儿会搬着小椅子到教室走廊进行餐后活动，但是在玩玩具和看书环节，出现了很多问题。总是会有小朋友找老师投诉："老师，翻花绳的小朋友总是影响到我们玩玩具，他们占领了我们的位置。""老师，外面太挤了，我都没办法玩花绳。""老师，他们玩玩具好吵，我们都看不了书。"……

这种情况经常发生，幼儿表现出想要解决却又无力解决的态度，总是期待老师来帮忙解决这些问题。因此，为了更好地解决这个问题，并鼓励幼儿独立思考，培养自主学习及提出问题解决方案的能力，教师抓住契机展开了这次生活探究活动。

二、聚焦问题

教师将幼儿餐后活动的情景拍摄下来，利用一体机放映，与幼儿一起观察探讨这个情景，询问他们是否舒服。

图3-2-11 幼儿在走廊进行餐后活动（1）

图3-2-12 幼儿在走廊进行餐后活动（2）

教师提问：在照片中，你们觉得小朋友们在玩花绳、玩具和阅读绘本故事的时候有什么问题吗?

幼儿针对这一问题提出了各自的想法。

铭洋：我看到有的小朋友拿着椅子站在过道里。

语欣：有的小朋友在过道站着看书。

小马：空间太挤了，都挤在一起，看书、玩花绳、玩玩具在一起会打架。

洛伊：有玩具掉在地上了。

声远：翻花绳的小朋友都在过道了。

……

教师小结：在餐后活动时，我们已经没有抢玩具的现象了，但是针对我们活动的多样性，就会发生一些过道拥挤的场景。比如，“有的小朋友用餐结束被其他小朋友的玩具所吸引，就拿着椅子在过道站着看”“花绳太长了，两个人玩的时候占据位置比较大”“玩玩具的小朋友会影响到看书的小朋友”。现在，请小朋友来讨论，想一个解决办法，利用我们班的优势地理位置，我们如何解决这个问题。

图3-2-13　教师与幼儿进行讨论

（1）分析问题原因

针对幼儿总结出班级的“空间不够用”这个问题，师幼共同讨论。

教师引导性提问：为什么我们的空间不够用呢？玩玩具和翻花绳的小朋友有没有影响到看书的小朋友呢？

（2）寻求问题解决方法

师幼共同讨论：针对这些问题，我们该怎么解决呢？

（3）孩子们关于玩玩具和翻花绳影响看书的想法

壹壹：大家都坐在椅子上玩。

若曦：杨老师可以带小朋友去音乐厅那个书架旁边蹲下来看书。

（4）孩子们关于空间不够用的想法

小马：看书可以去图书馆那里看。

铭洋：翻花绳可以去音乐厅中间宽敞的地方玩。

……

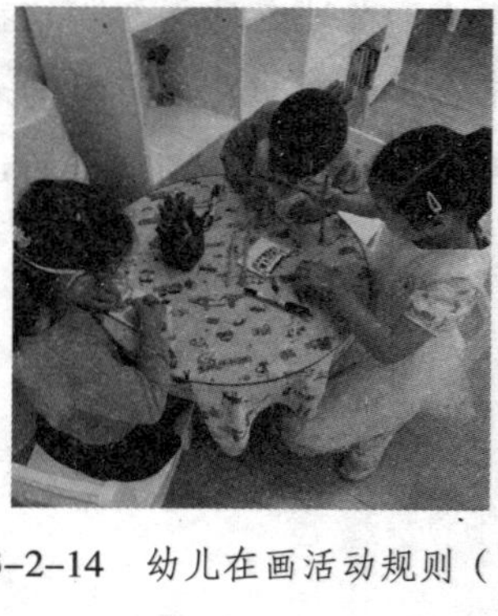

图3-2-14　幼儿在画活动规则（1）

图3-2-15　幼儿在画活动规则（2）

教师引导幼儿：图书馆那里的书，都是有标签的，我们小朋友过去看书会不会把那里搞得很乱呢？音乐厅有老师办公室，老师在办公会不会影响到他们呢？

畅畅：我们可以定规则。

教师引导幼儿：那我们来讨论一下需要定什么规则。

表3–2–9　幼儿制定的不同地点的不同规则

图书馆	（1）每一本图书都有标签，从哪里拿的放回哪里去； （2）保持安静
音乐厅	（1）谈话只让小伙伴听到，悄悄话； （2）小朋友之间要相互合作
教室门口	（1）蹲在椅子前面玩； （2）收玩具要保持整洁

教师引导幼儿：那规则定好了，你们可以做到吗？做不到应该怎么办？

蔡庆亮：大家都要遵守，要不然我们都玩不了。

多数幼儿：我们会的。

江心月：我们写下来，没有遵守的就坐在椅子上休息。

……

教师小结：和小朋友一起讨论，一起做决策，共同解决了这个问题。

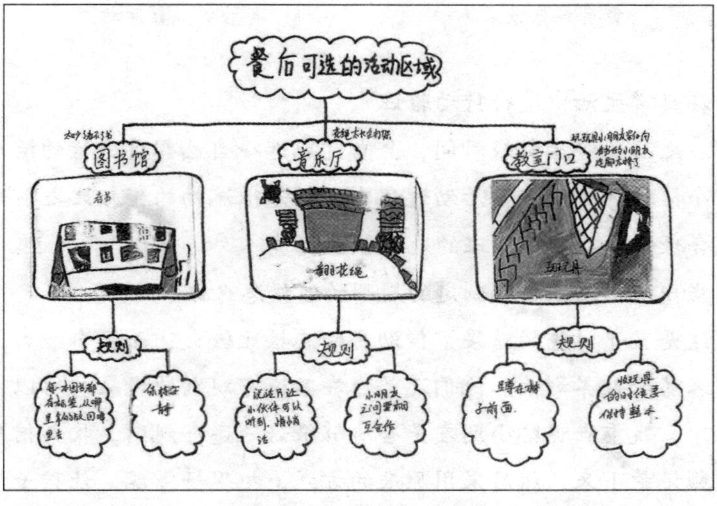

图3–2–16　幼儿绘制的餐后可选活动区域示意图

经过讨论之后，教师和小朋友一起制作了餐后活动区域示意图。

图3-2-17 调整后的幼儿餐后阅读活动

图3-2-18 调整后的幼儿餐后翻花绳活动

图3-2-19 调整后的幼儿餐后玩玩具活动

三、在日常生活中进行行动验证

幼儿在之后的餐后游戏时间，会自觉地选择自己想要进行的活动，去到分好的三个区域。小朋友在活动过程中，还是很流畅的，相比之前情况都有好转，也合理地利用了我们班的地理位置优势。

四、当出现不遵守自己制定的规则的时候怎么办

虽然这是孩子讨论的结果，但幼儿的忘性比较大，而且自控力还在发展中，行为容易受外界影响。他们还是存在不遵守规则的现象。所以，在接下来的几天中，我重点观察小朋友是否能够很好地遵守规则，收集信息，并用照片和视频记录下来，然后采用原来的方式，把现场重现，让孩子们再次讨论解决。

图3-2-20 教师记录的幼儿现场图

教师引导幼儿：小朋友来听一下，我们在餐后活动时的声音听了舒服吗？视频里的小朋友都在做什么？

亮亮：不舒服，视频里很吵。

壹壹：小马和宁宁在音乐厅里到处跑。

鸿铭：昕昕在跳绳。

图3-2-21 针对不遵守规则开展的讨论

教师引导幼儿：虽然我们自己制定了规则，但还是会有小朋友忘记，我们该怎么办呢？

畅妹：可以做像吃水果一样的提示牌，提醒大家。

君昂：暂停他玩玩具。

声远：第一次请值日生提醒，第二次就暂停。

……

最终大部分小朋友同意畅妹的建议，通过制作提示牌来提醒大家。

图3-2-22 小朋友制作规则提示牌

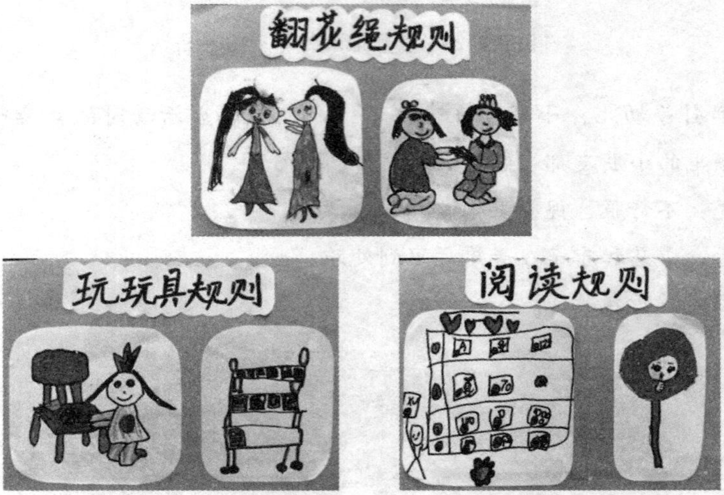

图3-2-23 幼儿通过讨论根据活动形式制定新规则

幼儿在之后的餐后游戏时间，会自觉地选择自己想要进行的活动，去到分好的三个区域。小朋友在进行活动的过程中很流畅，相对之前情况有较明显的变化。

图3-2-24 幼儿有序餐后阅读

图3-2-25 规则提示牌放置处

图3-2-26 幼儿餐后翻花绳游戏

五、再次倾听幼儿的想法

在观察了两天后，我在餐前活动的时候询问班级的小朋友：现在餐后活动你们喜欢吗?

欣欣：现在不挤了，我非常开心。

朵朵：我吃得慢了，出去以后看到一个地方人很多了，我就可以去别的地方，玩得很开心。

教师追问：那我们是怎么解决这个问题的?

幼儿：大家一起讨论的。

域宝：我们以后可以一起多讨论。

六、教师反思

当发现问题时，将问题抛给孩子，由孩子自主发现问题、设想办法，并尝试解决，孩子会给我们意想不到的惊喜。我相信以后幼儿在生活中遇到了困难，都会探索和思考，学会解决问题。

教师通过整理相似问题的不同探究案例，给予各园教师更好的支持策略。深度学习的案例探究，不仅能够鼓励幼儿参与班级管理，也能帮助老师更好地了解幼儿的学习能力、问题解决能力，促进和培养幼儿独立性、责任感等品质，进而有效提高一日生活的教学质量。

3. 一日生活各环节中教师站位及指导语

一日生活各环节中的教师站位及指导语是教师熟悉一日生活各环节的职责分工、教师之间的配合与主要关注点和负责场域的重要参考。尤其对新教师来说这是非常重要的，不仅需要了解一日生活的流程，也需要了解主配班之间需要配合的内容，以及教师在各环节应当如何指引幼儿开展相应的活动等细节。

表3-2-10 某园的教师站位

环节	时间	教师指导语			备注
		主班	配班	保育员	
入园	7：50—8：10	大门口：早上好！请慢慢走。 1.哭：先拥抱，拉着小手往前走，问：今天宝贝怎么啦？可以和老师说说吗？ 2.闹：先抱进大门，安抚情绪后，可让家长先带去晨检	向幼儿问好并拥抱。 师：换好鞋子放好书包后请去洗手放杯	8点回班：早上好！请吃早餐吧	
早餐	各班自填	1.小朋友们，早餐时间到了，请洗手吃早餐，不要拥挤。小心不要把食物撒出来； 2.吃完的小朋友请自己拿本书看吧（听故事或聊聊孩子自己的事情）	师：请小朋友一手扶碗一手拿勺，认真吃饭。吃完饭的小朋友请你拿垫子坐下来看一会儿书	1.今天的早餐真香，让我们一起品尝吧！ 2.你怎么不吃早餐呀？能跟老师说说为什么不吃吗？ 今天的馒头软软的，真好吃，你吃一口尝尝吧	
学习活动	9：00—10：00	听音乐进区： 1.请洗手后吃水果； 2.孩子有困难：怎么啦？有什么需要老师的帮助吗？ 3.请安静有序收拾	师：你们听到音乐的声音了吗？请进区小声点哦。××怎么了？那我们换个方式试试这样可以吗？	轻声提醒小朋友拿餐	
户外活动	10：00—11：10	1.请排队，下楼梯要注意； 2.活动中：注意安全！请不要跑太快，小心摔跤； 3.请把器械收拾整齐吧！ 4.请拿汗巾擦拭，更换衣服	师：请小朋友们排队慢慢地一步一步地下楼梯，走路的时候小手松开，跟上前面的小朋友		

续 表

环节	时间	教师指导语			备注
		主班	配班	保育员	
餐前活动	11：10—11：40	1.小朋友请入座； 2.我们今天户外活动玩得开心吗？ 3.××你玩了什么？ ……谈话、故事、手指游戏。 4.请××（慢的小朋友先去）去进餐。……听音乐	师：请小朋友坐好。请小朋友去洗手取餐	用手拿着盘子两边，慢慢走到位置上，小心不要撒了	
午餐	11：40—12：10	1.小朋友请保持桌面卫生哦； 2.小心不要洒汤； 3.请漱口擦嘴后轻轻地搬椅子去走廊	师：请小朋友端饭要注意。请小朋友在小椅子上坐好，一手扶碗，一手拿勺安静地吃饭。请吃完饭的小朋友搬椅子坐下看书	加油，你可以把饭吃完的，我等你	
午睡	12：10—14：30	1.请如厕后再去睡觉哦； 2.表扬会把鞋子放入床底下； 3.小朋友们午安	师：请小朋友去上厕所，上床睡觉。老师看看谁的小眼睛闭好啦	小朋友现在是午睡时间，请安静地躺在床上，把被子盖在小肚子上，看看谁最能干。都盖好了，表扬做到的小朋友	
起床午点	14：30—15：00	1.小朋友们下午好； 2.请小朋友如厕/喝水后到外面等候一下吧； 3.请小朋友搬椅子慢慢入座，洗手拿餐。小心水/擦干净哦； 4.表扬已经吃完的小朋友	师：请上完厕所/喝完水的小朋友来楼道搬椅子，女生来扎头发。请小朋友去端餐，吃完的小朋友请拿垫子坐在集中区	小朋友们下午好，听到音乐，我们要穿鞋子/尿尿/洗手/喝水。表扬××吃得很认真没有发出声音。××吃饭时不说话哦	

续 表

环节	时间	教师指导语			备注
		主班	配班	保育员	
学习活动	15：00—（各班填写）	备课	师：请把小脚盘起来，眼睛看老师。 请小朋友上厕所/洗手/喝水，喝完水的小朋友请到门口排队，我们去户外活动	请安静，听老师在讲什么呢？	
户外活动	（各班填写）	备课	师：今天下午我们玩的是××，请小朋友慢慢走，如果别的小朋友遇到困难你要帮助他（她）。当我一吹哨，就请你们到我这里来集合	请叫到名字的小朋友去书包里拿一条汗巾。 请小朋友下楼梯慢一点。 看脚下，小心摔跤。请排队	
离园准备	（各班填写）	1.请把自己的鞋子穿整齐哦； 2.请到老师这里整理衣服； 3.××请跟着前面的小朋友排队	师：请小朋友换鞋子，背书包。并且检查一下自己的鞋子有没有穿整齐。有外套的小朋友去拿自己的外套。 师：请小朋友到门口排队	请去换鞋子，请××来换衣服，我看看谁的鞋子穿好啦，表扬××穿得很整齐，现在我们去排队放学啦	
离园	（各班填写）	小朋友们明天见	小朋友再见	小朋友再见	

幼儿园一日生活顺利地进行离不开有效的策略与方法，只有这样才能帮助幼儿形成良好的行为习惯，适应不同的社会环境。

（三）幼儿园领域目标与区域材料共享模式

材料是区域活动的重要组成内容，从某种意义上说，材料的品质决定着区域活动的开展质量。区域活动的教育功能主要是通过材料来实现的，区域活动材料是儿童主动建构知识的支持物。选择区域材料应根据幼儿发展的年龄特点及《3—6岁儿童学习与发展指南》中对儿童领域发展的建议进行综合考虑。

在区域活动和材料选择上，比较普遍存在以下问题：

一是幼儿的区域活动水平总体不高；

二是材料的层次性不明显；

三是辅助材料的适宜性有待加强；

四是材料质量良莠不齐。具体见表3–2–11。

表3–2–11 区域活动及材料常见问题总结

	幼儿的区域活动水平总体不高	材料的层次性不明显	辅助材料的适宜性有待加强	材料质量良莠不齐
具体说明	班级材料基本符合幼儿的发展目标。但是通过现场观摩发现，幼儿在区域活动过程中频繁更换材料的情况比较多，单次操作材料的时间平均较短，整体活动水平不高，缺乏与材料间的有效互动和深度学习	一部分是因为材料的功能不明晰，孩子不知道如何操作；一部分是材料的挑战性不强，无法让孩子专注地进行操作和学习	班级很多材料都会配有材料的操作单或者记录单，但是记录单和操作单的指向性不强，目的性较低	班级的材料质量良莠不齐。如美工区的超轻黏土、建构区的安全帽等存在不适宜的问题

因此，如何选择适宜的区域材料投放于区域学习活动中，联盟园所之间优质区域材料如何共享共生，优质区域材料如何得到更加多元有效的开发和使用等现实需求，促使牵头园积极开发领域目标与区域材料共享的模式。

1. 以幼儿领域发展目标特色保障学习材料的质量

领域发展目标的设计是借鉴了舒尔曼提出的领域教学知识（Pedagogical Content Knowledge）的理论，借鉴领域发展目标，能够帮助教师更加有效地对班级材料的目标进行筛选，以及更换材料时能有目标倾向。帮助教师明确自己需要什么材料，要达到什么效果，为什么要选这个材料等问题。

同时借鉴教育部颁发的《3—6岁儿童学习与发展指南》及南京师范大学出版社出版的《核心经验与幼儿教师的领域教学知识》系列丛书，梳理并形成一套适宜清秀幼教集团联盟的幼儿数学、科学、生活、语言领域发展目标检核表。表3–2–12为各领域目标的检核维度。

表3-2-12　发展检核表（总表）

领域	维度
数学	集合与分类
	模式
	量与测量
	数概念
	数数
	计算
	图形与空间
科学	情感态度
	生命科学（动物、植物、人体奥秘）
	物质科学（声、光、电磁、力学、水、空气）
	地球空间科学（自然现象、日月星辰）
	科技与生活
	方法技能
生活	基本练习（主要用于手部的精细动作发展，训练幼儿手眼协调性）
	照顾环境（锻炼手臂和手腕的力量与协调控制能力，培养幼儿的责任感和秩序感）
	照顾自己（促进专注力的发展，锻炼幼儿手部力量，能够照顾好自己，幼儿更加独立）
	社交关系（有利于形成良好的人际关系，情绪稳定，安全感的建立，礼仪社交的渗透）
	精致的动作控制
语言	倾听
	表达
	阅读
	书写

每一个领域都会按照幼儿的不同年龄段形成相适宜的发展目标。教师借助领域检核表来对班级的材料进行检核，检核班级区域材料是否符合幼儿的发展，材料是单一维度的较多还是比较多层次多领域覆盖。下面以小班上学期数学区目标检核表（表3-2-13）为例来说明。

表3-2-13 小班（上）数学区目标检核表

一级维度	二级维度（核心经验）	目标	有则打“√”
1. 集合与分类	（1）幼儿能够根据物体的特征/教师的要求进行匹配、分类，组成不同的集合	① 能在成人引导下，根据简单的指令找到生活中常见的物品	
		② 认识红、黄、绿等颜色，能找出同类物品中相同颜色的物品	
		③ 尝试在3个物品或图片中找到完全相同的2个	
		④ 尝试在3个物品中找出与其他2个不同的物品	
		⑤ 初步尝试将一组物品中两两相同的配成一对	
		⑥ 引导幼儿根据简单的逻辑关系将有关联的物品对应放在一起	
		⑦ 能将相关的物体进行对应匹配，如按颜色、大小及简单相连关系（如小动物吃什么、住哪里）等	
	（2）幼儿能对同样的物体根据不同的方式进行分类	① 能按照物体的同一种属性找出同类或不同类的物体，说出物体的共同特征	
		② 能按物体的一种外部特征（形状、颜色、大小等）进行分类	
	（3）幼儿能在集合之间进行比较，感知集合的关系	③ 根据不同物体的属性（数量、形状等）进行判断、比较（如不同苹果树有不同数量的苹果）	
2. 模式	（1）幼儿能按照已有的规则排或序列（可以是重复或是发展的）	①能照样子仿照ABAB的规律交替重复排序	
	（2）幼儿能识别模式并能进行预测和归纳	②举例：站队喊到时，幼儿按照1/2/1/2的模式进行报数；阅读绘本《棕色的熊，棕色的熊，你在看什么？》时，幼儿会跟着教师念：“Brown bear brown bear，what do you see？”	

续表

一级维度	二级维度（核心经验）	目标	有则打“√”
2. 模式	（3）幼儿能根据同一种模式采用不同的方式来表征	③ 举例，和蛋糕装饰（提供水果、蜡烛、巧克力等装饰材料）	
3. 量与测量	（1）幼儿能确定物体的属性特征	① 感知、比较2个物体的大和小	
		② 感知、比较2个明显高矮不同物体的高和矮	
		③ 引导幼儿感受物品的多和少，尝试比较3个以内两种物品的多少	
	（2）幼儿能知道量的比较具有相对性、传递性	① 能用对应和重叠摆放的方法比较两组物体（5个以内）的多少，初步理解多些、少些、一样多等词的含义	
		② 能通过目测和重叠的方法比较、区分同类物体的大小，并找出最大和最小（5个以内）	
		③ 能通过比较感知物体长短，知道最长和最短（5个以内）	
		④ 体验物体从长到短、从短到长的顺序关系，能尝试按长短排序	
	（3）幼儿能用语言来识别和描述物体的属性	幼儿能用语言表述物体长短、大小、高矮等，能够使用“更长/重/短……”，以及“最大/小/长……”	
	（4）了解和确定三维物体的数学特征	知道一张纸的长度和宽度是不一样的	
4. 数概念	（1）幼儿知道数字有多种不同的用途	① 知道一个苹果或一个梨子能用数字“1”来表示	
		② 知道1可以代表楼层（1楼）、代表数量（1个）、代表1个数字（电话号码）等	
	（2）幼儿知道数量是物体集合的一个属性	能区别1和许多，初步感知“1和许多”的关系（即许多可以分成一个、一个……，一个、一个合起来有许多）	

续 表

一级维度	二级维度（核心经验）	目标	有则打"√"
5. 数数	（1）通过数数来确定一个集合中数量的"多少"	① 尝试点数5以内的物品，感知数字的外形特征	
		② 能手口一致地点数5以内的物品，并说出总数	
		③ 按数取物。幼儿能根据要求，正确取出5以内的物体	
	（2）幼儿能直接感知小集合的数量	① 幼儿能直接感知3以内的集合数量（不用点数、默数）	
		② 幼儿能直接感知5以内的集合数量（不用点数、默数）	
6. 计算	幼儿能理解给集合里添加物体能使集合变大，而拿走物体则使集合变小	① 了解2的形成，知道1添上1就是2	
		② 学习3以内数的形成，知道2添上1就是3	
		建模策略：比如，讲故事，5只猴子荡秋千，嘲笑鳄鱼被水淹……（被吃掉一只猴子后）问幼儿，还剩几只猴子，幼儿点数后回答4只	
7. 图形与空间	（1）幼儿通过对图形特征的分析和比较能够对图形进行定义和分类	① 引导幼儿感知生活中带有圆形的图案或物体	
		② 认识正方形，能说出名称；了解正方形的基本特征，能辨认生活中含有正方形的物体	
	（2）不同的图形可以合成一个新的图形，或分割成其他图形	① 能辨别圆形、正方形两种图形并试着说出名称，进行简单的图形计数、分类、拼搭	
		② 幼儿能填充简单的轮廓拼图	
	（3）幼儿能够熟练掌握图形的移动、翻转或旋转变化等	③ 幼儿能将几何图形（体）按形状投入对应的盒子中	
	（4）幼儿能准确进行空间方位的辨认	① 能区分和说出以自身为中心的明显的上、下方位，说出什么在上面、什么在下面	
		② 熟练区分物体的上下、前后等数学知识	

续 表

一级维度	二级维度（核心经验）	目标	有则打“√”
7. 图形与空间	（5）幼儿能够掌握描述位置和方向的方位语言	教师在排队的时候让A站在B前面，让幼儿描述前后左右的人是谁	
	（6）幼儿能够感知、描述和操作不同三维图形	让幼儿从不同角度对同一个物体进行观察、描述	
8. 时间		对一日生活流程有一个模糊的时间感觉，如上午和下午、白天和玩耍，吃饭时间短一些，睡觉时间长一些等	

通过形成以数学领域几大维度及在各维度中不同的发展目标，帮助老师快速判断和评价班上区域材料的适宜性、丰富性、有效性及合理性。

2. 以区域材料共享的模式创建学习共同体

有了领域目标检核表，园所及教师在整理区域材料的时候就有了一个可参考的文本，然后再进行区域材料的共享。教育资源共建共享是一种协同创新的资源建设和分享模式。通过多个园所之间进行的多方协作，整合区域内各种教育人力、物力和财力资源，借助平台形成片区教师的学习共同体，共同建设和发展联盟教育资源，以及避免教育资源的重复建设和投入，实现教育资源的合理配置，使教育效益达到最大化。

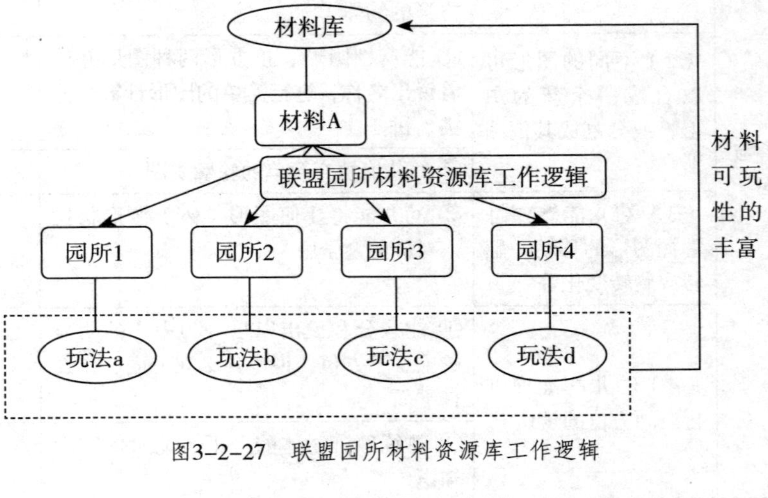

图3-2-27　联盟园所材料资源库工作逻辑

材料库建设不仅可以让园所之间的材料“活”起来，而且在教学上能够更加丰富多样。对于可借用的材料，每份材料都配有一份指引表，指引表中会包含材料名称、材料构成、材料价值分析、材料的玩法及幼儿的典型表现这几部分内容。帮助老师在拿到材料后能够快速熟悉材料的使用方法。

表3–2–14　区域材料玩法指引表

材料名称：镜中猜	材料构成	材料价值分析（目标）	材料玩法	幼儿的典型表现
	1.带镜片的底座。 2.不同系列的卡片。 3. 2个支撑架	该玩具适合4—6岁幼儿小组合作游戏。 （1）观察力、注意力、专注力、由“部分”推测“整体”的逻辑思维能力及图案组合能力与想象力； （2）有助于幼儿去掉思维中的“自我中心”，理解别人的想法和看法； （3）有助于幼儿语言表达能力的发展； （4）有助于发展幼儿的艺术创造力； （5）提高幼儿的交往能力和规则意识	幼儿根据镜子里的图形猜测卡片上的图案，猜中就可以把卡片拿走，游戏结束时卡片最多的人获胜	阶段一：猜不出来会偷看 教师指导策略：与幼儿一起讨论，明确游戏规则
				阶段二：猜不出来胡乱猜 教师指导策略：组织幼儿讨论在新规则下游戏的开展情况，发现问题并解决问题（增加新规则）
				阶段三：不认识的东西猜不出来 教师指导策略：组织相关活动，和幼儿一起认识“知道不会叫名字”和“完全不认识”的卡片
				阶段四：相似的东西猜不出来 教师指导策略：组织卡片“找朋友”活动，引导幼儿对相似图片进行对比观察，发现不同之处
				阶段五：掌握了卡片的细节，会猜了 教师指导策略：引导幼儿用空白卡片制作新图案、制定新规则（抢答）
				阶段六：自制图卡 教师指导策略：与其他区域联结（去美工区制作新图卡、比较不同的纸制作的图卡区别等）

通过研讨区域材料的玩法，老师对一份材料从陌生到熟悉，从了解材料的组成到材料怎么玩，再运用到班上看材料的使用情况，通过观察并记录孩子与材料之间的有效互动，促进幼儿在材料互动过程中的深度学习。以下为教师记录的一份材料引发的幼儿深度学习案例。

案例6

小刺猬欢乐多

郭禹含　廖孟娇

一、玩具介绍

本套“小刺猬游戏”是一款训练点数、计数，锻炼手眼协调能力、精细动作的益智类玩具。比较适合3—5岁的小朋友操作。

（一）玩具构成

（1）一块有4只小刺猬图案的木质游戏板。

（2）120根木梢。

（3）1个篮子。

（4）2颗骰子。（一个是1—3点数、一个是1—6点数）

图3-2-28　玩具“好玩的小刺猬”

（二）玩具玩法

1. 基础玩法

根据掷出的骰子的点数取木梢插到“刺猬”身上，先把自己的“刺猬”都插满的获胜。

2. 玩法拓展

（1）沙漏计时。

（2）两骰子相加计数。

（三）玩具价值分析

本款玩具的主要价值有：

（1）训练幼儿点数、估算、按数取物等能力。

（2）锻炼幼儿手眼协调能力及精细动作。

（3）培养幼儿竞争意识。

（4）10以内加法运算能力。

二、游戏过程与解析

（一）阶段一：独自游戏

场景一：小刺猬好可爱

1. 游戏过程

当老师以故事情节导入，展示出新玩具——“小刺猬游戏”时，孩子们都被包装上可爱的小刺猬吸引了，表现出浓厚的兴趣，迫不及待地尝试拆开，去发现和探索。教师笑了笑，继续往外拿材料。当小朋友们看见了小木梢、小篮子时，马上就明白了，这是一个帮小刺猬插刺的玩具。

峰峰在区域活动中第一时间选择了“小刺猬”，刚开始玩时，他拿起小篮子里的小木梢，一根一根地帮小刺猬插“刺”，当他插满第一只小刺猬时，他说：“我插好了！”并打算收起玩具。老师问：“峰峰，你还有别的玩法吗？”

这时候，峰峰发现了骰子，他随机拿起了点数1—6的那颗骰子，然后开始掷骰子，根据骰子上的点数来帮小刺猬插“刺”。当他快插满第二只小刺猬时，峰峰掷到的点数是4，但小刺猬身上剩下的洞洞只有2个了。

峰峰说：“老师，我刚刚掷的骰子有4个点点，但小刺猬只剩了2个洞洞。”

老师问：“那怎么办呢？”

峰峰看了一下游戏板，说：“我可以把它插到这一只小刺猬身上！”说完指着第三只没有插“刺”的刺猬。4只小刺猬的刺都插满了以后，峰峰高兴地说：“老师，我全都插满了！”

图3-2-29 幼儿在场景一与玩具的互动（1）

图3-2-30 幼儿在场景一与玩具的互动（2）

场景二：我们来数一数

1. 游戏过程

正正拿到小刺猬游戏后，立刻就发现了骰子，他拿起两颗骰子看了一下，选择了点数小的骰子，一边掷一边帮小刺猬“插刺”。他左手拿着骰子，第一次掷到2点，右手直接从篮子里拿出2根木梢插。第二次掷到1，正正也直接拿出1根木梢来。接下来的两次正正都掷到点数1，但是他没有选择插木梢。教师很疑惑，但没有出声，只是静静地看着。直到掷到了3，正正才露出笑容，从篮子里拿出3根木梢。

图3-2-31 幼儿根据点数插木梢

当帮助第一只小刺猬插满“刺”时，正正给自己鼓了鼓掌，接着选择了另一颗点数大一点的骰子。第一次，他掷到了4，正正看了一下骰子上的点数，从篮子里一边拿木梢，一边数着“1、2、3、4”。正正一根一根地插着木梢，插完4根后正正掷到了6，正正看着骰子，眉头皱了起来，没有直接去拿木梢。这时老师好奇地问：“宝贝，这次是几啊？”正正伸出食指，边点着骰子上的点点数到了6。

图3-2-32 幼儿点数后再插木梢

“老师，是6！”接着老师也重复正正的动作，点数了一遍。“嗯！真的是呢！正正好厉害。”教师问：“正正你帮第二只小刺猬插了几根‘刺’呀？”正正低头看了一眼小刺猬，然后开始一边点一边数着：“1、2、3……10，有10根了！”教师点点头，鼓励正正继续进行游戏。到第三只小刺猬快被插满时，收玩具的音乐响了起来，于是正正一根一根地把刺“拔”到篮筐里。

2. 教师解析

在玩具刚投放的这一阶段，孩子们都是独自进行游戏，他们不需要成人的提醒就知道这个玩具需要用木梢去帮小刺猬插“刺”。在这一过程中，不同性格的孩子，玩这份玩具的情况也大不相同。

峰峰是个4岁的小男孩，性格内向害羞。选择这个新玩具，说明他对该玩具的外观很感兴趣，有很强的探究热情。在活动中峰峰愿意和老师进行交流，通过老师的简短提问，峰峰尝试了不同的玩法。在玩“小刺猬”这份玩具的过程中，峰峰很有耐心地完成了4只小刺猬。但是当老师提议他和其他小朋友一起玩时，峰峰拒绝了，说明他缺乏同伴之间的合作，同伴间的交往能力有待提高。

正正也是一个4岁的男孩，他做事认真且有耐心。正正在玩“小刺猬”的过程中，掷到1—4点的骰子都能马上反应过来并从盒子中拿出对应的木梢，说明他已经熟练地掌握了1—4的对物体数量的估算能力及按数取物的能力。但是当他掷到5或6点数的骰子时，正正需要用手指指着骰子上的点点先进行点数再拿小木梢，说明他对5以上数量的估算能力还有待加强。在选择骰子前正正也特意观察了两个骰子的不同，先挑了一个相对容易的1—3，在完成第一只小刺猬后，他才选择挑战更大点数的骰子。

3. 指导策略

正正和峰峰是两个不同性格的幼儿，专注力、交往能力等都有差异。在观察和指导幼儿活动的过程中，教师需要根据幼儿的现有水平进行指导，发现孩子的最近发展区。根据两人的已有经验，教师分别做了不同的指导策略。

对于峰峰这一类型的幼儿，根据已有的生活经验，我们和孩子们共同制定了新的竞赛游戏规则，可以和同伴一起游戏，以此加强幼儿之间的交往，也能体验到合作带来的快乐。

对于有耐心并乐意挑战的正正，教师没有过多介入，在5、6点数上，教师选择了通过提问和参与，巩固了他的点数能力。正正已经掌握了5以内的点数，但是5以上的还不熟练，因此教师以提问的方式参与到正正的游戏中，引导他练习5以上数的点数。经过对骰子点数及刺猬身上“小刺”的点数，正正越来越熟悉5以上数的点数并且每插完一个刺猬身上的“刺”都会主动进行点数，他的点数能力也在与小刺猬的互动中得到巩固。

（二）阶段二：骰子的故事

场景三：骰子的秘密

小俞和森森第一次玩“小刺猬”玩具时，他们并没有发现骰子，而是拿到木梢就迫不及待地开始帮小刺猬插“刺”。两人只插满了一个小刺猬，相视一笑，就准备收了玩具。老师在一旁观察了一会儿，问道：“你们帮小刺猬插‘刺’啦？你们谁先插满的呀？”森森挠挠头，笑着说自己忘记了。

老师：“你们看，这里有几只小刺猬？”

小俞：“4只。”

老师：“你们觉得还可以怎么玩呢？”

森森想了想提议道：“我们看谁插得快吧？”

小俞说：“好啊！”于是两个人比赛起来。

图3-2-33　幼儿在进行比赛

小俞每次拿一根小木梢，一根一根地帮小刺猬插“刺”。森森一次抓了一把小木梢放在手里，他的小手拿不住，小木梢掉了两三根。森森看看小俞已经插了很多根“刺”了，他有点着急，想了一下后也左手拿着木梢，右手一根一根来插。很快，小俞便插完了第一只刺猬身上的“刺”，森森还剩了差不多三分之一，小俞赢了。森森有点不开心，说：“哼，一点都不好玩。”这时候，老师问森森：“森森，小刺猬的“刺”还没插完，我们把“刺”插完好不好？”森森说：“可是小木棍总是掉出来。”老师：“为什么小木棍会掉出来呀？”森森看了一下左手拿得满满的木梢，说：“我拿太多了。”老师：“原来是这样啊，那有什么解决办法吗？”森森：“那我少拿一点。”

在老师和森森对话时，小俞发现了骰子，便跟森森说：“你看！有这个！”森森和小俞一人拿了一个骰子，小俞拿到1—6点数的骰子，森森拿到1—3点数的骰子，他们决定掷到几就插几根。玩了几轮以后，森森发现不对劲，说：“怎么每次我都那么小呢？”老师：“你们看看骰子上有什么秘密？”小俞惊喜地说：“我的有6那么多，他的没有。”老师：“那你们想用哪一个？”“这个！”小俞和森森同时指着1—6点数的骰子说道。

场景四：我先拿的骰子

1. 游戏过程

潼潼和嘉嘉知道骰子的秘密以后他们开始用点数比较大的骰子进行游戏，接着两个小朋友你一轮我一轮地轮流来掷骰子。10分钟后，只听到两个宝贝争论的声音：“我先拿到的。”老师想锻炼一下孩子们自己在与同伴交往过程中遇到困难的解决能力，所以并没有走过去制止。嘉嘉一把将骰子抢了，潼潼觉得很委屈，看见老师走过去了，委屈巴巴地说：“老师，是我先拿到的，他就在那里抢。”老师转头问嘉嘉：“嘉嘉，到底怎么了呀？”嘉嘉说：“本来就是我先拿的。”一时间两个人谁也不让谁，老师也分不清谁对谁错，又不想直截了当地告诉他们应该怎么办，便提出了建议。

老师说：“你们两个都很想先掷骰子？”

潼潼和嘉嘉用力地点点头，说：“嗯！”

老师说：“可是我不知道怎么能让你们两个人都开心，你们有没有好办法？”

两人沉默片刻，嘉嘉说：“石头剪刀布！谁赢了谁先丢这个骰子！”

老师说：“那潼潼同意吗？”

潼潼点点头，两人便开始用石头剪刀布决定谁先掷骰子。

图3-2-34 幼儿根据石头剪刀布来决定掷骰子的顺序

2. 教师分析

孩子们玩“小刺猬”时，很快就能发现小木梢和刺猬身上的洞洞之间的关系，小俞和森森马上就拿起小木梢帮小刺猬插“刺”，说明他们都学会了“小刺猬”最基础的玩法。第一次游戏的时候，孩子们只是单纯地帮一只小刺猬插“刺”，在这个过程中幼儿手指的灵活性及小肌肉动作的发展得到了锻炼，但是对小班下学期的他们来说有点太简单了，且趣味性不足，所以孩子们很快就失去了兴趣，于是教师便以提问的形式引导幼儿发现新玩法。

潼潼和嘉嘉这一组在玩“小刺猬”游戏时，发生了几次摩擦。虽然他们有了竞争的意识，但在规则意识上还有所欠缺。他们争抢骰子的行为是因为对玩具产生的兴趣和急于求玩的心理需求导致的。这与幼儿缺乏交往意识和未形成良好的行为规则有关，他们往往强烈地“以自我为中心”，对自己的情绪和需要缺乏控制能力和恰当的表达能力，所以不能和同伴友好地相处。

3. 指导策略

孩子们第一次打算收玩具的时候，教师用提问的方式引导孩子们发现还可以用比赛的形式进行游戏，不仅增强了玩具的趣味性，也让孩子们从中学会观察及通过思考发现并解决问题。小俞和森森刚开始比赛的时候，森森有点着急，输了比赛后有点气馁，教师也通过提问的方式引导森森发现“刺”插得慢的原因。在接下来的游戏过程中，孩子们也逐渐学会了观察身边的事物，森森在掷了几轮骰子以后，他们便发现了骰子的秘密——点数不同。

在小班阶段幼儿争抢玩具的现象偏多，但他们已经有了初步判断事物的能力，是非观念开始形成。潼潼和嘉嘉有了解决问题的主动性，但因为之前都以平行游戏为主，所以在遇到抢玩具时，他们还是容易控制不住自己。因此，教师需要做的应该是引导幼儿尝试自主解决矛盾，把自主权和决定权还给孩子，在下次遇到类似纷争时他们也能尝试自己解决。

（三）阶段三：时光沙漏

1. 游戏过程

佩璇和潼潼来到操作区，潼潼提议道：“我们来玩小刺猬吧！”佩璇欣然同意。她们拿出材料，直接用1—6点数的骰子来掷，两个人都很守规则，一人轮流掷一次骰子，一根一根地往刺猬身上的小洞洞里插“刺”。

图3-2-35 幼儿在游戏中增加沙漏（1）

图3-2-36 幼儿在游戏中增加沙漏（2）

这时候，旁边的小朋友在争抢扳手，顿时潼潼和佩璇被争吵声吸引，两人暂停了游戏，观看起了争吵。原来是玩工具箱的小朋友都很想玩扳手，这时老师介入了争吵，并提供了一个5分钟的沙漏，争吵的两人每人轮流玩5分钟，沙漏漏完，就要轮给下一个小朋友玩。这时潼潼说：“沙漏可以计时的。”佩璇不语，两人准备继续帮小刺猬插“刺”。教师听到潼潼说的话，想到沙漏计时也是很好的竞赛方式，便问潼潼和佩璇：“如果把沙漏给你们两个，你们可以用它来干吗？”

佩璇摇头，潼潼想了一小会儿，惊喜地说：“可以比。”“比什么？”“看谁先插满！”老师说：“在沙漏漏完之前，看谁插满了小刺猬？”“是的。”老师说：“好，那你们两个就来比一比，这真是个好办法呀！我可以跟其他小朋友也介绍这种玩法了。”并为小刺猬玩具提供了一个1分钟的沙漏。两人笑着把小刺猬身上的“刺”拔掉，准备开始用沙漏比赛。比了两轮之后，两位小朋友都完成了刺猬的插“刺”。

两人准备开始为小刺猬拔“刺”，说再来一轮。教师为巩固她们的点数能力便问：“你们帮刺猬插了几根‘刺’呀？”这时两人边拔边数“1、2、3、4、5、6……”直到把“刺”拔完。

潼潼和佩璇的点数能力很不错，她们都能熟练完成20以内的点数，到20以后会开始混乱。于是教师便提示她们说：“我觉得你们也可以比一比在沙漏漏完之前谁拔的‘刺’多，你们觉得怎么样？”“可以比一比！”说完两个小朋友开始了拔刺比豪，沙漏漏完了，两个人一起数自己拔了多少“刺”。佩璇21根，潼潼19根。两人相视一笑表示还要继续比赛。

2. 教师分析

潼潼和佩璇的数数能力发展得很好，已经可以数到20多了，但是在游戏中她们容易被他人影响，从这一过程中，能看到两位小朋友的专注力是不够的，也可能是现在的玩法还不能使她们全心全意游戏。于是教师借助旁边小朋友轮流计时玩材料这一契机，引导潼潼和佩璇发现可以在比赛中加入沙漏计时这一玩法。该玩法不仅促进了小朋友数感的发展，也提升了材料的趣味性和竞赛的刺激性。

3. 指导策略

抓住一切教育的契机，在最自然的环境下对幼儿进行的教育才是最有意义的。幼儿也在该过程中对玩法印象深刻，并能认真地投入材料的操作中。

（四）阶段四：骰子加加加

1. 游戏过程

区域活动时慈恩拉着舒晴说：“我们一起玩小刺猬吧！”舒晴笑着说：“好啊！我也想玩小刺猬呢！”慈恩拿出小刺猬放在桌子上，两人一人坐一边开始玩了起来。两人各插各的。玩了一会儿，慈恩提议进行比赛，她们用石头剪刀布的形式决定掷骰子的顺序，然后便开始玩了。

她们比赛了一轮便准备收起小刺猬，询问原因后教师得知她们觉得太简单了。教师观察到慈恩和舒晴的点数能力及观察能力都发展得很好，便想增加一些游戏难度，提升她们对这份材料的兴趣点。

老师问："你们要不要挑战一种新玩法呢？"

舒晴说："什么玩法啊？"

教师说："我们可以试试两个骰子一起掷，算一算两颗骰子上一共有多少个点，然后就插几根小'刺'，这样每次能插更多的'刺'，也能更快完成所有小'刺'。"

两人都说："好！"

她们用石头剪刀布决定谁先掷骰子，玩了起来。在对方掷骰子时，自己也跟着一起数："1、2、3、4、5、6、7……"舒晴第二次插小木梢的时候，她算出来两个骰子相加是9了，但是她没有直接从篮子里拿9根小木梢，而是先数了一下她小刺猬身上的"刺"，发现只有8，便从筐子里拿出1根小木梢。到了第三次，刺猬身上的刺有9根，她掷到了7，她便把刺猬多出来的2根"刺"拔掉了。慈恩发现后说："舒晴，你在干什么啊？不是这样玩的！"接着慈恩重新讲解了正确的玩法，然后两个人愉快地玩了起来！

图3-2-37　幼儿在游戏中进行木梢相加（1）

图3-2-38　幼儿在游戏中进行木梢相加（2）

2. 教师分析

这一过程中，教师发现当幼儿对材料很熟悉，且发展水平相对较高，如慈恩和舒晴，这份材料的玩法对她们的挑战性偏低，所以她们对材料旧玩法的兴趣很快就消失了。这时教师给予建议，增强了幼儿对这份材料的挑战性，并从中发现相同年龄段小朋友的发展水平有差异。通过同伴之间的互相协助、合作，不仅促进了同伴之间的合作意识，更提高了两名幼儿感知数与量的结合、体验数代表的实际意义和规则意识。

3. 指导策略

对这份材料，小朋友们还是很有兴趣的，只是在玩法探索方面，还需要教师的引导。在这一过程中，小朋友能手口一致地进行点数，教师需根据不同幼儿的点数能力进行巩固或提高练习。幼儿在观察和比较中感知数与数之间的关系，在游戏中促进了数感与发展。在加入两骰子相加的玩法以后，舒晴在刚开始虽然没有按约定好的玩，但是从她自己“创新”的玩法中我们发现她已经开始进行两个物体间数与量的比较，也能进行10以内简单的加减了。在下一阶段，发展水平较高的小朋友可以尝试舒晴的玩法，在玩小刺猬的过程中进一步感知数量及巩固运算能力。

三、教师专业反思

1. 关于幼儿的发展

我们通过观察幼儿与“小刺猬”的互动情况，发现每个幼儿的性格、发展水平均有不同。为了满足不同发展水平的幼儿，教师需要对不同层次的幼儿有针对性地进行指导和支持。

幼儿在第一、二阶段，与“小刺猬”互动时间不长，只是单纯地重复取物和插孔的动作，很容易失去兴趣。通过教师的介入指导，激发了幼儿初步的主动探索的意识，提高了幼儿的观察能力和交往能力。当这份玩具增添了竞赛方式后，幼儿表现出激动和喜悦。引发幼儿从独自游戏走向小组比拼，体验了大家一起竞赛游戏所带来的成就感，有了这些体验，幼儿自主游戏的意识和能力才能够得到提高。

在操作过程中，幼儿发现游戏材料中的小篮子不宜收纳，教师便以这一契机，就材料收纳与幼儿进行了讨论分析。幼儿提出不同的收纳方式，最后在不断的实践中选择了最为合适的带盖小盒子收纳木梢。在这个过程中，幼儿解决问题的能力也得以提升。

2. 教师指导策略的反思

“小刺猬”这份玩具具有低结构、多层次的特点，正是因为它的发散性，教师可以根据幼儿的能力水平特点，有针对性地进行有效的引导。

在观察和指导幼儿活动的过程中，教师要看到游戏材料的价值本身，不能被固有玩法局限了自己和幼儿的思路。教师需要根据幼儿的现有水平进行指导，发现孩子的最近发展区；根据幼儿发展的不同需求、不同的游戏水平，提供不同的支架。引导幼儿在活动中自主发现问题，并培养幼儿自主解决问题的能力。

通过以基础环境创设、一日生活各环节的活动与建议，以及领域目标与区域活动等作为基本内容，形成联盟园区域共享的基本模式，能够有效地保障基本教学质量。在联盟园基本模式的建构过程中，共建与共享是相互依存的关系，共建是共享的基础，共享是共建的目的，两者只有相互促进、协调发展，才能形成良性循环，形成紧密的连贯性。

在联盟园建设的“1+N”模式中，只有“1”的稳固发展并形成联盟园合作的良性循环，“N”才能有效地开展与发展。

（四）幼儿健康区域协同管理

幼儿园资源分布差异大，幼儿园之间师资、教学质量不同，信息化技术的使用能有效盘活优质资源存量、做大优质资源增量。

1. 依托信息技术优化卫生保健工作

幼儿的健康管理涉及幼儿家庭、医院（社康中心）、幼儿园、政府职能机构，是社会大协同的一体化管理工程。

首先，从数字化信息角度进行管理，使用信息技术，解放保健医，实现数据实时共享。清秀幼儿园梳理以幼儿园为核心的卫生保健工作流程，以及与其相关的数据信息关系，构建完成与“信息环境下幼儿园卫生保健管理模式”相匹配的“幼儿健康信息环境模型”，减少保健医50%的工作量，疏通幼儿园各环节、家园之间，以及与政府职能部门之间的幼儿健康信息通路。

卫生保健管理信息化的探究成果推广至联盟园后，联盟园借助互联网工具，实现幼儿健康管理，呈现幼儿健康信息环境集。

其次，协同支撑行动，联通幼儿园各环节、家园之间及政府职能部门之间的信息通路，实现与政府职能机构相关的数字化健康信息共享，如此精准、实时的区域幼儿健康大数据形成后，使职能部门的智慧决策能够落地。

案例7

信息环境下幼儿出勤管理研究

罗湖区清秀幼教集团　张　琴

如今，我们的生活越来越离不开互联网。罗湖清秀幼儿园为了打破传统的幼儿园和政府之间的信息互通方式，由传统的定期做报表上门提交，改为在园内借助互联网用信息化手段提交。这样不仅能实现信息同步，还能提升工作效率，减少数据的出错率。

一、未使用信息化手段的工作样态

表3-2-15　幼儿园儿童出勤登记表

幼儿园儿童出勤登记表																																	
班级：______　______年__月																																	
序号	姓名	日期																															备注
		1	2	3	4	5	6	7	8	9	10	11	12	13	14	15	16	17	18	19	20	21	22	23	24	25	26	27	28	29	30	31	

备注：

A.“√”代表出勤，“○”代表缺勤；

B.缺勤儿童查明原因后在“○”内补全相应的符号：“×”代表病假，“—”代表事假；

C.因病缺勤，需在备注栏注明疾病名称；

D.就诊疾病名称在备注里填写以下代码：

1.上呼吸道感染　2.发热查因　3.腹痛查因　4.鼻出血　5.支气管炎　6.肺炎　7.胃肠道疾病　8.结膜炎　9.外伤　10.传染病　11.其他

保健医手工完成此项工作。每天早上班级老师点名记录，9点左右保育老师将班级出勤人数报到厨房，厨房据此备餐及分发餐具。中午幼儿进餐时保健医逐一到各班级巡班登记班级缺勤幼儿名单。由于我们幼儿园一共有9个班级，因此仅仅是登记幼儿名单就需要花费保健医大半个小时。至于缺勤原因，家长主动请假的幼儿，保健医中午巡班时可以当场记录，没有主动请假的幼儿还需等到中午老师下班打电话问过后才上报给保健医，完成此项工作的效率极其低下。然后每月统计小结、学期统计、学年总结，工作极其繁琐。

表3-2-16　幼儿缺勤追踪记录表模板

班级：______

姓名	性别	缺勤日期	缺勤原因		返园时间

二、使用信息化手段后的工作样态

目前我园幼儿出勤采用的方式是使用外部接收器打卡签到。每天幼儿入园刷卡之后，数据会自动连接到管理平台，生成幼儿每日出勤记录表。家长通过电脑或手机端APP在线给幼儿请病事假，班级老师确认后，幼儿的请病事假数据将自动分类归入幼儿病事假信息库中。保健医生通过直接呈现的常见病、传染病类别进行确认后，通过“上级管理系统”端口直接与上级主管部门汇报对接。

在上级主管部门的端口还未打通时，保健医生每月需上报给上级部门《传染病记录》《幼儿意外事故》等表格，同时还需手动填写并盖章后把纸质材料送到上级主管部门。现在使用信息化手段以后，厨房的工作人员可以直接看到幼儿人数，然后按人数分餐。持续性的数据会自动生成幼儿每周记录、每月小结、每学期总结。

这个流程仅需把握第一关即可，原始数据会自动累加并生成新的统计表，节省了保健工作人员大量的数据录入和统计时间，也节省了大量的纸质存储成本和空间，同时还实现了无限储存及随时随地查看的功能。

在整个信息化技术研发与使用过程中，从研发表格到培养家长的信息化使用习惯，再到幼儿园工作人员的信息化使用习惯；从最开始梳理14大表格内部联系，每一步反复验证。仅出勤这块就探讨出很多种不同的操作方式，比如家长如何请假，老师如何更方便，缺勤的分类，等等。开始使用时，有些家长会忘记打卡，在这个过程中需要不断地同教学部门进行沟通并进行调整，如告知家长，厨房工作人员分餐是看打卡同步人数的。接着，调整相关工作人员的工作流程，以前保育员要到厨房报人数，现在则不需要，厨房工作人员看平台数据便可知晓，保育员有更多精力和时间用在保育工作上，同时保健医生每天巡班也可以重点关注幼儿进餐时的情况。

平台手机端显示的请病事假版面，见图3-2-39与图3-2-40：

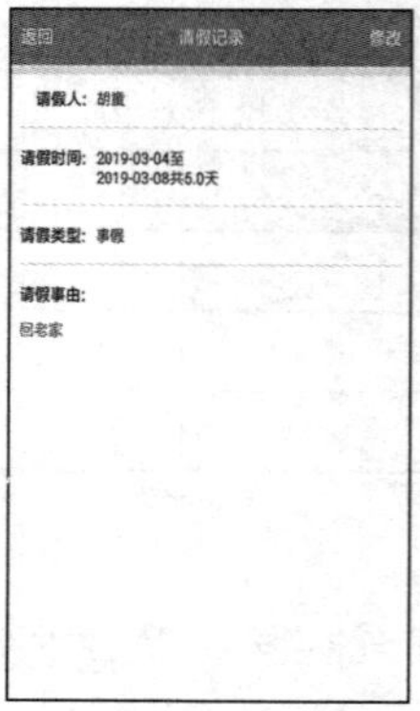

图3-2-39　家长手机端请事假版面（1）

图3-2-40　家长手机端请病假版面（2）

教师及保健医手机端显示的考勤版面，见图3-2-41与图3-2-42：

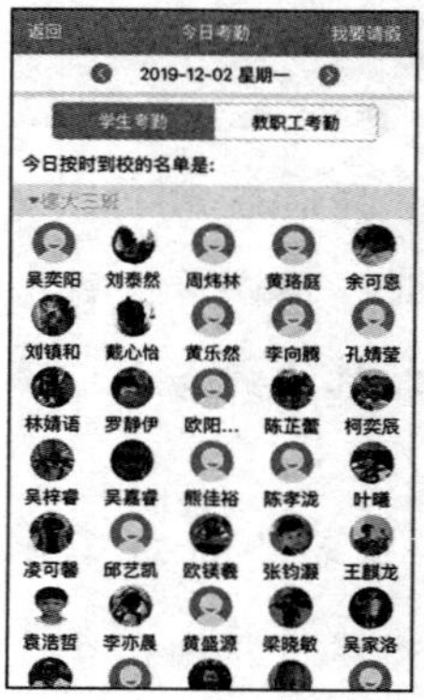

图3-2-41　教师手机端显示的考勤版面

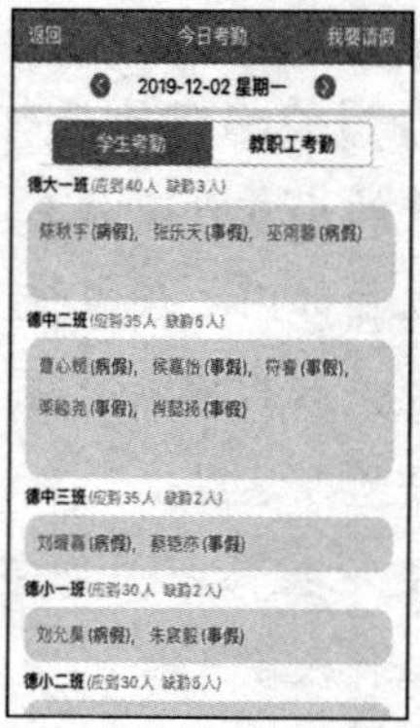

图3-2-42　保健医手机端显示的考勤版面

目前平台所呈现的全园出勤，见图3-2-43：

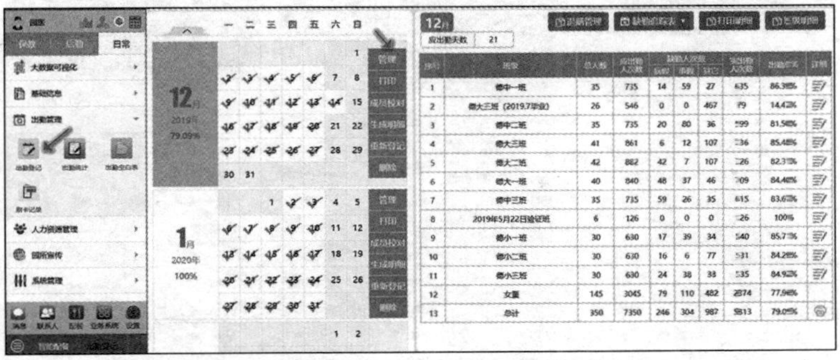

图3-2-43 线上信息化平台全园幼儿出勤一览表

以下是目前信息平台所呈现的幼儿出勤的模块：幼儿打卡信息直接同步至考勤统计后，各班出勤记录一目了然，工作人员可按日、按月、按时段查找，也可查找各班级的对比统计。全园幼儿的考勤统计可以连续累计，没有年限限制，见图3-2-44：

图3-2-44 全园幼儿考勤统计表

并可以查询到每一名在园幼儿的所有出勤及缺勤记录，见图3-2-45：

图3-2-45　全园幼儿考勤记录表

在“家园交流区”—“卫生保健”—“排查记录”里有幼儿患病情况统计。统计情况见图3-2-46：

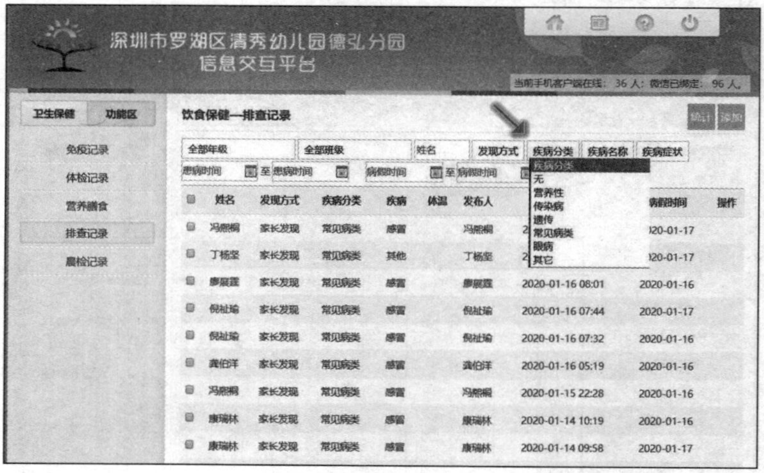

图3-2-46　幼儿患病情况统计表

幼儿请病假信息直接同步后，保健医可直接通过疾病类别进行查找，见图3-2-47：

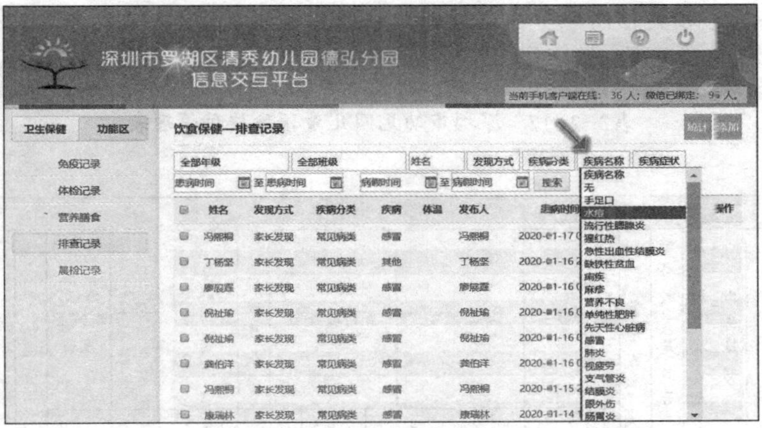

图3-2-47　全园幼儿病假统计表

在信息化管理下，联盟园的保健医生工作效率大幅提高，和班级的紧密度更强，对幼儿的关注度更高，不仅学会了思考，也获得了成长。

案例8

信息环境下幼儿免疫接种工作

罗湖区清秀幼教集团　成秋兰

免疫规划是根据疫情监测及人群免疫状况的分析，按照国家规定的免疫程序进行预防接种，以提高人群的免疫水平，达到控制乃至消灭相应传染病的目的。幼儿预防接种管理是幼儿园卫生保健工作中的一个环节，也是托幼机构对在园幼儿免疫接种的管理工作之一，采用信息化技术手段后，联盟园保健医的在园幼儿预防接种工作的管理流程发生了根本变化。

一、传统的幼儿预防接种工作流程

依照广东省免疫规划疫苗免疫程序，幼儿4岁时，需进行脊髓灰质炎活疫苗（第4剂）的预防接种；幼儿6岁时，需进行白破疫苗（第1剂）和A+C群流脑疫苗（第2剂）。

（一）每学期登记造册

在每学期开学初，保健医需逐个查找登记中班和大班幼儿的免疫接种名单，把需要预防接种幼儿名单登记在儿童预防接种管理表中，最后完成初次造册工作。

流程包括：查看每个幼儿的预防接种单——分类登记填写姓名、性别、出生年月等相关信息——分班造册。一位保健医完成100名幼儿入园预防登记的时间，大约需要16小时。

表3-2-17　深圳市幼儿园儿童预防接种管理表

（______年）

幼儿园：				班级：																								
序号	姓名	性别	出生日期	接种证（有/无）	需补种（是/否）	卡介苗	乙肝疫苗			脊灰疫苗				百白破疫苗				白破疫苗	含麻疹成分疫苗		乙脑疫苗		A+C群流脑疫苗		甲肝疫苗	水痘	流腮	……
							1	2	3	1	2	3	4	1	2	3	4		1	2	1	2	1	2				
1																												
2																												
3																												
注："乙肝疫苗1"代表乙肝疫苗第1剂，如此类推。某种疫苗完成全程免疫后，不再填写。对于未完成全程免疫的疫苗，其预约日期用铅笔填写，完成后用钢笔在铅笔笔迹上描一遍。																												
填报人：				填报日期：																								

（二）日常追踪

完成首次造册后，保健医需根据每名幼儿的具体时间，逐个派发纸质书面预防接种通知提醒家长按时到相关医院或社康中心完成预防接种，同时交回医院盖章的接种证明，在保健室文件中存档，保健医再将此内容填入汇总表中。

流程：随时查看到期需接种疫苗幼儿名单——书面提醒家长——家长带幼儿到医院接种——交回执——汇总登记。

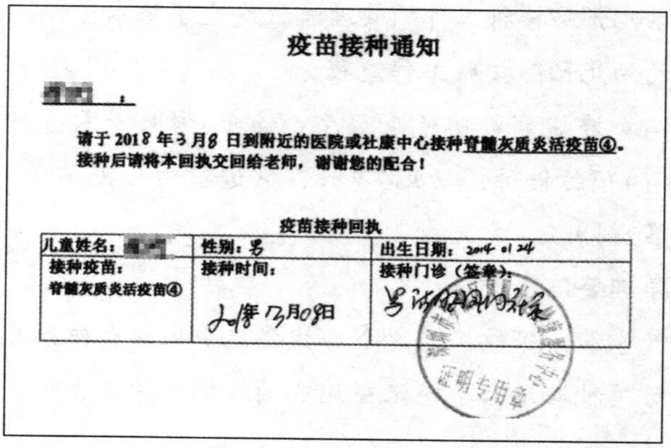

疫苗接种通知

[redacted]：

请于2018年3月8日到附近的医院或社康中心接种脊髓灰质炎活疫苗④。
接种后请将本回执交回给老师，谢谢您的配合！

疫苗接种回执

儿童姓名：[redacted]	性别：男	出生日期：2014·01·24
接种疫苗： 脊髓灰质炎活疫苗④	接种时间： 2018年3月08日	接种门诊（签章）： 证明专用章

图3-2-48　幼儿疫苗接种通知

（三）对于传统预防接种工作方式的思考

幼儿在免疫接种时出现身体不舒服而不能按时接种，需待身体康复时才能免疫接种，这样很难追踪幼儿是否接种了疫苗，容易产生漏种现象。

二、信息化环境下的预防接种管理

将所有疫苗种类逐一进行介绍，幼儿家长自己掌握预防接种疫苗知识和预防接种疫苗的时间点。

具体流程如下：

（一）入园预防接种登记

幼儿姓名、年龄、出生年月直接导入——手工录入幼儿已接种疫苗——设置下次打疫苗的时间——生成预防接种报表。一个保健医完成100名幼儿入园预防登记的时间，大约是2小时。

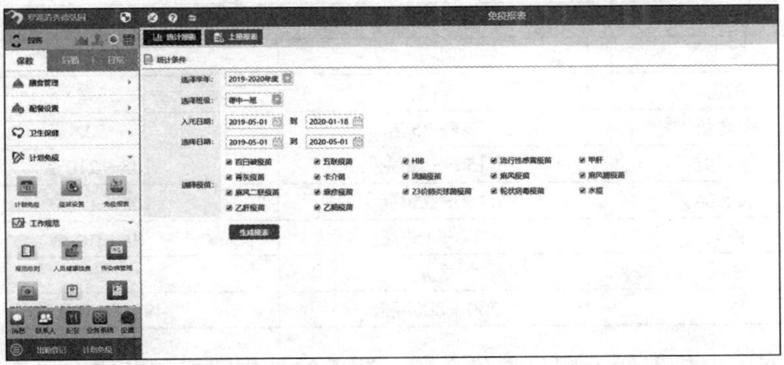

图3-2-49 幼儿疫苗预防接种报表

（二）信息化日常管理流程

系统在已设置时间的前一周周五自动发送短信到家长手机提醒——家长带幼儿到医院注射疫苗——已接种疫苗拍照上传——保健医审核——自动存档——分类调取疫苗接种情况——直接打印或上报此过程。信息环境下信息获取、信息传递和信息利用的功能，大大提高了幼儿免疫接种率。

无论是幼儿出勤管理还是幼儿疫苗接种工作的案例，信息化技术在联盟园中应用都大大优化了保健医的工作，幼儿园的保育质量也得到明显提升。

2. 园际共享保健医

优秀的保健医是多数幼儿园的稀缺资源，清秀幼教集团联盟园通过卫生保健信息化管理及保健医入园研讨活动，实现了园际共享保健医，把优质的保育教育带到各联盟园中。

幼儿期是身体发育的关键时期，膳食营养是幼儿身心健康成长的重要保障。为提高幼儿在园饮食质量，丰富菜谱的样式，使幼儿营养更均衡，同时利用信息技术充分调动保健医生工作的积极性，提高联盟片区保健医生专业技能和整体素质，以便更好地为幼儿、幼儿园服务。通过举办清秀幼教联盟园保健医生幼儿带量食谱制作评比活动，各联盟园的保健医在线上平台制定本园的幼儿带量食谱，根据平台自动生成的食谱分数和清秀幼教集团的保健医的评分，选出优秀的幼儿带量食谱，进行幼儿带量食谱制作评比。

表3-2-18　幼儿带量食谱

食材	4—5岁	70%量
盐	3克	2.1克
油	20—25克	14—17.5克
奶类	350—500克	245—350克
大豆	10—20克	7—14克
坚果	适量	
鸡蛋	50克	35克
肉禽鱼	50—75克	35—52.5克
蔬菜类	150—300克	105—210克
水果类	150—250克	105—175克
谷类	100—150克	70—105克
薯类	适量	
水	700—800毫升	490—560毫升

联盟园保健医线上制作带量食谱，清秀幼教集团保健医线上对食谱进行评价并给出相应的调整建议。信息化工具大大优化了保健医的工作效率及工作质量。此外，联盟园举办的评比活动大大激发了保健医的工作热情，更好地实现保健医间的园际共享。

表3-2-19　深圳市罗湖区春苗幼儿园一周带量食谱

2019年7月1日—2019年7月5日

	星期一（Mon）			星期二（Tue）			星期三（Wed）			星期四（Thu）			星期五（Fri）		
	食谱	带量/人（克）		食谱	带量/人（克）		食谱	带量/人（克）		食谱	带量/人（克）		食谱	带量/人（克）	
早餐	肉松粥	稻米	12	西红柿鸡蛋面	鸡蛋（红皮）	35	河粉	河粉	50	粉丝炒白菜	大白菜	20	三鲜包子	胡萝卜（红）	20
		小白菜	15		番茄	15		猪肉（瘦）	15		粉丝	30		鸡蛋（红皮）	15

续表

	星期一（Mon）			星期二（Tue）			星期三（Wed）			星期四（Thu）			星期五（Fri）		
	食谱	带量/人（克）		食谱	带量/人（克）		食谱	带量/人（克）		食谱	带量/人（克）		食谱	带量/人（克）	
早餐	肉松粥	菠菜	15	西红柿鸡蛋面	小麦粉（标准粉）	40	河粉	胡萝卜	15	粉丝炒白菜	花生油	4	三鲜包子（胡萝卜）	花生油	4
		牛肉松	10		花生油	4		芹菜叶	15		鸡蛋（土鸡）	20		小麦粉（标准粉）	50
		花生油	4		精盐	0.5		花生油	4		精盐	0.5		猪肉（肥瘦）	15
		精盐	0.5					精盐	0.5					木耳（干）	8
	煮鸡蛋	鸡蛋（红皮）	50											虾仁（红）	12
														精盐	0.5
													黄豆豆浆	黄豆	13
														绵白糖	6
加餐	西瓜（京欣一号）	西瓜（京欣一号）	150	哈密瓜	哈密瓜	150	苹果	苹果	150	圣女果	圣女果	150	水蜜桃	水蜜桃	150
午餐	香米饭	香大米	40	香米饭	香大米	40	香米饭	香大米	40	香米饭	香大米	40	蔬菜炒饭	稻米	30
	三彩冬瓜	冬瓜	40	蒸南瓜	南瓜	20	什锦西蓝花	胡萝卜（黄）	15	虾仁蒸蛋	鸡蛋（红皮）	30		鸡蛋（红皮）	12
		火腿肠	13		猪肉（肥瘦）	10		西蓝花	15		虾仁（红）	15		胡萝卜（黄）	12
		木耳（干）	8		精盐	0.5		口蘑（白蘑）	10		花生油	4		花生油	4
		花生油	4	黄豆炖猪肉	黄豆	8		花生油	4		小葱	8		甜椒	12
		精盐	0.5		花生油	3		精盐	0.5		精盐	0.5		酱油（三鲜）	3
		油菜	15		精盐	0.5		菜花	15	红烧茄子	猪肉（肥瘦）	15		荸荠	12
	鸡翅蘑菇	鸡翅	30		猪肉（肥瘦）	20	鸡肉玉米	鸡胸脯肉	20		茄子（紫皮）	20		黄瓜	12
		蘑菇（鲜蘑）	25	鸡蛋紫菜汤	鸡蛋（红皮）	15		洋葱	8		素鸡	20	香煎龙利鱼	细香葱	10
		花生油	3		紫菜（干）	8		花生油	4		花生油	5		龙利鱼	40
		绵白糖	2		花生油	4		莴笋	15		精盐	0.5		花生油	4
		精盐	0.5		小葱	6		精盐	0.5		胡萝卜（黄）	15		酱油	3
		莴笋	15.5		精盐	0.5		玉米（鲜）	15	胡萝卜马蹄排骨汤	荸荠	15	田园鲜蔬汤	西蓝花	15
	菠菜鱼丸汤	菠菜	20					木耳（干）	8		猪大排	15		胡萝卜（黄）	15
		鱼丸	15				排骨炖冬瓜	猪小排	15		花生油	4		口蘑（白蘑）	10
								冬瓜	20		精盐	0.5		花生油	4

续表

	星期一（Mon）			星期二（Tue）			星期三（Wed）			星期四（Thu）			星期五（Fri）		
	食谱	带量/人（克）		食谱	带量/人（克）		食谱	带量/人（克）		食谱	带量/人（克）		食谱	带量/人（克）	
午餐	菠菜鱼丸汤	花生油	4				排骨炖冬瓜	花生油	4				田园鲜蔬汤	精盐	0.5
		精盐	0.5					绵白糖	2						
								精盐	0.5						
午点	麦片奶粥	燕麦片	40	晨光纯牛奶	晨光纯牛奶	200	晨光纯牛奶	晨光纯牛奶	200	晨光纯牛奶	晨光纯牛奶	200	牛奶花生碎米粥	牛乳	70
		稻米	8	三明治	咸面包	25	鹌鹑蛋	鹌鹑蛋	40	自烤蛋糕	小麦粉（富强粉，特一粉）	50		花生仁（生）	15
		牛乳粉（多维奶粉）	30		鸡蛋（白皮）	15	绿豆糕	绿豆糕	30		鸡蛋	15		香大米	8
					三明治（夹火腿）	15					黄油	5		绵白糖	5
					火腿	15					绵白糖	5			
日人均总带量	谷类及制品		60	谷类及制品		90	谷类及制品		105	谷类及制品		90	谷类及制品		88
	薯类、淀粉及制品			薯类、淀粉及制品			薯类、淀粉及制品			薯类、淀粉及制品		30	薯类、淀粉及制品		
	小吃、甜饼、速食食品		40	小吃、甜饼、速食食品		40	小吃、甜饼、速食食品		30	小吃、甜饼、速食食品			小吃、甜饼、速食食品		
	干豆类及制品			干豆类及制品		8	干豆类及制品			干豆类及制品		20	干豆类及制品		13
	蔬菜类及制品		120.5	蔬菜类及制品		41	蔬菜类及制品		118	蔬菜类及制品		228	蔬菜类及制品		108
	深色蔬菜		65	深色蔬菜		35	深色蔬菜		45	深色蔬菜		15	深色蔬菜		62
	菌藻类		33	菌藻类		8	菌藻类		18	菌藻类			菌藻类		18
	水果类及制品		150	水果类及制品		150	水果类及制品		150	水果类及制品		150	水果类及制品		150
	坚果、种子类			坚果、种子类			坚果、种子类			坚果、种子类			坚果、种子类		15
	乳类及制品		240	乳类及制品		200	乳类及制品		200	乳类及制品		205	乳类及制品		70
	蛋类及制品		50	蛋类及制品		65	蛋类及制品		40	蛋类及制品		65	蛋类及制品		27
	肉类及制品		53	肉类及制品		45	肉类及制品		50	肉类及制品		30	肉类及制品		15
	鱼虾蟹贝类		15	鱼虾蟹贝类			鱼虾蟹贝类			鱼虾蟹贝类		15	鱼虾蟹贝类		52
	糖、蜜饯类		2	糖、蜜饯类			糖、蜜饯类		2	糖、蜜饯类		5	糖、蜜饯类		11
	油脂类		15	油脂类		11	油脂类		16	油脂类		7	油脂类		16
	调味品类		2	调味品类		2	调味品类		2	调味品类		2	调味品类		7

注：食谱空白处是当天食物中没有该品种；圣女果归到蔬菜类计算了。

表3-2-20 平均每人进食量

食品类别	数量（克）
谷类及制品	84.98
薯类、淀粉及制品	6
小吃、甜饼、速食食品	22
干豆类及制品	8.2
蔬菜类及制品	110.24
深色蔬菜	40.46
菌藻类	15.35
水果类及制品	88.2
坚果、种子类	3
乳类及制品	183
蛋类及制品	43.28
肉类及制品	34.94
肝类	0
鱼虾蟹贝类	16.4
糖、蜜饯类	4
油脂类	15
调味品	3
盐	1.8

表3-2-21 营养素摄入量

	能量		蛋白质（克）	脂肪（克）	维生素A（微克）	硫胺素（毫克）	核黄素（毫克）	抗坏血酸（毫克）	钙（毫克）	锌（毫克）	铁（毫克）	钠（毫克）
	（千卡）	（千焦）										
平均每人每日	977.425	4089.545	37.406	38.372	436.474	0.438	1.018	27.822	436.613	6.426	18.818	1185.841
DRIs	966.645	4044.441	22.252	–	248.316	0.545	0.482	34.263	545.263	3.739	6.926	615.263
比较%	101.12	101.12	168.1	–	175.77	80.39	211.12	81.2	80.07	171.84	271.68	192.74

注：要求日托儿童每人每日各种营养素摄入量达到DRIs的80%以上，全托儿童能量和蛋白质达到DRIs的90%以上，其他营养素达到DRIs的80%以上。

表3-2-22 能量来源分布

		脂肪		蛋白质	
		要求	现状	要求	现状
摄入量	（千卡）		345.35		149.63
	（千焦）		1444.95		626.03
占总能量%			35.33		15.31

表3–2–23　蛋白质来源分布

	优质蛋白质		
	要求	动物性食物	豆类
摄入量（克）	–	18.1	2.13
占蛋白质总量%	≥50%	48.38	5.69

表3–2–24　配餐能量结构表

	标准（%）	平均（%）	单位	星期一（Mon）		星期二（Tue）		星期三（Wed）		星期四（Thu）		星期五（Fri）	
早餐	30	18.13	千卡	196.54	14.95%	261.42	18.31%	243.86	17.31%	164.47	11.17%	399.21	29.41%
			千焦	822.34		1093.77		1020.31		688.14		1670.29	
加餐		3.03	千卡	30.09	2.29%	36.21	2.54%	61.56	4.37%	27	1.83%	56.76	4.18%
			千焦	125.9		151.5		257.57		112.97		237.48	
午餐	40	27.6	千卡	370.05	28.14%	397.11	27.81%	388.42	27.57%	448.45	30.46%	322.84	23.78%
			千焦	1548.27		1661.53		1625.15		1876.33		1350.76	
午点		21.24	千卡	323.76	24.62%	304.86	21.35%	292.34	20.75%	390.71	26.54%	171.46	12.63%
			千焦	1354.61		1275.53		1223.15		1634.72		717.39	
晚餐	30	0	千卡	0	0%	0	0%	0	0%	0	0%	0	0%
			千焦	0		0		0		0		0	
全天			千卡	920.44		999.6		986.18		1030.63		950.27	
			千焦	3851.12		4182.33		4126.18		4312.17		3975.93	

3. 存在问题和改进意见

春苗幼儿园保健医线上制作带量食谱，清秀幼教集团保健医线上对食谱做出评价。

（1）食谱中小白菜、菠菜、油菜、蘑菇、莴笋等蔬菜的总量过多，其中汤里的蔬菜最多20克，两种蔬菜最多各15克。

（2）春苗幼儿园保健医制作的一周带量食谱分值虽然在90分以上，但是营养素摄入量间的平衡、合理还需细细调整。

图3-2-50 幼儿健康协同管理园长保健医联席工作会议

4. 依托信息化技术优化健康教育工作

保健医每周到班级开展健康教育活动，保健医使用的教学资源、课件会通过信息化平台进行园际共享，由此各联盟园的保健医均能在此基础上进行调整和资源整合。除此以外，在教管人员及保健医指导下，制定幼儿健康行为指引表，联盟园各班级老师制作健康行为微课，在日常保育保教中运用微课提升幼儿自我服务的能力。

表3-2-25 幼儿健康行为指引表

活动类别	活动环节	目标	指导策略	
			教师	保育员
饮食	喝水	1.需要时主动饮水，饮多少接多少； 2.知道剧烈运动后稍做休息，再饮水； 3.接水后在适合的位置坐下再饮水，避免洒水和浪费水； 4.使用个人专用口杯饮水，按照提示自然有序取放水杯	（1）关注幼儿饮水量，鼓励幼儿按需饮水，保证幼儿一日饮水量； （2）引导幼儿有序接水，饮水完毕把水杯放回原位； （3）照顾身体不适幼儿，根据需要提醒幼儿增加饮水次数	（1）做好饮水前的准备工作：清洁、消毒水桶和水杯，提供足量温度适宜的饮用水； （2）引导幼儿有序取放水杯、接水； （3）照顾身体不适幼儿，根据需要提醒幼儿增加饮水次数； （4）保持地面干爽，及时清理水渍，防止幼儿摔跤

续 表

活动类别	活动环节	目标	指导策略	
			教师	保育员
饮食	餐点	1.值日生帮助保育员分发餐具、毛巾、食物等； 2.正确使用餐具和餐巾，坐姿正确、速度适中地进餐； 3.文明进餐，遵守用餐规则和礼仪，保持桌面、地面整洁； 4.餐后能独立收放餐具，并送到指定地点； 5.餐后擦嘴、漱口，方法正确，逐渐形成习惯	（1）合理安排餐前活动，指导幼儿餐前洗手； （2）营造宽松、愉快的进餐环境和氛围； （3）向幼儿介绍食谱，激起幼儿食欲，了解并尊重幼儿的饮食习惯； （4）帮助或指导幼儿自主取餐、进餐，减少等待时间；及时纠正个别幼儿不良的进餐习惯，对进餐能力较弱、身体不适的幼儿给予帮助； （5）随机对幼儿进行膳食营养、进餐礼仪方面的教育； （6）引导幼儿餐后收拾餐具；培养幼儿饭后擦嘴、漱口的习惯； （7）引导先吃完的幼儿开展自主活动，并提醒幼儿活动时不要影响其他幼儿进餐； （8）根据季节、天气和课程内容灵活组织适宜的餐后活动	（1）清理消毒进餐用品； （2）确保所提供的食物温度适宜，放置位置安全； （3）了解班级幼儿进食情况，分餐时照顾有特殊需要的幼儿，防止幼儿食用汤泡饭； （4）指导幼儿文明进餐，及时纠正个别幼儿进餐的不良习惯； （5）提醒幼儿餐前洗手，餐后擦嘴、漱口和洗手； （6）指导值日生做好餐前准备和餐后整理工作
盥洗	洗手	1.用正确的方法洗手，有节约用水的意识； 2.遵守秩序，知道人多时要排队，轮流洗手，不玩水，不打闹	（1）组织幼儿有序地洗手，确保幼儿安全； （2）指导幼儿正确洗手，照顾需要帮助的幼儿； （3）培养幼儿节约用水意识	（1）清洁、消毒盥洗室及清洁用品，确保幼儿盥洗用品专人专用； （2）组织幼儿有序地洗手，确保幼儿安全； （3）指导幼儿正确洗手，照顾需要帮助的幼儿； （4）密切观察幼儿洗手后的衣物情况，必要时予以更换； （5）保持地面清洁、干爽
	擦嘴巴	1.能够按照正确的方法擦嘴； 2.擦嘴后，能将用过的小餐巾或纸巾放回固定的地方； 3.养成良好的卫生习惯及餐桌礼仪	（1）为幼儿准备好餐巾或纸巾； （2）开展相关教育活动	

续表

活动类别	活动环节	目标	指导策略	
			教师	保育员
盥洗	漱口	1.通过讨论和教师的引导，知道漱口可以清洁牙齿； 2.掌握正确的漱口方法	（1）提醒幼儿餐后漱口； （2）开展牙齿保健活动	
	刷牙	1.认识牙齿的作用：了解影响牙齿健康的常见现象； 2.学会运用正确的刷牙方法，从小养成良好的口腔卫生习惯	（1）大班尝试为幼儿提供放牙刷和漱口杯的架子，引导幼儿餐后刷牙； （2）开展牙齿保健的相关活动	
	如厕	1.懂得及时排便对身体健康有益，有便意时自己如厕，及时排便； 2.学习如厕时自己穿、脱裤子，擦屁股，如厕后主动冲水、洗手； 3.如厕时如果感到不舒服，或弄脏衣裤，及时告知教师并更换衣裤	（1）指导幼儿正确如厕，提醒幼儿如厕时注意安全； （2）了解并尊重幼儿的排便习惯，尽可能减少集体如厕；鼓励幼儿及时大小便；要求幼儿便后洗手； （3）培养幼儿保护身体私密部位的卫生及安全意识	（1）保持厕所通风，及时清洗便池、便盆，定期消毒，做到清洁、干爽、无异味； （2）准备好卫生纸，方便幼儿取用； （3）看护幼儿如厕，确保幼儿安全如厕，帮助自理有困难的幼儿； （4）及时为遗尿、排便时弄脏衣物的幼儿更换、清洗衣物； （5）观察幼儿大、小便情况，发现异常及时通知教师，与家长沟通
收整	规整书包	1.激发幼儿爱上学的愿望，并养成爱护物品的习惯； 2.发展幼儿初步的逻辑思维能力和自我管理能力； 3.引导幼儿了解书包、生活用品和学习用品的名称、用途及整理方法		
收整	取放材料	1.活动结束后把材料送回原处； 2.小心取放材料，注意安全； 3.活动结束后要整理材料及环境； 4.收材料的时候学会与同伴合作	（1）指导幼儿区域环境整理的先后顺序； （2）指导幼儿区域环境整理的方法； （3）指导幼儿分工合作； （4）指导幼儿进行特殊材料的收拾整理（刀、针、彩泥等）	

续 表

活动类别	活动环节	目标	指导策略	
			教师	保育员
生活技能	系鞋带	1.在儿歌的帮助下，学习系鞋带的步骤； 2.掌握系鞋带的正确方法； 3.学会自己能做的事情自己做，增强自我服务能力	（1）开展相关生活技能的活动； （2）拍摄生活技能的视频，制作旁白等让幼儿观看； （3）加强家园合作，保持家园教育的一致性，减少家长的包办代替	（1）关注每一个孩子，及时帮助孩子更换衣服； （2）耐心引导孩子学习自理和养成良好的生活习惯
	叠被子	1.体验叠被子成功带来的成就感； 2.学会叠被子的正确方法； 3.掌握整理床铺的方法，提高生活自理能力		
	扣扣子	1.教幼儿正确扣扣子的方法； 2.锻炼幼儿小肌肉动作及手眼协调能力，培养幼儿自理能力		
	叠裤子	1.通过活动了解叠裤子的正确方式； 2.学会自己叠裤子，懂得自己的事情自己做		
	叠衣服	1.通过儿歌掌握叠衣服的顺序； 2.通过学叠衣服，体验自我服务的自豪感； 3.通过活动幼儿能“自己的事情自己做”		
	穿袜子	1.通过儿歌的引导，初步学习穿袜子的方法，懂得自己的事情自己做； 2.通过“找袜子”游戏，幼儿能根据一只袜子的外形特征找到相应的另一只袜子； 3.通过穿袜子活动，体验独立做事的成功感		
	拉拉链	1.幼儿能左右手协调，正确拉开并拉上拉链； 2.愿意自己穿脱衣服； 3.知冷热，知道如何增减衣服		

续表

活动类别	活动环节	目标	指导策略	
			教师	保育员
生活技能	穿衣服	1.掌握穿开襟衣服的方法； 2.能利用儿歌边说边穿衣服； 3.愿意自己穿衣服，体验自我服务的快乐		
	换衣服	1.学习如何换好衣服； 2.知道自己有一双勤劳的手，自己的事情应该自己做； 3.换下来的脏衣服懂得要收整好放进书包		
体能动作	走跑跳	1.学会正确的走、跑、跳动作； 2.发展幼儿走、跑、跳等能力，提高机体的协调性、平衡性； 3.敢于运用自己身体各个部位来探索不同的动作，从中体验运动的快乐	（1）开展相关体能活动； （2）拍摄动作技能的视频，制作旁白等让幼儿观看； （3）加强家园合作，保持家园教育的一致性，让幼儿在家也能获得足够的体能锻炼	（1）关注孩子，当孩子出现危险行为时及时制止； （2）注重安全活动，上下楼梯、搬椅子时要注意孩子的行为
	走平衡木	1.尝试在平衡器械上走，学习正确的走平衡木的方法。提高身体的控制能力，发展平衡能力； 2.克服胆怯心理，增强自信心		
	投掷	1.学习肩上挥臂投掷，初步尝试左右手交替将纸球向前上方投出； 2.在游戏中观察、讨论与反复练习，总结并尝试投得更远的方法； 3.分组活动中会找空地练习，并能够遵守规则		
	上下楼梯	1.学会上下楼梯的正确方法，能遵守秩序； 2.在上下楼梯时注意安全，避免意外发生； 3.树立自我保护意识	教师通过加强对幼儿上下楼梯的安全教育，让幼儿知道上下楼梯时会有哪些危险的存在	

续表

活动类别	活动环节	目标	指导策略	
			教师	保育员
体能动作	搬椅子	1.学习正确搬椅子的动作； 2.搬椅子走的时候能按安全路线行走，不乱窜； 3.学会搬摆小椅子的方法，会一个挨着一个摆	（1）教师要示范正确的动作； （2）在常规培养中不断巩固； （3）正面管教，树立榜样	
	坐	1.学习正确的搬椅子的动作； 2.学会轻放椅子并稳稳地坐在椅子上； 3.坐地垫的时候学会正确的盘腿坐		
社会性发展	礼仪	1.养成主动问好的习惯，并学习正确的问好方式； 2.会主动与老师、同伴打招呼，离园的时候说再见	（1）肯定孩子的情感，等孩子平静下来再引导孩子； （2）生气时不教育，教育的时候不生气； （3）以身作则，言传身教，注意自己的行为，不呵斥和责骂孩子，不拉拽或推孩子； （4）多关注孩子，与孩子建立信任，加强家园合作，取得家长的支持与配合； （5）使用绘本教学等途径，让孩子学习更多表达自己情绪情感的方法	
	解决同伴冲突	1.与同伴发生冲突时尝试自己解决，无法解决的要及时寻求教师的帮助； 2.在冲突中不动手，并学会保护自己		
	抒发情绪	1.认识基本的开心、难过、恐惧、愤怒四种情绪，能辨别自身和他人的情绪； 2.能知道应对难过、愤怒、恐惧的方法； 3.体会合作的乐趣，学习自己解决问题		

5. 依托信息技术优化指导幼儿体格锻炼

每学期开学和期末，保健医会对幼儿的体能进行检测，通过数据分析反馈到教学中，指导幼儿的体格锻炼。

案例9

清秀幼教集团2019年第一次小一班体测结果分析及建议

一、结果和说明

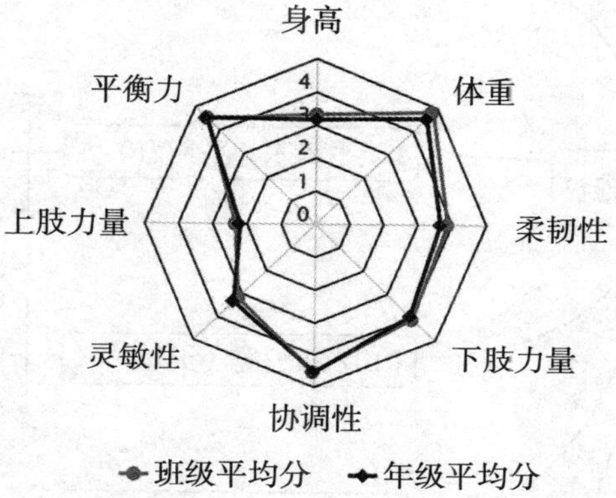

图3-2-51 2019年第一次小一班体测结果分析

（一）结果分析

体测结果显示，小一班孩子体质总体发展良好，其中上肢力量相对较弱，需要重点关注。

（二）数据对比

小一班与小班年级体测数据对比显示，本班孩子体质总体水平优于小班水平，其中灵敏性、平衡力低于小班平均水平。

二、相关动作建议

联盟园保健医根据大数据分析，筛选出与6项与身体素质相关联的动作，为幼儿的素质改善提供强化指导。

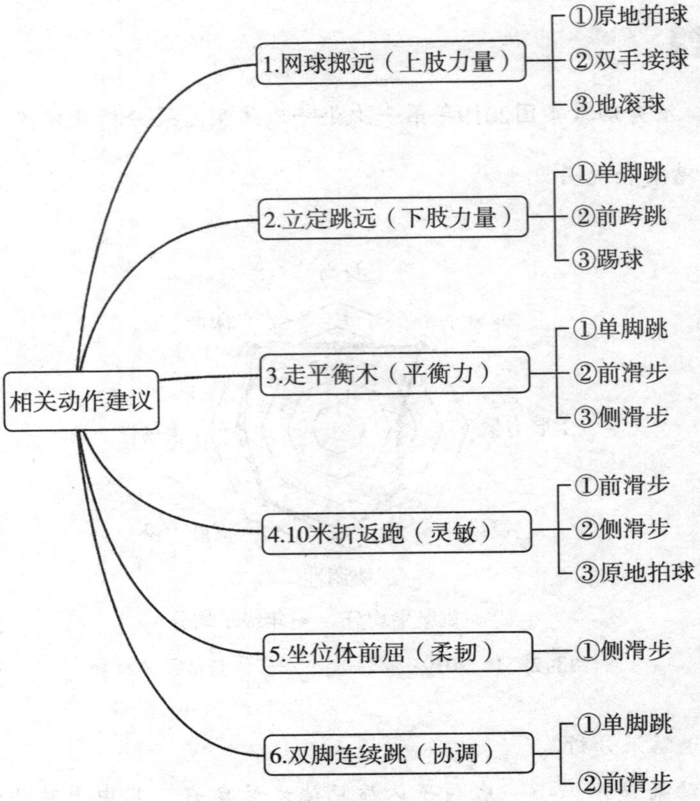

图3-2-52　幼儿体格锻炼相关动作建议

三、制定学期体格锻炼课程表

（一）注意事项

1. 根据孩子自身的基本情况进行练习，在安排孩子的体育活动时应遵循运动量与难度由小到大的原则，并及时做出适宜的调整，以达到发展幼儿体质、提高身体素质的目的；

2. 运动中根据孩子的个人情况进行适当的休息，如有不适，立即停止活动；

3. 孩子做出违规和危险的动作需及时制止，以避免受伤；

4. 必要时给予帮助和保护；

5. 做好充分的准备活动和结束后的放松活动；

6. 在运动前检查场地和器材，确保安全；

7. 均衡膳食，避免过度的糖和油脂的摄入。

（二）本学期课表

表3-2-26 课程表

课程项目				
1—4周	单腿跳	像黑豹一样跳转	投进箱里	侧身跳
5—8周	平衡木上折线走	拍球走	跳塔	跳跃抓沙包
9—12周	青蛙跳	抬脚拿沙包	声音反应	抓沙包
13—16周	追球	袋鼠跳	对准踢球	跳在盒子上

三、保障联盟式发展的督导检查工作

常态督导是保障幼儿园教育质量的重要途径之一，清秀幼教集团联盟园为确保各联盟园教育教学的质量，主要通过制定联盟园考核评价、满足教师自我实现的需求、定期开展联盟园检查工作等途径辅助上级部门对联盟园的常态督导工作，从而更好地保障联盟式发展。

（一）制定联盟园考核评价制度

清秀幼教集团完善集团内部的教师考核评价方案，实施论证后将考核方案推广到联盟园中，各个联盟园根据园所实际情况进行调整。

案例10

罗湖区清秀幼教集团教师考核方案

（2018—2019学年第一学期）

一、考核目的

1.开展教师基本功考核，是青年教师成长的最基本要求，是我园加强教师队伍建设的重要举措；

2. 以考核为契机，强化专业技能训练，促进自身快速成长并脱颖而出，最终促进幼儿园保教质量的提高。

二、考核对象

清秀幼教集团德弘园、荣悦园的带班教师及专职教师

三、考核时间

2019年1月7日—8日（其中教育故事考核时间为2019年3月11日—12日）

四、考核内容及范围

（一）笔试

1. 笔试为闭卷测试，考试时间为30分钟，满分为100分，主要参考《3—6岁儿童学习与发展指南》《幼儿园工作规程》《幼儿园教育指导纲要（试行）》等文件。

2. 题型为：①客观题单选题10道、多选题5道；②主观题案例分析1道。

（二）面试

1. 钢琴

自备曲目1首，时长3分钟，满分为100分。

2. 视唱

现场抽题，16小节以内简谱，时长3分钟，满分为100分。

3. 画画

现场命名题，A3白纸，画画类型不限，时长30分钟，除A3纸张外画画材料需自备，满分为100分。

4. 舞蹈

单人舞蹈或3个人内组合，舞种不限，时长3分钟，满分为100分。

5. 讲故事

幼儿故事，不带音乐背景，时长3分钟，满分为100分。

6. 教育故事

讲述自己在与孩子相处过程中的教育故事（故事性、情感性、仪容仪表、故事讲述技能），时长3分钟，满分为100分。

五、考核标准

考核过程公开、公平、公正，每次考核应至少由两位以上评委负责给出相应分数，分数直接纳入本人年度考核。

六、具体考核评价

（一）书面测试

（略）

（二）现场考核

1. 基本功

表3-2-27 清秀幼教集团教师基本功考核表

姓名	项目	评分标准	得分
×××	钢琴（100分）	弹奏自然、熟练，节奏稳定；（25分） 左右手合拍，弹法正确；（33分） 弹奏时较好地表现音乐的情感（42分）	
	视唱（100分）	节奏稳定；（50分） 音高准确（50分）	
	舞蹈（100分）	舞蹈动作流畅协调，表现力和技巧性强；（30分） 对舞蹈音乐的理解准确，舞蹈动作吻合音乐旋律，有节奏感；（40分） 表演者精神饱满，舞蹈编排连贯，有创意（30分）	
	画画（100分）	画面比例适当；（30分） 主题明确，构图合理；（40分） 色彩明艳，技巧娴熟（30分）	
	讲故事（100分）	普通话标准，语言速度适中，口齿清楚；（30分） 脸部表情恰当，语调抑扬顿挫；（30分） 讲述的故事完整，具有童趣（40分）	

2. 教育故事分享（100分）

（此项考核时间为2019年3月11日—12日）

表3-2-28 清秀幼教集团教师教育故事考核表模板

姓名	是否紧扣主题（25分）	思想深刻，体现教师专业性（25分）	讲故事的技巧（30分）	语言表述的逻辑性、连贯性，吐字是否清晰（20分）
×××				

1. 教师基本功

教师基本功考核包括视唱、舞蹈、绘画、乐器演奏等，在日常工作中教师可以通过插花、素描、绘画、奥尔夫音乐培训、舞蹈培训等提升艺术素养及基本功技能。

2. 教师专业素养考核

教师专业素养考核包括观察与评价、师德师风、案例分析等。

3. 等级评价

除了教师基本功及专业素养考核，联盟园还会根据教师每学年的工作表现对教师进行年度考核，并依据一定的比例进行等级评价。

表3-2-29 罗湖区清秀幼教集团教师学年度考核测评表

测评内容			分值	等级分值				得分		测评要点及方法
				A	B	C	D	组评	校评	
政治思想品行16	1	积极参加政治理论学习，拥护党的路线、方针、政策，响应党和政府的号召	4	4	3	2	1			（1）政治学习积极，有学习笔记，讲政治、懂政策、表现好定A级4分；（2）无学习记录，或有2次不参加学校组织的政治学习定B级3分；（3）每学期有3次（含3次）以上不参加学校组织的政治学习定C级2分；（4）公开在师生中散布有悖党的路线、方针、政策的议论，或在课堂上散布庸俗的语言，家长反应强烈的定D级1分
	2	全面贯彻教育方针，德智体全面抓，面向全体学生，积极参加教育改革	3	3	2	1				（1）严格执行课程计划，不缺课，不随意调课或搞“放羊”式教学，定A级3分；（2）有随意调课现象或上课期间随意离开课室现象的定B级2分；（3）在执行课程计划过程中，有缺课的情况定C级1分；（4）有体罚或变相体罚幼儿现象的定D级无分
	3	热爱学校，安心教学教书育人，认真负责，遵守规章制度	3	3	2	1				（1）不在上班时间进行打牌、打麻将等娱乐活动；（2）尽教师职责，对幼儿的不良行为能见而管之。符合1—2项，表现好的定A级3分；以此类推

续表

测评内容			分值	等级分值				得分		测评要点及方法
				A	B	C	D	组评	校评	
政治思想品行16	4	出勤率情况	2	2	1					学年出勤率高，不无故旷课、迟到、早退（5天以上含5天属出勤率不高）
	5	遵纪守法，品行端正，为人师表，团结协作，服从安排	4	4	3	2	1			（1）遵守师德规范，维护教师形象，做到“四不”（不赌博、不参加迷信活动、不违反计划生育政策、不向学生索要财物）；（2）为人正派，有意见当面指出，不在教师当中散布不利于团结的言论；（3）自觉维护校长负责制和教师聘任制，服从上一级部门的工作安排。 能做到1—3项的定A级4分；基本做到1—3项的定B级3分；有违反“四不”其中之一的此项得0分。
文化知识水平12	1	学历情况：已达到国家规定学历要求，取得相应专业合格证，正在参加函授进修，学历达标	4	4	3	2	1			（1）学历达标定A级4分，未达标正在进修定B级3分；（2）未达标也不进修，此项得分为零
	2	胜任各年龄段教学	4	4	3	2	1			（1）适应素质教育需要，能胜任各年龄段的教学定A级4分；（2）只适应某个年龄段定B级3分；（3）只适应个别年龄段，且只胜任三门学科的定C级2分

续表

测评内容				分值	等级分值				得分		测评要点及方法
					A	B	C	D	组评	校评	
文化知识水平12		3	积极进行业务知识进修和不断进行知识更新，努力掌握电教手段，学习电脑知识	4	4	3	2	1			（1）积极参加区教研室和区教师培训中心组织的各类培训，考核合格，取得相关证书；（2）积极参加继续教育学习；（3）一专多能，有一项特长。 符合1—3项的定A级4分；符合1项、3项的定B级3分；符合1项、2项的定C级2分；符合1项的定D级1分
业务能力28	教育能力	1	对学生进行思想政治教育、行为规范教育和心理健康教育	4	4	3	2	1			（1）重视利用一日生活渗透德育；（2）课堂组织纪律良好，组织的活动能为大多数幼儿喜欢；（3）重视幼儿心理健康教育。符合1—3项定A级3分；符合1—2项定B级2分；符合1、3项或者2、3项定C级1分
		2	因材施教，对不同类型的学生进行教育和指导	3	3	2	1				（1）在一日活动中采用多渠道渗透；（2）有个别辅导计划，个性偏差的孩子有明显进步；符合1、2项定A级2分；符合1、2项，但效果较差1分
	教学能力	1	全面掌握大纲、教材、教学参考资料	4	4	3	2	1			（1）教学过程中以幼儿为主体，教学计划制定合理；（2）是否符合幼儿的兴趣及需要；（3）教学计划、课后评价等是否及时（视教案检查具体定分）
		2	指导组织教学、灵活运用教学原则和方法，表达准确，启发学生思维，满足不同层次幼儿的需要	4	4	3	2	1			（1）根据《广东省幼儿教育课程指南（试行）》评价；（2）由教导处根据平时组织的评价结果填写

续表

测评内容				分值	等级分值				得分		测评要点及方法
					A	B	C	D	组评	校评	
业务能力28	教学能力	3	运用现代化教学手段，动手制作教学软件和教具，实践操作能力强	3	3	2	1				（1）能根据教学实际需要，使用电教手段，运用恰当，制作教具的，可定A级3分；（2）实践示范能力强，语言简练、亲切，易为学生接受，可定B级2分；（3）偶尔使用电教手段的，1分
	教研能力	1	教学经验总结能力，文字表达能力	3	3	2	1				（1）经验（论文）能获市级及以上奖励（或发表）的，可定为A级3分，经验（论文）在区内交流的可定为B级2分；（2）能按学校要求完成各类总结的可定为C级1分；（3）未能按学校要求如期完成论文（总结）的，可不给分
		2	教育教学改革、教材教法分析、专题研究、教具改进、教材资料编写等	3	3	2	1				（1）达到要求中的一或两项研究成果，获市级以上奖励的，可定为A级3分，获区级奖励的定为B级2分；（2）观摩活动无故缺席一次扣0.5分
	敬业能力		积极承担园内外其他工作	4	4	3	2	1			（1）在完成本职工作的同时，能主动承担幼儿园的临时工作，认真落实，效果好；（2）积极参加义工或幼儿园组织的公益活动
履行岗位职责20	1		指导、检查分管工作（备课、辅导、普通话教学及教学笔记、个案记录或各部门人员工作记录）	4	4	3	2	1			根据平时的检查结果有4项为优的，可定为A级4分；每缺一项扣1分，依此类推

续表

测评内容			分值	等级分值				得分		测评要点及方法
				A	B	C	D	组评	校评	
履行岗位职责20	2	承担相应工作完成效果，协调多方工作	4	4	3	2	1			（1）认真完成幼儿园的其他工作，协调能力好；（2）班级缺员时，能主动负责按计划完成任务的；（3）遇到班上出现问题，不互相推卸责任。以上3项有一项未达到的，扣2分，扣完为止
	3	教学相长，相互促进	4	4	3	2	1			（1）高一级资格的教师为低一级资格的教师开讲座、上示范课可定4分；（2）高一级教师指导低一级教师开展工作可定为3分；（3）有拜师协议，徒弟得2分
	4	工作量饱满，跨学科、跨年级代课	4	4	3	2	1			（1）教师任课节数达到学校的要求并能跨学科、年级代课的可定为A级4分；（2）能按学校布置的工作量开展工作的，定为B级3分；（3）因病等工作量不足的，酌情给分（30天以上得0分，20天以上包含20天得0.5分，15天以上包含15天得1分，10天以上包含10天得2分，5天以上含5天得3分，5天之内不含5天得4分）
	5	积极指导教学公开课和教科研	4	4	3	2	1			（1）没经领导同意不按时参加教研活动，少参加一次扣0.2分；（2）承担研究课题，省级得4分，市级得3分，区级得2分，园级得1分（需经教研部门认可）；（3）成功地完成指定的示范课、观摩课，市级以上4分，区级3分，校级2分（不累计，取高分）；（4）未在校内上过任何类型的公开课的，此项不给分

续表

测评内容			分值	等级分值				得分		测评要点及方法
				A	B	C	D	组评	校评	
工作业绩24	1	协调本部门高质量完成工作	4	4	3	2	1			分管工作有成效
	2	对特殊儿童实施教育	4	4	3	2	1			因材施教有效果
	3	取得教改教研成果或教学公开课、实验课效果好	4	4	3	2	1			有关报告、公开课、试验课等在市级以上范围获奖或举行的可定为A级4分；区级范围的定为B级3分；校级范围的定为C级2分
	4	辅导孩子发展多种能力	4	4	3	2	1			组织辅导幼儿参加园内各项竞赛有成效
	5	安全事故情况	4	4	3	2	1			（1）无任何事故，得满分；（2）出现事故按不同程度扣分。因安全所扣综合分3分以下含3分得3分，扣5分的得2分，扣6分的得1分，扣7分的则不给分
	6	部门管理	4	4	3	2	1			根据综合评价结果

表3-2-30　罗湖区清秀幼教集团教师学年度考核加分表

加分项目		省以上	市	区、镇	校	得分	自评分	
奖励	1.优秀教师	8	6	4	2		考核分	
	2.优秀班主任、优秀党团干部、优秀辅导员	6	4	2	1		奖励分	
	3.教改积极分子、教坛新秀	6	4	2	1			
	4.优秀教育论文、课例、教案、教具	4	3	2	1			
	5.比赛获奖（含个人和辅导）	4	3	2				

填表说明：

（1）教师考核包括德、能、勤、绩四个方面。其中，政治思想品行16

分，文化知识水平12分，业务能力20分，履行职责28分，工作实绩24分，满分100分，若获奖励可加分。

（2）每个考核细目的得分分为四个等级：优秀4分，称职3分，基本称职2分，不称职1分，其中政治思想品行不称职为0分，奖励加分项目则按表中列出的分数计算，每项加分只取最高奖励级，不得重复加分，加分总计最多10分，超出不计入综合得分。

（3）考核综合得分=科组考核分×60%+领导考核分×40%+奖励分。

（4）考核等级原则上按考核综合得分确定（优秀比例必须控制在15%以下），优秀必须90分以上；70分以上为称职；60—69分为基本称职；59分以下为不称职。

（二）满足教师的自我实现需求

依据马斯洛的需求层次理论，人一般具有生理需求、安全需求、社交需求、尊重需求、自我实现需求等五种依次从低层次到高层次的需求。年度考核结束以后，根据得分情况，教师的绩效等级也会相应地进行调整，考核优秀的教师除了在物质上能提升绩效奖金，在精神上联盟园会更重视教师的职业幸福感和成就感，为优秀教师提供更多的培训及学习机会，尽力满足联盟园教师的自我实现需求。

每一学年，联盟园都会把与幼儿园教育教学相关的活动通过线上家园平台推送给教师。教师可以结合自己的特长和兴趣参与不同的比赛和征文活动，联盟园教研组会协助教师完善活动方案和论文。

表3-2-31　联盟园市级论文征文比赛获奖名单

序号	论文名称	获奖等级
1	《幼儿园卫生保健信息化管理模式研究》	一等奖
2	《再造新流程，共享保健医》	一等奖
3	《运用信息化技术提升幼儿园教育质量研究》	一等奖
4	《幼儿自发活动的价值——以养蚕活动为例》	一等奖
5	《幼儿园园本课程中幼儿深度学习的实践与探索》	一等奖
6	《利用信息技术提升幼儿园一日生活的教育质量》	一等奖
7	《幼儿园绘本戏剧教学策略——以〈一根羽毛也不能动〉为例》	二等奖
8	《物联网环境下多园联动的3—6岁幼儿阅读活动指导策略研究》	二等奖
9	《培养小班幼儿良好进餐习惯的策略研究》	三等奖

表3-2-32 联盟园参加全国第二届“两寻找三研究”获奖名单

序号	类型	奖项级别	名称
1	玩具研究案例	全国一等奖	《小刺猬欢乐多》
2	玩具研究案例	全国二等奖	《翻斗吧，猴子》
3	玩具研究案例	全国二等奖	《百变磁力片——在区域活动中巧用信息化手段支持儿童游戏》
4	玩具研究案例	全国三等奖	《益智几何拼图》
5	玩具研究案例	全国三等奖	《飞行棋大战》
6	童书研究案例	全国一等奖	《小粽子，小粽子》——中华原创绘本深度学习取向的探究活动
7	童书研究案例	全国一等奖	《一园青菜成了精》——蒙特梭利理念下的绘本主题探究活动
8	童书研究案例	全国一等奖	《一起刷刷牙》——大班科著绘本的深度学习取向的探究活动
9	童书研究案例	全国一等奖	《我是霸王龙》——运用绘本开展大班推论活动的实践探索
10	童书研究案例	全国一等奖	《如果地球被我们吃掉了》——基于环保理念下的绘本探究活动
11	童书研究案例	全国二等奖	《黄色的小象》——绘本引发的中班主题探究活动
12	童书研究案例	全国三等奖	《老鼠嫁女》——以绘本为中介的大班主题活动
13	童书研究案例	全国三等奖	《狼来了，人来了》——大班绘本深度学习取向的探究活动

在2019年的全国教师信息素养提升交流活动中，清秀幼教集团联盟园多名教师参与了活动，并取得了优异成绩。以下为联盟园获得幼儿园教育活动实践评优项目一等奖的案例《我的故事我做主》。

1. 联盟园教师参赛过程

每一位参与了全国信息素养提升交流活动的教师都感受良多，以下为一等奖获得者黄佩燕老师以学习笔记的形式记录自己参赛的历程。

案例11

2019年山东淄博学习之旅

黄佩燕

7月16日早上，由季老师、肖老师带队，清秀幼教集团联盟园的教师们怀揣着梦想和憧憬踏上了第十七届全国教师信息素养提升现场交流活动（NOC）之旅。对于初次出省外学习和参加信息技术比赛的我而言，可谓是惊喜连连。在高铁上，教师互相调侃道："要么不出省，一出就连跨几个省，坐车都坐到怀疑人生了！"此时我的心里只有一件事："不忘初心，不枉此行，坚守梦想，方得始终"，这也是我在深圳开往淄博的12小时行程里最大的精神寄托。

图3-2-53　从深圳出发代表联盟园前往山东淄博参赛

一、备战篇

时光倒流，回到赛前几天，我和小伙伴们在园长办公室积极备战。园长妈妈针对每一位参赛教师的案例，给予了宝贵的建议。在磨课的过程中，我真正了解了什么是NOC，也对信息化技术在幼儿园教育教学中的应用有了更多的感悟。郭园长多次提到信息化教学不是为了用技术而用技术，信息技术只是辅助教学的技术和手段，课题和立意应该有一定的深度和愿景。

图3-2-54　清秀幼教集团总园长对教师进行专项指导

图3-2-55　模拟比赛现场进行集训

在我们前往淄博的路程中，郭园长十分关心我们准备的过程，即使她人在深圳没有与我们同行，但是每次给郭园长发消息咨询她关于比赛的事宜，她都会很快回复，不论时间多晚地点多远。因为有了信息化技术——网络，我们的交流不受限制。即使在高铁上，郭园长也实时在线帮我捋清活动思路，梳理说课内容。她曾说："知识给你的，你要学会内化成自己的东西去表达。"这股力量鼓舞着我一路前行！

图3-2-56 联盟园牵头园郭琼总园长在线上进行指导（1）

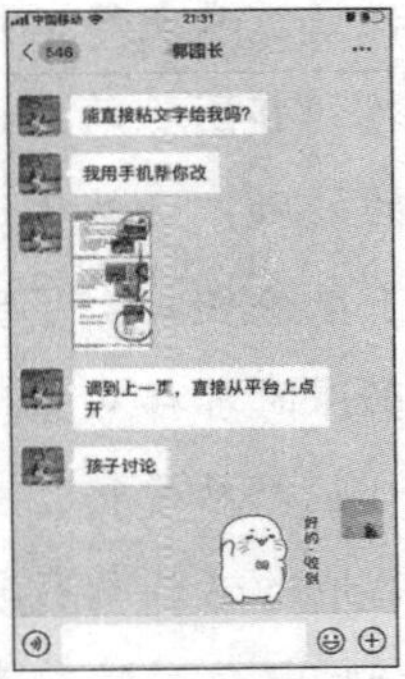

图3-2-57 联盟园牵头园郭琼总园长在线上进行指导（2）

历经12小时，我们终于来到了比赛地点完成了报到并顺利领取了资料。为了在比赛中有更好的表现，联盟园的所有参赛教师都分秒必争，领完资料后便马上回我们休息的酒店继续备战。我正对着PPT说课，季老师看到后放下了自己的讲稿，来到我身边，边听边对我的讲解进行指导。她逐句纠正我讲稿上的语病及措辞，让我不得不惊叹，原来优秀的人是这样的。有团队的感觉真好！同时，我也再一次意识到自己身上还有很多的不足。晚上我们练习到午夜12点，早上6点起来继续练习。

图3-2-58 清秀幼教集团教学副园长在山东与教师进行研讨

二、实战篇

17号下午2点，在活动展评现场，我们团队里有三组成员要进行比赛。参会现场秩序井然，选手首先用10分钟陈述设计理念、教学流程和教学反思，随后有5分钟的答辩环节——现场回答专家们的提问。候场的老师则忙着做笔记并适时修改和完善自己的课件，不时举起手机拍下重要的教学课程理念和信息技术手段。

终于轮到我了。我是第一组！刚上场的时候，我有些紧张，但看到听众席上的同伴，想到郭园长的谆谆教诲时，我很快就稳住了自己的情绪，那是一股来自远方的鼓励：既然你选择了上台，就做最好的自己！我的电脑在工作人员的帮助下很快便接上了现场屏幕，我自信地介绍自己，说课过程也像和团队小伙伴磨课时那样从容地娓娓道来。我用眼角的余光扫了扫台下的老师们，在最后一整排站着整整齐齐的清秀联盟园团队，她们都在为我点赞助威。来自全国各地的老师都在凝神静听，评委们边听边领首肯定。在我的陈述结束后，全场响起热烈的掌声。

图3-2-59　联盟园教师在比赛现场

图3-2-60　来自全国的专家对联盟园教师的参赛案例进行点评

赛后的我，心情无比激动，但也不忘观摩学习其他赛场，逐一了解各个赛项。我不仅仅代表我自己参加比赛，我更要学习这次活动的精华，并带回联盟园去。

三、喜讯篇

为期3天的交流活动紧张而充实，我们不仅收获了大量的专业知识和最新的信息技术，在一等奖比例锐减的情况下，我们迎来了不负初心的好成绩。

奖项的获得离不开团队的努力，更离不开联盟园优秀教管团队的悉心指导。在准备参赛的过程中，我们一次次地修改课件，一遍遍地练习活动陈述。如果说学习是一种修行，那么其中的竞技也好，成绩也罢，都是一个证明自我、激励自我的机会。在此特别感谢园长妈妈和教研团队的专业指导，尤其是时刻心系着我们的军师大咖——郭琼园长的深夜锦囊！

图3-2-61　联盟园教师黄佩燕荣获幼儿园教育活动实践评优一等奖

通过参加这次比赛，我深刻地认识到我不是一个人在战斗，我的背后有团队的支持，而且这是一个强大的团队。他们会在你困难的时候给予你支持，在你需要的时候给予你帮助，在你脆弱的时候给予你力量，在你成功的时候为你鼓掌、喝彩！

2019年的夏天，因为有了NOC而变得与以往不一样。我相信，在园领导和清秀幼教集团联盟园团队一如既往的支持与帮助下，我们必将不忘初心，砥砺前行，继续在建设现代化高品质幼儿园的道路上不断求索，阔步迈入信息化2.0时代！

2. 第十七届全国教师信息素养提升现场交流活动一等奖案例

案例12

我的故事我做主

黄佩燕 郭 扬

一、设计理念

《3—6儿童学习与发展指南》指出，教师要和幼儿一起发现并分享周围新奇、有趣的事物或现象，一起寻找问题的答案。大班幼儿乐发现、爱探究、喜提问，活动中他们乐意尝试多元化、个性化的方式去记录与表达，愿意使用新技术、新媒体开展学习。本次活动充分运用新媒体技术，树立以“学”为本的游戏理念，设计以“玩”为主的教学活动。巧妙运用新兴学习工具iPad、定格动画APP，带领幼儿化身故事导演，以静态玩具为载体，在主动探究如何让立体静态的小玩具沿运动轨迹动起来的操作中感受动画的魅力，自编自创自导自娱自乐，满足幼儿制作动画的欲望，从而培养幼儿主动学习、乐于探究的良好学习品质。将现实学习世界和虚拟环境结合，让幼儿自主习得知识，感知科技魅力。

二、活动目标

（一）认知目标

幼儿初步利用信息技术进行故事创编，并能用比较完整、连贯、恰当的语言，表达自己对创编故事的主题思想。

（二）技能目标

幼儿能利用平板电脑设计有主题的定格动画故事进行排图讲述，从而提高幼儿逻辑思维，发展幼儿想象力，使幼儿共同学习并创造性地进行表述。

（三）情感目标

幼儿体验参与制作动画小故事创编的乐趣，并有感情地讲述故事情节，获得和同伴一起分享动画小故事制作的成就感和喜悦感。

三、学情分析

“定格动画”制作原理简单、直观，操作相对容易，比较适合初学者和年龄较小的孩子操作。直接利用幼儿身边的简单物品，如玩偶、玩具车、乐高积木等幼儿熟悉的素材作为道具，让幼儿创编自己喜欢的故事情节，进行摆拍，后期配音，再利用软件合成。大班幼儿完全具备操作执行该软件的能力，实践也证明他们能够运用软件创作出精彩的动画故事。

四、活动准备

（一）经验准备

通过制作简单的手翻书获得前置动画视觉经验，使用iPad拍摄的基础，用Stop Motion软件操作课件。

（二）物质准备

iPad（8个）、桌子（8张）、道具（小玩偶若干）。

（三）环境准备

安静空间或自然环境（避免干扰物）。

五、活动特色

1. 借助“手翻书”呈现动画视觉感，向幼儿揭示“定格动画”的拍摄原理。

2. 随人物、物体、场景的变化、递进，引发幼儿积极思维。

3. 师幼互动自然有效，知识经验主动建构。

4. 有效指导，作品及时通过爱上学平台分享和交流。

5. 实现了开放与共享，利用爱上学平台，将活动过程呈现给家长和孩子，实现教学资源共同挖掘、共同获益，体现了幼儿教育智能化。

六、活动重点

（一）定格动画故事创作

鼓励幼儿运用身边的素材创编故事，并利用“定格动画”软件制作成动画故事。

（二）教师的示范需注意

1. 第一次教学示范最好是实物动画，简易且容易让幼儿接受。

2. 示范时间不宜过长，留下足够的时间给幼儿实践操作。

七、活动难点

定格动画原理的导入：教师可以借助“手翻书”呈现动画视觉感，引导幼儿体会虽然单个来说都是静止的画面，但是达到一定的速度画面就会动起来。鼓励幼儿尝试制作简单的手翻书，向幼儿揭示“定格动画”的拍摄原理，从而解决教学难点。

八、活动流程

1. 家园互动在先，亲子初试动画创作。

2. 借助“手翻书”呈现动画视觉感，揭示“定格动画”的拍摄原理。

3. 欣赏“定格动画”经典片段，感受动画制作的魅力。

4. 教师借助周围生活实物示范“定格动画”创作过程。

（1）“定格动画”准备工作。

（2）选取素材，创编故事情节，准备拍摄。

（3）开始创作定格动画。

（4）拍摄中的编辑调整。

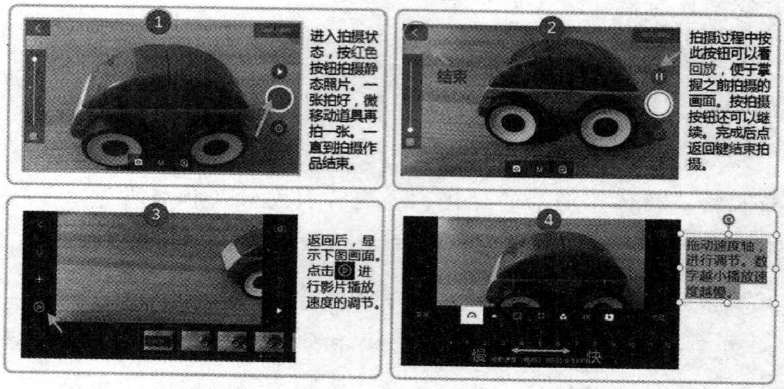

图3-2-62　定格动画的拍摄步骤示意图

（5）定格动画的配音配乐。

（6）导出定格动画作品。

幼儿现场创作定格动画故事

1. 操作约定

师：开始之前，小朋友要布置好自己的故事场景，固定好iPad！如果需要帮助的小朋友可以举手哦！

2. 现场操作录制

（1）观察幼儿操作情况，及时给予帮助。

（2）协助录音、配乐。

（3）现场传送作品到平台。

3. 作品投屏分享和总结

师：小朋友，请到老师这里坐。

师：今天呀，有许多客人老师也想看看小朋友的作品。老师知道，有小朋友还来不及完成故事，没关系！我们活动结束，到班上继续创编。

师：现在请小朋友看大屏幕，看看都是谁的故事呀？（分享3—4个故事）

师：小朋友，你最喜欢哪一个？为什么？

幼：……（同理心、建议、回播确认）

师：我们再请一位小朋友来说说看，还喜欢谁的？为什么呢？

幼：……（同理心、建议）

师：今天呀，我们创编了特别多好听、好玩、好看的故事，回到班级我们分享给其他的小朋友吧！

4. 幼儿定格动画作品分析

如幼儿创作的《拉链式交通规则》是一则幼儿在家的亲子创作作品，幼儿的创意源于城市生活的"拉链式"交通规则。幼儿在白纸上用铅笔绘制好"拉链式"交通轨道后，利用自己的玩具校车，呈现汽车"拉链式"前进的过程（见图3-2-63）。其他作品此处则不一一赘述。

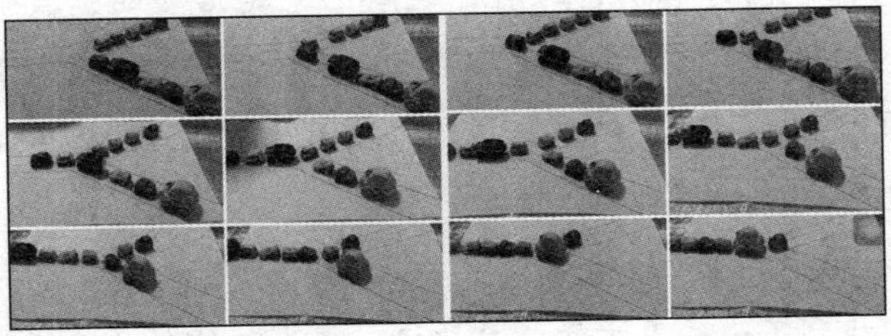

图3-2-63 《拉链式交通规则》作品主要镜头

九、活动延伸

本次活动大班幼儿掌握的"定格动画"属于"实物动画"类，是定格动画类型中最容易掌握的初级形式，以后可以延伸到"黑板动画""剪纸动画""黏土动画"，幼儿可以通过绘画、剪纸、黏土造型等方式丰富素材的形式，制作更多的场景造型来创作动画作品。

十、活动反思

动画片是小朋友们喜欢的事物之一。动画片中动态的人物、情景给孩子们带来新奇的感受。我们运用新兴学习工具iPad和学习软件，带领孩子化身故事导演，将现实学习世界和虚拟环境结合，让孩子自主习得知识，感知科技魅力。

该活动目标是让孩子们利用信息技术创编一个完整的故事，那么孩子需要一些前期的经验，如有用iPad拍摄的基础、熟悉定格动画软件功能。

活动中，小朋友完成的情况比我预期的好，如在讲述中迅速调动个人已有语言经验编码，并迅速进行语言表达；图片和情景中蕴含主要人物关系和思想情感倾向；故事中词句运用、前因后果讲述清楚。我们的孩子在这样的学习方式下，时间并不长，满打满算一个月，熟悉程度不一样。用这种形式讲故事，孩子更感兴趣，就如个别孩子，之前不敢讲话、卡壳，到现在在公共场合敢讲、愿意讲、喜欢讲，还有孩子的语言提炼了，能掌握和传递有细微差别的信息。在区域里我们也投放了iPad，大大提高了孩子们讲故事的兴趣，孩子们的语言也得到了锻炼，让故事更加有趣、有味、灵动、高效、便捷，实现了教师、幼儿、家长、媒体间的生动交互，让其在新技术的支持下融合创新，收获精彩。同时，孩子在讲故事的过程中不仅语言组织、概括能力得到提升，他们在拍摄和筛选图片的过程当中，空间感和美感也会随之提高。

当然，在活动中我们也发现空间环境的因素会直接干扰孩子的拍摄、创编、故事架构和同伴影响，还有，故事场景是活动的，我们可以在户外"做"故事，甚至幼儿园的每个角落都可以成为孩子们的选材背景和故事素材，天气的原因，洗刷了我们户外的精彩展示，希望下次能和老师们分享孩子们的更多进展。

整节活动幼儿在轻松愉快、耳目一新的活动气氛中习得知识。新技术的运用为我们找到了一条更方便、更快捷、更有效的教学途径。巧用信息技术，自主探究学习，置身故事创编，轻松化解难点，让这些看不见摸不到的知识点直接显示在屏幕上，让幼儿有场景化，更加直观地感受人物和情景演变，促进了幼儿自主学习，展现了新技术与幼儿教育的融合创新。

在新媒体新技术支撑下化静为动，化虚为实，化生疏为可感，化抽象为具象，让活动更加有趣、有味、灵动、高效、便捷。

本着"游戏为主"的设计理念，使幼儿在生动、形象、直面游戏化的情景中主动探索，自主体验。真正做到"玩中学，学中乐"，将枯燥生涩的知识变得生动有趣。如何让"新技术新媒体"高效服务于教育教学，服务于孩子成长，如何连接未来，我们一直在探索中。

参赛教师感想

比赛不仅仅是个人的展示或是荣誉的争取，更重要的是教师通过参加比赛能更广地了解学前教育这一领域的发展，在比赛的过程中总结归纳自己的经验，也能从比赛对手身上学会反思与借鉴。

案例13

2019全国教师信息技术交流参赛感想

孙 元

第一次听到NOC大赛的消息是去年6月初，那时的我因为时间不合适，遗憾错过。今年5月初，我再次遇见它，便立刻寻找合作小伙伴着手准备，从选材立意到现场交流历时一个半月的时间。回首经历感想颇多，我将从以下三个方面来分享。

一、选材立意，需要实、趣、新

老师每一个活动的展开，都要先分析班级孩子的发展需要与学习特点，立于班级实际。在起初，我选择的是《跑跑镇》，这是一个中班语言活动，但是在教学过程中，我发现孩子们的探索兴趣不高。而彼时班级正在开展端午节的小主题活动。于是我抓住契机，和孩子们讨论开展《小粽子，小粽子》的语言活动。在确定活动主题后，我们又开始思考，怎样巧妙地运用信息化技术来增添活动的趣味，从而激发孩子主动探索的兴趣呢？在不断的探索中，我们尝试结合生活中常见的二维码技术，将它设计成游戏与孩子互动，这也是一个较为新颖的活动。选材立意这个阶段，不仅为整个活动的实施奠定了基础，也会体现教师的教育理念，它是最基础也是最重要的阶段。

二、信息技术助力，找准其定位

在使用信息技术开展这个活动的过程中，我深刻体会到园长妈妈所说“不要为了信息化而信息化”这句话的真正含义。信息技术是优化教学活动的手段，它的利用是为了激发孩子的主动探索，并实现教育资源共享。因此，在活动中我们多次调整适合活动开展的信息手段，最后确定制作动态绘本与设计扫码购物等互动游戏。在制作过程中，作为教师，我们运用信息化软件的能力也提升了不少，更重要的是更深刻地认识到任何教学手段的运用，都是需要立足于教学活动的，也必须遵循教学开展的科学性与适应性。

三、团队合作与教研，大胆自信进行现场交流

整个活动包括设计、实施、反思三个环节，每个环节我们都会和团队不断地交流与讨论，虽然时常会因为一些问题修改到深夜，但看到活动一点点得到改善，我们就充满了动力。在淄博的现场交流，更是领略到来自全国各地不同层级老师的精彩展示，同时也明白自己在将活动与信息技术融合方面仍需继续努力。

这次的比赛虽然已经结束，但赋予我的意义并不仅仅是一份荣誉、一项赛事，还是视野与思维的开阔，而且更加感受到在联盟园大家庭的幸福。我们也将继续努力，砥砺前行。

（三）定期开展联盟园检查工作

联盟园的督导工作由教育局计划与实施，联盟园内部会参考《广东省幼儿园督导评估方案》对各个联盟园进行检查，以保障联盟园的办园质量。定期组织联盟园园长、教管人员、教研员、骨干教师、后勤人员、保健医等到各个联盟园进行现场研讨。从教学到后勤，从教育到保育，全方面提升联盟园的办园质量。此外，使用记录表对联盟园进行现场检核和记录并及时反馈给牵头园。

表3-2-33 清秀幼教集团联盟园检核方案

一级指标	二级指标	频率	负责人	备注
办园条件	经费	每学期1次	联盟园园长	
	场地园舍	每学期1次	联盟园园长	
	教育玩具、设备设施	每学期2次	联盟园园长	
	规模	每学期1次	联盟园园长	
	教职工配备	每学期1次	联盟园园长	
幼儿园管理	办学方向及依法治教	每学期2次	联盟园园长	
	队伍建设	每学期2次	联盟园园长	
	卫生保健工作	每学期2次	联盟园保健医	
	教育工作	每学期2次	联盟园教学主管	
	社区工作	每学期2次	联盟园教学主管	
	示范性	每学期2次	联盟园教学主管	
	后勤管理工作	每学期2次	联盟园后勤主管	

每一次进园检核，检查小组的负责人都要提前一周与小组成员开展关于检核工作的说明，并在检核结束的三天内整理相关的工作记录。

表3-2-34　经常性督导记录表——餐饮安全及卫生保健

（引用《深圳市经常性督导记录表》）

	责任区	被督导单位	督导日期：　　年　月　日			
一级指标	二级指标	指标说明	督导形式	督导评价		备注
一日生活作息	1.根据年龄、季节特点，动静适宜、户内外活动交替	周计划制定合理	资料巡视	是	否	冬令时执行时间 夏令时执行时间
	2.每天不少于2小时户外活动；不少于1小时体育锻炼	依据“广东省幼儿园一日生活指引”，一日作息时间安排合理	资料巡视	是	否	实际户外活动时长
	3.两餐间隔不少于3.5小时		资料巡视	是	否	早餐时间 午餐时间
食品营养与管理	4.制定营养带量食谱	运用食谱软件制定合理的营养带量食谱	资料巡视	是	否	
	5.师幼伙食六分开	教职工与幼儿伙食六分开：食谱、采购、储存、加工、留样、账目	巡视	是	否	
	6.食品储存规范	依据“餐饮业和集体用餐配送单位卫生规范”：教职工与幼儿的食品分开存储，食品存放离地、离墙10厘米，散装食品用整理箱存放，并标识食品名称、进货日期及有效期	资料巡视	是	否	
	7.食品留样规范	每餐、每种食物均有留样；与食谱对应；每种食物留样100克以上，保存48小时，贴上标签，标签写明：餐次、菜谱名称、留样人签名及具体的时间	资料巡视	是	否	

续表

	责任区	被督导单位	督导日期：　　年　月　日			
一级指标	二级指标	指标说明	督导形式	督导评价		备注
食品营养与管理	8.采购合同规范	送菜公司合同，水果、饮用水、牛奶的合同	资料	有	无	
	9.食品索证齐全	核查食品证件（卫生许可证、食品流通许可证、食品检验合格证，需加盖供应商的公章），每天送来食材的检验证明；定期检测报告；送菜单据	资料	是	否	
	10.厨房岗位职责、制度、流程、健康证、食品安全管理员证上墙	（1）厨房岗位职责、相关制度、工作流程、厨房工作人员的健康证、本园食品安全管理员的证件上墙	巡视	是	否	
		（2）核查餐饮卫生服务许可证是否在有效期内	资料	是	否	
厨房设备	11.垃圾桶加盖	厨房内的垃圾桶都加盖	巡视	是	否	
	12.餐用具清洗消毒设洗、刷、冲专用水池，有相应标识	餐用具清洗消毒水池应专用，设有专用洗、刷、冲三个水池以上，均做好相应标识	巡视	有	无	餐用具清洗消毒水池（　）个；有相应的标识（　）
	13.规范使用紫外线灯	紫外线灯悬挂高度离消毒平面2米，记录表规范（有开、关灯时间及累计时长）	巡视	是	否	
	14.没有安全隐患（瓶装煤气在厨房外独立的房间内）	无安全隐患，瓶装煤气放置在煤气专间	巡视	是	否	
	15.定期对厨房抽油烟机、排烟管道进行清洗，有记录	每个学期定期清洗一次，能提供清洗的付款票据	资料 巡视	是	否	有清洗合同（　），有清洗记录（　）

续表

	责任区	被督导单位	督导日期： 年 月 日			
一级指标	二级指标	指标说明	督导形式	督导评价		备注
卫生保健日常管理	16.做好幼儿晨检	制度规范，记录全面清晰，现场检查程序规范	资料巡视	是	否	
	17.有健全的卫生保健制度和相关的应急预案	幼儿生活制度、幼儿饮食管理制度、体格锻炼制度、预防疾病制度、体弱儿管理制度、幼儿园卫生消毒及隔离制度等；传染病、中毒事件、意外伤害应急预案	资料	有	无	
	18.了解幼儿既往病史和过敏史，建立健康档案	核查幼儿食物、药物过敏或禁忌症名单；地中海贫血、各种先天性疾病、慢性疾病儿童名单，并以此为依据建立健康档案	资料	有	无	
	19.设有保健室和隔离室，设施配置齐全	保健室里设有隔离室或隔离区域，设施配置齐全	巡视	是	否	设有隔离室或隔离区域（ ）；设施配置齐全（ ）；体检卡数（ ）
	20.定期、有针对性地向家长和教职工宣传	开展相关的教职工和家长讲座；制作保健宣传栏	资料巡视	是	否	
	21.教职工和幼儿体检率达100%，教职工健康证持有率100%	核查所有教职工的健康证，厨房工作人员需取得《餐饮服务从业人员健康证明》及《卫生知识培训合格证》；抽查一个班的幼儿健康档案，了解每名幼儿是否按要求进行入园前体检及每年的健康检查	资料	是	否	教职工健康证合格率（ ）%。抽查幼儿人数（ ）
	22. 2017年罗湖区托幼机构卫生保健督导文书	提供2017年下半年罗湖区托幼机构卫生保健督导文书	资料	有	无	带走复印件

续表

责任区		被督导单位	督导日期：　　年　月　日			
一级指标	二级指标	指标说明	督导形式	督导评价		备注
体育锻炼	23.体格锻炼计划与总结	查阅幼儿体格锻炼计划与总结	资料	有	无	
	24.充分利用阳光、空气、水等自然因素开展体格锻炼	查阅“三浴锻炼”有关资料	资料	有	无	
督学签名： 被督导单位负责人签名： 被督导单位负责人签名：						

四、引领课程视野下的质量提升

清秀幼教集团联盟园以幼儿园课程为核心，围绕课程实施的质量提升，重点从两个方面打造互动式共同体。

一是以课题为引领，聚焦课程实施中遇到的问题，通过解决问题推动课程质量的提升；二是以普适性项目，如早期阅读、体育、一日生活、学习环境、主题探究、区域学习等，带动联盟园课程建设，通过“自身课程范式带动、项目式竞赛促动、多样活动联动”的路径实现课程辐射的目标。整体来说，以课程建设为支点撬动幼儿园和教师队伍的发展，促进联盟内优质教育资源的融合。

（一）开展课题研究

1. 小课题研究与教师专业发展

小课题研究是相对于规划立项的大课题研究而言的，是教师基于教育教学实际，以解决教育教学工作中的具体问题为任务，对教育教学工作进行自查、反思、内省、探究的一种研究方式。

对于幼儿教师来讲，小课题低起点、低要求、低重心，能引领教师直接进入教育教学“反思与实践”的层面，能使幼儿教师真正参与到课题的实践中，体会做小课题研究对解决问题的促进，以及给自身职业生涯带来的成就感。对于幼儿园来讲，小课题研究解决的是日常保教工作中出现的实际问题，是幼儿园提高保教质量的载体，是促进幼儿身心健康发展的“接地气研究”。

2. 片区联动研究与教师专业发展

通过实地摸底、调查问卷等形式，牵头园对联盟园的教师专业情况进行了解，其存在的共性问题为：教师队伍专业性有待提升；一日生活组织的有效性及集体教育活动的设计组织水平亟待提高；“小学化”教育倾向在少数园所还没有完全消除；区域游戏的概念模糊，区域操作性不强。为此，牵头园确定了联盟园指导的总工作思路，从需求入手，从问题入手，从自身优势入手，突破发展瓶颈，实现合作共赢。

在专业成长中，教师的实践与反思是基础，而教师之间的合作交流，能使其进一步感受到教育的内在价值与意义的萌生。清秀幼教集团联盟的联合研究，希望通过课题研究提升教师的研究能力，唤起幼儿园的合作文化与和谐精神。开展合作研究可以实现资源共享，拓展教师的研究视野，实现效益最大化。开展合作研究，可以采取多种方式进行。

（1）同类课题研究共同体

虽然教师的小课题是基于教师实践的问题，但由于幼儿园研究教师众多，也由于园本特色的发展，同一幼儿园教师往往在选择小课题时所关注的问题会聚焦到某些领域，这就为我们构建同类课题研究共同体提供了基础和条件。我们可以在幼儿园建立正式的研究共同体，也可以采用非正式的沙龙、研讨，甚至日常生活中的交流等方式，把研究相同或相似问题的教师聚集到一起，就大家共同关注的问题进行学习研讨、对话交流，提高认识、强化反思，从而提升微型课题研究的水平。

（2）年级组专题引导

每隔半个月至一个月，组织一次专题研讨，对老师的困惑进行沟通，集中团队力量解决问题。

（3）教研团队协助引领

基于园所的教研力量，组织力量针对性指导。

（4）区域联合，园际合作

不同的幼儿园其实都面临着很多共同的问题，建立常规的合作交流机制，围绕一些共同问题进行研究，既能节省人力物力，又有助于提高研究成果的质量，还有助于促进区域间教学质量的均衡发展及优质资源的共享。

“科研兴园、科研强师”是当前教育科研的发展趋势。基于以上的发展需要和改革背景，集合联盟园进行片区联动推进小课题研究。在实际研究中，清秀幼教集团联盟园秉持“小孩子大教育”“小课题真研究”的理念，对小问题进行细心梳理，将有意义的问题形成小课题。这促进了教师专业水平自主提升的思维，丰富了教师教育教学的实践智慧，是幼儿教师专业成长的“孵化研究”。

3. 区域联合研究推进的策略——总体部署、阶段推进

（1）研究开启——总体部署强动员

清秀幼教集团作为联盟园的牵头园，在联盟中担任指导工作，充分发挥优质幼儿园的辐射、带头作用，实现提高联盟园的办园质量，达到共同进步的目标。清秀幼教集团的教研团队设计了联盟园所帮扶需求调查表，统计了解各园的实际需求。教研团队在调研中发现各园主要在小课题、环境创设、课程框架建设及师资力量方面存在急切的帮扶需求，因此制定帮扶工作计划，聚焦教研工作重点，结合各园教学、课程实施、评价等相关题目进行深入的探讨。

清秀幼教集团联盟未成立之前，其14所成员园多数生源为“插花地”打工人员子女，且只有6所属于小区配套园，其余均为改造类幼儿园，总体呈现为园舍条件差、收费低、幼儿人数多。因为这些历史背景，各园常年挣扎在招生线上，几乎无暇顾及园所的教学质量。自2016年成立“清水河片区”（2019年改名为“清秀幼教集团联盟”），在牵头园采取“一园一案”“区域联动”“岗位结对”“课题推动”等措施后，各园所在园所环境和教学质量上均得到较大改善。尤其是在牵头园针对课题实施各种帮扶策略后，各园的小课题“从无到有、从有到优”，出现了质的改变。

2017年，在牵头园的带动下，部分园所开始尝试申报罗湖区智慧小课题，牵头园从“课题申报、开题报告、中期报告和结题报告”，逐步引领和推动，曾对童晖幼儿园邝洁花的《小班幼儿如何管理物品的行动研究》、一建幼儿园张湘丽的《大班幼儿阅读活动指导策略的研究》、草埔幼儿园程志飘的《大班幼儿餐前阅读指导策略的研究》、亚太幼儿园郭英的《中班幼儿万能工匠建构游戏组织策略的研究》、大地幼儿园杨海丽的《运用策略促进小班幼儿在美术活动中的创作欲的研究》和金祥幼儿园张琳燕的《幼儿餐前活动的有效组织与策略》等课题进行一对一的指导、修改和完善，最终成功结题。这是清秀幼教集团联盟共同的荣誉，也是联盟园共生共进的证明。这样的成果也鼓舞着更多联盟园参与小课题研究。

罗湖区2019年度“智慧课堂”小课题申报时，牵头园更是组织联盟各园的专项课题申报培训，帮助各园充分准备课题申报资料。最后，亚太幼儿园黄锐璇的《小班排队养成教育的策略研究》、冯琼惠的《大班幼儿前阅读习惯培养策略研究》、郭英的《中班幼儿万能工匠建构游戏组织策略的研究》、王贺梦的《提高中班幼儿对早操兴趣的行动研究》，金祥幼儿园曾雪美的《中班幼儿喝水习惯培养策略运用研究》，龙园山庄幼儿园王芳的《大班幼儿进区计划的策略研究》，以及坭岗幼儿园朱琴英的《中班建构游戏指导策略研究》等课题顺利通过课题申报，并成功通过开题报告，得到了课题组专家成员的一致好评，让民办园走上课题研究的道路增加信心。下面列举的是2018年清秀幼教集团联盟联动小课题群的详细列表。

表3-2-35　片区联动小课题群（2018）

罗湖区清秀幼教集团联盟“智慧课堂”小课题群					
序号	主持人	所在单位	岗位	课程聚焦点	课题名称
1	季琴	罗湖区清秀幼教集团	教学园长	幼儿园戏剧	《大班幼儿绘本戏剧活动指导策略的研究》
2	孙元	罗湖区清秀幼教集团	一线教师	幼儿园健康	《混龄幼儿常规培养的实践研究》
3	黄佩燕	罗湖区清秀幼教集团	一线教师		《培养大班幼儿自我物品管理能力的研究》
4	王姗姗	罗湖区清秀幼教集团	一线教师		《小班幼儿良好进餐习惯培养策略的研究》
5	邝洁花	罗湖区童晖幼儿园	一线教师		《小班幼儿有序整理物品的策略研究》
6	方晓杭	罗湖区清秀幼教集团	一线教师		《培养小班幼儿如厕习惯的研究》
7	张琳燕	罗湖区金祥幼儿园	一线教师		《幼儿餐前活动的有效组织与策略》
8	黄淑芬	罗湖区武锦幼儿园	教学园长		《中班幼儿餐后活动有效开展的策略研究》
9	徐慧秋	罗湖区龙园山庄幼儿园	园长		《提高餐前活动质量的策略研究》

续表

罗湖区清秀幼教集团联盟“智慧课堂”小课题群					
序号	主持人	所在单位	岗位	课程聚焦点	课题名称
10	廖佩莲	草埔幼儿园	园长	幼儿园语言	《大班前书写区域环境创设的研究》
11	李蕊	罗湖区清秀幼教集团	一线教师		《中班幼儿收整玩具的习惯培养研究》
12	张湘丽	深圳市第一建筑工程公司幼儿园	一线教师		《大班幼儿阅读活动指导策略的研究》
13	陈志飘	罗湖区草埔幼儿园	一线教师		《大班幼儿餐前阅读指导策略的研究》
14	张珍珠	罗湖区清秀幼教集团	一线教师	学习环境	《小班幼儿“娃娃家”材料投放策略的研究》
15	陈东华	罗湖区童晖幼儿园	园长	幼儿园社会	《提高大班幼儿参与集体活动积极性的个案研究》
16	张玲玉	罗湖区春苗幼儿园	一线教师		《幼儿交往能力的培养策略研究》
17	杨海丽	罗湖区大地幼儿园	一线教师	幼儿园艺术	《运用策略促进小班幼儿在美术活动中的创作欲的研究》
18	郭英	罗湖区亚太幼儿园	园长	幼儿园科学	《中班幼儿万能工匠建构游戏组织策略的研究》

案例14

罗湖区清秀幼教集团联盟“智慧课堂小课题研究”实施方案

罗湖区清秀幼教集团

一、指导思想

小课题立足“问题即课题，反思即研究”，是以教师在教育教学实践中遇到的问题为课题，运用教育科研方法，由教师个人或几个人合作，在不长的时间内共同研究，取得结果，其研究结果直接被应用于参与研究教师的教育、教学实践工作中去，并取得实效的教育科学研究。它具有周期短、易实施、见效快的特点。清秀幼教集团制定本方案为联盟园提供专业引领，帮助更多教师开展小课题研究，解决真问题，提升专业素养。

二、研究目标

1. 通过小课题研究，使幼儿园教育教学实践中存在的实际问题得以解决。

2. 通过小课题研究，提高教师将教育科研与日常教学工作进行有机整合的能力，鼓励教师研究教学行为，实现教学质量的提升，从而促进广大教师专业发展。

三、研究规程

（一）研究人员

幼儿园全体教师。

（二）研究内容

从教学实践中的小现象、小问题、小策略入手，依据“问题就是课题，反思就是研究”的教育科研理念，通过小课题研究的形式，引领广大教师投入教学研究中，依据“开口小、挖得深、讲效率、求实效”的原则，以教育教学为中心，以幼儿为主体，以一线教师为团队，从实际出发开展教学研究，对做得好的新思路、好方式进行立项研究，提炼总结，再推广共享；对于亟待解决的问题困惑，用课题研究的形式，教研并进，彰显个性，切实摸索，有效提升。

（三）研究形式

1. 幼儿园以幼儿学习与发展、一日生活或师生关系为内容，也可以每个年段或年段备课组为单位，上报研究小课题。

2. 有能力的教师也可以个人组织团队，上报研究小课题。

四、片区联动研究措施

（一）人员分工

1.各幼儿园：负责本园“小课题”申报、开题、过程监管、后勤服务、阶段小结、评价推荐、成果总结与推广，并存档上报。

2.清秀幼教集团教研员：负责“小课题”研究的理论支持、培训指导、中期评估、结题鉴定辅导和评优奖励。

（二）过程管理

1. 开题启动

召开区域科研工作会议，对小课题研究进行动员。

各园所开展教师讨论交流，主要交流在一日活动、师生关系、家园共育等方面取得的经验和遇到的困惑，以确定研究方向，确定主持人，填写“申报与研究设计方案”。

清秀幼教集团负责辅导撰写“开题报告”，组织所有“小课题”的联合开题会，并做好各项资料的统计管理。

清秀幼教集团组织联盟园园长、课题主持人加入“清秀集团联盟小课题研修群”，进行日常研究交流。

2. 中期小结

各“研究课题”主持人组织开展实践研究，内容包括：教学研讨、分析问题、寻找对策、实践应用、主题培训、阶段性总结、反思改进（包括：查找相关的理论文献与资料、收集他人成功的经验与案例、记录自己的教学体验与反思等）。

幼儿园教研处对各“研究课题”的研究进行全面跟踪、指导、评估工作，逐渐确定推荐对象。在过程管理中，要注重打造典型，定期组织研究汇报工作，实行典型引领与带动。

清秀幼教集团教研团队组织交流与培训，通过入园实地交流、课题研讨活动，推进小课题主持人深入研究。

3. 结题总结

小课题组撰写总结报告，准备成果呈现（研究成果集锦等），清秀幼教集团教研员辅导各小课题完成鉴定评审材料。

督促、辅导各园做好结题材料的准备工作。

各园所对本园小课题进行筛选，每园推荐1—2个参评“优秀小课题”。清秀幼教集团教研团队组织联盟园小课题主持人交流思考，帮助大家重新解读自己的小课题研究，找出精华所在，提升研究经验，编辑成册，辐射全区老师。

（2）研究之中——教研培训结合

① 研究与培训结合

帮助和培养一线教师去实践小课题研究的重要方法就是培训，为他们找到前进的方向和动力。教师的发展需要动力，更要找准方向，制定措施，脚踏实地。

针对小课题的研究过程，培训可以多维度，如从课题方案如何写到资料如何整理与收集等角度开展。除了线下的教研培训，还可以借助网络，充分利用办公平台、罗湖教育网、博客等，在联盟内进行交流，分享资源。

在互动中，我们发现一线教师集中面临的困惑有两方面。第一，小课题的实施方案如何撰写；第二，小课题的研究过程如何开展。针对课题研究的需求，帮助小课题主持人梳理思路，掌握课题方案撰写方法与课题开展路径。

A. 课题实施方案的撰写

设计小课题研究方案，就是选题之后的实施计划。制定小课题研究方案可以从“为什么研究、具体研究什么、怎样去研究”三个大的方面进行，具体分四个层次来制定：提出问题（最核心的问题）；研究内容——界定题目中的关键词，包括研究的重点、范围、对象等；研究实施（一是起止时间的规划；二是设定时间节点，明确每段时间内要完成的研究任务，以及分别要采取什么样的步骤。比如，调查→反思设计→实践行动→总结反思；人员具体如何分工等）；成果及形式（一是过程性成果：课例、案例反思、故事；二是最终成果：以研究报告为主）。

案例15

《大班幼儿绘本戏剧活动中教师指导策略的研究》开题报告

罗湖清秀幼儿园　季　琴

一、研究问题概述

绘本是一种独特的儿童文学形式。儿童在与绘本互动的过程中，会用语言、绘画等方式表达自己对故事的理解和感受。绘本与戏剧天然有着共性，戏剧恰好是综合了文学、美术、音乐、舞蹈等多种艺术手段的艺术。儿童特别喜欢假装游戏，喜欢音乐，喜欢表达，这些在绘本戏剧活动中都能实现。在大班绘本教学过程中，其中很重要的部分是引导幼儿通过阅读来理解故事情节、创编故事及结合孩子喜欢的字词进行前书写的活动。在绘本中加入戏剧游戏，可以使绘本活动更加丰富，适宜孩子的学习与发展。

研究者作为戏剧的爱好者，多次参加教育戏剧、创意戏剧的培训，对儿童戏剧教学有着浓厚的研究兴趣。我尝试在大班将戏剧和绘本活动结合开展，聚焦《大班幼儿绘本戏剧活动中教师指导策略的研究》，以满足幼儿爱听、爱说、爱唱、爱跳、爱扮演、爱画的兴趣与需要，从而促进幼儿健康快乐、个性化成长。

二、课题的核心概念及其界定

（一）戏剧

戏剧是表演者运用肢体、表情、声音、语言、画面，并综合以上各种元素去表达的活动。表演者需要通过假装扮演来练习动作表现和情感表达；需要具备创编故事的创造能力；需要通过进入角色，从观众的反应中认识和了解、肯定自己。以儿童为主要参与者的活动，我们称之为儿童戏剧活动。

（二）绘本戏剧活动

绘本戏剧活动是以孩子们熟悉的绘本角色和场景为元素，在轻松愉悦的氛围中以小组的形式，组织幼儿进行戏剧扮演活动。

三、研究目标与内容

（一）研究目标

通过本课题研究，开发适合幼儿园大班的绘本戏剧活动的指导策略，促进幼儿发展，提升对周围人和事物敏锐的观察、感受、模仿和表演创造的能力，同时提升教师自身戏剧文化修养，加强戏剧活动组织能力。

（二）研究内容

教师作为戏剧活动的组织者和指导者，根据大班幼儿的身心特点及个体差异进行及时有效的指导，总结绘本戏剧活动的组织和实施方法。

四、研究过程与方法

（一）研究措施

1. 营造和谐氛围，在师生之间建立信赖和亲密的感情。

2. 以有趣、丰富的游戏为活动载体，帮助幼儿积累戏剧游戏的经验。

3. 通过绘本戏剧教学案例的活动实施、反思、调整，为幼儿创造与同伴合作的机会，探索有效的绘本戏剧指导方法。

4. 吸引家长参与到绘本戏剧活动的过程中。

（二）研究过程

1. 准备阶段（2017年10月—2017年12月）

（1）确立小课题研究的课题题目，研究对象为幼儿园大班的幼儿；

（2）与大班级组教师成立课题组，明确分工；

（3）组织专业学习，进行讨论，明确研究思路，确定研究方法，完善研究方案。

2. 实施阶段（2018年1月—2018年10月）

（1）开展研究，积累资料，初步整理适合大班幼儿开展的戏剧活动内容及组织方式；

（2）全面实施研究活动，定期开展课题组沙龙活动，将课题研究落实到日常教学活动、教研组研讨活动中；

（3）深化课题研究，调整和改进下一步的研究工作。

3. 总结阶段（2018年11月—2018年12月）

运用总结归纳法，收集整理研究成果，对成果进行进一步的研究和反思，撰写小课题结题报告，做好小课题结题工作。

（三）研究方法

1. 文献研究法

根据研究的需要，学习学前教育学、心理学、戏剧理论和实践著作。

2. 观察法

在具体的实践情境中，通过观察幼儿的言语、表情、行为表现了解幼儿的反应，记录分析，调整戏剧活动的内容、组织形式、途径和方法。

3. 行动研究法

围绕教师指导策略进行实践性研究，进行阶段性反思，以求实践探索和理性思维的有机结合。

五、预期研究成果

1. 戏剧游戏汇编。

2. 绘本戏剧类作品。

3. 各阶段成果的教学随笔、教学反思、幼儿个案记录和活动资料等。

4. 小课题研究报告。

5. 培养大班幼儿进行戏剧扮演游戏，培养幼儿的合作能力及阅读能力。

6. 家长通过参与研究的过程，推动戏剧研究的深入，提升家园共育的品质。

B. 研究过程开展

部分小课题研究方案设计存在纸上谈兵的现象。如何具体开展研究工作，真正解决问题至关重要。小课题主持人对于课题研究过程有困惑，清秀幼教集团教研团队从“如何培养幼儿进餐习惯”的案例入手，为联盟园小课题主持人做指导说明。

案例16

解决“挑食”的蒜香番薯叶

罗湖区清秀幼儿园　王姗姗

小班幼儿入园初期，养成良好的进餐行为习惯，不仅是幼儿摄取丰富营养的保证，同时也利于班级工作的有效开展。通过一段时间的观察发现，班级大多数幼儿在家吃饭都是要爸爸妈妈喂，养成了不良的进餐习惯。幼儿在班级进餐时，注意力不集中，挑食、偏食现象较多。**（发现问题）**

每两周幼儿园的食谱上会安排一次“五彩拌饭”，主要的食材就是米饭、火腿、胡萝卜和青豆。小朋友们对这种漂亮又好吃的食物很喜欢，每每都会把它吃光，甚至加第二碗。但与此同时，班上有8个孩子对青豆很是抗拒。**（发现问题）**

最初，这几个孩子会将青豆从碗中一颗一颗地挑出来，放在桌面上，然后再慢慢地将碗中的其他食材吃完。我们的保育老师发现，这些被专门挑出来的青豆并没有静静地待在桌子上，而是一颗一颗地出现在了桌子下、椅子下和地板上。老师经过观察发现了其中的奥秘——原来是这些青豆抗拒者挖掘了一种新游戏“弹青豆”！

在晨谈中，老师跟孩子们强调了蔬菜对身体的益处，也跟孩子们约定好：如果你真的很不想吃它，那么请你将它放置在骨碟中，而不要随意乱丢。**（寻找策略）**不久，又迎来了五彩拌饭，地板上没有出现一颗一颗的“青豆子弹”。有意思的是，可怜的青豆静静地出现在桌子上的骨碟中。

挑食的问题，一直都是本班家园沟通时的重点话题。**（确定选题）**有时，我跟家长反映部分孩子吃饭的情况良好，但家长们表示很吃惊。据家长所述，孩子在家中的进餐情况可不是如此顺利。虽然我们一直在跟孩子们讨论吃蔬菜的益处以及食物的来之不易，但这些都是我们的语言陈述，孩子很难感受到农民伯伯种菜过程之辛苦。现在城市中的孩子并不了解蔬菜到底是从哪里来的。所以，我们组织讨论：“好吃的青菜从哪里来？”**（寻找策略）**孩子们的答案五花八门：超市里买回来的；市场里买回来的；妈妈变出来的；农民伯伯种出来的！当我问道：“你们知道蔬菜怎样种植吗？”孩子们顿住了。

作为老师，平时只是通过网络来了解一些种植的经验，自己并没有亲身尝试过。正好借此机会，我们对种植蔬蔡开展了探究。（**开展研究**）种植可以和“治疗”挑食相结合，所以我们在开展种植活动的时候，有意对挑食明显的孩子加强引导，吸引其加入种植活动中。（**反思调整**）

星期一的早上，保育老师开启了“开荒大业”。带着孩子们将四楼光秃秃的菜地翻了一遍，然后将收集来的蔬菜种子播撒了下去。（**尝试操作**）就这样，我们每天组织孩子们一起到四楼去浇水、施肥、除虫、观察、记录。慢慢地，蔬菜宝宝们从泥土里一点一点冒出芽芽来，然后一点一点地长大、长高。很快，我们班的菜地从光秃秃的一片荒土，变成了一块绿油油的菜地！（**收集信息**）

丰收的季节到来了，我们班的番薯叶成熟了！孩子们每天精心照顾的蔬菜宝宝终于可以采摘了。大家怀着欣喜的心情一起跟着保育老师采摘番薯叶。张老师指导孩子们自己动手采摘、清洗、切段、烹饪，这一系列操作下来，孩子们已经深深地感受到了大自然的强大，感受到了种植的艰辛，也感受到了劳动果实的来之不易。（**收集信息**）孩子们一起开心地分享蒜蓉番薯叶，连挑食的小家伙也都大口大口地吃起来，吃得好香，好香！（**研究成果**）

这也意味着我们“治疗”挑食取得了大大的成效。从这次“蒜蓉番薯叶”开始，孩子们都盼望着南瓜、空心菜、香芋、黄瓜的成熟。渐渐地，青菜、青豆也变成了孩子们喜爱的菜肴。

从以上这个案例可以看出，小课题研究要经历以下步骤：

第一步，发现问题；

第二步，确定选题与研究范围；

第三步，收集资料与寻找解决方法；

第四步，尝试操作。小课题研究的核心是行动，按照研究方案的计划去尝试实践并检验效果的过程；

第五步，总结反思，补充修改再尝试。在行动研究过程中，我们的经验在行动中不断反思、调整、完善；

第六步，研究成果的表达。小课题研究的内容是广泛的，它的研究成果的表达方式也是多元的。比如，教育叙事、论文、日志、案例描写、课例报告、经验总结、教师个案成长的案例材料等。

② 自主研究与联盟合作结合

小课题研究，首先立足于教师的自主。而只有教师的自主研究是井底之蛙。联盟注重集体交流与专业指导，创设机会，总结分享一些好的研究经验，针对性地进行辅导。针对小课题主持人的具体研究，进行针对性指导，帮助主持人深入思考，推进研究。

以下列举联盟园开展小课题研究时邀请教研团队指导的一个实录案例，来呈现合作研究的过程。教研团队给参与座谈的教师提出了三个问题。

一是，你的小课题方案有了，再深入时，你想怎么具体做？

二是，你的研究进入操作层面没有，不满意的是什么地方？

三是，你的困惑是什么？

以下实录案例将完整呈现这个过程。

案例17

小课题研究指导实录

教研员：你的小课题方案有了，再深入时，你具体想怎么做？

课题主持人：在小课题开题后，课题基本进入实施阶段，对于第一次尝试做小课题的我来说，最主要的问题是经验的缺乏。因此，我最先做的是与我的课题研究成员进行了一次深入研讨，依据各成员的专业特长与方案进行任务的分工与实施。

第一，教师进行观察与访谈，对混龄班级常规建构现状进行了解与分析。

课题组的老师以园所两个混龄班幼儿为研究对象，开展班级常规建构现状的研究，通过对幼儿一日活动的观察与教师的访谈，了解现阶段班级常规建构出现的问题。

第二，开展建构混龄幼儿良好常规的实践研究，形成小课题研究资源。

将课题主成员分成四个小组分别对幼儿的自我整理环节、排队环节、用餐环节、工作环节四个方面进行研究，提炼建构班级良好常规的方法。

第三，总结培养混龄幼儿良好常规的策略，形成课题结论。

在不断地探究—实施—反思—调整的螺旋式循环中总结培养混龄幼儿良好常规的策略，进行小课题总结，并形成园所资料集。

教研员：你的研究进入操作层面没有？不满意的是什么地方？

课题主持人：已经进入了操作层面，与其说是不满意的地方，不如说是课题组需要努力的地方。在研究开展到中期时，进行案例资料的整理过程中，会发现混龄班级的常规制定，是基于对幼儿的观察与分析，班级老师对于幼儿的分析还不够深入，因此在执行常规的实践中，会出现教师对幼儿常规的要求存在差异，使教室常规形成有一定的难度。因此，在进行反思后，成员们迅速调整方向，对幼儿的观察与分析方法进行集体理论学习，并讨论对班级孩子实施常规的标准。

教研员：你的困惑有什么？

课题主持人：蒙台梭利曾指出："通常年龄大的幼儿会自发地去帮助年龄较小的幼儿，特别是当他们意识到自己所做的一切会被年龄小的幼儿重复时，就会要求自己为年幼者做出积极的、正面的行为示范。而年龄较小的幼儿，则能从较大幼儿的工作中获得灵感和榜样。"年长儿童对于年幼儿童的需要及需要接受帮助的程度都比成人更敏感。因此，在班级管理中，除了教师与幼儿、幼儿与环境的互动外，还要注重幼儿的同伴交往和互动。但在班级的现状分析中发现，有部分大年龄段幼儿对小年龄段幼儿是一种消极态度，甚至有些幼儿还会出现消极示范。在"大带小"模式下，如何发挥混龄优势提高异龄之间的互动水平，促进班级良好常规的形成，这是我们团队所困惑的。在查找资料的过程中，也发现了几种办法，如混龄游戏、混龄小组活动等。但是，在实际的教学现场，依然会遇到新的问题，因此需要再进行深入研究。

（3）研究尾声——交流提升促辐射

① 收集老师们的困惑，针对结题会进行集中培训。

② 安排集团教研员分组辅导联盟园小课题主持人完善结题资料。

③ 教研团队组织小课题结题讨论，帮助大家重新解读自己的小课题研究，找出精华所在，提升研究经验，辐射整个联盟园教师。优秀的小课题研究成果不仅在结题现场进行展示，集团还为大家搭建多元的平台进行展示。比如，优秀小课题主持人在区域内进行经验分享演讲等。

案例18

深圳市罗湖区优秀小课题研究分享会

2019年1月2日，由罗湖区清秀幼教集团联盟及罗湖区第三幼教联盟依据罗湖区教科院小课题相关政策的要求，一起合办"罗湖区第三期优秀小课题分享会”，此次分享会在罗湖区清秀幼教集团（荣悦分园）举行。

在活动开场前，清秀幼教集团郭琼总园长对现场的园长老师们做了新年寄语，并对本次活动的分享意义、课题研究的现状及展望做了简要的经验分享。

图3-2-64　小课题主持人汇报

图3-2-65　小课题研究分享会

第一位分享的孙元老师来自清秀幼教集团，是一名刚进入幼教行业的新手。本次课题研究的问题源于其对于教育现场的思考，并采用课题研究六要素进行分享：研究背景、研究问题、核心概念、研究过程、研究结果、反思与展望。从孙元老师的分享中我们可以直观地感受到做课题研究的几要素：明确问题、做好规划、扎实推进研究及学会总结梳理。

第一点，明确问题，包括善于发现教育现场中的问题及聚焦研究的核心问题；

第二点，做好规划，包括时间、工作、人员的规划安排；

第三点，扎实推进研究路径。孙老师在研究中采用策略推荐、总结提升、专家引领等方式进行。孙元老师善于借助图表进行总结分析，通过有效的规范、合理的安排将研究有效推进。

从孙元老师的分享中可以发现培养教师的有效途径：通过课题研究推动年轻教师的快速成长。这不仅与我区综改实施方案的方向吻合，也与园所教师培养的工作契合。对于采用课题促进教师成长，我们可以思考得更多。

罗湖区幼教第三联盟的片长邓婕园长对本次分享会进行了总结。邓园长从分享者的选题、主持人的背景、研究的内容、研究的路径再次给我们做了梳理，让我们管理者与教师对于课题研究的意义有了更加系统的认识。

此次小课题分享会干货满满，这样的分享不仅有来自课题研究本身的思考，还有关于自身专业发展的途径思路和提升教学现场的路径思考。希望在下一轮的区级课题申请中，罗湖区清秀幼教联盟与第三联盟的园长们、老师们、家长们都能更积极地参与进来，以课题研究促进幼儿园教育现场质量的提升。

（4）星星之火可以燎原——研究成效（成果导向）

小课题研究的成果十分丰富，表达形式也多元化。研究报告、论文、教育案例、研究日志、教育随笔，也可以是幼儿成长档案，还可以是研究的过程记录，等等。成果的呈现方式可以是纸质的总结材料、电子读本、观点报告、课题研究展示课或将研究过程拍摄成录像来展示等多种形式。

案例19

小班幼儿离园活动有序组织的实践研究

罗湖区坭岗幼儿园　龙立平

“幼儿园一日活动皆课程，离园活动作为幼儿园一日生活的结束部分，可以说有画龙点睛的作用，在一日活动中占据重要地位。教师要利用离园环节，培养幼儿做事的目的性和计划性，在丰富的活动中使幼儿有序地离园。”离园环节是“幼儿一日活动中不可忽视的重要环节”，虽然只有短短的20分钟，却是家长了解幼儿在园生活状况，观察教师职业操守、服务态度，评价幼儿园保教质量、园所管理的一个重要窗口。离园时散漫、混乱的秩序常常会让接孩子回家的家长感到失望，他们会质疑这样的幼儿园如何能给孩子提供优质的教学，甚至担心孩子在这样秩序散漫、混乱的班级不会养成良好的习惯。

一、选题背景及界定

小班幼儿刚入园情绪不稳定，经过一天的游戏、生活、学习后，孩子的情绪显得更加焦躁；离园环节是幼儿在园一日生活的最后环节，医为等待父母到来，幼儿在这个环节还会表现得兴奋和期待。

由于小班刚入园，在刚开学阶段的离园环节中，孩子们的情绪不稳定，看到有家长来接，就心里着急，一窝蜂地往教室门口涌，一边是孩子拼命地往外冲，一边是家长迫不及待地伸长手要接孩子；我既要守着孩子又要卡着家长，有的家长还需要和我沟通孩子的在园情况。而教室里松松小朋友“趁机”乱跑，其他小朋友也就跟着来了，还有的小朋友甩书包，这时晓俊又上厕所去了，场面很混乱，让我手忙脚乱。

我班的幼儿在离园活动时会出现走来走去，和同伴打闹、玩书包等现象。而教师在分发物品、迎接家长的过程中，总是要老师来维持纪律，经提示后才能控制自己的情绪和行为。

每当请孩子们收拾好自己的物品等待离园时，孩子们知道家人即将到来，总是显得格外兴奋。我也在离园环节中开展了一系列的活动，如“奖红花”（根据孩子的点滴进步表现，给他们奖小红花）、“讲故事”等活动，可是效果不佳。只要家长来接的时候，总会有孩子“趁机”上厕所、走来走去、和同伴打闹等。

离园活动作为画龙点睛的一笔，在一日活动中占据重要地位，它从一个侧面向家长反映了幼儿园的教育工作，是家园互动的一个窗口。

本课题进行了大量的实践与操作，如何让幼儿在离园活动时能自主、有序地进行各种活动，并养成良好的常规习惯，从而让教师更轻松、有效地组织幼儿的离园活动，为幼儿愉快的一天生活画上圆满的句号。在保证幼儿每天离园活动时间的基础上，从精心优化活动目标、活动内容、组织形式等方面有效提高幼儿离园活动的质量，促进幼儿在积极主动的活动中得到全面发展。在具体活动的过程中，我主要就活动中存在的一些问题做了整理、归纳，活动的班级老师进行分工，对内容设计、组织形式进行研讨，增进了幼儿与教师离园活动的互动性等。每天的活动都有明确的活动目标；围绕目标，从活动的多维效应、多种角度建构离园活动的形式，掌握活动教育策略，比如多给幼儿一些自由的活动空间，使孩子从狭小的空间走出来，充分发挥幼儿相对自由、自主、轻松愉快等优势，使活动更具特色和魅力。在幼儿快乐自主参与活动的过程中，我们发现幼儿“游戏性”“参与性”和“实用性”及“自主性”等方面都有了明显提高。

在本次离园活动研究中，我提前收集相关资料，通过各种形式对此活动进行观察、研究、行动、分析、总结，促使幼儿能通过有趣的离园活动学会有秩序、有组织、有规则地进行离园活动。

二、研究内容

（一）明确班级教师的分工与密切配合

班级教师要多方交流，相互配合，做好明显的分工站位，保证幼儿的安全及活动现场的井然有序，使家长看到孩子在幼儿园良好的游戏状态、整齐干净的精神面貌。比如，主班老师负责在教室核验接卡并和家长简单地沟通一下幼儿的在园情况。副班老师负责巡视、组织幼儿进行活动。保育老师负责提醒幼儿及把幼儿交给主班老师。（注：主班老师与副班老师的位置相互交叉）

班级教师的积极配合，能缓解多方交流矛盾。离园时间，正是开放时间，教师一方面要与家长交流幼儿一日在园状况，另一方面又不能放松对其他幼儿的指导，所以这就需要班级教师配合分工，缓解此时出现的矛盾。班级教师间的密切配合是开展好离园活动、保证离园活动质量的基础。所以教师明确分工，能使活动现场井然有序，使家长既能看到孩子在幼儿园良好的游戏状态、整齐干净的精神面貌，又能及时了解孩子一天的学习活动情况，从而使离园活动成为幼儿园教育质量展示的流动窗口。

（二）离园活动的合理设计和安排

结合幼儿园五大领域核心经验，开发多元化离园教育活动游戏包括创编离园教育活动儿歌、离园教育活动情景剧、离园教育活动小舞台、离园教育活动、自创游戏等。比如，教师要充分利用离园环节，在丰富有效的活动中使幼儿快乐有序地离园。我有目的、有计划、有规律地与语言活动、艺术活动、区域活动等有机结合在一起设计离园教育活动内容，让幼儿既能有序地掌握游戏活动内容，又能在活动中等待家人的到来，并带着愉快的心情离开幼儿园。

1. 离园教育活动与语言活动相结合。比如，请幼儿上台为大家讲故事、念儿歌等，或者老师和幼儿一起唱《离园歌》："放学了，放学了，小朋友坐坐好，教室里不走动。自己的物品拿拿好，叫到名字走出门，有顺有序不忙乱。老师同伴互道别，离开教室早回家，幼儿园里少玩闹。妈妈来接要离园，挥手道别说再见，'老师再见''明天见'。交通规则记心间，高高兴兴回家去。离园时，互道别，先老师，后同学。见爸妈，要问好，亲一亲，更乖巧。"

2. 离园教育活动与艺术活动相结合。教师让孩子通过音乐活动来组织离园教育活动，享受游戏活动的快乐，使幼儿开开心心地离开幼儿园。比如，幼儿围成圆圈坐好，幼儿与老师共同演唱歌曲《点豆豆》，老师边唱边点幼儿的头（一拍一个），当唱到"点到一个小豆豆"的时候，幼儿与教师共同询问被点到的幼儿"点的什么豆"，被点到的幼儿自由地回答酸、甜、苦、辣其中一种味道，并做出相应的表情（游戏时，可以提前准备不同口味的豆豆图片若干，每名幼儿抽取一种豆豆进行游戏）。

3. 开展区域活动。针对幼儿的兴趣适当地开放不同的区域。在离园前这10分钟，教师可以根据本班的人数和区域活动的数量进行分组。例如，如果本班有孩子25人，可以将孩子们分成5人一组，平均一组孩子可以在一个区域活动内玩两天，一个月后重新分组，重新布置区域环境和配置新颖的材料。这样孩子们既玩不厌，又加深了孩子们之间的相互交流和了解，也能使幼儿身心各个方面得到和谐的发展，满足幼儿各项活动的需要。

离园活动内容的丰富性和趣味性能很好地培养孩子的学习兴趣，也较能吸引孩子的注意力。兴趣是学生最好的老师。幼儿的兴趣点就源于活动材料本身，孩子的专注度自然建立在兴趣的基础之上。离园活动时产生的快乐情绪能延至第二天，这样孩子们就会更加期待上幼儿园，更加愿意参与到幼儿园的各项活动中。

（三）离园时幼儿常规的建立和培养

良好的常规是离园活动正常开展的保障。离园活动中家长的介入、教师的忙碌、幼儿的陆续离园会对离园活动的常规提出更高要求：

1. 在老师的组织引导下，让幼儿学会自主整理个人物品，积极主动地投入有趣的离园活动中，能自主选择同伴、选择游戏，有愉快的交往和交流。比如，收拾好自己的个人物品才可以和同伴一起区域活动、玩拼插玩具、看书等。

2. 幼儿礼貌离园。在不影响他人活动的前提下，幼儿要坚持和老师说再见。

3. 对于自选活动或其他利用材料的活动要培养幼儿及时收拾整理的良好习惯，使幼儿做事有始有终。

4. 幼儿安静离园。要求做到不影响他人，同时也不受他人影响。这个常规需从幼儿一入园就开始培养并逐步建立。

5. 当班上还剩少数孩子时，可以开展个别教育。比如，与孩子聊聊天，表扬或鼓励孩子今天的突出表现（也可以是些许进步），向孩子提出进一步提高的要求，让那些平时默默无闻的孩子也感受到你的关爱。尤其是小班的孩子，更需要教师的安慰，亲亲他的小脸、抱一抱、抚摸一下等，均有助于安抚他们焦虑的情绪，帮助他们耐心地等待父母来接。这时，你会发现孩子的心将与你贴得更近，教育效果也会更加明显。到最后离园时人数相对比较少，没有拥挤和等待，孩子们可以任意选择活动，就可以选到平时选不到的玩具和材料，或者可以同时选择多种材料。因此，离园活动可以弥补平时个别化教育的缺失。

三、总结和反思

合理、有序地开展离园活动，是保证幼儿在园一日生活圆满结束的必要手段。幼儿离园活动时的工作较为烦琐，但也是幼儿在园一日活动的必不可少的环节，教师应该精心准备幼儿的离园活动，引发幼儿对幼儿园美好生活的期待。班级教师之间要密切配合，使离园活动更丰富，更有趣味。

幼儿教师应该高度重视幼儿的离园活动，认真做好每一项工作，提高自身素质，保证幼儿在园一日的质量，让孩子们的在园生活更加美好。

案例20

建构主题活动记录——埃菲尔铁塔

罗湖区亚太幼儿园　张 晶　王贺梦

表3-2-36　建构主题活动记录——埃菲尔铁塔

<table>
<tr><td colspan="3">引言
游戏能满足幼儿的心理需要，让幼儿获得自由和快乐。了解各种建构材料的性质，学习空间关系的知识，理解整体与部分的概念，增强对数量和图形的认识，这些可以促进幼儿感知觉、思维的发展，提高幼儿建构造型的审美能力，培养幼儿耐心、协作、互助、坚持等良好的学习品质和行为品质。
这次我们大班组的建构主题是：认识世界建筑物。在设计活动期间我们进行了不同的活动，如制作亲子手抄报，认识“埃菲尔铁塔”，展示分享手抄报，探索搭建方法，成果展示等，幼儿从游戏和实践中学习</td></tr>
<tr><th>活动进程</th><th>活动内容</th><th>照片记录</th></tr>
<tr><td>阶段一：调查、了解</td><td>了解铁塔的概况：
埃菲尔铁塔（法语：La Tour Eiffel；英语：Eiffel Tower）矗立在法国巴黎的战神广场，是世界著名建筑，是法国文化象征之一，是巴黎城市地标之一，也是巴黎最高建筑物，高300米，天线高24米，总高324米，于1889年建成。法国首都巴黎（Paris）是欧洲大陆第二大城市，也是世界上最繁华的都市之一。地处法国北部，塞纳河西岸，距河口（英吉利海峡）375公里</td><td></td></tr>
</table>

续表

活动进程	活动内容	照片记录
阶段一：调查、了解	了解铁塔的背景文化： 1889年，法国大革命100周年，巴黎举办了大型国际博览会以示庆祝。博览会上最引人注目的展品便是埃菲尔铁塔。它成为当时席卷世界的工业革命的象征。埃菲尔铁塔的设计者是法国建筑师古斯塔夫·埃菲尔。1887年1月28日开始建造，1889年3月31日这座钢铁结构的高塔大功告成。埃菲尔铁塔是由很多分散的钢铁构件组成的——看起来就像一堆模型的组件。钢铁构件有18038个，重达10000吨，施工时共钻孔700万个，使用铆钉250万个。由于铁塔上的每个部件事先都严格编号，所以装配时没出一点差错。施工完全依照设计进行，中途没有进行任何改动，可见设计之合理、计算之精确。据统计，仅铁塔的设计草图就有5300多张，其中包括1700张全图。建成后的埃菲尔铁塔高300米，直到1930年它始终是全世界最高的建筑。如今，铁塔上增设了广播和电视天线，它的总高已达320米。站在塔上，整个巴黎都在脚下。每天都有世界各地的游客慕名前来参观。 到1988年，“铁娘子”已迎接了来自五大洲的游客1.23亿人次	
阶段二：探索埃菲尔铁塔的搭建方法	这是搭建埃菲尔铁塔的小零件。有孩子好奇地问：“哇！这么多，要从哪里开始呢？”“哈哈，让我先来研究研究吧！”	
	开始搭建！“让我来给它们分分类！”	

续表

活动进程	活动内容	照片记录
阶段二：探索埃菲尔铁塔的搭建方法	“看着图片好像有点难，我们一起合作，一定会成功的！”	
	“嘻嘻，我们已经搭出一个小角啦！”	
	“让我看看，这里好像不太对。”	
	“哦耶！我们真厉害，已经搭好两个了！”	
	“我们和老师一起研究接下来的步骤。”	
	“哇！我们的底座终于完成啦！现在开始垒高！加油！”	

续 表

活动进程	活动内容	照片记录
阶段二：探索埃菲尔铁塔的搭建方法	“又搭好一层啦！感觉自己棒棒哒！”	
	“人多力量大，搭建埃菲尔铁塔的工人叔叔们一定很辛苦吧！”“我以后长大了也要成为这么厉害的人！”	

活动分析：

埃菲尔铁塔是由很多分散的钢铁构件组成的——看起来就像一堆模型的组件。埃菲尔铁塔对于孩子来说是第一次接触。通过了解铁塔的构造，让孩子体验了搭建的乐趣，获得了成功的喜悦感。

1.能够观察铁塔的基本造型，通过使用架空、组合、垒高等方式进行建构。

2.在游戏当中能够学会与同伴一起协商讨论，并且分工合作进行建构，提高了合作能力和语言表达能力，体验到了建构游戏的乐趣。

教师指导策略：

1.活动前指导

（1）游戏前观察埃菲尔铁塔的图片，初步讨论建构时要用到的建构技能；

（2）思考讨论所需的游戏材料。

2.活动中指导

（1）讨论协商工作任务的分配；

（2）幼儿共同看图纸，一起按照讨论的结果进行建构并能够根据问题进行适当调整；

（3）在建构的过程中，架空技能对于大班幼儿来说还有一定难度，老师应该给予适度引导，注意幼儿搭建铁塔的高度，不要一直运用普通垒高的方式进行搭建；

（4）若发现幼儿建构布局有问题、求助时，教师应及时帮助调整与改善。

3.活动后指导

（1）组织幼儿对搭建的作品进行比较、评价，发现各自搭建的优缺点；

（2）引导幼儿谈论自己搭建过程的感受，以及调整塔身的搭建方法在联盟园联合课题研究中，教学管理人员在不断地研究、交流中对课题研究的管理工作积累了一系列的实践经验，经过反思、梳理，总结出解决教科研困境的对策。

案例21

幼儿园教育科研的困境与对策
——基于清秀幼教集团联盟小课题开展情况的思考

深圳市罗湖区清秀幼儿园　季　琴

教育科研是幼儿园持续发展的不竭动力，对于幼儿、教师、幼儿园来说具有重要意义。从幼儿方面来看，有利于实现幼儿充分游戏、参与社会实践、表达自我及探究的权利；从教师方面来看，有利于帮助其成为“研究型”的教师，提升专业地位；从幼儿园方面来看，以教研科研提升保教质量，依托教师整体素质提高来增强幼儿园竞争实力。

很多幼儿园希望借助研究解决教育实践中的问题，提升幼儿园的教育质量，并在实践中通过课题研究体会到了教育科研的魅力。也有部分幼儿园虽然开展了课题研究，可由于缺乏对课题研究的正确认识和实践经验，事倍功半甚至迷失方向。还有部分幼儿园虽然关注到课题研究的重要性，但对课题研究一筹莫展。这些存在的现实困境，需要寻求适宜的解决策略。

一、当前幼儿园教育科研工作的困境

第一，在研究的选题方面，对选题的切入点把握不准确，容易盲目跟随热点，没有考虑园所实际需要解决的问题，很难真正地与老师的实践需求结合。

第二，在研究过程中，部分课题研究者对于课题的文献综述、报告撰写缺乏专业经验，比较困惑。课题研究容易处于开题皆大欢喜，过程少有人问津，或者课题主持人单枪匹马，结题抓狂赶工的状态。

第三，课题研究的成果和实践缺乏对接，常常总结出了很多成果，一实践就失败，很难真正服务于教育实践，更难以推广。

二、现象背后的原因分析

我结合自身的研究经历及在与清秀联盟园所课题管理人员的交流中发现，造成当下幼儿园教育科研的问题主要有以下原因。

第一，一线教师的理论基础薄弱，对于国内外相关研究动态缺乏了解，对于课题研究的规范也是模糊的；许多幼儿教师在日常的教学过程中习惯于将研究停留在经验和操作层面，相对于学科教育而言，幼儿教师缺乏理论高度的归纳，有些更是缺少基本的理论素养。一线教师擅长实践操作，行动力强，但对于研究经验的总结缺乏专业高度，很难提升到便于推广借鉴的层次。

第二，在课题研究中，往往由于缺乏制度保障，尤其是缺乏计划，课题参与成员人数众多，而成员的分工不够明确；研究实施缺乏规划，研究步骤不清晰，从而容易导致有始无终的结果。

三、寻求对策，突破困境

（一）明确方向——注重课题研究与教育实践的紧密结合

所谓“课题研究要从实践中来，到实践中去”。研究要有价值，首先在于研究问题的“真”，它源于教师在实践中发现的问题，选择目前本园教育教学实践中亟待解决的紧迫问题，而不是在选题时盲目地套“课题指南”，靠所谓的社会热点。研究者要以做课题的精神和方法来解决教学过程中遇到的问题，在科研过程中树立“问题即课程”“教学即研究”的思想。在研究结束以后，研究成果要真正转化到实践中，服务于教育教学，促进教师的成长。这样的课题，才有可能激发老师们深入研究，才真正有生命力！

我园在科研中不断摸索如何更有效地推动教师专业成长。从教师的需求出发，我们按教师的兴趣、能力及特点，将全园教师分成语言、数学、科学、美术、音乐、健康6个教研小组，定期安排教研活动。在学期末收集各组在教研中关注的问题，然后每组选取一个具体问题在新学期开展小课题研究，如美术小组选择“美工材料的一物多玩”。教研员与美术小组一起探讨研究的思路，制定研究方案。幼儿园为美术小组提供一系列的支持措施，如采购相关专业书籍、联系美术工作室的专家入园指导、安排小组成员外出参观、班级美工材料的观摩研讨等。在小课题研究的中期和结题阶段，分别安排一次面对全园的分享，如开发材料过程中发现与解决问题的心路历程、教研组织中的经验分享或研究成果的展示等。分享的过程，既是美术组小结提升的过程，也是将研究成果投入实践的过程。

（二）建设团队——注重有效提升教师团队的专业性

有关团队建设方面，我们听到很多幼儿园管理者发出一声感叹：我们要是招到一位研究生就好了！这其实是大家对幼儿教育专业性提升的急切需求。我认为，幼儿园课题研究需要引入先锋力量，尤其是擅长研究的专业人才。然而，单靠专业人才的引进无法支撑起真正的课题研究。我的亲身体验是，只有当一个团队有向上的需求，有研究的渴望，真正团队参与进来研究真问题，专业人才才能真正发挥引领作用，否则只有孤军奋战的单薄！

在团队建设中最重要的是挖掘已有的教师团队资源。一线教师有丰富的实践经验，而且每个人都有自己的优势和特长，如何借助科研，培训扬长补短，帮助其提升专业性，是非常关键的。有句话说得好，教了十年书，你不一定能成为专业教师，但是写了三年的教学反思，你就有可能成为专业教师。正如波斯纳提出的教师成长公式：经验+反思=成长。他认为没有反思的经验是狭隘的经验，至多只能形成肤浅的知识。我园围绕如何调动教师的专业能力，通过多种方式进行教研培训：定期的园本培训，请专家入园讲座及实地指导，安排教师外出观摩学习及“师徒结对”等。我觉得对教师反思能力提升有明显帮助的一种活动是：每位教师轮流从生活或教育实践中搜索一段视频、一部影片或一本书，组织大家研讨，分享心得体会。在这样的活动中，每位负责组织的教师会重新观察自己周围的世界，去挖掘自己的喜好，反思自己的生活与实践。而参与研讨的教师也能在互动中积极思考，倾听别人的想法，重新建构自己的经验。近两年，我园组织一大批教师轮流参加中国学前教育研究会组织的“学习故事”培训，鼓励大家找找一日生活中对孩子发展有意义的事情，用拍照或摄像的方式记录，然后集体研讨，以此来帮助教师学习观察孩子的活动，分析孩子的发展特点，思考如何与课程联系起来，为孩子的发展提供进一步支持。

（三）培育文化——注重团队的开放、对话

文化对于一个团体而言，其意义就如同人格或性格之于个体。我们可以看到行为的结果，但是我们通常不能看到导致某种特定行为的背后驱动力。文化通过团体的共有规范指导和约束着一个团体成员的行为。我园是一个有着30年历史的老园，资深教师的职业倦怠随着时间的累积而逐渐明显。如何在科研中激活老教师、激发新教师的热情是我们非常关注的。在小课题研究推进的过程中，我们将教师之间追求尊重、开放、合作、对话的精神气质，作为课题研究的目标之一。在对话关系的建立中，没有任何一方将自己的观点强加于另一方，而是抛弃成见，坦诚相待，相互倾诉，相互包容，努力在思想碰撞的过程中形成积极向上的团队文化。

幼儿园管理者在持续改进的过程中重新审视自身的角色，突破传统的、自上而下的单向度的管理方式，关注到老师们在带班中的实际需求与困惑，选取大家感兴趣的实际问题开展研讨，在对话互动中将“一言堂”转化为“百家齐鸣”。比如，有中班的年轻教师在教研活动中提出“在娃娃家，如果提供的材料多了，孩子们玩起来会乱，比如有孩子同时穿三件角色服装在身上，我不知到底该不该提供那么多材料”。作为教研组织者，我向大家抛出问题：“我们其他班有遇到类似的问题吗？如果有，如何解决的？”资深教师主要围绕材料的投放与管理提出自己的解决办法。在这个基础上，我又抛出新的问题：“小班的角色区主要是娃娃家，那中班角色区和小班有哪些区别，在材料投放上应注意什么？”老师们对中班角色区的类型进行了思考与碰撞。接着，我又提出：“中班和大班角色区创设的要点区别是什么？”在各位老师分享的基础上，我及时进行小结提炼角色区创设中需注意的年龄特点，以及提供流动材料包的注意事项。整个过程实际是由一位年轻教师有关中班角色区材料投放的困惑，延伸到对小、中、大角色区创设要点的异同分析，帮助教师们进一步丰富角色区创设经验。在此基础上，我们凝聚教师的智慧，进一步完善角色区材料投放指引手册。

在这个对话过程中，资深教师们看到自身经验的优势，以及自己对年轻教师的积极影响力。她们结合自身实际情况，大胆地展示自己，在碰撞中智慧火花四射。她们每个人都有个性化的经验，又在对话中得到拓展；而年轻老师敢于问，敢于思考，认真倾听，积极查阅资料，吸收到好的经验。所以这样的教学研究是让每个人激动的，每个人都有所收获。这实际上是团队成员不断寻求相互“接纳”和“承认”的过程。

（四）规范实施——注重课题研究过程的扎实推进

建立科学、合理的科研管理机制是科研有效推进的基础。“科研有利于教师专业提升”这个理念，尚未被每位教师所认同。这种理念要转化为每位幼儿教师的自觉行为，必须依靠幼儿园合理、规范的科研管理制度来落实。只有提高幼儿园教育科研的规范性和有序性，才能保证老师是进行真研究，而非应付工作。这些制度的建立可以最大限度地调动幼儿教师的积极性。

计划性是科研有效推进的重要保障。团队分工要明确，研究进程要清晰，确保团队在有效的机制下相互合作。对于幼儿教育的研究来说，资料收集是重点，而在资料分析的基础上进行总结提升更是难点，这尤其需要团队的智慧去支撑，需要提前计划、层层深入，通过扎实的研究进程来实现。

规范化才能将科研日常化、有效化。我园在鼓励教师进行小课题研究的过程中，逐渐摸索出一些经验。对于从小问题入手、研究周期短、见效快、注重研究过程的小课题研究，其遵循的基本原则为：问题就是课题、方法或者措施就是研究、收获就是成果。我们一般从以下思路展开：寻找问题（需要解决什么问题）——明确目标（期望获得什么）——方案实施（设计研究的步骤方法）——研修学习（围绕问题查找资料）——研究实施（研讨、实施、反思、再实施……）——总结提升。教师们思路清晰，注重及时收集资料，将实践与反思结合，及时反馈研究中的困惑，寻求支持，在解决问题的过程中不断推进课题深入。

（五）寻求资源——有效利用专业资源，推进课题深入

教育科研过程，并不意味着某个幼儿园的单打独斗。我们可以积极利用专业资源，寻求专业引领，如聘请专家入园指导，专家的把脉往往能够带领我们跳出实践研究层面，有效达到实践和理论的结合；我们可以尝试依托市名师工作室的辐射影响，在工作室主持人的大课题范围内选择一个相关小课题研究，既有专业团队的支持，又有规范的引领。我们也可以在园际间进行联合，资源共享，这样可以有效帮助课题的深入开展。

教育科研是一个不断探索的过程。在研究真问题，进行真研究的过程中，我们收获的不仅是发现问题的敏锐性、研究问题的严谨性及观察孩子的专业性，更体验到成就感与幸福感。我们期待为孩子提供更优质的教育服务！

4. 联动研究中的教师感悟——研究中学习，反思中成长

清秀幼教集团联盟园小课题研究活动顺利开展，教师们积极响应，纷纷参与小课题的申报。在各联盟园园长的大力支持与引领下，教师们一步一步不懈努力地投入课题研究中，历经一年，虽然辛苦，却收获了不错的成绩。回首漫漫研究之路，教师们有着真切的体会。

（1）遇见彼此，理念先行

深圳市罗湖区亚太幼儿园　郭　英：我认为小课题是一种平民化、草根式的研究，倡导自主、自立、自为、自用；它聚焦于幼儿的游戏活动，但又在实践的反思、经验的积累中养成理性智慧，以此指导和改进我的教学实践。作为园长，我和老师们先从把全园的建构游戏材料分类、整理开始，再到按幼儿年龄特点分层次投放。教师不断观察孩子的游戏活动，提出问题，积极解决问题。亚太的团队逐渐确立“问题即课题、行动即研究、成长即成果”的课题研究价值追求。

罗湖清秀幼儿园　孙 元：《混龄幼儿常规培养的实践研究》课题研究，是教师基于幼儿发展需要，对班级常规问题进行思考而提炼出来的选题。我们对小课题的选题有了生动的理解——“近”“小”“实”。“近”就是贴近我们一线教师的教学，贴近现实，贴近班级幼儿发展需要。“小”就是切入点宜小，从小事、小现象、小问题研究入手，以小见大。“实”就是实在。课题研究过程、研究结论都需要实实在在。

罗湖区武锦幼儿园　谭永丽：初步接触小课题，我觉得这是一件既能学习锻炼又有些困难的事情，后来了解小课题的内涵才明白，小课题真的对教师的成长很有帮助！我在实践中对小课题有了新的认识。

① 选题源于日常生活。小课题研究的选题大多从身边的小问题入手。对幼儿园一日生活来说，我们借助小课题研究，不断观察幼儿的学习与发展，反思自身的教育行为，在发现问题、解决问题的过程中，能不断提升师生互动的质量。

② 有想法就有实践。在实践中，我们不停地思考哪种方法合适，不断地尝试调整。这在无形之中提升了我们的教育智慧。

③ 抓住教育契机，深度学习，深度思考。小课题之所以小，是因为以幼儿的一日活动中的一个小点作为选题进行思考，将问题放大，就可以挖掘出隐性的教育价值与解决策略。

④ 合作探究，以幼儿为本。小课题的申报、选材、整理、撰写等统整，并非一人之力完成，我们团队合作，分工明确，以解决幼儿的实际情况为出发点。

作为教师，我们进行小课题研究的选题是多元的，无论是幼儿的一日生活、幼儿的情绪情感，还是幼儿园课程实施，都值得研究。小课题的研究是必然的，我也为能研究小课题而感到开心。

（2）脚踏实地，研究有法

罗湖区童晖幼儿园　陈东华：团队合作、不断学习、自我管理是课题开展的必要保障。课题研究涉及多方面的活动，如观察记录、个案分析、教学案例等。团队组建与明确的分工合作能有效促进研究的开展。在研究中，我们组建了一个8人的团队。我们通过自主阅读、主题讨论、园所培训，不断学习，丰富专业理论。借助联盟园的课题指导，我们初步掌握了课题实施的要点。借助心理专家的专业指导，我们走进了孩子的心理世界。课题主持人根据组员的特长与主要研究内容，将组员分成了4个小组，我们在完成自己任务的同时又互相配合、互相沟通与交流。我们两周进行一次主题研讨，在研究前期，我们主要进行有关课题的理论学习，为研究架构理论框架；在中期则是对研究中开展的活动进行沟通，共同探讨遇到的困惑，相互交流经验教训；后期更多是对研究的反思与总结的研讨。这些有计划性的活动、阶段性的研讨便是对课题研究的管理，以更加有序地推进课题。

罗湖区武锦幼儿园　黄淑芬：伴随课题研究的开展，我们在专业成长方面，迈出了重要的步伐。通过联盟园郭琼园长、季琴老师关于小课题的培训，让我们对小课题申报书的撰写、课题开展的过程与资料收集等都有了深层次的了解。因研究过程的需要，我们会自发地去查询资料、查阅文献等，不仅获得了相关的信息，也激发了我们对专业学习的欲望。在联盟园整体推进小课题研究的过程中，我们从心理上克服了对教育“科研”工作的畏惧。当我们在研究中有所发现时，内心增加了工作的幸福感。课题研究过程让我们将教研、科研、培训工作更好地紧密联系，从一定的层面上让我们有重心地坚持做一件事情，并能沉淀教育小成果。

罗湖区草埔幼儿园　廖佩莲：我园的小课题研究缘于为了彻底消除小学化的影响。对于幼儿前书写活动，有些年轻老师的认识比较模糊，容易被家长的观念所影响。有些家长认为幼儿园的办学好坏要用“孩子会不会写字”来衡量质量。我们课题组结合《3—6岁儿童学习与发展指南》里的语言领域发展目标，参考《0—8岁儿童学习环境创设》，研究如何既能杜绝小学化，又能创设丰富的环境促进幼儿前书写能力发展。在研究中，我们多园所联动，共同建立课题组，推动各园共同研究。通过专业书籍自主学习、读书会、专家讲座及联盟园的入园指导、课题培训等多种方式，帮助课题组成员阶段性解决问题，比如从语言区的位置选择，到用游戏的思路创设语言材料，如借助车子、豆子的玩具做辅助材料进行前书写练习；再到观察孩子操作活动过程，反思调整语言材料。最后，形成相关的指导手册。

罗湖区清秀幼儿园　方晓航：老师们通过跟踪观察、示范模仿、故事引导、榜样激励等方式激发幼儿的主动性和积极性，让幼儿了解养成良好的如厕习惯的重要性。教师积极创设学习环境，设计、投放和如厕习惯培养相关的区域自主学习的操作材料，并且创编了有关生活自理的儿歌，帮助孩子掌握这些能力的要点。

（3）践行于实，共同成长

罗湖区清秀幼儿园　谢秀媚：课题开展后，我们班幼儿形成了良好的自我物品管理习惯。具体表现为三个方面：①孩子们会以主人翁的身份爱护班级的每份工作材料。②他们学会了推己及人，互相帮助。③由物品管理而衍生的其他行为习惯也同步得到提升，如卫生习惯等。课题开展后，老师与孩子们的关系更亲近了。孩子们知道老师在关注自己，觉得老师特别喜欢自己，无形中增强了孩子们的自信心。这一切都为班级后续活动的开展提供了愉悦的氛围。

课题的开展不仅帮助教师发现幼儿活动的问题点并寻求解决问题的方法，更是助推了教师自身专业成长。在课题研究过程中，教师需要不间断地观察。在大班幼儿这样一个语言能力、动手操作能力、社会合作能力发展的关键期，我会将观察到的幼儿行为现象进行思考，调整教育策略，帮助幼儿更好地发展自身能力。在这个过程中，教师的反思能力、对幼儿的客观分析与评价能力也逐步得到提升。

罗湖区清秀幼儿园　王姗姗：通过一年的学习与引导，班级幼儿的进餐行为习惯和初入园时对比有了明显的进步。除此之外，班内幼儿对餐桌卫生的收整习惯也有了一定提升。

深圳市罗湖区坭岗幼儿园　龙立平：在实践中，我对课题研究有了新的认识，从而形成新的思考，并指导自己开展新的行动。通过一段时间的摸索、研究，逐渐在课题研究中形成了问题意识，懂得辩证地思考问题，以及识别问题的真假性。找到真问题之后，会思考问题的可解决性，然后审视该问题的研究意义所在。最后，我会通过多种方式、多种角度寻找问题的答案。

深圳市罗湖区亚太幼儿园　郭英：开展小课题研究为自身专业发展搭建了平台，也使我园一线老师认识到教育科研并非深不可测、高不可攀。在一日活动中，我们可以发现许多问题。对于这些问题，我们可以尝试去分析，去摸索解决，积累一些教学的经验，最终沉淀为自己的教育智慧。这个过程就是在搞研究了！只不过在分析、摸索中，我们要进行提炼、总结，形成文字。

随着课题研究的深入，我们深深感觉到小课题研究不仅是对教育研究的蓬勃发展，还是对研究者自身专业成长的一种促进。在今后的工作中，我们会继续立足教学现场，将研究理念慢慢渗透到教学活动中，落实解决教育教学中的问题。我们将脚踏实地，一步一步促使自己成为研究型教师，用更加专业的素养，帮助幼儿健康成长！

（二）介入普适性项目

普适性项目是指比较普遍地适用于各个联盟园所课程建设的项目，如早期阅读、幼儿园环境创设、一日生活、主题和区域探究学习等项目。这些项目既符合各园所的需求，同时也能够较快地带动各园所的课程建设。联盟园共生发展会呈现出初期融合、逐步成熟的阶段性特征，不同阶段需要采取不同的项目来介入课程，如在初期阶段会选择以早期阅读、体育活动等园所需求明显、进入门槛低和推进效果明显的项目来推动联盟园课程建设。选择普适性项目介入联盟园课程建设遵循一定的规律，清秀幼教集团联盟采取的实施路径是：自身课程范式带动——项目式竞赛促动——多样的活动联动。本书以“早期阅读项目”案例来阐释普适性项目介入联盟园课程建设的实施过程。

图3-2-66　普适性项目介入幼儿园课程建设的实施路径

1. 早期阅读项目介入幼儿园课程建设的意义

早期阅读项目属于联盟园所需求明显、开展门槛低、推进效果明显的普适性项目。幼儿园早期阅读是指在幼儿园中，由幼儿教师引导，辅以家长资源的配合，在适宜的阅读环境支持下，选择投放符合幼儿发展水平的阅读材料，采用适合幼儿年龄特点的方法，引导幼儿展开早期阅读的活动总和。在联盟园所间共享优质阅读资源和平台，创建由教师、家长和幼儿组成的阅读共同体，以阅读活动为组织实践的载体，提高家长的阅读意识、激发幼儿的阅读兴趣，从而推动教师阅读指导和教学发展的不断优化，推进联盟园课程质量的提升。

（1）幼儿园开展早期阅读活动的重要性

幼儿园里开展多样性的早期阅读活动，对幼儿学习和发展的意义是多元的，可以培养幼儿的理解、感受、联想、想象和表达等综合能力。幼儿园的早期阅读活动是适应国家教育政策形势、符合幼儿学习特点和培养方向，对幼儿园的发展具有重要意义的项目。因此，选择早期阅读项目推进联盟园的课程建设具有重要意义。

（2）幼儿园开展早期阅读活动的可行性

早期阅读活动在幼儿园可以通过创设阅读环境、投放适宜的阅读材料、开展集体阅读教学活动、幼儿自主阅读活动、亲子阅读活动等多种形式来开展。一方面，清秀幼教集团在长期的教学实践中积累了一系列早期阅读活动经验，形成了较为完善的早期阅读课程体系。因此在联盟园中介入早期阅读项目的进程中，可以发挥良好的资源库作用，为早期阅读活动在各联盟园的推广奠定了坚实的课程基础。另一方面，联盟园各园已经在开展各种形式的早期阅读活动，部分园所已取得了一定的成果，有一定的课程建设优势，为早期阅读项目的推广奠定了实施基础。总的来说，作为牵头园，清秀幼教集团有良好的早期阅读课程资源，各联盟园都有开展早期阅读的需求和意向，这些为早期阅读项目推动联盟园课程建设提供了基础和保障，也是项目实施的可行性前提。

图3-2-67　早期阅读项目介入幼儿园课程建设的实施路径

2. 自身阅读课程范式——带动

所谓自身阅读课程范式是指牵头园（清秀幼教集团）现有的阅读课程模式，包括三位一体的阅读环境创设、实践多年的阅读教学活动、丰富多彩的阅读活动和阅读课题研究，以及相应的四大阅读课程保障体系（阅读教师、阅读家庭、阅读时间和阅读评价）。运用自身阅读课程范式的经验和方法介入联盟园课程建设的效率高、效果明显。

（1）早期阅读课程框架体系

清秀幼教集团根据园所整体教学发展规划，在“以幼儿为本，提供教师专业支持，发挥家长资源，共同陪伴幼儿阅读，发展幼儿语言能力，提高幼儿观察力、想象力、理解力，激发阅读兴趣、培养幼儿阅读习惯和能力，帮助幼儿开阔视野、丰富知识，成为一个具备综合阅读素养的幼儿”的宗旨下，形成了清秀“四大模块+四大保障”的阅读课程体系。

“四大模块”是指阅读环境、阅读教学、阅读活动和阅读课题，每个模块都有具体的实施内容，相互之间彼此促进，共同形成清秀幼教集团的早期阅读内容模块。

“四大保障”是指阅读教师、阅读家庭、阅读时间和阅读评价四个方面，这些都是保障清秀阅读课程能够不断创新和发展的重要因素。

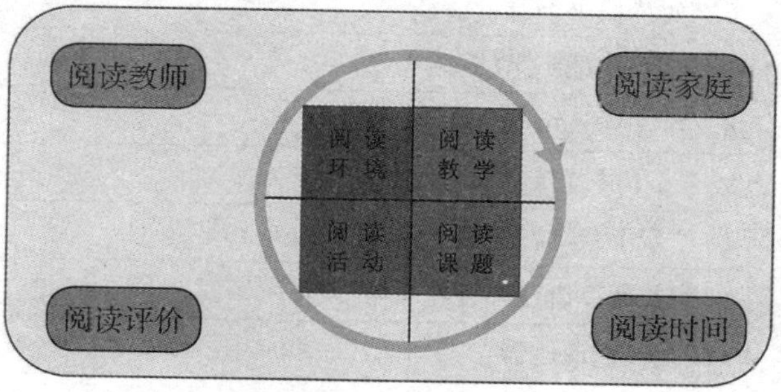

图3-2-68 “四大模块+四大保障”

（2）早期阅读课程“四大模块”内容

幼儿园的学习环境、教学实践、家园合作和课题研究都是课程建设的重要内容。“四大模块”中的阅读环境、阅读教学、阅读活动和阅读课题，正是按照幼儿园教学工作开展的重要模块而划分的四个维度。

表3-2-37 清秀幼教集团早期阅读模块内容

阅读环境（三位一体）	1.园所阅读环境
	2.班级阅读环境
	3.家庭阅读环境
阅读教学	1.诗歌类图画书的教学分析和策略
	2.故事类图画书的教学分析和策略
	3.散文类图画书的教学分析和策略
	4.知识类图画书的教学分析和策略
	5.绘本主题探究教学活动
	6.绘本创意美术欣赏教学活动
	7.绘本戏剧教学活动
	8.绘本趣味英语教学活动
	9.运用思维导图开展绘本阅读教学
阅读活动	1.“自主借阅日”活动
	2.“图书漂流”活动

续表

阅读活动	3.“故事爸爸妈妈”助教活动
	4.“绘本自制”活动
	5.绘本创意美术作品展览
	6.“每周好书推荐”活动
	7.“故事小喇叭”活动
	8.“绘本跳蚤市场”活动
	9.“亲子共读打卡”活动
	10.“亲子绘本剧”表演
	11.家长阅读讲座
阅读课题	1.规划阅读课题群
	2.开展阅读课题培训

① 早期阅读的环境创设

阅读环境对幼儿阅读的兴趣和习惯培养都非常重要。清秀幼教集团一直以来注重为幼儿营造三位一体的阅读环境：幼儿园园所阅读环境、班级图书角和家庭温馨阅读角，为孩子们搭建亲子阅读、幼幼阅读、师幼阅读的平台，为家长们提供亲子阅读的资源，为老师们构建阅读实践探究的方向。

园所阅读环境：创设园本特色图书馆，建立信息化绘本图书管理平台（阅读环境创设、图书管理及借阅规则、负责人员、配套系列图书阅读活动）、开放式园所阅读角，根据图书的类别将图书分类、编码，按图书类型分放在图书架上，并通过数字化手段让幼儿园图书（绘本）管理过程课程化、游戏化、生活化。

图3-2-69　园所阅读环境

图3-2-70　图书管理平台截图

班级阅读环境：各班在阅读角的创设上，为幼儿提供了广阔的空间和资源，鼓励幼儿与同伴一起在阅读角感受阅读、体验阅读的快乐，并提倡幼儿之间合作学习、合作阅读，共同探讨和交流自己对同一本书的看法和理解，使幼儿对阅读产生进一步的探索和需求，彼此影响和引导，共同沉浸在阅读的愉悦中。组织幼儿在阅读区开展关于图书修补的小探究活动，研究如何制作图书、修补图书、设置图书医院等。引导幼儿参与管理和修补图书，从而更加珍惜图书、爱护图书。

图3-2-71　班级阅读角环境（1）

图3-2-72　班级阅读角环境（2）

图3-2-73　班级阅读角环境（3）

图3-2-74　班级阅读角环境（4）

家庭阅读环境：以班级为基础开展“温馨家庭阅读角”评比活动，设立评比细节规则，呼吁家长为幼儿在家创设阅读角，成为幼儿园整体阅读环境的一部分。

图3-2-75　幼儿家庭阅读环境展示（1）

图3-2-76　幼儿家庭阅读环境展示（2）

图3-2-77　幼儿家庭阅读环境展示（3）

图3-2-78　幼儿家庭阅读环境展示（4）

② 早期阅读教学活动

教师对阅读活动的指导不仅有利于幼儿培养阅读习惯，激发幼儿阅读兴趣，而且对于提高幼儿的阅读能力十分重要。教师应当经常和幼儿一起看图书、讲故事，丰富其语言表达能力，培养其阅读兴趣和良好的阅读习惯，进一步拓展其学习经验。高质量的阅读教学活动是幼儿园早期阅读活动的重要内容。由于不同种类的图画书对儿童语言和阅读能力的发展起到不同的作用，清秀幼教联盟将儿童图画书分为诗歌类、故事类、散文类、知识类四种类型，并分别开展相应的教学活动，不同的图书类型对应不同的教学策略。此外，不同年龄段开展不同的阅读特色教学活动，如小班的绘本创意美术欣赏教学活动，中大班的绘本主题探究教学活动、绘本戏剧教学活动、绘本趣味英语教学活动，以及三个年龄段都可以开展的绘本主题探究教学活动。为了帮助幼儿和教师更加清晰地理解和欣赏图画书，清秀幼教集团还将思维导图工具引入绘本教学中，丰富和提升阅读环境，增强阅读教学的趣味性和效果。

图3-2-79　图画书教学和主题探究的教研PPT（1）

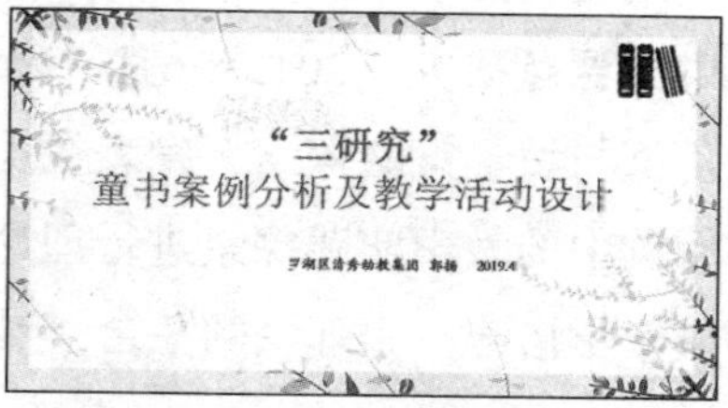

图3-2-80　图画书教学和主题探究的教研PPT（2）

图3-2-81　绘本主题探究教学活动（1）

图3-2-82　绘本主题探究教学活动（2）

表3-2-38　绘本主题探究案例

序号	绘本主题探究案例名称
1	《小粽子，小粽子》——中华原创绘本深度学习取向的探究活动
2	《一园青菜成了精》——蒙台梭利理念下的绘本主题探究活动
3	《我是一条快乐的鱼》——绘本引发的小班亲近自然主题探究活动
4	《一起刷刷牙》——大班科普绘本的深度学习取向的探究活动
5	《我是霸王龙》——运用绘本开展大班辩论活动的实践探索
6	《狼来了、人来了》——大班绘本深度学习取向的探究活动
7	《如果地球被我们吃掉了》——基于环保理念下的绘本探究活动
8	《黄色的小象》——绘本引发的中班主题探究活动

除了以上传统形式的绘本教学实践，在清秀幼教集团多年信息化教学平台和实践经验的基础上，郭琼总园长带领教师积极研讨，首创将“定格动画”这一信息技术运用于语言教学活动中。经过多次教学研讨和磨课，教师在信息技术与绘本语言教学实践中收获良多，幼儿能够感受信息技术形式的全新的语言教学方式，大大发展了幼儿的语言表达能力和创新思维能力。清

秀幼教集团多名教师的信息技术绘本教学案例获得“全国中小学信息技术创新与实践交流活动（NOC）”奖项，并在此基础上积极开展信息技术在绘本教学中的课题研究。2019年6月，郭琼总园长带领撰写的《“定格动画”的教育价值与教学策略探索》发表在《深圳教育研究》杂志上，及时将幼儿园早期阅读中的教学实践探索进行理论的总结、提升和沉淀，为进一步丰富早期阅读教学搭建一个理论的平台，实现教学和科研相长。

表3–2–39　全国中小学信息技术创新与实践交流活动（NOC）获奖案例

序号	案例名称	作者	奖项
1	大班语言活动《我的故事我做主》	黄佩燕	一等奖
2	小班绘本语言活动《小粽子，小粽子》	孙元、谢秀媚	二等奖
3	大班绘本语言活动《跑跑镇》	季琴、唐兰兰	三等奖

图3–2–83（NOC）赛前教研和赛场展示（1）

图3–2–84（NOC）赛前教研和赛场展示（2）

图3–2–85　“定格动画”技术开展语言教学过程照

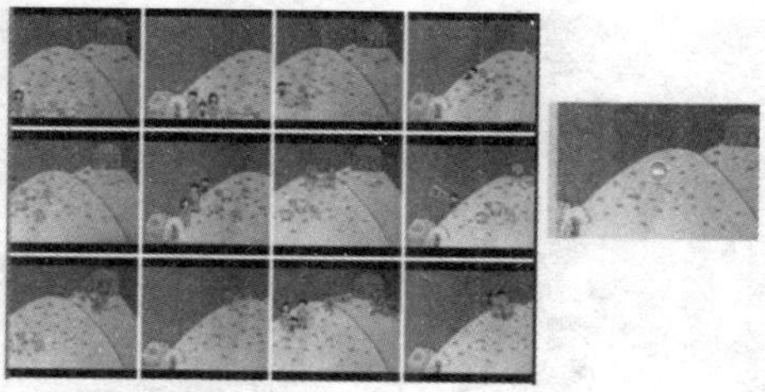

图3-2-86 “定格动画”与绘本结合的动画作品主要镜头展示

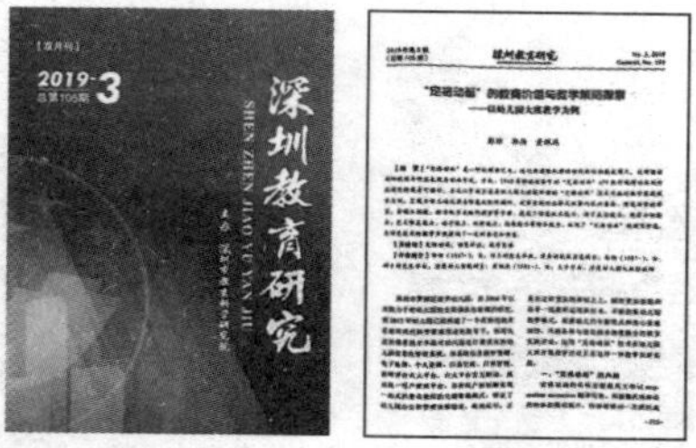

图3-2-87 《深圳教育研究》发表“定格动画”教学研究论文

③ 早期阅读的延伸活动

除了早期阅读教学活动之外，还可以开展一系列丰富多彩的阅读延伸类活动，如幼儿园内开展的“自主借阅日”活动、“故事大王”活动、“故事小喇叭”活动等。通过家园合作形式开展的“图书漂流”活动、“图书跳蚤市场”活动、“故事爸爸妈妈”助教活动、“亲子共读打卡”活动、“亲子绘本剧”表演等，不仅加强了家园合作的关系，更重要的是带动和发挥了家长在幼儿阅读中的积极作用，有助于幼儿形成良好的阅读兴趣和习惯，为幼儿终身学习奠定坚实的基础。同时，幼儿园还为家长提供多种形式的阅读讲座、沙龙，旨在提高家长的亲子阅读意识和水平，从而形成良好的教师、家长、幼儿的阅读共同体。

图3-2-88 深受幼儿喜欢的“自主借阅日”活动

图3-2-89　图书跳蚤市场（1）

图3-2-90　图书跳蚤市场（2）

图3-2-91 “故事爸爸妈妈”助教活动（1）

图3-2-92 “故事爸爸妈妈”助教活动（2）

图3-2-93 “故事小喇叭”活动

图3-2-94　教师和幼儿好书推荐活动

图3–2–95 亲子共读打卡活动

图3–2–96 各种形式的绘本剧表演活动（1）

图3–2–97 各种形式的绘本剧表演活动（2）

图3–2–98 家长阅读讲座活动（1）

图3–2–99 家长阅读讲座活动（2）

④ 早期阅读的课题研究

开展课题研究的目的是提升教师的专业水平，使其更好地帮助幼儿学习和发展。清秀幼教集团本着教学和科研相长的原则，通过规划阅读总课题（国家级、市级）和阅读课题群（区级），由一线教师根据早期阅读教学实践中遇到的问题和积淀的实践经验申报课题，最终形成幼儿园的阅读课题群，构建强大的阅读科研力量，反哺幼儿园的早期阅读活动。

表3-2-40 罗湖区清秀幼教集团阅读课题群

序号	课题名称	申请人	课题指向	研究状态	主要参与人员	帮扶辐射
1	《物联网环境下多园联动的3—6岁幼儿阅读活动指导策略研究》	园长	中观	研究中	教研员+骨干教师	大阅读活动经验分享与片区指导
2	《大班幼儿绘本戏剧活动指导策略的研究》	教学园长	微观	研究中	教管+骨干教师	大班绘本教学案例
3	《混龄班语言区创设与材料投放研究》	教师	微观	研究中	骨干教师	混龄班级管理经验分享
4	《大班绘本阅读中“定格动画”的运用研究》	教师	微观	预研究	骨干教师	大班绘本教学案例
5	《运用思维导图开展中班绘本阅读活动的策略研究》	教师	微观	预研究	骨干教师	阅读教学案例
6	《信息环境下幼儿联动阅读活动的组织策略研究》	教师	微观	预研究	骨干教师	阅读教学案例
7	《信息环境下亲子联动阅读活动的组织策略研究》	教师	微观	预研究	骨干教师	阅读教学案例
8	《信息环境下片区联动阅读活动的组织策略研究》	教师	微观	预研究	骨干教师	阅读教学案例
9	《信息环境下地区联动阅读活动的组织策略研究》	教师	微观	预研究	骨干教师	阅读教学案例
10	《运用定格动画促进小班幼儿绘本仿编能力的研究》	教师	微观	预研究	骨干教师	阅读教学案例
11	《运用定格动画促进中班幼儿绘本续编能力的研究》	教师	微观	预研究	骨干教师	阅读教学案例
12	《运用定格动画促进大班幼儿绘本创编能力的研究》	教师	微观	预研究	骨干教师	阅读教学案例
13	《故事类图画书的绘本教学活动开展策略研究》	教师	微观	预研究	骨干教师	阅读教学案例
14	《诗歌类图画书的绘本教学活动开展策略研究》	教师	微观	预研究	骨干教师	阅读教学案例
15	《散文类图画书的绘本教学活动开展策略研究》	教师	微观	预研究	骨干教师	阅读教学案例

续表

序号	课题名称	申请人	课题指向	研究状态	主要参与人员	帮扶辐射
16	《知识类图画书的绘本教学活动开展策略研究》	教师	微观	预研究	骨干教师	阅读教学案例

综上所述，清秀幼教集团早期阅读的四大模块是环环相扣、彼此促进的，共同构建起完整的清秀阅读课程体系。

（3）早期阅读课程的“四大保障”

“四大模块”内容的实施是建立在相应的课程保障基础之上的，阅读教师、阅读家庭、阅读时间和阅读评价共同保障阅读课程内容得以顺利开展。

① 阅读教师

要开展早期阅读活动，教师首先必须理解阅读、热爱阅读、坚持阅读及有效阅读。幼儿园早期阅读的目标是“提高幼儿学习书面语言的兴趣；帮助幼儿初步认识书面语言和口头语言的对应关系，开始懂得掌握书面语言的重要性；帮助幼儿掌握早期阅读的技能，提高他们对书面语言的敏感水平”。早期阅读的知识获得不应局限于识字教育和知识量，而是对符号、图画的理解，对图形的认识。教师有必要对现有的阅读教育目标进行理性的分析，在开展教学活动时，结合本班的幼儿情况对阅读活动目标适当调整，如重点关注幼儿阅读时的情感、兴趣、习惯及自主阅读能力培养等。幼儿园必须提供相应的培训学习机会和制度等，以培养更多的阅读教师，只有这样才能更好地保障有质量的早期阅读活动的开展。

表3-2-41 教师共读计划表

《小小探索家——幼儿教育中的项目课程教学》共读计划表				
章节	共读目标和任务	责任人	形式	备注
第一章	1.绘制章节的详细思维导图，并于教研前分享到07baby平台（参考总思维导图形式）。 2.提出本章节内容中有助于实践教学观点（至少一点）。 3.提出与实际冲突或者改善建议（至少一条）	教师1	每次集体教研中抽出10分钟时间展示和分享（如遇集体教研时间不够则改为线上分享）	
第二章		教师2		
第三章		教师3		
第四章		教师4		
第五章		教师5		
第六章		教师6		
第七章		教师7		
第八章		教师8		

② 阅读家庭

图3-2-100 教师共读活动（1）

图3-2-101 教师共读活动（2）

图3-2-102 家庭中的亲子阅读时光（1）

图3-2-103 家庭中的亲子阅读时光（2）

阅读家庭是指幼儿家庭中有良好的阅读环境，有热爱阅读、支持阅读和会阅读的家长。家长作为幼儿最亲近的人，与教师相比，更了解幼儿的特点。家长可以有针对性地激发幼儿的阅读兴趣，满足幼儿个体的阅读需要。家长在陪伴幼儿阅读过程中的角色非常重要，采取相应的策略形成良好的家庭阅读氛围是幼儿园阅读课程的重要保障之一。

③ 阅读时间

阅读时间是指幼儿、教师和家长能够用来阅读的时间，尤其是要保障幼儿有充足的时间进行阅读。幼儿园里有区域学习时间开展的幼儿自主阅读活动、教师组织的阅读教学活动，以及晨间活动、早点及午点之后、午饭前午睡后和离园前等过渡环节的阅读活动时间，这些有计划的阅读活动保障了幼儿在园的充足的阅读时间。教师和家长的阅读时间则是通过相应的共读计划和亲子阅读活动来保障的。

图3-2-104 幼儿园里餐前阅读环节

图3-2-105 餐后自主阅读环节

④ 阅读评价

阅读评价是指对幼儿、家长和老师所进行的阅读活动进行分析和判断价值的行为。教师不仅要关注幼儿获得多少知识，更要关注幼儿的阅读兴趣和体验。一般来说，幼儿的阅读评价应包括：幼儿的知识经验、幼儿的阅读兴趣、幼儿的阅读习惯、幼儿的阅读能力、幼儿的阅读方法、幼儿的语感等多元的评价标准。多元化的评价标准还要求教师的评价形式应以动态评价为主，静态评价为辅；以过程评价为主，结果评价为辅。对于教师和家长的阅读评价更多是为了保持阅读的兴趣和成就感，从而更好地支持幼儿的阅读。

图3-2-106 区级、园级和班级各类阅读评比活动（1）

图3-2-107 区级、园级和班级各类阅读评比活动（2）

阅读教师、阅读家庭、阅读时间和阅读评价从四个方面综合保障幼儿园早期阅读活动持续、高效地开展，四者缺一不可，相互依存。

（4）阅读活动案例

自身阅读课程范式的带动是指将一个个完整的阅读活动案例分享到联盟园的课程建设中，如早期阅读环境创设案例、早期阅读教学活动案例、早期阅读延伸活动案例和早期阅读课题研究案例。每种活动案例都有完整的实施方案和模板供联盟园参考学习，直接通过案例分享就可以在各园所实践阅读课程。本书仅以早期阅读教学活动中运用“定格动画”技术开展大班语言教学活动和早期阅读的延伸活动“自主借阅日活动”两个案例来展示说明。第一个案例是《运用“定格动画”技术开展大班语言教学活动》论文，已经公开发表在深圳《教育研究》杂志2019年第3期。

案例22

运用“定格动画”技术开展大班语言教学活动

郭琼　郭扬　黄佩燕

深圳市罗湖区清秀幼儿园，自2000年以来致力于对幼儿园的全面信息化管理的研究，到2015年幼儿园已经构建了一个在现代教育思想和现代科学管理理论指导下，利用先进的信息技术手段对幼儿园进行最优化的幼儿园信息化管理系统。该系统包含教学资源、电子备课、个人资源、信息交流、日常管理、教师评价六大平台，六大平台交互联动，组成统一用户管理平台，各种用户按权限实现“一站式”登录使用的完整管理模式，保证了幼儿园办公和管理的决策稳定、高效运行。正是在这样坚实的基础之上，园所更加鼓励和倡导一线教师运用新技术，不断创新幼儿园教学模式，根据幼儿的年龄特点和身心发展规律，开展各种与信息技术深度融合的教学实践活动。运用“定格动画”技术在幼儿园大班开展教学活动正是这样一种教学创新实践。

一、“定格动画”的基本概念

定格动画的名称是根据英文单词stop-motion animation翻译而来，用摄像机将移动的物体拍摄成图片，物体每移动一次就拍成一张照片，然后连续播放拍好的照片，使其看起来就像是物体在自主运动，这种拍摄手法叫作“逐格拍摄法”，是一种独特的动画表现形式。定格动画的场景一般由混合材料、黏土、木偶等制作，材料不限，只要是可以拍摄的材料都可以用来做定格动画。这种多样化的材料应用传达出的特有效果也是定格动画有别于其他动画形式的特有魅力。定格动画的制作流程一般为脚本编写→绘制分镜头→角色设定和制作→道具场景制作→逐帧拍摄→后期合成。我园教师在教学实践中使用的就是手机或者iPad下载“定格动画工作室”APP软件，从而使得定格动画创作非常简便，幼儿园大班孩子完全可以操作。

二、“定格动画”在幼儿园大班教学实施中的策略

（1）借助“手翻书”呈现动画视觉感，揭示“定格动画”的拍摄原理。

（2）欣赏“定格动画”经典片段，感受动画制作的魅力。

（3）教师借助周围生活实物示范“定格动画”创作过程。

有了“手翻书”制作经验和经典定格动画欣赏的经历后，幼儿对动画充满兴趣，此时幼儿渴望了解动画的制作与拍摄过程，教师就可以进行初步示范。首次示范，建议教师采取“定格动画”中最容易操作的“实物动画”，即利用生活中幼儿熟悉的玩具等简单物品进行创作。

第一步：“定格动画”准备工作。本次教学中利用苹果手机或iPad中的一款“定格动画工作室”APP软件（安卓手机也有类似的软件，如Premiere和“绘声绘影”等软件）。

第二步：选取素材，创编故事情节，准备拍摄。幼儿可以选取自己喜爱的玩具，进行简单的场景布置，并事先创编好自己准备创作的故事情节，这相当于脚本创作。当然，由于幼儿不会写字，可以选择绘画形式来记录脚本，如果情节简单也可以直接在脑海中构思。接下来就是动画的拍摄工作，先做好拍摄前的准备，详见图3-2-108。

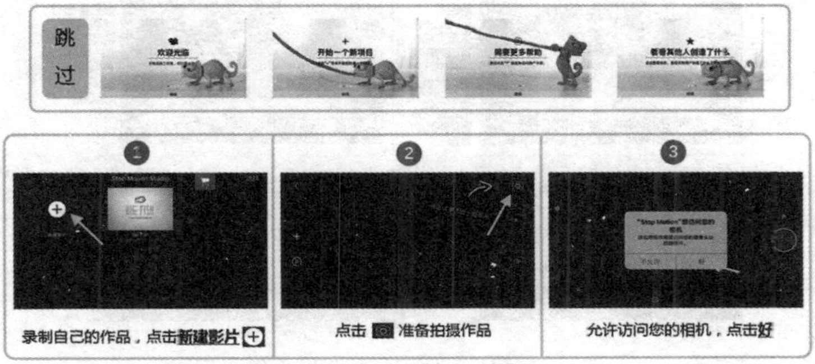

图3-2-108 “定格动画”创作的开始界面操作步骤图

第三步：开始创作定格动画，本文以一辆玩具小车为拍摄道具来进行详细解说。进入拍摄状态后，按红色按钮拍摄静态照片。一张拍好，微移动道具再拍一张，一直到拍摄作品结束。拍摄过程中按此按钮可以看回放，便于掌握之前拍摄的画面。按拍摄按钮还可以继续。完成后点返回键结束拍摄。返回后，显示画面详见图3-2-109。点击进行影片播放速度的调节，拖动速度轴，进行调节。数字越小播放速度越慢。

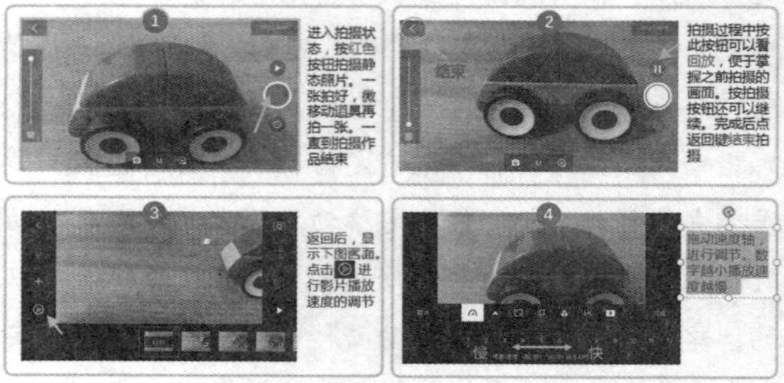

图3-2-109 “定格动画”的拍摄步骤示意图

第四步：拍摄中的编辑调整。当在拍摄过程中需要调整编辑，按返回后，显示画面详见图3-2-110。拍摄完点击可以对每张照片进行编辑。黄色箭头部分可以前后拖动。误拍的可以删除。根据自己的故事情节和速度，需要哪一张画面多停留一段时间，就在对应照片点暂停，调整暂停次数，数字越大暂停时间越长。编辑结束，点完成。点击完成后，照片左下角会显示该照片暂停次数。点试播放查看效果。根据后期孩子录制故事的情况，可以反复调整。

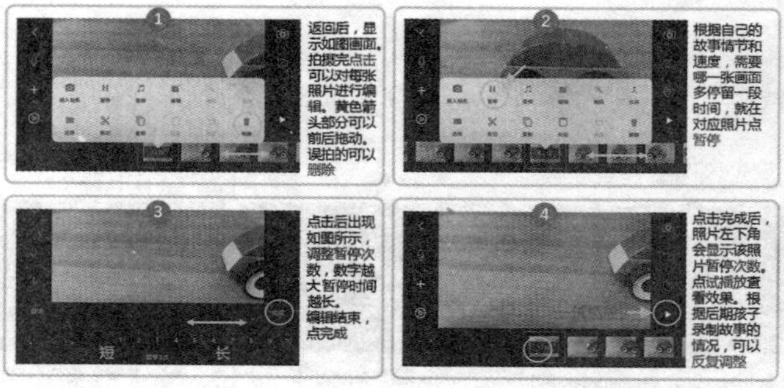

图3-2-110 “定格动画”的编辑调整

第五步：定格动画的配音。定格动画作品有了好的配音，才会让动画作品有画龙点睛的效果。不同的动画场景需要不同的配音方式，包括基本氛围故事情节的配音和背景音乐的配音。我们先来说定格动画本身的情节配音，幼儿在拍摄完成后的编辑中，根据自己创设的故事情节/脚本来配台词，幼儿一般要提前熟悉自己的配音台词，在进行配音操作时，配音要匹配故事情节的进展，有时幼儿需要多次调试配音，才能达到理想的效果。配音的具体方法详见图3-2-111。

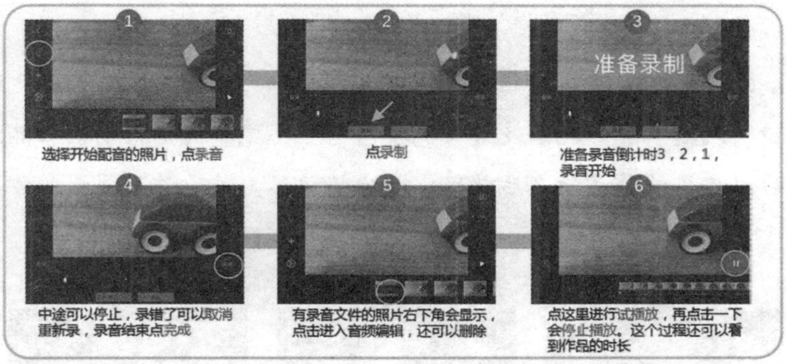

图3-2-111 “定格动画”的配音操作步骤示意图

除了故事情节本身的配音外，很多作品还需要加上背景音乐从而增加作品的生动性和趣味性。很多时候我们可以选择已经下载好的免费配乐，这一步可以让家长或者老师提前下载在手机或者iPad上供幼儿使用。关于背景音乐的添加详细步骤见图3-2-112。在背景音乐添加好后，还可以进一步对音乐进行编辑调整，如音量大小、长短等，详细步骤见图3-2-113。

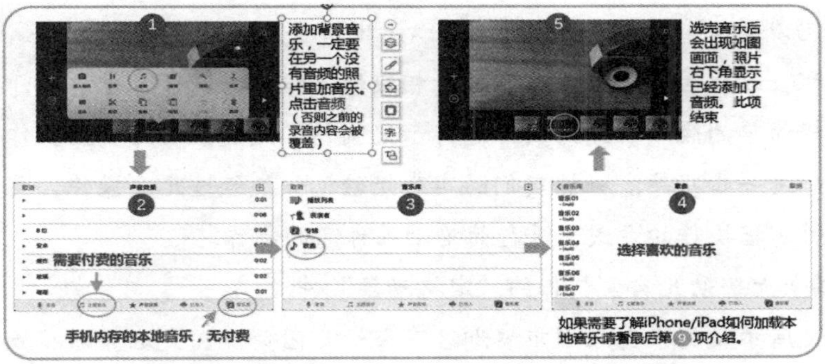

图3-2-112 “定格动画”背景音乐的添加步骤

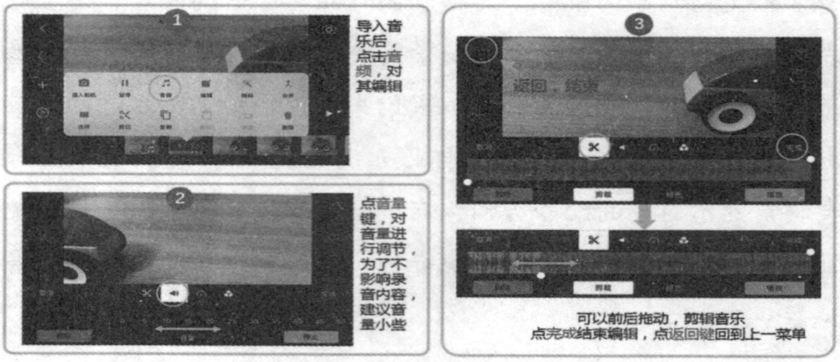

图3–2–113　编辑背景音乐的详细步骤图

第6步：导出定格动画作品。经过制作软件准备、素材选择、场景布置、分镜头拍摄、配音配乐及编辑调整后，一个完整的定格动画作品就完成了，然后对自己的作品命名后就可以导出播放了。关于作品导出的步骤参见图3–2–114。

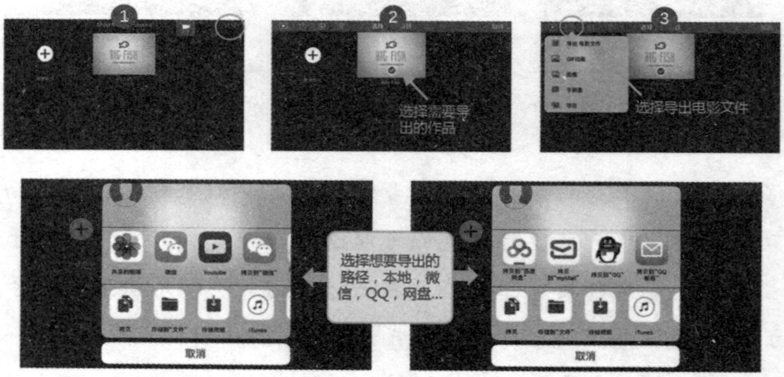

图3–2–114　“定格动画”作品导出的示意图

根据以上6个步骤及示意图，可以清晰有条理地呈现出定格动画作品的制作过程，幼儿园教师可以对照进行相应的操作练习即可上手。教师熟悉后即可选择简单的生活物品为幼儿进行示范制作，然后让幼儿自主操作，在操作过程中进一步指导。根据我们的实践经验，一般经过几次操作，大部分幼儿都能够掌握操作的方式，进行简单动画作品的制作。

（四）大班幼儿自主创作的“定格动画”作品

本文所举案例来自深圳市罗湖区清秀幼儿园荣悦园大班教师的教学实践成果，在大班幼儿中开展“定格动画”探究活动3个月以来，该班幼儿自主创编的定格动画经过优选，沉淀出26个优秀幼儿作品。在这些幼儿自主创作的作品中，《会排队的积木》以生活中收整玩具的行为习惯为创意，利用“定格动画”软件创作“拟人化”的积木排队回到积木盒中的动画作品，效果令人惊喜，体现了孩子的观察能力、动手能力和想象能力。见图3-2-115。

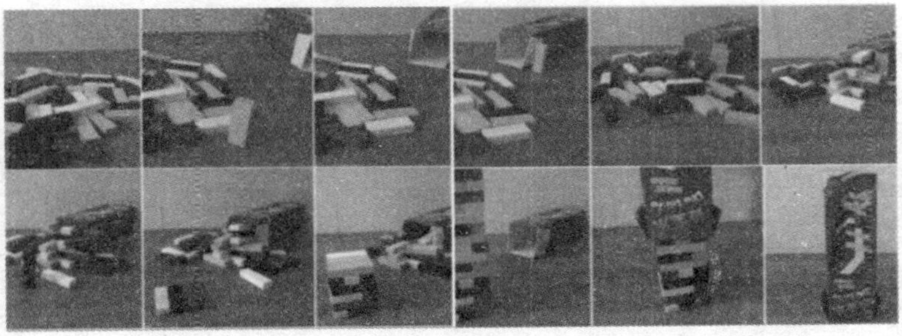

图3-2-115 《会排队的积木》作品主要镜头

小结：“定格动画”作为新媒体艺术的一种，是一种审美艺术，为无生命的物体赋予生命，丰富多彩的动画材料给予幼儿极大的创作自由。“定格动画”作为信息技术的一种媒介形式，经过幼儿园一线教师的实践探索，成功地在大班幼儿中开展教学，并取得了较好的效果，丰富了幼儿园的教学活动，培养了幼儿的多元智能，提升了幼儿园的教学质量。综上所述，在当今时代，这也是在绝大多数地区的幼儿园可以推广试行的一种教学探究，期待更多的教师能够开展“定格动画”教学实践，促进幼儿学习和发展，同时更加期待幼儿园教师能够不断创新，探究更多新的信息化教学模式，为发展优质幼儿教育努力。

第二个案例是清秀幼教集团开展的阅读活动之一的“自主借阅日活动”，该案例通过方案的形式，并配以活动开展图片及幼儿、家长、教师对该活动的评价来全面呈现，具有实践借鉴性，也为联盟园各园的活动开展奠定了基础。

案例23

自主借阅日活动

清秀幼教集团　荣悦园

一、自主借阅日活动

“自主借阅日活动”是清秀幼教集团开展的第三个模块——阅读延伸活

动中的一项内容，也是非常受幼儿喜爱，并能够快速复制的一项阅读活动。

“自主借阅日活动”是指让园内每名幼儿每隔一段时间能够有一次机会参与从幼儿园公共图书馆自主借阅图书的活动。该活动的目标有两个：一是让幼儿园公共图书资源循环使用，使整个园所的图书资源“活”起来；二是让幼儿体验自主借阅，选择喜爱的图书，爱护图书，共享图书。

表3-2-42　幼儿图书借阅登记表模板

序号	图书名	借阅人	借阅日期	归还日期	签名（盖章）
1	《彩虹色的花》	幼儿姓名			
2					
3					
4					
5					
6					
……					
图书借阅破损、遗失情况备注					
序号	图书名	借阅人	破损（√）	遗失（√）	备注
1					
2					
3					
……					

二、班级自主借阅课安排表

表3-2-43　班级自主借阅课安排表模板

某某班级自主借阅课安排表　责任人：______　执行人：______

（单周）

时间 \ 星期	星期二上午	星期四上午	备注
10：00—10：30	某某班	某某班	
10：30—11：00	某某班	某某班	

（双周）

星期 / 时间	星期二上午	星期四上午	备注
10：00—10：30	某某班	某某班	
10：30—11：00	某某班	某某班	

自主借阅课温馨提示：

第一，在借书日前一天跟孩子们聊聊上次借回来的书，让孩子们认一认自己借的那本书，然后带着孩子们一起做图书清洁工作，为第二天的借阅日做好准备。

第二，在借阅日当天，按照当初提供的借阅名单上幼儿的姓名顺序，请孩子拿好自己的图书去图书管理员那里排队还书，这样会节省不少时间。

第三，请还完书的小朋友依次去借书，然后另排一队，等待还书结束后重新排队登记新借的书。完成登记的小朋友由一位班级老师组织在空出的地方依次坐下自主阅读等待，等大部分孩子完成登记时两位班级老师开始组织全部幼儿排队回班级。

三、幼儿自主借阅现场图

图3-2-116　幼儿自主借阅日现场（1）

图3-2-117　幼儿自主借阅日现场（2）

图3-2-118　幼儿自主借阅日现场（3）

图3-2-119　幼儿自主借阅日现场（4）

四、幼儿自主清洁图书

图3-2-120　幼儿自主借阅日前的图书清洁工作

五、自主借阅日活动的效果

1. 童言稚语

小班幼儿——梓彤：我喜欢借书看，有好多书可以看，我好喜欢。

小班幼儿——紫葳：我好喜欢读故事，里面有我喜欢的小动物长颈鹿呀、小兔子呀！

小班幼儿——宁越：新的书都有什么内容，好想看，喜欢和妈妈一起看。要好好保护，不可以弄坏。

小班幼儿——植钧：每次都可以借新书，可以看好多不同的图画，然后再把书本还回去，要保护好它。

中班幼儿——韬韬：我喜欢借书，这样我就可以看到很多喜欢的书了。

中班幼儿——子悦：这么多书，我都不知道看哪一本了。

大班幼儿——珩珩：每一次我都能选择自己喜欢的图书，我会选自己认识书名的图书。

大班幼儿——乐乐：每次借书我就能看到更多的图书了。

2. 教师观点

小班教师——王婷婷：幼儿园的图书区一定会有孩子感兴趣、最喜欢、最有意义的一本书，借书活动能够培养孩子良好的阅读习惯，体验分享的快乐意义；也让幼儿园的每个角落充满了书香气息。

中班教师——周芳：通过“借阅日”，幼儿借书、还书的规则意识有所增强。孩子因为对新书充满好奇，会迫不及待地想去阅读，或者和小伙伴一起看，也因为有归还日期，他们会珍惜阅读的机会，在短时间内多次阅读，有助于每日阅读习惯的保持。

中班教师——李蕊：每次到我们班的“借阅日”，孩子们都很兴奋，也格外地爱惜图书了。

大班教师——温柳芳：在“借阅日”活动中，孩子们能够独立自主地根据自己的喜好挑选图书，并能够按照借阅规则有序地进行活动，将喜爱的书本带回班上，与班级同学分享阅读的快乐。

大班教师——陈晓娟：借书活动能够让孩子养成良好的阅读习惯，使读书成为一种乐趣，也能让孩子学会与其他小伙伴分享快乐，学会沟通交流，让好书伴随孩子健康快乐地成长。

混龄班教师——王影：阅读是最好的老师。通过“借书日”活动，激发了孩子们对阅读的兴趣。在这个过程中，也为孩子们提供了一个分享读书的平台，孩子们不仅可以学到如何爱惜图书，养成爱读书、文明借书的好习惯，也能够从分享中感受到阅读的快乐。

3. 家长感言

小班家长——何梓彤妈妈：可以很大地激发宝贝们看书或者让爸爸妈妈帮助读书的兴趣，就跟玩玩具一样，都是觉得别人的玩具好玩，借别人的书好看。另外，借书活动可以让孩子们每周看到不同的书，扩大阅读范围，丰富知识，培养良好的阅读习惯。

中班家长——宁越妈妈：通过借书，可以丰富读书的种类，发现自己选书时没看到的好书。孩子喜欢时，会通过购买和孩子反复阅读，从而发现他新的兴趣点。借书活动能够培养孩子爱护书籍的好习惯，因为不是自己的，孩子不敢轻易破坏。

中班家长——植钧妈妈：第一，孩子们有序排队耐心等待，我觉得很好地培养了孩子们的规则意识。第二，创造浓厚的阅读氛围，从小徜徉在书的海洋里，让每个孩子喜欢阅读，爱上阅读。

中班家长——东宸妈妈：每到“借阅日”，孩子在回去的路上都会很开心地与我分享在借阅时的所见所闻，以及借书时不知道选哪本书的困惑。

中班家长——雨淇妈妈：现在每天晚上与孩子亲子阅读时，孩子会说：“妈妈，我在幼儿园借书时也看到了这本书，我们幼儿园有好多书都可以借来看哦。”

（5）阅读课程在联盟园的带动形式

① 早期阅读活动策略的专题培训

以牵头园自身阅读课程范式——系列阅读教学策略和活动方案等资源为基础，在联盟园定期、有计划地开展各项专题培训，将阅读活动经验分享和辐射，形成多园联动的阅读活动案例集。早期阅读活动专题培训包括《运用思维导图开展绘本阅读教学》《图画书类型分析和教学策略》《绘本主题探究教学活动》《绘本戏剧开展策略》等。专题培训的带动路径是“教研示范—互动研讨—现场观摩”。下面通过《运用8种思维导图开展绘本阅读教学》的专题培训案例来呈现专题培训的带动路径。

图3–2–121 专题培训的带动路径

案例24

《运用8种思维导图开展绘本阅读教学》的专题培训

清秀幼教集团联盟园

一、教研示范

教研提供8种思维导图的模板及应用案例。8种模板分别对应的思维形式是：1.圆圈图——下定义；2.气泡图——描述；3.树状图——分类关系；4.弧形图——整体和部分关系；5.流程图——顺序关系；6.双气泡图——对比关系；7.双流程图——分析原因和结果关系；8.桥状图——类比关系。

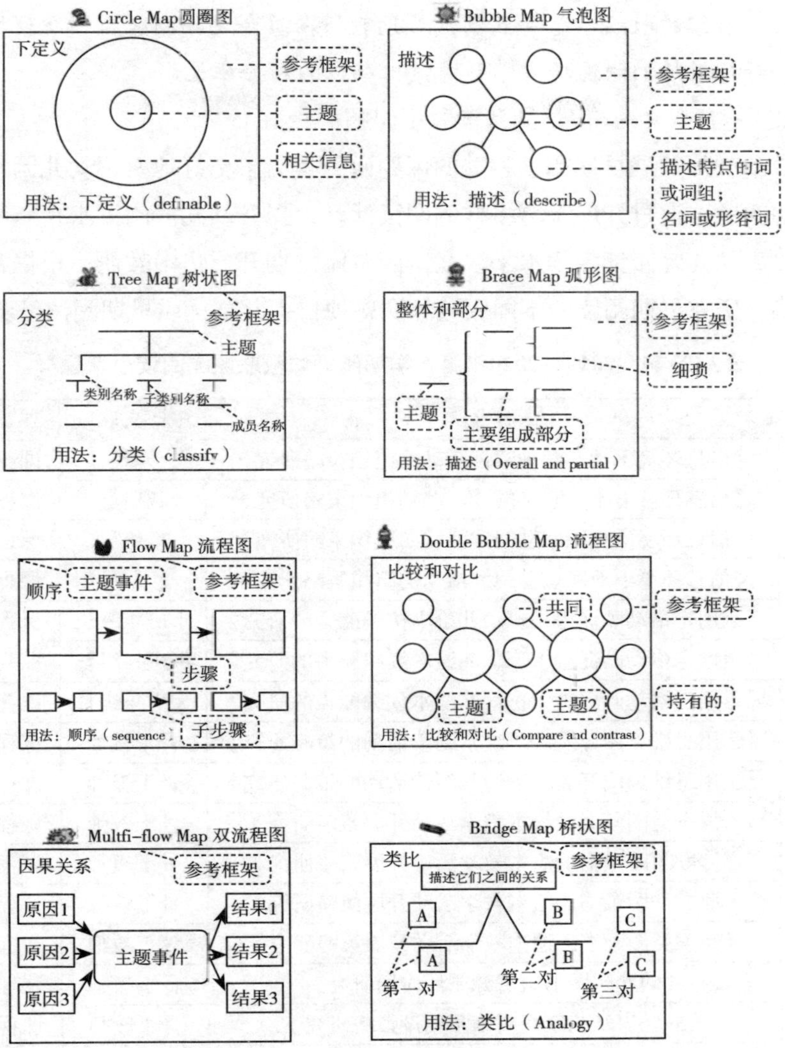

图3-2-122　教研示范的8种思维导图的模板

二、互动研讨

老师们自由分组，在小组讨论与分工合作下迸发出了种种创意与惊喜。她们根据不同绘本的故事情节发展、人物角色等形象而美观地展示了绘本故事的核心，每一幅作品都让人赏心悦目。

三、现场观摩

经过前期的教研示范和互动，后期教研人员会定期到联盟园所现场观摩研讨，针对教师们的现场教学环境提出相应的指导意见。

② 联盟园“3—6岁早期阅读”小课题群

带动教师开展早期阅读相关的课题研究是为了更好地发现幼儿园教学活动中的问题，通过开展丰富多样的阅读活动，提升幼儿的阅读水平和能力，进而提高幼儿园阅读教学水平。联盟园各园定期开展集中教研，根据各园资源优势，研究早期阅读的不同领域的课题项目，共享优质早期阅读经验。

表3-2-44　2019—2020年第一学期清秀幼教联盟园阅读小课题群

序号	课题名称	申请人职位	课题指向
1	《信息环境下幼儿联动阅读活动的组织策略研究》	园长	课程建设
2	《信息环境下亲子联动阅读活动的组织策略研究》	教研员	课程建设
3	《信息环境下片区联动阅读活动的组织策略研究》	教研员	课程建设
4	《信息环境下地区联动阅读活动的组织策略研究》	教研员	课程建设
5	《运用定格动画促进小班幼儿绘本仿编能力的研究》	小班年级长	课程建设
6	《运用定格动画促进中班幼儿绘本续编能力的研究》	中班年级长	课程建设
7	《运用定格动画促进大班幼儿绘本创编能力的研究》	大班年级长	课程建设
8	《运用思维导图开展大班绘本阅读活动的策略研究》	骨干教师	课程建设
9	《运用思维导图开展中班绘本阅读活动的策略研究》	骨干教师	课程建设
10	《故事类图画书的绘本教学活动开展策略研究》	骨干教师	课程建设
11	《诗歌类图画书的绘本教学活动开展策略研究》	骨干教师	课程建设
12	《散文类图画书的绘本教学活动开展策略研究》	骨干教师	课程建设
13	《知识类图画书的绘本教学活动开展策略研究》	骨干教师	课程建设
14	《幼儿园图书馆资源循环应用研究》	骨干教师	课程建设
15	《3—6岁幼儿家庭阅读角创设策略研究》	骨干教师	课程建设
16	《幼儿园图书漂流活动开展策略研究》	骨干教师	课程建设
17	《幼儿园早期亲子阅读活动开展策略研究》	骨干教师	课程建设

③ 早期阅读活动在联盟园的推广案例

在牵头园自身阅读课程范式带动下，联盟园各园也纷纷开展多种形式的早期阅读活动，逐步建立阅读课程思维。联盟园鼓励各园根据现有条件开展阅读活动，形成早期阅读活动的案例资源包，在联盟内互相分享。以下挑选童晖幼儿园和一建幼儿园的两个阅读活动案例呈现自身范式的带动效果。第一个案例是童晖幼儿园图书月的活动方案。

案例25

“快乐读书月·书香飘满屋”图书月活动

童晖幼儿园

表3-2-45 童晖幼儿园“读书月”实施方案

活动时间	2019年5月4日—5月29日
活动对象	幼儿园各班级全体师生和家长
活动准备	倡议书、报名表、班级老师、幼儿、家长安排
活动步骤	1.制定倡议书。 2.发放“读书月”系列活动报名表，并统计报名人数及参与时间。 3.以短信形式通知家长与幼儿共同制作一本“我的第一本书”。 4.开展班级故事大王或故事表演、设计书签。 5.闭幕式“六一家长秀”

具体安排

年级组 内容	大班组	中班组	小班组	备注
小小喇叭站负责人：邝洁花	5月5日 （周二） 4：30—5：00	5月6日 （周三） 4：30—5：00	5月7日 （周四） 4：30—5：00	时间以此类准，活动到5月29日结束
故事妈妈、故事爸爸	5月5日—5月22日 （第十周—第十二周）完成			每班最少安排3位以上家长进园讲故事
书签制作	5月11日—5月15日 （第十一周）完成			闭幕式当天展示
孩子推荐书籍				每个孩子推荐一本绘本，并拍下照片，写上推荐说明。第十二周周一在门口空地展示
制作“我的第一本书”	5月18日—5月22日 （第十二周）完成			第十二周回收后，在班级进行分享活动。闭幕式当天展示
故事大王或故事剧	5月18日—5月22日 （第十二周）完成			第十二周完成
闭幕式——家长秀	5月25日—5月29日 （第十三周）			每个班级出一个家长节目
跳蚤市场	闭幕式当天 （第十三周）			各班安排好摊位设计，如以一个家庭或多个家庭为单位

童晖幼儿园读书月倡议书

尊敬的家长、亲爱的小朋友们：

大家好！书是五彩生活的万花筒，书是大千世界的缩影。从小培养孩子对阅读的兴趣，让孩子爱读书、勤读书、乐读书，培养良好的阅读习惯，对孩子一生的发展都至关重要，而亲子阅读更是培养这一好习惯的重要途径。

1. 指导思想

为了增进家庭成员的情感交流，加强家庭之间亲子阅读分享，营造温馨的亲子共读氛围，我们决定共同构建“书香家庭”“书香校园”。我园首届“快乐读书月”活动将在11月拉开序幕，并以“快乐读书月·书香飘满屋”为主题开展系列活动。

2. 活动主题

快乐读书月·书香飘满屋

3. 活动内容

（1）读书节启动仪式。（2019年11月1日早9：00）

各班级宣读倡议书，介绍读书节的安排，激发幼儿参与兴趣。

（2）请幼儿带一本最喜欢的图画书，参与班级“图书分享”和“图书漂流”活动（班级已开展）。

（3）请您与孩子共享阅读好时光，每天至少和孩子一起坚持半小时的亲子阅读。

（4）每周一向家长推荐育儿书籍一本。（启动时间11月1日）

（5）“小小喇叭站”，每天早上7：45，分别由一位老师或一名幼儿通过幼儿园的广播站为全园师生讲故事或朗诵诗歌。（周二：大班；周三：中班；周四：小班）

（6）热心参加“故事妈妈”“故事爸爸”进课堂活动。激发幼儿听故事的兴趣，体验读书的乐趣，教孩子养成良好的读书习惯，学会爱护书。（时间：11月1日—11月30日）

（7）鼓励幼儿参加11月中的幼儿讲故事比赛活动。（以班级为单位）

（8）“我的第一本书”“书签”设计活动。（11月1日—20日）

在教师的启发下每个孩子设计一本书，有封面、封底、作者、出版社。请家长为幼儿的第一本书写说明，激发幼儿当作家（创作）的愿望。

（9）读书节闭幕式。（11月30日）

通过作品展示（“第一本书”“书签”）结束活动。让我们以书为媒，以阅读为纽带，让孩子们在“亲子阅读”的书香中，收获爸爸妈妈心中那满满的爱吧！

4. 儿童绘本推荐

《动物绝对不应该穿衣服》《猜猜我有多爱你》《根本就不脏嘛》《鳄鱼怕怕，牙医怕怕》《抱抱》《海豚绘本》《要是你给老鼠吃饼干》《谁咬了我的大饼》《我爱你，小猴子》《我特别喜欢你》《晚安，抱抱熊》。

活动一：“家长童话故事剧”专场表演

表3-2-46　“家长童话故事剧”专场表演安排表

<table>
<tr><td>活动时间</td><td>2015年5月29日9：00—10：00</td><td>活动地点</td><td>锦田小学四楼会议室</td></tr>
<tr><td>活动主题</td><td>体验孩子心灵，陪伴孩子成长</td><td>参与对象</td><td>全园师生及家长</td></tr>
<tr><td rowspan="4">活动组织</td><td rowspan="2">总策划：陈东华</td><td rowspan="2">节目及音乐负责人：Lily</td><td>舞台及音响负责人：陈佳敏、黄海娜</td></tr>
<tr><td>上下场秩序维护及道具摆放：小班配班老师</td></tr>
<tr><td>策划人：冯春燕、巫雅婷</td><td>各部门工作调配：巫雅婷、冯春燕</td><td>现场秩序维护及安保负责人：孙师傅、彭春凤</td></tr>
<tr><td>执行人：全体师生、家长</td><td>保健护理：石秀芳</td><td>演出当天候场区指挥及节目推进负责人：巫雅婷、冯春燕</td></tr>
<tr><td colspan="4">彩排安排</td></tr>
<tr><td>第一次彩排</td><td colspan="3">时间：5月21日上午9：30—11：00
地点：幼儿园二楼多功能厅
重点：音乐刻碟后试播，走场，检查节目情况，出现问题及时调整</td></tr>
<tr><td rowspan="3">第二次彩排</td><td colspan="3">时间：5月26日下午5：00—6：30</td></tr>
<tr><td colspan="3">地点：幼儿园二楼多功能厅</td></tr>
<tr><td colspan="3">重点：熟悉表演场地和流程，检查整体情况及各部门在演出过程中的工作情况，出现问题及时调整</td></tr>
</table>

续表

<table>
<tr><td colspan="4">正式演出</td></tr>
<tr><td rowspan="5">准备部署</td><td>节目准备：各班级一个家长节目</td><td>舞台设计：陈佳敏</td><td>家长口头、书面及电话通知：各班负责（根据活动准备，按园务要求酌情一一通知到位）</td></tr>
<tr><td>表演服装、道具：各班家长、委员会成员提前做服装道具及分工准备</td><td>舞台布置：陈佳敏家长义工和配班老师</td><td>催场：Lily；
舞台前秩序：中班配班老师</td></tr>
<tr><td>音乐、音响、麦克风调试与准备：孟芳（彩排前及演出前需到位）</td><td>邀请函拟定：冯春燕</td><td>进出口秩序：大班配班老师；
道具撤场：表演家长、小班配班老师协助</td></tr>
<tr><td>主持人：卢雪婉、嘿嘿老师
台词：卢雪婉</td><td>邀请函发放：各班级</td><td rowspan="2">家长席设置与当天现场布置：家长义工和配班老师（家长抱孩子就座）</td></tr>
<tr><td>化妆场地安排：教室</td><td>摄像、照相：特邀摄影师</td></tr>
<tr><td>注意事项</td><td colspan="3">（1）参加表演家长人数：74人，义工家长9人（每班出一名）；
（2）横幅、布板、气球、矿泉水；
（3）准备物品：家长义工牌、签到表及签到桌子、六一礼品；
（4）各班需清楚演出当天所用的舞台，演出过程中需严格按设置的进场与退场顺序进退场；
（5）各节目按节目表安排提前2个节目到舞台边候场，逐一推进</td></tr>
<tr><td colspan="4">活动当天流程</td></tr>
<tr><td>16：00—17：00</td><td colspan="3">幼儿进餐</td></tr>
<tr><td>17：00—18：00</td><td colspan="3">家长进园签到接孩子，按年级前往锦田小学（小中班17：30出发，大班18：00出发）</td></tr>
<tr><td>18：00—18：30</td><td colspan="3">家长进入会场等候，观看“读书月”活动回顾</td></tr>
<tr><td>18：30—20：00</td><td colspan="3">演出开始</td></tr>
</table>

图3-2-123 绘本剧表演现场

活动二："小小喇叭站"活动

表3-2-47 "小小喇叭站"活动安排表

时间	班级	幼儿参与名单
5月5日（周二）	大班级	两名幼儿
5月6日（周三）	中班级	两名幼儿
5月7日（周四）	小班级	两名幼儿
5月12日（周二）	大班级	两名幼儿
5月13日（周三）	中班级	两名幼儿
5月14日（周四）	小班级	两名幼儿
5月19日（周二）	大班级	两名幼儿
5月20日（周三）	中班级	两名幼儿
5月21日（周四）	小班级	两名幼儿
负责人：艾欢（周二）、陈惠莲（周三）、尚远翠（周四）		

图3-2-124 "小小喇叭站"幼儿讲故事（1）

图3-2-125 "小小喇叭站"幼儿讲故事（2）

活动三："故事大王"比赛方案

1. 活动设计

结合我园开展"我心喜阅"阅读节活动，借助家长开放日，我班将开展"故事大王"比赛活动，以创设一种幼儿想说、敢说、有机会说、勇于表达的氛围。讲故事能使幼儿的语言表达能力得到提高、锻炼，有利于幼儿综合素质的发展与提高，更重要的是锻炼幼儿的胆量，培养幼儿的自信与勇气，为幼儿提供一个展现自我的舞台。

2. 活动目标

（1）积极参与，乐于大胆表现自己，体会表现自我的乐趣。

（2）提高幼儿的自信和勇气，能生动地讲述故事。

（3）认真倾听别人的讲述。

3. 参加对象：大一班全体小朋友

4. 活动时间：2019年4月28日—4月29日

5. 活动地点：大一班课室

6. 参赛要求和评分标准

（1）形式新颖，主题突出；（1分）

（2）音色：声音响亮，吐字清晰，音色自然、优美；（2分）

（3）表情：自然大方，能用相应的动作增强故事的感染力；（2分）

（4）熟练程度：能完整地讲述一个故事，不停顿；（3分）

（5）形象：仪表整齐、仪态大方、体态自然。（1分）

7.活动评委：家委及教师代表

8.评奖标准：参加比赛的幼儿分数从高到低排列，选出一、二、三等奖。（附件：评分表）

9.致家长的邀请函

各位家长：

下午好！"我心喜阅"阅读节之班级"故事大王"比赛即将拉开帷幕。这个活动能够锻炼孩子的胆量，培养孩子的自信与勇气，为孩子提供一个展现自我的舞台。请小朋友在下周二之前上报表演的故事名称。请家长在家抓紧时间陪孩子一起练习。活动要求：1.声音响亮，吐字清晰，音色自然、优美；2.表情自然大方，能用相应的动作增强故事的感染力；3.能完整地讲述一个故事，不停顿；4.仪表整齐、大方，体态自然；5.准备故事服装道具；

6.表演形式可以有个人秀、与同伴合作、亲子同台；7.故事表演时间3—5分钟。（比赛时间另行通知）期待小朋友们的精彩表演！

活动四：自制图书召集令

亲爱的家长：

您好！阅读对人成长的影响是巨大的，一本好书往往能改变人的一生。我们正在开展阅读节系列活动，为了激发孩子们的阅读兴趣，提高幼儿语言表达能力，我们在园内开展了自制图书活动。为了这项活动能更好地开展，现在，我们邀请所有家长和孩子们一起动手，制作出各种各样的“亲子自制图书”。教师将组织幼儿和同伴一起分享。

1. 确定图书主题

（1）来自幼儿园的教学活动，来自阅读教学活动及主题活动。

（2）来自幼儿的家庭生活及幼儿的读书经验，包括看过、听过的故事。

（3）书名贴近孩子生活；反映孩子真实的生活；趣味性；概括性；鼓励孩子自己选，和爸爸、妈妈一起商定。

2. 图书的画面制作要点

（1）外形特征：规则型和不规则型，如水果、蔬菜、动物造型，各种图形均可。

（2）呈现方法：绘画、照片剪贴、版画、剪纸粘贴、拓印画、布贴画等。（幼儿在幼儿园自制图书大多以绘画为主，家长可引领幼儿采用多种方式）

（3）材料选择：不限，如图画纸、手工纸、布、再造纸、卡纸等。

3. 图书的文字设计

把握好合适的度，既不失幼儿语言的童趣，又能有一定的规范性。不要忘了书的基本要素：封面、封底、书名、作者等。

4. 提交时间

请于5月8日前提交给各班教师。“做一本图书，长一分知识，多一份快乐！”这是我们亲子自制图书的口号，重点培养孩子们从小喜欢读书的习惯，展示幼儿创作、动手制作的作品，使幼儿体验与家人一起分享自己自制图书的乐趣，对书籍更加珍爱，进一步激发幼儿的阅读兴趣，提升幼儿自主阅读能力。

图3-2-126　幼儿自制图书作品展示（1）

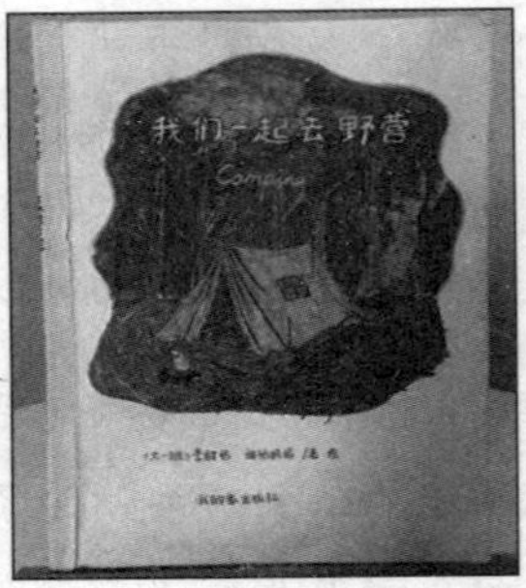

图3-2-127　幼儿自制图书作品展示（2）

图3-2-128　幼儿自制图书作品展示（3）

图3-2-129　幼儿自制图书作品展示（4）

活动五：世界共读日

培养阅读习惯和阅读能力是需要氛围和过程的。利用群体的共读和碎片时间来阅读能够更快形成阅读习惯。今天是个特别的日子，罗湖区今天有10个站点在进行亲子共读半小时活动，作为4月23日罗湖图书馆亲子共读半小时的其中一个共读点，由三叶草故事妈妈和中大班的15组亲子家庭进行共读中国经典童诗《蝴蝶·豌豆花》。

图3-2-130　世界共读日活动现场（1）

图3-2-131　世界共读日活动现场（2）

最后为大家呈现的立体阅读，作为阅读活动的尾声环节，是孩子经验表现的方式之一。经过理解和感受绘本，孩子们最后通过身体动作、语言和表情呈现出对绘本的理解。请看大班小朋友为我们带来的绘本剧表演——《情绪小怪兽》。

第二个案例是一建幼儿园开展的“故事爸爸妈妈”的活动方案。

案例26

阅读悦成长——故事爸爸妈妈团交流研讨会暨宣誓活动

一建幼儿园

为丰富幼儿的学习生活，搭建起家园沟通交流的桥梁，激发孩子们对阅读的兴趣，我园于9月29日晚7：30召开故事爸爸妈妈团交流研讨会。

会议流程

1. 小结上学期故事爸爸妈妈团的开展情况。

2. 故事爸爸妈妈团守则及公约的学习。

3. 故事妈妈分享亲子共读的方法。

4. 廖园长分享亲子共读的策略。

5. 按3个年龄段分组讨论亲子共读中遇到的问题。

6. 选举故事爸爸/妈妈团干部成员——故事妈妈团团长1名、副团长2名、组长7名。

7. 故事爸爸/妈妈团宣誓活动。

8. 合影留念。

一建幼儿园廖佩莲园长，从一建故事爸爸妈妈团的组成、一建故事爸爸妈妈团入团宣言、成立一建故事爸爸妈妈团的缘由、一建故事爸爸妈妈团的宗旨、一建故事爸爸妈妈团成员的权利、一建故事爸爸妈妈团成员的义务、故事爸爸妈妈进班讲故事等方面对故事爸爸妈妈团的守则和公约做了详细的解读，让家长了解故事爸爸妈妈团成员的权利和义务。

图3-2-132　故事妈妈做分享

图3-2-133　分组讨论“怎样讲故事孩子才会喜欢听”

图3-2-134　故事爸爸妈妈宣誓活动

宣誓誓言：我志愿加入一建故事爸爸妈妈团，遵守《团员守则》，通过给孩子们定期讲故事，推广亲子阅读，分享好书，传递爱心。让一建幼儿园的小朋友与书为伴，度过一个快乐的书香童年。

故事爸爸妈妈团是一建幼儿园去年成立的一个由爸爸妈妈组成，以爸爸妈妈走进幼儿园，走进班级为幼儿讲故事为主要活动形式的团体。故事爸爸妈妈团在给幼儿园小朋友们分享故事的同时，还和老师交流教育经验。故事爸爸妈妈团的成立，很好地促进了家园之间的合作与交流，增进了亲子之间的关系，也让家长体验到了老师在孩子成长中的引导性和重要性，同时增强了幼儿的语言表达能力和创编故事能力，达到真正意义上的家园共育。

3. 阅读项目式竞赛——促动

在自身阅读课程范式的带动下，各个联盟园的早期阅读课程思维逐步清晰，为了能够更有效地建立联盟园的阅读课程，牵头园通过复制和辐射园所的阅读竞赛项目经验，促进各个联盟园阅读活动开展的氛围和效果。阅读项目式竞赛包含“家庭温馨阅读角”评比活动、“绘本自制图书”评比活动、“绘本剧”评比活动及“绘本教学案例”汇报评比活动等。下文选取“家庭温馨阅读角”评比活动案例来呈现阅读项目式竞赛的促动路径——“牵头园阅读项目式竞赛路径辐射——启动联盟园阅读项目式竞赛——网络参选评比过程”。

（1）阅读项目式竞赛的路径

① 第一步

通过牵头园阅读项目式竞赛路径辐射：“家庭温馨阅读角”评比活动方案：根据牵头园阅读活动评比的基本式模板，将该项活动通过变形的方式推广到联盟的活动。以下列举的是“家庭温馨阅读角”的基本式活动案例。

案例27

清秀幼教集团“家庭温馨阅读角”评比活动方案

为推进全民读书活动的深入开展，培养孩子读好书、勤读书、好读书、会读书、以书为伴、快乐读书的良好读书习惯，形成读书、爱书、藏书的品质，适应知识经济时代和学习型社会构建的需要，清秀幼儿园荣悦园特别开展“家庭温馨阅读角”评比活动，本次活动方案如下：

1. 活动主题

打造书香家庭阅读环境，营造家庭亲子共读氛围。

2. 活动目标

（1）指导家长为幼儿创建专属的“家庭温馨阅读角”，引导孩子爱读书、会读书、读好书，营造良好的书香家庭氛围，推行阅读型家庭建设。

（2）推进亲子阅读，促进亲子关系融洽。

（3）开阔孩子视野，提高孩子表达能力，培养孩子阅读的兴趣，形成良好的阅读习惯。

3. 活动参与形式

请每个幼儿家庭为宝贝打造一个专属于宝贝的温馨阅读角，形式和大小没有任何要求，您可以根据自家情况因地制宜来设计（我们会给您一些优秀书香家庭的阅读角作为参考，见“家庭温馨阅读角”美篇）。无论形式如何，我们希望您为孩子打造的阅读角具备两个基本条件：

（1）具备绘本陈列书架和精选的儿童优秀绘本，绘本能够让孩子随时看得见和方便取阅，而不是藏起来的！

（2）阅读角要有柔软舒适的坐垫，留有您和孩子坐下的空间！毕竟最温暖的阅读角其实是父母的臂弯！

（3）当您布置好自家的温馨阅读角后，请从最美的角度拍摄您和宝贝在阅读角读书的场景，并把原图照片发送给各班级老师！

4. 组织评选

评委组由家委会成员和园内行政人员组成，将对各班级收集回来的家庭阅读角照片进行公平评选。评选结果将在网站公布，评选出一等奖8名，二等奖16名，三等奖24名。参赛图片将以展板形式展现。

5. 评选标准

（1）阅读区是否独立舒适、适合幼儿阅读。

（2）能与孩子共同布置读书区。

（3）阅读角能注重安静、温馨的氛围。

（4）阅读角有一定适宜、适量的幼儿读物。

6. 奖励办法

凡参加评选的家庭均发给纪念品，对获奖家庭颁发荣誉证书和奖品。

7. 活动时间

2018年9月15日（星期六）到2018年9月24日（星期一）。

8. 温馨提示

（1）家庭阅读角的设计要充分体现家庭的温暖。陈列展示的书架、丰富的图书资源、家庭成员的照片及摆设等，营造一个窗明几净、安静轻松的环境。

（2）建议给孩子准备一张高矮适宜、采光位置合适的小书桌，供孩子阅读使用。同时，阅读区的图书应定期更换、整理，保持整洁。培养孩子爱护书籍的好习惯和归类的能力。

阅读习惯的养成，就是在生活中形成良好氛围。良好氛围来自父母的言传身教，来自生活环境的影响。一个温馨的阅读角，一架精心挑选的好书，一段亲密的亲子阅读时光……只有长时间的积累与坚持，才能潜移默化地将喜爱阅读的小种子深深埋在孩子心中。我们希望：在您的家中，也有这样一个温馨的阅读角：明亮的窗，一道缤纷的布帘，巧妙地将空间划分出一个安静又美好的阅读角，让孩子能够享受阅读的快乐！请各位家长朋友积极响应此次活动！

② 评选过程

第一轮，各班级的投票评选；

第二轮，全园内的投票评选。

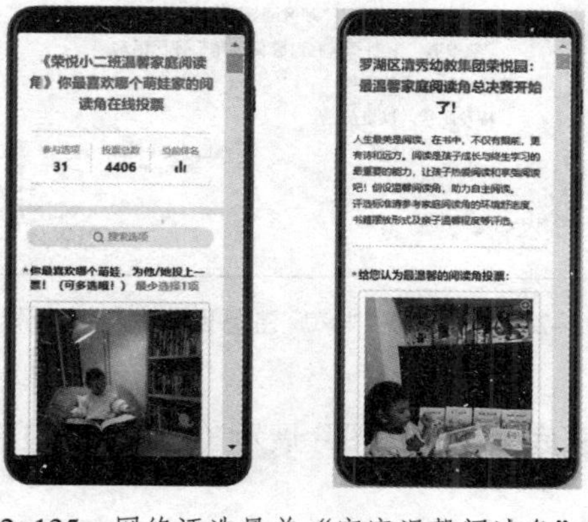

图3-2-135　网络评选最美“家庭温馨阅读角”活动

③ 评选结果

网络投票+评委投票=最终结果。

④ 颁奖活动

为推进全民读书活动的深入开展，培养孩子读好书、勤读书、好读书、会读书的良好读书习惯，形成读书、爱书、藏书的品质，适应知识经济时代和学习型社会构建的需要，“家庭温馨阅读角”颁奖活动在晨会时间举行，孩子们通过自己和家人的努力，获得表彰的同时，更多收获的是亲子阅读环境的温馨氛围及亲子阅读时光的温暖。

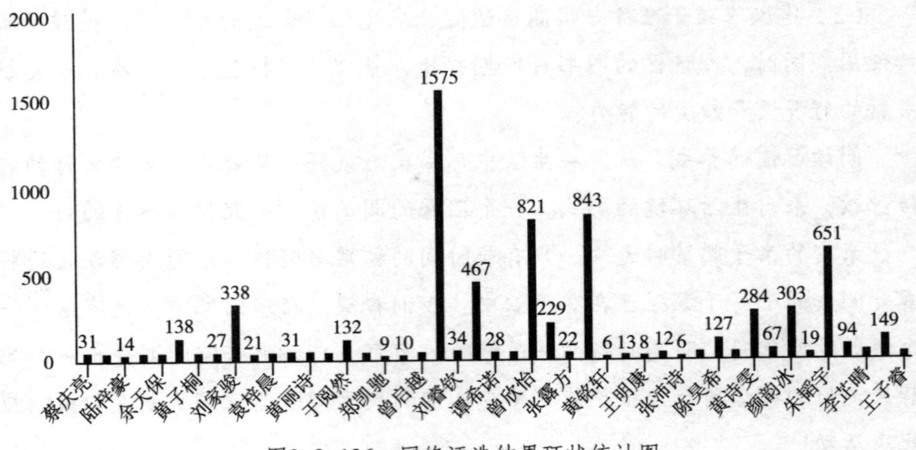

图3-2-136　网络评选结果环状统计图

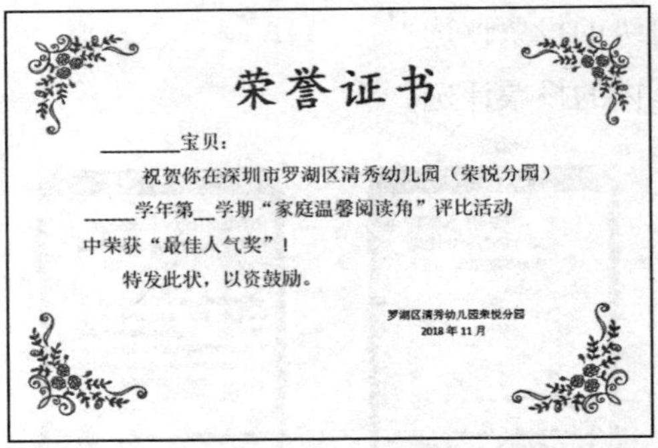

荣誉证书

________宝贝：

祝贺你在深圳市罗湖区清秀幼儿园（荣悦分园）______学年第__学期“家庭温馨阅读角”评比活动中荣获“最佳人气奖”！

特发此状，以资鼓励。

罗湖区清秀幼儿园荣悦分园
2018年11月

图3-2-137　最美“家庭温馨阅读角”奖状模板

⑤ 优秀“温馨家庭阅读角”图片展示（选取部分）

图3-2-138　“家庭温馨阅读角”照片（1）

图3-2-139　“家庭温馨阅读角”照片（2）

图3-2-140 “家庭温馨阅读角”照片（3）

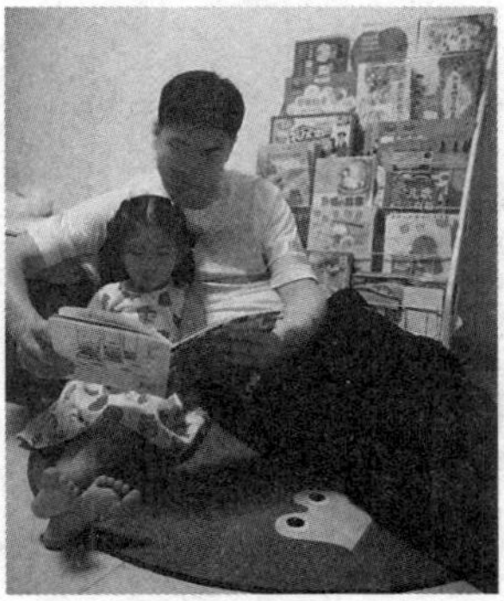

图3-2-141 “家庭温馨阅读角”照片（4）

图3-2-142 “家庭温馨阅读角”照片（5）

（2）第二步：启动联盟园阅读项目式竞赛

根据清秀幼教集团关于家庭阅读环境创建的经验，利用园所的信息化平台，在联盟园开展清秀幼教集团联盟园“家庭温馨阅读角”评比活动，通过评比活动提高联盟园幼儿家庭的阅读氛围，促动联盟园阅读课程建设。

① 联盟园“家庭温馨阅读角”评比方案

案例28

2019—2020年第一学期清秀幼教集团联盟园

“家庭温馨阅读角”评比活动方案

1. 活动主题

打造书香家庭阅读环境，营造家庭亲子共读氛围。

2. 活动目标

（1）指导家长为幼儿创建专属的“家庭温馨阅读角”，引导孩子爱读书、会读书、读好书，营造良好的书香家庭氛围，推进阅读型家庭建设。

（2）推进亲子阅读，促进亲子关系融洽。

3. 活动参与形式

请每个幼儿家庭根据自家情况为宝贝打造一个专属于宝贝的温馨阅读角，具体形式参见“家庭温馨阅读角”的链接。最后，当您布置好自家的温馨图书角后，请从最美的角度拍摄两张您和宝贝在阅读角读书的照片，完成的家庭请按照下面的【家长活动登录操作说明】把原图照片上传参与评选活动。

家长活动登录操作说明：

步骤一：扫码下载安装APP：07BABY。二维码如下：

图3-2-143　二维码

步骤二：用小朋友姓名和手机号码登录。如图3-2-144、图3-2-145所示：

图3-2-144　登录步骤（1）

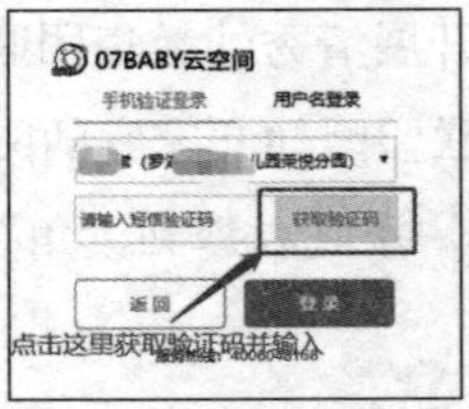

图3-2-145　登录步骤（2）

步骤三：点击活动照片添加文字及图片。如图3-2-146、图3-2-147、图3-2-148所示：

图3-2-146　家长活动登录操作说明（1）

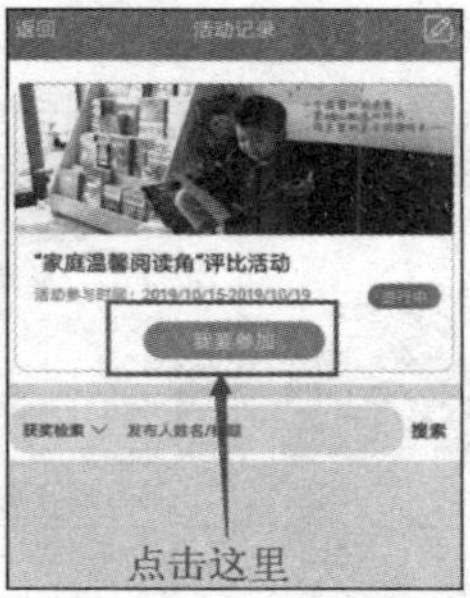

图3-2-147　家长活动登录操作说明（2）

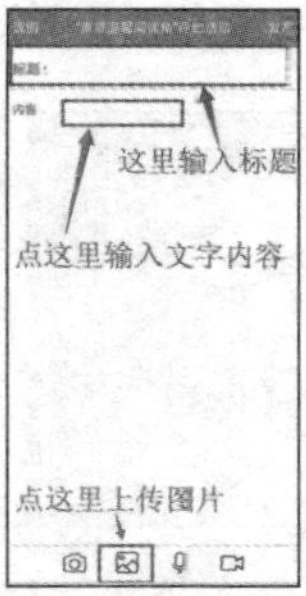

图3-2-148　家长活动登录操作说明（3）

4. 组织评选

本次评选分为两轮。第一轮：网络海选，根据各家庭上传的温馨阅读角照片，海选出前50名优秀温馨家庭阅读角照片。第二轮：由专家团队对前50名进行专业评选，确定最终获奖家庭，组织颁奖仪式颁奖。

5. 评选标准

（1）家庭阅读角的设计要充分体现家庭的温暖，家长能与孩子共同布置读书区，包括陈列展示的书架，适宜、适量的图书资源，家庭成员的照片及摆设等，营造一个窗明几净、安静轻松的环境。

（2）建议给孩子准备一张高矮适宜、采光位置合适的小书桌，供孩子阅读使用。同时，阅读区的图书应定期更换、整理，保持整洁。培养孩子爱护书籍的好习惯和归类的能力。评选会参照阅读区是否独立舒适、适合幼儿阅读。

6. 奖励办法

为获奖家庭颁发荣誉证书和奖品。

7. 活动时间

2019年10月25日到2019年11月5日，请于截止日期前把家庭阅读角原图照片2张上传到网站！

我们希望：在您的家中，也有这样一个温馨的阅读角：明亮的窗，一道缤纷的布帘，巧妙地将空间划分出一个安静又美好的阅读角，让孩子能够享受阅读的快乐！请各位家长朋友积极响应此次活动！

② 第三步：网络评选过程

图3-2-149 联盟园“家庭温馨阅读角”评比活动进入页面

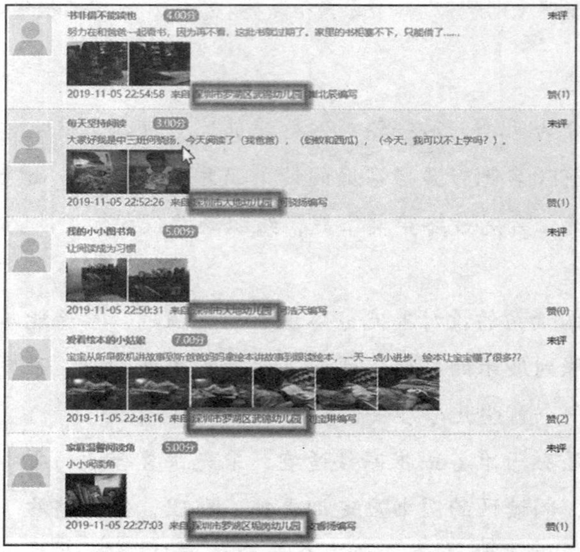

图3-2-150 联盟园家庭积极参与网络评选活动

③ 活动效果

联盟园幼儿“家庭温馨阅读角”环境展示：

图3-2-151 深圳市第一建筑工程公司幼儿园泽晞的家庭阅读角

图3-2-152 深圳市罗湖区武锦幼儿园嘉骏的家庭阅读角

图3-2-153 深圳市罗湖区华实幼儿园雨辰的家庭阅读角

图3-2-154 深圳市大地幼儿园婧媛的家庭阅读角

联盟园幼儿评价：

深圳市罗湖区华实幼儿园——天欣：房间里阳光最先洒进来的那一隅是我的专属小天地，有陪我长大的兔子，有和妈妈精心装扮的图书角。我最爱的就是和妈妈坐在那里一起讲故事。每天的3个小故事是我最期待的时间！

深圳市罗湖区武锦幼儿园——祐嘉：今天是2019年11月2日，我和爸爸妈妈一起创建了读书一角，以后我们每天的学习、阅读都在这里完成。书香武锦，阅读悦童心，养成阅读好习惯。

深圳市第一建筑工程公司幼儿园——程程：妈妈喜欢买书，布置了一个看书的小角落方便我跟哥哥一起看书。每次来这里选书看，我最喜欢的就是我的《情绪小怪兽》和《逻辑狗训练册》啦。《情绪小怪兽》让我认识到很多不同颜色的怪兽，人为什么生气，每个人身体里都有不同情绪的小怪兽，我们要学会把它用瓶子装起来。《逻辑狗训练册》我能把不同颜色对应的物体找齐，每次做完一页接一页，做得很开心。以后我还要在我的小书屋学习看其他书，学会认字后我就可以自己看书讲故事啦！

深圳市大地幼儿园——牧谦：阅读从小培养。妈妈为我布置了图书角，有舒服的坐垫、干净的桌子和明亮的台灯。我们一家人每天晚上都要阅读一小时。

联盟园家长评价：

深圳市第一建筑工程公司幼儿园——向柯妈妈：从孩子上幼儿园起，便坚持每天亲自伴读至少半小时，孩子的表达能力、独立阅读能力、与人沟通能力确实与众不同。应幼儿园的活动要求，自去年开始固定孩子每天阅读的方式和区域，围绕上下铺的一圈设置了两个孩子的阅读区，每天我都会安排亲子伴读半小时。慢慢地孩子也形成了习惯，出去逛书店要求爸爸妈妈买自己喜欢的绘本，回来布置阅读角；小朋友有了独立专用的阅读角，每天也会自主要求爸妈伴读或睡前讲故事；在二胎家庭里，老大也会学着爸爸妈妈的样子给老二讲故事；听了几次的故事也会独立讲，或者带去幼儿园在班里给小朋友讲。现在孩子上大班了，会认很多字，自己讲故事的能力也提升了，我们当然会将这个好习惯一直陪伴孩子坚持下去，其实孩子开始独立阅读了也就不需要家长每天伴读了。所以也希望通过这样的阅读活动带动更多的家长投入更多的精力和时间给孩子们一个书香童年，越读越快乐！

深圳市大地幼儿园——思睿爸爸：一个好的地方会让孩子更加爱学习，感恩有这次机会参加，希望每个宝宝都能爱上阅读。培养宝宝的阅读习惯，需要给予他一个好的阅读环境。家庭阅读角可以让宝宝有属于自己的阅读空间，还能培养孩子自己收拾、分类摆放书籍的好习惯。

深圳市罗湖区春苗幼儿园——峻锋妈妈：家校联盟，得感谢幼儿园引导家长做这个小任务，看书也需要有个温馨的地方，小小布置就有仪式感了，希望和孩子一起养成良好的阅读习惯！每天都有半个小时属于我们的时间，那就是亲子阅读的美好时光。有时我忙于工作，孩子都会拿上一本书默默地坐在我身边等待我们一起来阅读。这已经成了每个晚上睡觉之前必做的事情！

深圳市罗湖区坭岗幼儿园——翊凡妈妈：“读书是世界上门槛最低的高贵行为。”营造舒适的阅读环境，让孩子从小爱上阅读。给孩子一本书，就等于为他打开了一扇通向世界的门。通过最近一段时间的亲子阅读，让家人之间的情感更加亲密，原来陪伴孩子看书、阅读、讲故事，我们收获的不仅仅是知识，还有如此的快乐！

4. 多样的阅读活动——联动

牵头园根据其阅读课程“四个模块+四个保障”的模式，在联盟园内开展多样性的阅读联动活动，实现联盟园阅读课程建设的全面布局。联动活动按照阅读环境、阅读教学、阅读活动、阅读讲座四大类目，分成五个阶段20个子类目同步开展活动（参见下面的实施路径总表），最后在联盟园内进行共享和经验交流活动，从而稳步地、深层次地辐射影响整个联盟园，推进联盟园的整体阅读水平。

（1）联动“大阅读”活动宗旨

发挥清秀幼教集团阅读课程共享机制，推进清秀幼教联盟整体阅读水平。

（2）联动“大阅读”活动目标

① 创设清秀幼教联盟园“园所、班级、家庭”阅读环境，为幼儿营造良好的阅读氛围；

② 提升清秀幼教联盟园教师和家长的阅读意识和水平，更好地陪伴幼儿阅读、学习、成长；

③ 丰富清秀幼教联盟园阅读活动的形式及效果，为幼儿呈现更多的展示机会和平台，提升幼儿阅读兴趣。

（3）联动“大阅读”活动路径

表3–2–48　清秀幼教联盟园联动“大阅读”活动实施路径总表

阶段	活动名称	时间	地点	活动园所	活动形式
阶段一	“家庭温馨阅读角”评比活动	2019年10月20日—2019年10月30日	各联盟园	全体园所	参照活动方案
阶段二	运用思维导图开展绘本阅读教学	2019年10月14日下午2：30	清秀荣悦分园音乐厅	全体园所	讲座：每园至少2名主班教师，每人自带一本熟悉的绘本
阶段三	清秀幼教联盟园“大阅读”联动活动	2019年10月20日—2019年11月20日	各联盟园	各联盟园	请各项目负责人与清秀负责人对接相应活动方案（清秀负责人：教研员）
	3.1自主借阅日活动			武锦幼儿园 金祥幼儿园	
	3.2图书漂流活动			精精幼儿园 亚太幼儿园	

续 表

阶段	活动名称	时间	地点	活动园所	活动形式
阶段三	3.3故事爸爸妈妈助教活动	2019年10月20日—2019年11月20日	各联盟园	春苗幼儿园 一建幼儿园 童晖幼儿园	请各项目负责人与清秀负责人对接相应活动方案（清秀负责人：教研员）
	3.4绘本自制活动			亚太幼儿园 悦园幼儿园	
	3.5绘本创意美术作品展览			华实幼儿园 为民幼儿园	
	3.6每周好书推荐活动			金祥幼儿园 大地幼儿园	
	3.7故事小喇叭活动			一建幼儿园 童晖幼儿园	
	3.8绘本跳蚤市场活动			龙园幼儿园 坭岗幼儿园	
	3.9亲子共读打卡活动			草埔幼儿园 精精幼儿园	
	3.10亲子绘本剧表演			为民幼儿园 坭岗幼儿园	
	3.11家长阅读讲座			华实幼儿园 草埔幼儿园	
阶段四	图画书类型分析和教学策略	2019年10月24日下午2：30	清秀荣悦分园音乐厅	春苗幼儿园 大地幼儿园 武锦幼儿园 悦园幼儿园	讲座：请每园至少派3名教学主班参加讲座
阶段五	绘本主题探究教学活动	2019年10月24日下午2：30	清秀荣悦分园音乐厅	为民幼儿园 龙园幼儿园	讲座：请每园至少派3名教学主班参加讲座

（4）联动“大阅读”活动启动仪式

为发挥清秀幼教集团阅读课程共享机制，推进清秀幼教联盟整体阅读水平，在创设联盟园“园所、班级、家庭”阅读环境，营造幼儿良好阅读氛围的基础上，进一步为幼儿创造更多的展示机会和平台，提升幼儿的阅读兴趣，清秀幼教集团发起了以清秀幼儿园为中心，辐射联盟园的联动“大阅读”活动。联动活动开展前专门安排了联动“大阅读”活动启动仪式，邀请了清秀幼教联盟园15所园的园长及部分骨干教师参加，现场参与人数达到145人。整个启动活动共分为四个部分：方案介绍、启动仪式、正式启动、专题讲座。

图3-2-155 联动“大阅读”启动仪式现场

（5）联动“大阅读”活动案例展示

① 自主借阅日活动（武锦幼儿园）

图3-2-156 幼儿自主借阅现场（1）

图3-2-157 幼儿自主借阅现场（2）

② 故事爸爸妈妈助教活动（大地幼儿园）

图3-2-158　故事爸爸妈妈进园讲故事

③ 自制图书展览（童晖幼儿园）

图3-2-159　幼儿自制图书展览（1）

图3-2-160　幼儿自制图书展览（2）

④ 图书漂流活动（精精幼儿园）

图3-2-161　图书漂流活动记录（1）

图3-2-162　图书漂流活动记录（2）

⑤ 亲子绘本剧表演（大地幼儿园）

图3-2-163　亲子绘本木偶剧表演现场（1）

图3-2-164　亲子绘本木偶剧表演现场（2）

⑥ 亲子阅读讲座（华实幼儿园）

图3-2-165　亲子阅读讲座现场（1）

图3-2-166　亲子阅读讲座现场（2）

以上详细陈述的是普适性项目中的早期阅读项目介入联盟园课程建设的整个实施路径：自身阅读课程范式带动—阅读项目式竞赛促动—多样性阅读活动联动，以期为通过普适性项目介入联盟园课程建设提供参考路径。

五、打造教师共同发展的平台

随着联盟园课程建设的推进，不断学习、探索未知事物，以及系统地改善教学实践的研究能力成了联盟园对教师能力的新要求。大量研究显示，师资队伍、学前教育质量及儿童发展成果之间有着密切的联系。优质的学前教育能够支持幼儿当前和未来的学习与发展，而其中教师是决定学前教育质量的关键因素。教师要有不断学习的意识和能力才能适应当前不断变化的社会和学前教育课程改革。在清秀幼教集团联盟园，对幼儿园教师职业作为“专业人员”的认知成为主流，作为“研究者”的认知开始兴起。基于清秀幼教集团联盟园教师队伍快速壮大、课程建设高速前行的现状，清秀幼教集团关注提升师资队伍核心素养，从知识、技能、情感、态度、价值观等方面提升教师自身的核心素养。核心素养是知、情、行、意的统一体。教师需要在儿童的整体发展、儿童的不同学习策略、家园合作和社区参与、教师团队合作、多元文化等多个关键领域开展有效的课程与教学实践，积极展现具有全球视野和本土创新的教育实践。核心素养是知识、实践与专业价值观的统一体。只有培养具备核心素养的师资队伍，才能支持活在当下的儿童，践行预见未来的教育。

为了增进联盟园教师的研究意识，帮助教师内化《幼儿园教育指导纲要（试行）》的精神，从专业的高起点研讨教育教学，推动其专业的可持续发展，进而提高园本教研的效益，清秀幼教集团联盟园建构了“片区联盟，资源统合”的教研模式。该模式立足于联盟园实际，整合教育行政部门、高等师范院校、教研机构等多方优质资源，形成一个共同体，倡导理论引领实践，实践解释理论的理念，力求高起点、高品质地针对联盟园教育教学中的实际问题深度对话、广泛合作，探寻有效的解决路径。同时，通过资源的开放共享，进一步丰富、拓展优质教育资源，实现联盟园整体教育水平的提高。

（一）建构师资培训体系

联盟园教师队伍建设面临教师队伍年轻化、联盟园间师资质量参差不齐等问题。为了使联盟园教师的专业素质得到有效提升，建设可持续发展的教师队伍，联盟园建立了培训、管理和激励三位一体机制。通过多种不同的培训帮助教师更好地在实践中践行理论，通过高效的管理保障教师的工作环境及工作氛围，通过有效的激励机制提升教师的职业认同和职业幸福感。

1. 联盟园教师专业发展现状

（1）教师年龄

通过对清秀幼教集团联盟园教师进行调查统计，联盟园教师的年龄结构呈现金字塔式，主要集中在18—29岁，年轻教师居多。

（2）教师教龄

通过对教师教龄进行调查，5年以下教龄的教师接近总人数的6成，其中1年以下教龄的教师占总人数的15%，10年教龄以上的教师不足2成。教师队伍总体偏年轻化，教学经验也不够丰富。由此可见，联盟园教师的在职培训对园所发展尤其重要。

（3）教师学历

教师学历分布不均，大专以下占25%，大专学历超6成，本科以上学历的教师仅占13%。清秀幼教集团联盟园的教师队伍整体偏年轻、教学经验不丰富、学历层次偏低。通过对联盟园教师进行培训意愿调查，发现教师期望得到的教师培训主要为观摩优质教研活动、在与专家的互动中参与研讨、跟岗学习及入园研讨。

2. 联盟园教师发展目标

基于联盟园教师队伍的现状，联盟园制定了对教师进行分层培养的策略，在联盟园教师培养理念与总目标的指引下，针对不同层次的教师制定适宜的培养方针。

（1）总目标

凸显联盟园的教育现场，在综改方案指引下，促进精品教育的质量提升。

（2）分层培养教师队伍

联盟将教师分为新手期教师、适应期教师、稳定期教师、停滞期教师及更新期教师。根据罗湖区教改方案中提到的教师培养梯级培养机制，以建立“岗前教师——新手教师——教坛新秀——骨干教师——名教师——教育名家（教育家型教师）”的成长路径，开展教师“梯级培养”。从联盟园的教师队伍来看，教师的梯级主要集中于新手教师、教坛新秀和骨干教师三大类。因此，联盟园的教师培训主要以分层培训为主，教师分类依据罗湖区教改分类方法，结合吴荷芬的教师分类体系进行分级。

表3–2–49 教师分类描述表

分类一	分类二	特征
新手教师	新手期教师	该阶段教师的特征是精力充沛，可塑性强，有专业发展热情，但教学经验需要更多级类，实践性知识缺乏
教坛新秀	适应期教师	该阶段教师已经能够基于客观事实，有意识地关爱与尊重幼儿；基本克服新手期的种种不适应，对教学的兴趣和钻研日趋稳定，着重关注教学；在班级日常业务和管理上，已经度过了了解与阐释阶段，达到基本熟练的状态，但是对教育实践的感悟比较懵懂，缺乏洞悉问题本质的能力；对日常工作初具掌控力，但缺乏妥善处理突发事件的能力，思考问题逻辑单一；此外，面对高负荷工作及无处释放的外部和自身双重压力，容易职业倦怠
	稳定期教师	该阶段的教师具备一定的教学专业能力，有较为丰富的教学经验，但缺乏教育特色、个人教学风格及科学有效的科研方法
骨干教师	瓶颈期教师	该阶段的教师拥有较强的教学策略，专业技能熟练，工作状态从容，但是缺乏专业成长的动力，专业发展出现了高原停滞
	更新期教师	该阶段的教师在生活中多已稳定，专业资质发展意识与动机增强．有了终身坚守的职业承诺感，但较难获得系统性的专业培训，专业发展水平难以再次突破，专业资历较难得到进一步提升

表3–2–50　教师分层培养目标

教师层次	培养目标
新手教师	树立正确的教育观与儿童观，适应并符合各联盟园教育、教学的基本需要
教坛新秀	对联盟各园的课程建构有系统性认识，掌握资源整合的方法
骨干教师	帮助园所优化课程体系，从课题训练、课程训练中找到课研规律。通过一对一结对，对新手教师的一日活动进行指导，促进新手教师成长

3. 联盟园教师培训体系

清秀幼教集团联盟在教师培养模式的探究道路上，主要采取以清秀幼教集团为主体力量，定期开展面向联盟园的教研，从问题收集、入园观摩、参与研讨、实践反馈等环节逐层推进的方式。由幼儿园教师在工作实际中捕捉困惑与问题，上升为研讨的核心问题，开展切合主题的教育教学活动。组织清秀幼教集团的教管人员、骨干教师、专家学者等与联盟幼儿园教师进行入园研讨，提供教学服务、教研支持、管理服务等。

此外，随着学前教育的不断发展，我国对幼儿园教师专业素质的要求越来越高，重视教师研究、创新能力的发展。2018年颁布的《中共中央、国务院关于全面深化新时代教师队伍建设改革的意见》提出："到2035年，教师综合素质、专业化水平和创新能力大幅提升。"幼儿园教师的角色应逐渐从"实践者""知识运用者"转向"研究者""创新者"，这也是使幼儿园教师职业专业化的途径。另外，幼儿园教师的思想和行为能够潜移默化地影响幼儿，具有研究意识、创新能力的教师能更有效地培养幼儿主动思考、创新的学习品质。

目前联盟园教师的研究意识仍需提升，部分教师认为自己的职业是以实践为主，"研究"是专家做的事，科研意识薄弱，缺乏专业反思。许多联盟园教师对研究感到陌生，对研究的重要性认识不足。因此，联盟园成立了教研共同体，由联盟园教研组带领教师进行课题研究，感受研究氛围，体验研究过程，促进幼儿园教师研究能力的提升。

表3–2–51　清秀幼教集团联盟园师资培训体系

培训目标	培训类型	开展方式	培训对象	负责人
熟悉并了解幼儿在园一日生活流程及教师常规工作	跟岗学习	清秀幼教集团每学期定期向联盟园开放教学现场，联盟园的老师进园跟岗学习一周	教龄3年以内或在本单位工作不满1年的教师	园长

续表

培训目标	培训类型	开展方式	培训对象	负责人
解决教育教学中的共性问题	联盟园教研	清秀幼教集团每月定期开展联盟园教研，联盟园教师派代表与清秀幼教集团的教师共同参与教研活动	联盟园 全体教师	教研组
改善教育教学现场	入园研讨	1.收集联盟园的需求。 2.清秀幼教集团教师入园研讨、现场观摩。 3.针对问题提出解决方案，并在实践后进行总结与反馈	联盟园 全体教师	园长
发挥牵头园辐射引领作用，帮助各联盟园建构园本课程	课程分享会	每学期末，联盟园教师参与清秀幼教集团的课程分享会	联盟园 全体教师	园长
帮助新手教师了解幼儿园工作、师德师风建设及规划职业生涯	新手教师培训	借助外力，由深圳市学前教育专委会组织，每学年开学前举办新手教师培训	教龄3年以内的 新手教师	园长
提升教师的专业理论知识	专家讲座	寻找专家资源，邀请专家到联盟园中进行讲座分享及教师培训	联盟园 全体教师	园长
提升教师的研究能力	课题研究	联盟园教师申报课题，教研组与教师共同开展课题研究	联盟园 全体教师	教研组

（1）入园研讨案例

① 准备阶段

清秀幼教集团的3位教师与联盟园的1位教管人员组成研讨小组，在入园前，组长先了解联盟园的需求，并制定罗湖区清秀幼教集团联盟园入园研讨小组方案。

案例29

罗湖区清秀幼教集团联盟园入园研讨小组方案

1. 联盟园所

第一建筑工程公司幼儿园。

2. 研讨时间

2019年10月16日。

3. 研讨人员

清秀幼教集团：廖颖彤、谢秀媚、郭丽娟。

第一建筑工程公司幼儿园：园长、教学管理及相关人员。

4. 研讨目标

（1）了解班级区域布局。

（2）了解班级区域材料的投放情况。

（3）了解教师对区域材料的认知和需求。

5. 研讨内容

学习环境。

6. 具体流程

表3-2-52 清秀幼教集团联盟园入园研讨流程

时间	内容
15：00—15：30	班级观摩
15：30—16：00	集中研讨
16：00—16：20	交流活动
16：20—16：30	反馈小结

深圳市罗湖区清秀幼教集团联盟

2019年10月12日

②实施阶段

研讨小组按计划入园，并根据教育现场进行研讨，在研讨的过程中发现亮点相互学习，并找出需要改善的地方，通过交流制定调整方案。

图3-2-167 清秀幼教集团联盟园入园研讨图片（1）

图3-2-168 清秀幼教集团联盟园入园研讨图片（2）

③ 总结阶段

实施研讨过的调整方案，并记录调整过程和效果。

（2）联盟园教研案例

① 准备阶段

收集联盟园的教研需求，并制定教研计划与方案，清秀幼教集团的教研员准备教研内容，教管人员负责安排场地并协调各园时间。

表3-2-53　清秀幼教集团联盟园研修活动安排表

时间	2019年10月15日	地点	荣悦园音乐厅
主讲人	郭扬	记录人	肖雪紫
主题	联盟园教师教研《运用8种思维导图开展绘本阅读教学》		
参加人员	清秀幼教联盟园15所园，联盟园教师150人		
工作人员	肖雪紫、赵婷		

② 实施阶段

教研员先对信息视觉图、组织图、锚图、心智图等8种思维导图进行介绍，接着以案例进行分析，让教师更直观地了解思维导图在绘本教学中的运用，最后通过现场实践加深教师对思维导图的认知。

图3-2-169　清秀幼教集团联盟园研修活动图片

③ 总结阶段

各园在教研结束以后至少用一种思维导图开展绘本活动，在实践中巩固教研成果。

关于教师培训模式的探究，从上述入园研讨案例及联盟园教研案例可见主要由三阶段组成：第一阶段是收集联盟园关于教师培养的目标及对改善教育现场的需求，在此基础上有的放矢地制定培训计划。在第二阶段的实施过程中，除了有联盟内的跟岗学习、入园研讨、联盟园教研、课程分享会等，还会借助外力资源，如教科院、学前教育专委会等，由教育行政部门的专业人员深入实践，提供适宜的环境与政策支持。通过新手教师培训、专家讲座等加强园际间的交流互动、互助互享。针对问题开展研讨，建设课程，推广教学改革经验，增进相互了解，培养团队协作能力。第三阶段的总结中，清秀幼教集团作为优质特色示范园，会发挥优质园的示范、辐射作用，持续对联盟园的教育现场进行跟进，并及时反馈，促进联盟园教师队伍的专业成长，提高整体办园水平。

4. 联盟园讲师培养体系

除了有针对全体教师的培训体系，联盟园也会形成相应的讲师培训体系。联盟园各园都有经验丰富、专业能力拔尖的骨干教师，通过结对研讨、课题培训等形式，让优秀骨干教师逐步向专业的联盟园讲师发展。通过联盟园考核选拔优秀教师，加以专项培训，帮助优秀教师成长为优秀讲师，再以入园研讨、讲座等活动形式加大联盟园讲师与教师的联动，促进联盟园教师队伍的发展，稳步推进联盟园教育资源公平地发展。

表3-2-54 清秀幼教集团联盟园讲师培训体系

活动类型	培训形式
入园研讨	每次入园研讨均是“3+1”的模式，即3位清秀幼教集团的教师加上1位联盟园的教师。3位清秀幼教集团的教师中至少有一位是教管人员或者骨干教师。在入园研讨的过程中联盟园间可以相互学习
课题培训	形成联盟园课题群，通过课题研究，培养能独立开展研究并做出分享和辐射的教师
联盟园考核	通过教师专业素养考核，优秀教师将获得更多培训机会，培训完成以后除了园内分享还会进行联盟园的交流，讲师也在此过程中逐步得到锻炼和培养
结对帮扶	联盟园讲师会代表清秀幼教集团联盟园外出帮扶，向结对园输出清秀幼教集团联盟园的经验并进行教学研讨

考核优秀的教师将有机会获得外出培训的机会，这能有效地刺激教师提升专业能力。不仅有市内培训，优秀教师也会代表清秀幼教集团联盟园远赴外地进行支教和培训。清秀幼教集团与新疆喀什幼教每学年都会定期开展友好结对交流活动，在结对交流的过程中，联盟园的教师不再仅仅是接受者的身份，也会针对不同的教育现场进行输出。远赴新疆进行幼教交流不仅仅是

一次自我挑战的机会，同时也是自我展现和提升的机会。

（1）清秀幼教集团联盟园讲师选拔标准

表3–2–55 讲师选拔标准表

讲师类型	对象
市级讲师	园长、副园长、教学主管
区级讲师	教学主管、教研员、骨干教师
园内讲师	教研员、骨干教师、新秀教师

（2）结对帮扶案例：联盟园讲师走出深圳赴新疆交流

案例30

结对帮扶，授“鱼”亦授“渔”

罗湖区清秀幼教集团

10月14日—16日，清秀幼教集团联盟帮扶团队“兵”分两路，从教研讲座、教学观摩、卫生保健现场指导和食育文化四大模块开展了结对帮扶与交流工作。

一、教研讲座

（一）从管理视角促进幼儿园教研质量的提升

清秀幼教集团黄品新副园长以《从管理视角促进幼儿园教研质量的提升》为题，与喀什的园长、教学园长和老师们分享了清秀幼教集团课程模式与实施。黄园长从对课程的理解谈起，谈到专家学者助力、教研团队与教师团队合力，厘清课程思路，凸显教育现场，沉淀课程资源，凝练课程特色，推进可持续发展课程构建的具体做法。

（二）数学区材料投放

有着38年教龄的匡红君老师为老师们分享了关于数学区材料投放的讲座。匡老师从教师在提供材料时易出现的问题，如目标不明确、材料不适合、层次不足及缺乏可操作性等，分析幼儿数学学习的阶段发展，数学概念从实物操作的水平表现逐步发展到表象水平，最后发展到抽象的符号水平。教师投放数学操作材料从目标、层次、兴趣、习惯入手，才能使幼儿达到自主学习并快乐地享受数学的乐趣。

二、案例分享

黄品新副园长通过分享《积木倒了怎么办？》《冷冷清清的表演区变热闹了》《漂亮的沙堡如何搭》《六一“我的节日我做主”》等教研案例，以及钟秀霞老师分享的《幼儿园好玩的游戏》主题案例，帮助喀什老师深入浅出地理解了一日生活皆课程、幼儿园的学习环境是重要的教育资源、以儿童自我探索和发现学习为主的主题探究，以及课程视角节庆活动的推进。在3个小时的讲座中，始终以问题贯穿引发思考：幼儿园里的所有活动如何站在质量的高度，如何站在儿童获得完整经验的角度，如何站在儿童身心发展规律和学习特点的角度，最终促进幼儿发展的同时提升教师课程建设的水平。

此外，罗湖区年度教师王姗姗老师分享了主题案例《幼儿园的花花和草草》，以“幼儿园”大主题的环境为背景，从保育老师的一次偶然播种和幼儿兴趣点为活动契机切入。在主题探究的阶段呈现中，通过三个阶段的活动开展，向老师们分享了主题活动中发生的趣事。活动交流中，老师们不时投来惊喜的目光，脸上的表情也随着姗姗老师幽默的讲解风格慢慢变化，时而微笑，时而哈哈大笑。

三、教学观摩

此次结对帮扶工作中，王姗姗、廖孟娇和黄子义3位老师分别在喀什四幼、十幼、十三幼、英乡五村幼儿园和夏镇中心幼儿园开展了公开课教学活动。3位老师与喀什120多名幼儿亲密互动，200余位喀什教师参与观摩。此次公开课教学展示分别通过语言、数学、音乐和体育四个不同领域内容进行现场教学，引导幼儿在游戏活动中体验学习的快乐。

图3-2-170　王姗姗老师带领英乡五村幼儿园的小朋友们体验音乐游戏

图3-2-171　廖孟娇老师的数学活动《有趣的数字》

图3-2-172　黄子义老师在夏镇中心幼儿园开展体育活动

图3-2-173　成秋兰医生指导制作班级健康课课件

四、食育文化交流

清秀幼教集团厨房班长李健全师傅和后勤园长、厨师们一起交流幼儿花样点心的制作。李师傅在交流中说道："当'吃得饱'不再是问题的时候，如何使幼儿吃得科学、吃得健康、吃得开心、吃出品位、吃出习惯、吃出学问，就成了一个不容忽视的问题。在幼儿的膳食工作中，平衡膳食、合理营养是满足幼儿身体发展的需要，也是保证幼儿健康成长的物质条件。"李师傅在幼儿园就地取材、大显身手，手把手地教厨师们做了许多花样点心，有小刺猬、兔子、小猪头、小金鱼、小鸟儿、双色花卷、梅花花卷、糯米糍等。食育交流会上，观摩教学活动的老师们也参与了品尝，全场参与活动的教师都对李师傅制作的点心赞不绝口。

清秀幼教集团联盟园的园长、老师们通过教研讲座、教学观摩、卫生保健现场指导和食育文化交流，不但立足眼前，更注重长远发展。聚焦幼儿园质量提升的指导，真正援到根上、扶到点上，让结对园所的园长、老师们有实实在在的获得感。

（3）联盟园科学育儿讲座案例

案例31

如何说，孩子才会听

童晖幼儿园　陈东华

2018年12月4日，童晖幼儿园的陈东华园长来到了深圳市罗湖区龙园山庄幼儿园，这一次的科学育儿讲座从晚上7点开始，但是6：30家长已经把会场坐满了，可见大家对这一场讲座的期待和家长高涨的学习热情。

图3-2-174　联盟园讲师在向家长介绍科学育儿的策略

今天晚上讲座的主题是《如何说，孩子才会听》，在开场的时候，讲师先播放了一段视频，在影片中导演借由行为实验，让家人给嘉宾打电话，嘉宾用平常的语气接电话，电话那头看不到的情绪在实验中被看见了。

图3-2-175　育儿讲座视频截图

在观看视频的过程中，很多家长眼眶湿润了。影片里的每一个例子，都可能是我们生活中的缩影。在日常生活中，我们常常有不自觉地用不好的语气讲话的时刻。一通电话打来，可能会打乱我们的工作节奏，我们不想听，因为觉得他们尽讲些无关紧要的事。在我们一次次不耐烦的应答中，电话那头可能已经受到伤害了。而我们不耐烦的对象，往往就是和我们最亲密的人——家人。因为是亲密的人，我们常认为对方能谅解我们的反应，情绪会脱口而出。

讲师在讲座上借由影片引出了"好好说话"的重要性，陈东华园长列举了很多常见的亲子对话场景，家长们都深有同感。这场讲座是"体验式"的讲座，除了观看视频，讲师还准备了很多的体验环节。第一个体验游戏是讲师分别列举了几个孩子常见的行为，然后让家长体验孩子的感受，有"高兴""生气""难过"和"害怕"。接着家长们会分享为什么会做这样的选择。

图3-2-176　家长参与第一轮体验活动（1）

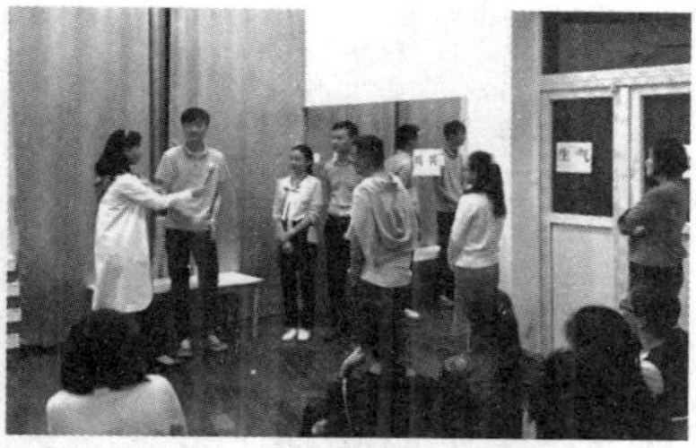

图3-2-177　家长参与第一轮体验活动（2）

第一轮体验活动结束以后，家长们都全身心地投入讲座中了。这时候，讲师带来了第二个体验活动——"角色扮演"。这一次请了7位家长上台，一位扮演小朋友乐乐，另外6位家长扮演乐乐的妈妈。背景是乐乐在学校被同学打了，妈妈们根据拿到的字条，回应乐乐。

图3-2-178　家长参与第二轮体验活动（1）

图3-2-179　家长参与第二轮体验活动（2）

第一次大家拿到的字条都是比较负面的话，如“为什么不打别人，只打你”“人家是个乖学生，肯定是你惹到他了”“别哭了，有什么好哭的”……扮演乐乐的家长听完每一句话后都分享他的感受，在听到消极的话时，很伤心、难过、委屈，因为自己的情绪没有得到父母的肯定，父母忽视了自己的情感表达。第二次游戏，讲师给每个“乐乐妈妈”准备的是正面积极的回应，如“宝贝，你怎么了？可以跟我说说吗”“我知道你现在很难过，这真是一件伤心的事”……这一次“乐乐”在分享感受的时候，提及：“我感觉自己的情感得到了肯定，听起来舒服了很多。”

第三个体验活动是情景表演，两位家长分别扮演乐乐和妈妈，反面和正面互动都分别表演了一次，在情景中体验“好好说话”的重要性，家长们都感触良多。

图3-2-180　家长参与第三次体验活动（1）

图3-2-181　家长参与第三次体验活动（2）

通过三个体验游戏，家长们了解到在与孩子沟通中“共情”的重要性。与其一味地和孩子讲大道理，强求孩子像成人一样理性思考，倒不如先肯定孩子的情绪，让孩子有充分表达自己情感的机会和自由，让孩子愿意倾诉与倾听。

讲座的最后一部分，讲师分享了与孩子沟通的技巧。第一，全神贯注地倾听。第二，用“哦……”“嗯……”“这样啊……”来回应他们的感受。第三，说出他们的感受。第四，用幻想的方式实现他们的愿望。最后，讲师给家长们留了一个小“作业”，就是回家以后用今天提到的技巧与孩子进行沟通，并记录每一次的感受和效果。

孩子不是成人的附属品，每一个孩子都是独立的个体，在与孩子进行沟通的时候，我们需要让孩子能够充分表达自己的感受。孩子与我们是平等的，平等的关系需要大家共同营造，让我们一起从好好说话、好好倾听开始吧！

（二）常态中教师同伴学习

清秀幼教集团联盟园基于课程视野下互动式共同体的建立，借力集团师资资源，聚焦教师专业发展，以入园研讨、课题培训和联盟园考核等方式，促进了学习型组织的构建，促进了联盟园所教师之间的观摩研讨、相互学习。

1. 互动式共同体的建立架设起促进相互反馈的桥梁

清秀幼教集团采用顶层设计与现场实践相结合的方式，一方面梳理德弘总园和荣悦分园的教育资源，厘清“集团课程+园本课程”的课程脉络，构建课程的整体架构；另一方面，立足园内教师队伍实际，制定最近发展区需求，以学习环境、一日生活教研组、主题教研组、区域教研组为抓手，分步骤、分阶段地开展培训、教研活动，通过课程实践，归纳优质教育资源。在推动联盟园发展的过程中，入园研讨的方式弱化了帮扶自上而下的姿态，强化了共同促进的联盟发展态度，同样以学习环境、一日生活、主题探究和区域活动四个模块为抓手，密切了牵头园和联盟园二者之间的联系，缩短了其间的距离。入园研讨的问题点源于联盟园现场，问题的发现、确认及解决问题途径的探求均需将理论学习、研究及丰富的经验有机结合，问题的解决不仅可以改进实践，推动课程建设的深入，同时也检验并丰富了理论。牵头园入园研讨小组走进联盟园，关注联盟园实际问题，与联盟园管理团队、教师团队共同讨论改进策略，研讨过程中双方是一种密切的合作关系，有助于双向反馈，有助于互动式共同体的形成与发展。

【入园研讨跟进】

表3-2-56　罗湖区清秀幼教集团联盟园入园研讨跟进表

所在幼儿园：荣悦园　填表人姓名：郭丽娟　入园研讨时间：2019年10月29日
清秀园工作人员：郭丽娟、陈晓娟　研讨主题：班级学习环境

聚焦问题（图文）	解决方案	实施效果（图文）
1.幼儿入园流程图不太符合大班幼儿年龄特点，且没有幼儿的操作教育意义 	进行了现场的指导讲解，跟老师们一起讨论分享这样做的意义，让幼儿不仅只是欣赏，也可以自己参与操作，使其更具教育意义	老师们根据建议改进的幼儿生活流程，墙面的图是由大班幼儿参与完成的。流程图中各个环节可以由幼儿进行自主操作，为可移动的 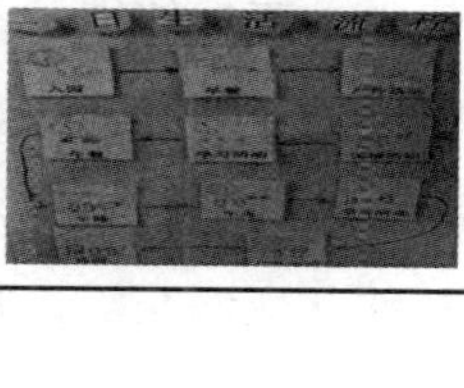

续表

聚焦问题（图文）	解决方案	实施效果（图文）
2.建构区墙面布置对幼儿各年龄段没有太多的教育指导意义 	现场进行了举例，讲解墙面布置的意义，通过建构区墙面充分发挥其教育指导意义，指导老师利用墙面来引导幼儿搭建方法	园所的老师根据研讨分享的建议和幼儿年龄段重新创设的小班幼儿搭建方法展示图 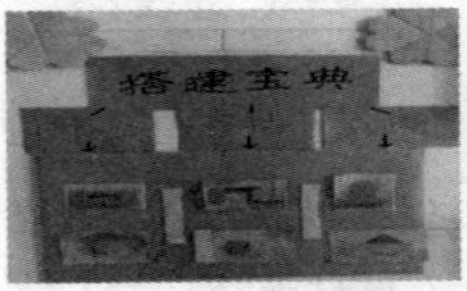

亚太幼儿园郭英园长：

今天下午，清秀幼教集团联盟入园研讨小组与我园10余名教师开展了“基于主题，优化学习环境”——以我园大班组主题“我是中国人”、中班组“车的王国”为例的现场教研活动，为主题探究课程建设把脉、支招。研讨小组首先到班级了解了主题活动开展情况和学习环境的创设，接着分享了幼儿园主题课程探究经验，梳理了我园主题与学习环境的架构。老师们通过现场问答等方式开启了一次“脑力激荡”，研讨小组的老师们以专业的视角提出了独到的见解，又结合课程构建提出了改进策略，而“分享交流”环节后，老师们更加深入地体会到主题的选择要基于幼儿的问题与需要，从而有效助推幼儿深度学习，并要在教研中聚焦问题，把主题课程向纵深推进。

清秀幼教集团联盟入园研讨小组的现场指导，满满的全是干货，我和老师们感觉像海绵吸水一样。老师们细细地帮我们分析材料投放的各种问题，给我们分析了每一种材料根据不同的年龄段如何制作材料单。从课程建设的规划到实施都给了我们很好的建议，甚至一份区域材料、一张材料单都用心地分析、讲解，老师们直呼脑洞大开！

2. 互动式共同体的建立有益于教师专业发展的整体性提高

入园研讨活动实施一年后，我们优化了研讨队伍，采取了“3+1”的模式，即入园研讨小组由3位清秀幼教集团的教师加上1位联盟园的教师组成，在管理上逐渐由安排人做工作提升为在工作中培养人，进一步促进互动式共同体的建立。正如彼得·圣吉提到的：“在学习型组织中，大家得以不断突破自己能力的上限，创造真正向往的结果，培养全新、前瞻而开阔的思考方式，全力共同的抱负，以及不断一起学习如何共同学习。”入园研讨小组通过群体互动、交谈交流，将学习与工作融合，成为具有内在持续发展动力的学习共同体。

【入园研讨小组成员心得】

武锦幼儿园黄淑芬：

我们非常欣喜地迎来了第三次联盟园入园研讨活动，在清秀幼教集团园长、老师的带领下，每一次进园都非常的轻松，收获也很多。

1. 良好的示范组织教研。本学期我参与了亚太幼儿园的入园研讨工作，带队的园长、老师都非常的平易近人，在评价过程中以赞赏的眼光看待园所，以激励的话语给予中肯的建议；既有细致的观察发现，又有高度的引领和指导。建议实在，而且是满满正能量的激励！老师们爱听，喜欢这样的建议。

2. 教研形式不断完善，教研过程严谨、全面。参与过程即“照镜子”的过程。在参加亚太入园教研活动中，我边看边思考哪些是我园可以借鉴的，哪些是我园同样存在的问题。这是相互了解的过程，也是相互促进的过程。

3. 教研内容适合且丰富。每个园都涉及环境、一日活动组织和主题开展。帮扶小组根据每个园自身的发展状况，给予相应的提升建议。在这个过程中，充分地尊重了每个园所的实际情况，接纳了园所本身的个体差异，包括办园条件、师资水平，在尊重的基础上给予合理的建议。

（三）培养研究型教师

教师的专业成长、成熟并不是自然而然或自发地实现的，而是受内部因素（教师自身努力、成长）和外部因素（外部条件、环境）等的影响。打破鸡蛋有两种不同的方式，一是从外部，二是从内部。从外打破是压力，从内打破是成长，如果等待别人从外打破，注定成为别人的食物；如果靠自己从内打破，就会发现自己的成长相当于一次重生。这个隐喻告诉我们，教师的发展，既需要外部动力，也需要内部动力，两种动力相结合才会建构一个完整的教师发展的动力机制。两种动力的形态及其对于教师发展的价值、意义和促进方式是不同的。外在动力着重于推动教师成长，帮助教师克服人惯有的惰性，摆脱由教师职业特点带来的职业倦怠。内在动力在于激发教师内在的生命活力，开发教师的创造性，促使教师自主成长。教师的专业发展，抑或是教师最好的专业发展，应当是自己打破自己。从内部打破，必然寻找内部的力量，任何人都有自己打破自己的内部力量。

1. 强调教师是反思实践者，促进主体意识的增强

反思实践的研究模式和教师专业化模式强调教师是反思实践者，他们要从权威专制或对权威的盲从状态下解放出来，成为自身行为的主体和研究主体，增强专业自主意识，在实践中不断进行批判性自我反思，从而形成自己的个人化理论，并不断改进教育实践。

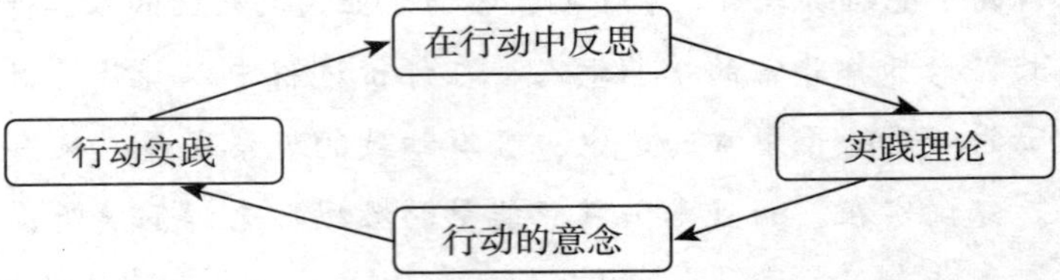

图3-2-182 行动与反思的循环图

清秀幼教集团联盟园入园研讨工作、讲师团外出帮扶工作均以“反思—合作—行动”为基本模式，教师参与分析现状、确定目标、方案制定、现场指导、反思评价的全过程，与同组教师合作开展探究，探究指向实际的教育现场。在探究过程中，参与者把有用的专业信息纳入自己的知识框架，不断丰富，不断调整，不断概括。他们常常对教学现场有独特的看法，在众多的讨论中分析自己的见解，在虚心倾听中思考，形成自己的教育主张。研讨者的专业知识整合在行动中，对自身参与研讨的反思导致他们产生行动意念，进而产生相应的行动。

【入园研讨小组成员心得】

成为一个积极思考的人

罗湖区清秀幼教集团　孙 元

联盟园的入园研讨工作一直在进行着。和老师们一起走入联盟园所，我们常常会遇到很多不一样的场景，会听到许多内在需求的声音。我们通过实地走访、座谈分享、访谈调查等多种形式来了解园所的情况。在这样相互探讨与交流的过程中，常常会遇到老师们关于环境创设、幼儿一日生活、主题深度探究等一系列的问题。在这样的情景中，我们不再是问题的抛出者，而是要运用自己的经验帮助解决问题，这就需要我们不断地思考，来分析切实需要解决的现实问题，以及提出适应的解决方案。这就需要我们主动地阅读相关专业书籍，或是主动将问题在每周的教研会上抛出，集思广益。然后再将大家想出的办法和姐妹园老师们一起探讨，并尝试在园所实施，接着在连续的帮扶中记录改变的过程，形成“问题—方案—实施—记录—反思”这样的模式。从而也促使我们螺旋式成长，并在这样的过程中完成从一个“被思考者”慢慢向“主动思考者”的转变。

【讲师团外出帮扶心得】

清秀幼教集团荣悦分园黄子义：

作为代表清秀幼教集团前往喀什支教帮扶的我，接受园领导安排的任务和要求之时，就对自己做出了要求，要把“学以致用、认真教学、实践反思、自我发展”作为我的工作重点，并做好充分的准备。我清楚地认识到，要展示一个教学活动不难，但是要有高质量是需要下大功夫去钻研器材、设计活动、组织教学的。同时作为一名前往边疆支教的老师，我应该为当地幼儿园的体育教学注入一些新的理念、新的方法、新的活力！

体育活动《迪士尼之勇敢者道路》在喀什四幼、喀什十幼、夏镇中心幼儿园和英乡中心幼儿园展开，活动以桌子为素材，进行独木桥探索（在3张长桌上尝试以身体不同部位接触桌面移动）、斜面桥探索（用不同动作克服斜面阻力通行）、冲刺桥挑战（在4张桌面组成的桥面上助跑跨跳）。活动由易到难，层层递进，环环相扣，当到达难度较大的环节时有些幼儿有畏难情绪，但是在老师的鼓励下挑战自己、勇敢前行。活动后，与喀什老师们交流分享时，老师们纷纷说道：“原来桌子有这么多的玩法啊！”

2. 注重行动式研究，聚焦对儿童的研究

立足教育实践场所的行动研究是教师专业成长成熟的必经之路。行动研究可以将影响教师发展的内部和外部两方面因素有机地联系和统一起来。注重行动研究的老师常常会从已有的经历中发现新的包括育人和育己的人生体验，从而不断丰富、调整、改变自我。“以身体之、以心验之”，可以对儿童、对教师、对课程、对教师职业价值观等形成主观感受、内心品悟与反应，从而使外在的知识观念具有个人意义，并逐渐内化为教师个人的职业理想信念。

【跟岗研修反思】

清秀幼教集团黄品新：

近年来，我们一直在探寻，什么样的课程能真正站在儿童视角，不仅满足儿童学习的需要，还能促进儿童心灵与智慧的成长？到南山区机关幼儿园开展一日活动、室内外教育环境的现场观摩，以及“儿童立场、生活视角下的课程组织实施”的专题研讨，对“儿童视角”的认识逐渐聚焦。

尊重儿童视角。尊重儿童的学习方式和表征方式，尊重儿童的思想，尊重儿童看待问题的视角。幼儿园的课程立意高端，运用哲学取向解决了课程的顶层设计问题，将探究课程的理念、目标、内容、实施和评价高度融合，实现了课程要素的闭环，并将课程的顶层设计通过教育现场加以实现。我们看到，幼儿园创设了安全、温馨、丰富、自然、富有教育内涵的室内外全方位、多维度、高品质的教育环境；我们看到，幼儿园的孩子们充分行使自决权。在这里，孩子可以有大量自己决定的机会，如自助吃水果、自己选区、自己决定主题活动的方向、小组商议制定区域规则、体能大循环、户外自主游戏的选择等。尊重儿童的视角，给儿童带来了很多愉快的体验与思考，让他们对幼儿园的人、事、物产生了极大的信赖感。

理解儿童视角。我们看到，师生互动、生生互动在一日生活中高质量地发生。晨谈中关于运动会展示环节排练的话题，老师提出问题，孩子们抛出质疑、提出解决方法；《光影帐篷》活动中，孩子们经历了一次失败的探究，发现颜料涂在透明的薄膜上不能透光，老师支持孩子们第二次将各种颜色的透明玻璃纸剪出造型，分成三组再做探究；《我和影子》的表征活动，老师提供了大量的信息支架，支持幼儿独立完成一份长卷的作品——从对“文化长廊的影子为什么是彩色的”问题的提出，到对“影子的成因”“影子与太阳”的探究。我们看到，一旦儿童开始表达自我感受，学习的广度、深度都会扩展，对自己、对世界也有了更深刻的认知。对于教师来说，更多的是观察儿童、与儿童对话、解读儿童。理解儿童的视角，对课程的出发点、价值追求、呈现方式、对幼儿元认知能力的影响、给家庭带来的影响、家长在其中的作用及教师指导儿童学习的方式等诸多方面都产生了积极的影响。

发展儿童视角。南山区机关幼儿园从科技特色中抽象出探究学习的路径，并将这种深度学习的路径全覆盖在一日生活中。我们看到，深度学习不仅仅发生在主题探究活动中，还泛化到了生活活动和幼儿的日常管理中。从内容的覆盖面来说，有主题探究、生活活动、自主管理和环境创设……比如，对《光影城堡》主题的探究，对《光影帐篷》活动的探究，对刷牙习惯的调查，对建构区合作建构的探讨，等等，不仅有“知识与认知”“动作与技能”的深度学习，让我们特别高兴的是，还看到孩子们对“感受与情感”的深度学习。从形式的覆盖面上说，有个体的探究，有小组的探究，还有集体中先后递进的探究。比如，《我和影子》的表征活动，A小朋友的作品做完了，B小朋友要去做作品的时候，要对前面小朋友的作品负责，即考虑整体构建一个比较好的画面，这种先后递进的深度学习的难度系数更高。在走廊开展《光影帐篷》活动的孩子也是一样，上午没有完成的作品，另一批孩子来开展的时候是要统整考虑的。发展儿童的视角，课程对儿童发展产生了积极的影响，在学习过程中，儿童的情绪更加积极、饱满，更愿意表达自己，对生活中的变化越来越敏感，对事物探究的愿望越来越强烈，内在的秩序感越来越稳定。

课程建设是幼儿园质量管理的核心，同样也是一项需要长期研究的工程。基于儿童视角的课程构建，环境中才有真正属于儿童的表征，活动中才有儿童热情投入、主动学习的身影。

3. 关注体验式学习，实现职业价值的内化

清秀幼教集团联盟园基于课程视野下互动式共同体的建立，不仅促进了学习型组织的构建，而且促进了联盟园所教师之间的观摩研讨、相互学习，激发了教师的内在需求和发展动力，在发展坐标上找到自己现有的位置及发展的方向，进而自我突破，自我超越，实现职业价值的内化。

【入园研讨小组成员心得】

清秀幼教集团荣悦分园谢秀媚：

原来我可以是“大咖”

教龄并不长的我，对于进入联盟园开展研讨工作，内心是忐忑的。进入联盟园观摩现场时，我观察到大班建构区幼儿搭建水平较低的状况，脑海里快速浮现出我们园内教研的理论及典型案例。我结合大班幼儿建构的特征和目标要求，从幼儿深度学习环境支持方面提出了建议。在那一瞬间，觉得自己已化身成为“幼教大咖”，原来我也可以。

【入园研讨小组成员心得】

清秀幼教集团德弘总园周佩娜：

联盟园入园研讨中，我从周计划的制定入手，帮助老师们把握一日活动设计原则，内化各环节要素，科学组织与实施活动。通过与老师们展开层层讨论，对于幼儿的区域材料投放，我们有了新的思路。从让幼儿“玩得好到玩得妙，萌发了新感悟”到“好材料需要老师的智慧与专业思维去设置”。我观察了幼儿在区域活动中的状态，反思材料是不是越多越好？回到幼儿园我更多地以观察者的身份去观察孩子与材料互动的情况，对区域材料进行了重新梳理，增加了更多无固定玩法的材料，以激发幼儿的想象及替代物思维，减少了以摆弄为主的仿真材料。

基于互动式共同体发展的教师培养模式需要实践的长期检验与逐步完善，清秀幼教集团将带领联盟园坚持以课程建设为契机，聚焦教师专业发展。专业发展让教师对教育规律有了更深刻的认知和更准确的把握，让教师拥有了专业价值和专业尊严。因此，清秀幼教联盟深化基于互动式共同体的发展路径探索，力争为罗湖区学前教育发展培养一支师德高尚、业务精湛、结构合理、充满活力、高素质专业化的现代教师队伍。

（四）联动成果导向的教研

教研即教学研究，是指总结教学经验，发现教学问题，研究教学方法。成果导向的教研是指基于教研产出的教研模式。成果导向的联盟教研联动是指依托牵头园教研“基本式”的资源辐射，结合联盟园各自教研现状和需求，提前进行有计划、分层次的教研成果布局，并按照相应的实施方案开展联动教研，最终实现提升教师专业水平和各园教学质量的目标。牵头园的教研“基本式”是成果导向的联盟教研联动过程中的主要辐射资源，本节将重点介绍清秀幼教集团教研“基本式”的内容，并以主题教研组为案例展示教研实施路径，在“基本式”的基础上呈现成果联动教研的实施路径。

1. 清秀幼教集团教研“基本式”

清秀幼教集团总园长从全局把握教研总方向，由集团课程副园长具体协调指挥，以教研员为具体执行负责人，按照幼儿园课程模块的内容，分别成立教研组。各教研组再根据教研模块的内容进行计划、组织、协调、管理每个学期的教研内容。教研形式多样，包含集体教研、小组教研、走班教研等。清秀幼教集团教研“基本式”主要包含四个方面的内容：建构幼儿园课程价值观；聚焦教育科研，树立课程视域下的课题研究；分层施策，提升教师课程意识；全面推进课程建设。

表3-2-57　清秀幼教集团教研"基本式"内容

建构幼儿园课程价值观	树立课程视域下的课题研究	分层施策，提升教师课程意识	全面推进课程建设
1.课程价值取向。 2.课程建设的努力方向。 （1）儿童教育哲学； （2）理论框架； （3）行动指南； （4）评价指标	1.确定基于课程的课题群。 2.注重课题研究的文本逻辑。 3.回归教育现场的课题研究	1.提升研究生实践力。 2.实行教研全覆盖。 3.梳理不同发展时期教师的发展路径。 4.以赛促学	1.基于幼儿学习与发展的一日生活探究。 2.推进深度学习取向的主题活动。 3.推进基于观察的材料投放。 4.自然教育理念下的清秀（淘金山园）新园课程建设。 5.推进课程视角的节庆活动

（1）建构幼儿园课程价值观

幼儿园课程最终要回归思考幼儿园教育的本质和方向。幼儿园教育实践应该适合儿童的发展特点，适合儿童的个性特点，适合儿童的家庭文化背景，并确保教师教学的有效性，在尊重儿童的基础上促进儿童发展。清秀幼教集团秉持"以儿童为本"和"可持续发展"理念，以热爱关心幼儿成长为宗旨，积极主动、充分调动家长及各种资源，为每一个儿童建构适宜发展的课程模式，涵盖儿童教育哲学、理论框架、行动指南和评估标准，实现幼儿有意义、有长远效果的学习。为幼儿创设适宜的学习环境，观察和解读幼儿的兴趣与探究，引导幼儿深层、深刻、深度学习，将深度学习与幼儿一日生活融合。不断实践与探索深度学习与园本课程的融合，从融合的目标、内容、实施、评价和课程管理方面实现深度学习与课程的结合，以深度学习为抓手建构园本课程，从而提升教师的班本课程建构力，提升幼儿的学习效果与学习品质。

清秀课程建设站在质量的高度，站在儿童获得完整经验的角度，站在儿童身心发展规律和学习特点的角度，最终目的是促进幼儿发展，同时提升教师课程建设的水平，提升课程实践能力，进而提高幼儿园整体教育质量。

（2）聚焦教育科研

树立课程视域下的课题研究。幼儿园课题研究是推动幼儿园课程建设的有力抓手。然而幼儿园普遍存在课题研究选题随意性、重复性严重，缺乏本土性和课程思维，课题与课程、课题与实践脱节等问题，如何将课题融入日常实践，助力课程品质建设，是教研工作的重点。树立课程视域下的课题研究，呈现“集体培训、课题群布局、模板定制、文本打磨”的路径。

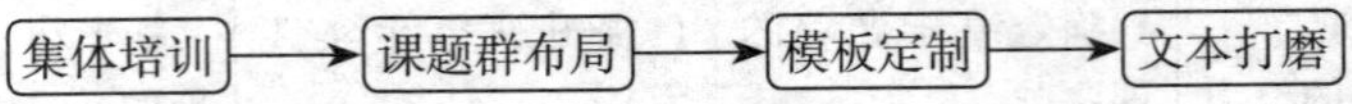

图3–2–183　幼儿园课题研究路径

① 集体培训、课题群布局

区教研员和园教研员有计划地开展课题研究的专项培训，明确课题研究是课程建构的手段，是课程的佐证材料，也是课程建构深度和专业的证明。在逐渐厘清园本课程建设定位的基础上，根据课程分解课题，确定基于课程的课题群，考虑课题的整体布局，包括省级、市级、区级；考虑课题研究的宽度和广度等，从而通过课题研究窥见课程建设的路径和发展现状。

② 模板定制、文本打磨

清秀幼教集团注重聚焦教育科研，树立课程视域下的课题研究，助力幼儿园课程建设深度发展。关注各级政府教育主管单位组织的课题研究，幼儿园根据课题研究群申报，并且由教研员集体打磨设计课题研究文本的模板、课题研究的撰写思路及文本逻辑。

2019年，根据罗湖区教育局组织的综改课题研究方案，清秀幼教集团根据课题研究群申报，并由教研员集体打磨，包括设计课题研究文本的模板、课题研究的撰写思路及文本打磨。经过“集体培训、课题群布局、模板定制、文本打磨”的路径，我园有4个课题申请上2019年罗湖区“罗湖教改”规划课题（见表3–2–53）。其中，郭琼园长的《公立学前教育集团化办学模式实践研究——以深圳市罗湖区清秀幼教集团为例》为幼儿园类唯一一个重点资助课题，以下列举该课题的开题报告部分内容呈现课程视域下的课题模式。

表3–2–58　2019年深圳市罗湖区“罗湖教改”规划课题立项名单

类型	主持人	课题名称
重点资助课题	郭琼	《公立学前教育集团化办学模式实践研究——以深圳市罗湖区清秀幼教集团为例》
重点非资助课题	黄品新	《信息技术在幼儿一日生活中的深化应用与融合创新研究》
	肖雪紫	《“大体育”行动在幼儿园实施的策略研究——以罗湖区清秀幼儿园为例》
	郭扬	《物联网环境下多园联动的3—6岁幼儿阅读活动指导策略研究》

案例32

《公立学前教育集团化办学模式实践研究——以深圳市罗湖区清秀幼教集团为例》开题报告节选

一、课题研究背景

学前教育是教育体系中很重要的一个组成部分，在幼儿健康成长及未来的发展方面都起到了关键作用。党的十九大做出了“幼有所育”的决策部署，明确了“坚持一个都不能少的原则，努力让每个孩子都能享有公平而有质量的教育”的任务和目标。近年来学前教育虽取得了明显发展，但仍然是教育体系中最薄弱的环节，如何提供有质量的学前教育是当前必须解决的问题。目前中国乃至深圳公立学前教育资源仍然很缺乏，深圳多年来积极引入民间资本分担学前教育的社会责任，然而民办幼儿园的教育质量总体始终差强人意，不能满足市民对学前教育的要求，就造成家长们“挤破头”也要让孩子上公办园的现象。深圳各区都希望能够探索出一种新型的学前教育模式，因此在这样的背景下提出公办学前教育集团化。首先，公办学前教育集团化是扩大和优化学前教育资源的重要组织形式之一，能够缓解供求矛盾。其次，是实现公立学前教育资源公平公正和最优化的整合，并提供高质量的学前教育。

随着我国市场经济的开放、发展、繁荣，学前教育的发展模式也开始向集团化、社会化方向发展，尤其是私立学前教育集团化的崛起对公立幼儿园的后继发展产生了很大的影响。这样就迫使公立学前教育进行深入改革，否则必将失去其原有的主导地位，所以公办学前教育集团化已势在必行。

为落实十九大报告“发展素质教育”的要求，深圳市罗湖区提出“发展素质教育”的罗湖行动，出台《深圳市罗湖区深化教育领域综合改革实施方案（2018—2020）》。作为全国第一个贯彻落实十九大精神的区域教育综合改革方案，该方案聚焦资源配置、队伍建设、体制机制、育人模式和家庭教育改革五个供给侧，推动25个改革项目，100个实施路径，“百亿百招”谋划罗湖教育发展，力争到2020年基本实现以精致、创新、优质、品牌为特质的“精品教育”目标。其中，体制机制的改革目标是优化治理结构，激发办学活力，提高教育治理现代化水平，使各级各类教育更加符合教育规律，更加符合人才成长规律，更能促进人的全面发展。项目8提出幼儿园的集团化办学与联盟式发展思路，实现学前教育集团化办园、联盟式发展全覆盖。发挥3所公办园和7所优质园的辐射带动作用，成立3个幼教集团、7个幼教发展联盟，每个集团或联盟拥有13—15所幼儿园，实现全区100%幼儿园全覆盖，推动我区学前教育优质普惠的发展方向。无论是从自上而下的政策导向，还是从人民的实际需求出发，发挥公办园资源优势，快速复制优质学前教育资源，满足人民群众不断增长的教育数量和质量需求已经刻不容缓。

在政策和现实需求的大背景下，本课题拟从公立学前教育集团化发展进程中公办园所的“美丽园所”创建（从园所装修到最终的室内外一体化环境创设）、集团园的课程建设、公办园所体制机制创新、公办园所队伍建设（团队建设）到公办园所管理绩效评价机制建设的全方面进行研究，通过清秀幼教集团化发展过程中的实践经验和个人多年来幼儿园办学经验，探讨出一整套公办园办学实践指南，一方面对本集团发展的过程进行总结，不断完善和更新集团化办学的模式；另一方面为公立学前教育集团化办学提供经验参考。

二、拟解决的核心问题

根据罗湖区教改方案项目8提出的幼儿园集团化办学与联盟式发展思路，实现学前教育集团化办园、联盟式发展全覆盖，本课题主要希望能够通过研究、实践总结梳理出一套适应罗湖区乃至更大范围的公立学前教育集团化办园实践模式。

三、核心概念界定

公立学前教育集团化：学前教育集团化一般是指一个以共同开办和管理实体为共同体，以产权关系为纽带，通过投资、合资和合作等方式把多个幼儿园联系在一起，有统一的规章制度，有统一的管理模式，有统一的可调配的高素质教师队伍，有共同的利益，尤其是经济利益。各个学前教育机构以契约或产权关系为纽带形成学前教育机构联合体，联合体中的组织结构统一管理和协同运作，共同实施教育教学活动。在本课题中专指在《罗湖区深化教育领域综合改革实施方案（2018—2020）》中提出的学前教育集团化办学模式。以罗湖区清秀幼教集团为例，根据国家、广东省、深圳市和罗湖区中长期教育改革和发展规划纲要的精神，为贯彻落实罗湖区教育领域综合改革方案，罗湖区教育局于2018年9月30日正式授权挂牌成立“罗湖区清秀幼教集团”，目前包含德弘园老园、2017年新增的荣悦分园、2019年9月预计开园的淘金山分园及正在土建期间的第四、第五园所——罗湖棚改项目B05、B01地块幼儿园共5所园所。清秀幼儿园作为独立法人，在未来几年以持续新增分园的形式，形成多个公办幼儿园（分园不具备独立法人资格）的紧密型集团化办学的形式就是本课题中特指的公立学前教育集团化办学。

四、国内外研究述评

1. 国外述评

国外的学前教育起步相对较早，外国政府对本国学前教育的探索研究相对成熟。全世界范围内，幼儿教育最为发达的国家非美国莫属，截至20世纪末，其幼儿入园率已经达到99%，在美国幼儿教育的普及早已实现了。在美国，虽然大部分学前教育都是民办的私立学校，但这丝毫不影响其学前教育事业集团化的发展，其成就令其他国家有目共睹。日本高度重视幼儿教育的发展，一些大的集团也开始投资学前教育，这都为学前教育的发展在经济方面提供了保障。英国政府目前已经把学前教育纳入"教育优先领域"，实施了"都市援助计划"，在全国范围内建立了学前教育的完整体系，实现了一元化的管理体制。

帕特里克（Patrick）通过研究表明，知识天地（Knowledge Universe）公司在1999年即拥有"美国幼儿发现中心"（Children's Discovery Centers of America）等5个教育集团，每年的收入相当可观，大约超过10亿美元，旗下的教育集团估值约为40亿—60亿美元。由此可见，大部分教育集团均始于20世纪末期，幼教集团也不例外。

James Tooley的相关调查研讨显示，各国的教育集团在20世纪90年代开始兴盛，除了各国国内教育集团的数量增多之外，还出现了跨国性质的教育集团，教育集团走上了扩张之路。其次是关于教育集团的形成和扩张方式的介绍。董秀华综合美国、英国、印度等国教育集团的发展路径，总结出了其通过联合进行加盟和通过特许经营增加机构数量的派生方式。目前国外关于幼儿园集团化管理模式的研讨多集中在其实践运营、业务拓展和发展现状等方面，而对其自身的内涵研究、教育现状和管理模式研究等方面则相对较少。

2. 国内述评

2018年的两会，部分人大代表提出要把学前教育纳入义务教育范畴来促进学前教育均衡发展。全国人大代表、宇华教育集团董事长李光宇2018年再次带来了有关学前教育的议案。的确，如果把学前教育纳入义务教育，义务教育阶段的城市幼儿就可以免费入幼儿园，而农村幼儿园不足，就会出现“入园难”的现象，反而会加速教育资源分配不公。我国对于学前教育集团化发展的研究较多，但这些研究多数针对私立学前教育，对公立学前教育集团化发展也有一定的借鉴意义。

从上面的研究中可以看出，国外对教育集团化及学前教育集团化的研究起步比较早，而国内则兴起于21世纪初；在研究成果方面，国外对公立学前教育发展问题的研究较少，目前，我们对国外公立学前教育的发展情况并不是非常了解。从现有的文献资料中可以看出，国外在学前教育方面早已走上了市场化的发展道路，而国内由于多种客观原因，学前教育机构之间还是彼此孤立的状态，这对集团化发展造成了一定的阻碍，但随着政府政策的完善，资金及人力物力投入的增加，公立学校教育走集团化发展模式也是可行的。当前国内虽然也有一些有关公立学前教育集团发展方面的研究，但总体上看不很完善，对公立学前教育存在的问题及原因分析也缺乏深度和广度。

3. 本园已有条件

清秀幼教集团是罗湖区3个公办幼教集团之一，主持人是清秀幼教集团的总园长。清秀幼教集团正以集团办园的方式迅速扩大。现有德弘、荣悦两个校区，17个教学班，全园共有幼儿560人。教职工98人，教师岗位46人，大专以上学历教师占100%，本科以上占60%，其中研究生5人，专业合格率达100%；保育员17人，所有人员均持证上岗，配备、岗位设置、人数比例符合省级园规定。淘金山园、棚改B05和棚改B01正在筹建中，均为12个班规模。幼儿园已经构建了一个在现代教育思想和现代科学管理理论指导下，利用先进的信息技术手段对幼儿园进行最优化的幼儿园信息化管理系统。其技术特点是数字化、网络化、智能化和多媒体化，基本特征是开放、共享、交互、协作，通过电脑网络及手机APP，整体网络化、数字化办公，规范成员之间的工作流程，促进交流与协作，既有利于幼儿园教育与管理目标的实现，同时也节省了大量的物质资源。

五、研究目标和内容

（一）研究目标

1. 公立学前教育集团化发展进程中的体制机制创建。

2. 公办园所新建园所创建方案（包含新建园所筹办、室内外一体化环境创设）。

3. 公立学前教育集团化发展进程中公办园所队伍建设（团队建设）。

4. 公立学前教育集团化发展进程中的课程建设方案。

（二）研究内容

本研究在介绍研究背景、研究方法和国内外研究现状的基础上，从公立学前教育集团化发展进程中的体制机制创建、公办园所新建园所创建方案（包含新建园所筹办、室内外一体化环境创设）、公立学前教育集团化发展进程中的课程建设方案、公立学前教育集团化发展进程中公办园所队伍建设（团队建设）等方面开展研究，以期通过清秀幼教集团化发展过程中实践经验和个人多年来幼儿园办学经验，探讨出一整套公办园集团化办学模式。具体内容如下：

1. 公立学前教育集团化发展进程中的体制机制创建

通过清秀幼教集团化发展过程中实践经验和主持人个人多年来幼儿园办学经验，探索和整理集团体制机制建设方案（包含集团园的办园章程、执行方法、集团人员配备和薪酬体系、集团层级结构等）和集团园所管理的绩效评价体制方案，形成一套公立学前教育集团化办学的体制和机制。

2. 公办园所新建园所创建方案（包含新建园所筹办、室内外一体化环境创设）

依托清秀幼教集团现有园所：德弘园、荣悦园和即将开园的淘金山园所，以及正在筹建的B05、B01分园的创建经验，整理和编写新建园所指引。以集团现有园所和在建园所淘金山分园的室内外一体化建设筹备建设经验，总结整理幼儿园室内外一体化创建方案。

3. 公立学前教育集团化发展进程中的课程建设方案

罗湖区清秀幼教集团始终坚持公益导向，积极探索内涵式发展的模式，秉持“以儿童为本”和“可持续发展”的理念，为每一个儿童建构适宜发展的课程模式，涵盖儿童教育哲学、理论框架、行动指南和评估标准，这是清秀幼教集团课程建设在相当一段时间的努力方向。我们始终坚持学前教育实践应该适合儿童的发展特点，适合儿童的个性特点，适合儿童的家庭文化背景，并确保教师教学的有效性，在尊重儿童的基础上促进儿童发展。

4. 集团教师队伍建设探索

通过清秀幼教集团化发展过程中实践经验和个人多年来幼儿园办学经

验，探索和整理集团教师队伍建设方案。进一步完善集团运作的管理架构与细则，注重以人为本，为教职工办好事、办实事，增强教师的职业幸福感。强化师德规范，坚持廉洁从教，做有理想信念、有道德情操、有扎实学识、有仁爱之心的“四有”好老师。

六、研究理论依据和研究方法

（一）理论依据

1. 新公共行政理论

新公共行政，在新的社会背景下，公共行政管理要改变管理方式，不再是强制性的，而是要为广大人民群众服务，为促进社会公平公正做贡献，并把社会资源进行很好的整合，发挥社会资源的作用，让社会经济更加繁荣昌盛，让人民群众的生活水平也达到一个新的高度。公立幼儿园，不言而喻，自然是为公共大众服务的，主要是为了保证普通民众的幼儿都能够受到良好的学前教育，体现社会主义的公平性与优越性。在目前的实际情况下，公办学前教育机构也要走创新发展的道路，可以探索公私合作的新形式，积极吸引民间资本投入学前教育领域，提高公立学前教育机构的教育与服务能力，促进社会在学前教育阶段的公平公正。

2. 教育公平理论

教育公平一直以来就是教育界关注的一个热点问题，也是社会公众追求的目标之一。2010年7月8日，国务院颁布了《国家中长期教育改革和发展规划纲要（2010—2020）》，在文件中就鲜明地指出，促进教育公平是国家的一项基本教育政策，教育公平的重点在于“机会公平”，每个公民都享有平等的受教育权利，整个社会都需要我们共同努力来促进教育的公平。教育公平同样也要体现在学前教育的过程中，对于任何幼儿来说，他们不应该受到任何的限制，都要平等地接受教育，共同分享社会学前教育资源。

（二）研究方法

1. 文献法

在百度、知网等搜索有关集团化发展、学前教育集团化发展、公立学前教育的相关文献，并结合图书馆、资料室查阅相关书籍作为补充。在总结前人研究成果和经验的基础上，结合自身的实际情况对查阅的资料进行梳理、归纳整合与分析提炼，创造性地吸收和借鉴。了解当前国内外学前教育发展、集团化发展的研究现状及存在的问题，为下一步研究奠定基础。

2. 观察法

以课题园所在的深圳市罗湖区清秀幼教集团为例，真实深入地了解我国公立学前教育具体情况，全面了解这些公立幼儿园的办学现状，关注公立幼儿园的办学规模、模式、具体过程及面临的困境等，为下一步的研究与分析奠定现实基础。

3. 行动研究法

通过课题园清秀幼教集团（公立学前教育）的集团化办学模式实践开展研究。

七、研究步骤和预期成果

本课题自2018年12月起，基本上分为三个阶段、五小组进行，具体如下：

（一）启动阶段（2018年12月—2019年3月，阶段负责人：郭琼、郭扬）

1. 文献查阅

进行相应的文献收集与分析工作，包括启动、筹备、学习设计、相关调查问卷等，聚焦当前公立学前教育集团化办学的重难点问题，确定研究方案，成立课题组，确立研究内容、研究目的、框架及内容。

2. 项目分组分工

主要从公立学前教育集团化发展进程中的体制机制创建、公办园所新建园所创建方案（包含新建园所筹办、室内外一体化环境创设）、公立学前教育集团化发展进程中的课程建设方案、公立学前教育集团化发展进程中公办园所队伍建设（团队建设）四个方面进行人员分组和责任分配。

具体如下：

第一组：体制机制建设（负责人：郭琼；成员：黄品新、郭扬、廖颖彤）

（1）制度建设——含集团章程、制度建设、薪酬体系等。

（2）集团运营——管理架构、运作流程、日常管理、质量监控。

（3）绩效评价——评价体系。

第二组：新园筹建（负责人：李艳；成员：冯春阳、赵婷、朱媛媛）

（1）办园方向定位。

（2）园舍土建规划。

（3）二装设计、施工、软装。

① 设备投入——规划、采买、验收。

② 人员招聘——消息发布、组织筛选、合同签订、岗前培训。

③ 招生——发布公告、分批录取、专题讲座、课程辅导、入园适应。

第三组：室内外环境一体化建设（负责人：朱媛媛；成员：黄品新、教管人员、级组长）

（1）概念定义。

（2）新园统筹规划方案。

（3）老园调整改进措施。

第四组：集团课程建设（负责人：黄品新；成员：薛胜利、季琴、肖雪紫、郭扬、朱媛媛、廖颖彤）

（1）集团课程架构。

（2）课程实施办法及保障。

（3）课程评估办法。

第五组：师资队伍建设（负责人：郭琼、黄品新；成员：廖颖彤、薛胜利、季琴、沈文贻、冯春阳、李艳）

基本通识素养+专业能力，进行层级培养。

（1）管理团队。（负责人：郭琼、黄品新）

（2）教师团队。（负责人：薛胜利、季琴、肖雪紫）

（3）后勤团队。（负责人：沈文贻、冯春阳、李艳）

3. 实施阶段（2019年4月—2020年7月）

第一阶段：梳理形成架构并初步实施（2019年4月—2019年7月）

表3-2-59 实施计划表

第	具体任务	阶段成果	负责人
第一组	1.完成制度建设文稿并提交教职工大会审议。 2.完成章程的制定。 3.薪酬制度的制定及实施。 4.拟定集团架构、组建人员、落实经费。 5.梳理已有绩效评价策略	1.《清秀幼教集团规章制度（讨论稿）》。 2.《清秀幼教集团章程》。 3.《清秀幼教集团薪酬方案》。 4.《清秀幼教集团信息化管理指南（框架）》	

续 表

	具体任务	阶段成果	负责人
第二组	1.完成淘金山二装、筹建，收集过程性资料。 2.梳理德弘、荣悦、淘金山、B01、B05设计方案。 3.完成淘金山设备采购。 4.各类证件办理。 5.收集开园所需相关证件及政策依据。 6.教师招聘。 7.幼儿报名	1.5个园设计效果图。 2.读懂规划图等规范图纸。 3.淘金山厨房设计及A级申报流程。 4.淘金山设备购置需求书及采购流程。 5.户外大型玩具效果图。 6.各类证件办理流程。 7.淘金山二装施工跟进日报表。 8.室内环境前期设计方案。 9.教师招聘方案、证书样本、面试流程及结果、合同签订。 10.新教师岗前培训方案	
第三组	1.淘金山室内环境设计、户外环境创设。 2.德弘、荣悦原有环境梳理	1.室内外环境概念梳理。 2.淘金山室内外环境规划方案（初步方案）。 3.淘金山室内外区域材料投放	
第四组	1.完成清秀课程建设方案初稿。 2.探讨淘金山新园课程资源及架构。 3.德弘、荣悦课程实施推进（主题、区域、一日生活及环境）。 4.四大行动在课程推进中的具体落实。 5.信息化在课程幼儿一日生活中的应用	1.《清秀课程建设方案》初稿。 2.淘金山课程建构及实施相关材料。 3.主题、区域、一日生活相关推进资料。 4.四大行动实施方案。 5.信息化在幼儿学习中的应用	
第五组	1.基本素养提升实施（专项活动+技能提升+自我修炼）。 2.三支队伍的专业提升针对性培养计划、措施制定并初步实施	1.计划总结。 2.学期实施情况分析。 3.专项活动记录（方案、过程、发布文本）	

第二阶段：进一步实施形成初步成果（2019年9月—2020年2月）

表3-2-60 实施计划表

	具体任务	阶段成果	负责人
第一组	1.召开教职工代表大会。 2.《规章制度》正式实施。 3.《章程》具体实施。 4.薪酬制度实施与完善及各岗位工作流程梳理。 5.德弘、荣悦、洵金山3园人员配齐，按照拟定方案落实实施。 6.探讨三园联动的质量监控措施，加强过程管理。 7.质量完善绩效评价相关表格、探讨信息化落实过程，三园联动，力争高效、科学	1.《清秀幼教集团管理手册》（出版发行）。 2.《清秀幼教集团薪酬方案》落实并完善。 3.《清秀幼教集团信息化管理指南》（初稿完成）。 4.各岗位工作流程。 5.质量监控各种表格的完善及信息化流程梳理	
第二组	1.逐步完成工程、设备验收、设备款支付。 2.编撰《公办园筹建指引》。 3.新教师岗前培训。 4.开园、新生入园	1.《公办园筹建指引》初稿。 2.室内外环境创设指引。 3.新团队建设，形成共同愿景	
第三组	1.洵金山室内环境设计、户外环境的第二次调整更新。 2.德弘、荣悦室内外环境调整梳理	《德弘、荣悦室内外环境创设指引》初稿	
第四组	1.完成清秀课程建设方案初稿。 2.完成洵金山新园课程实施方案初稿。 3.德弘、荣悦课程实施推进（主题、区域、一日生活及环境）。 4.四大行动在课程推进中具体落实方案。 5.信息化在幼儿一日生活中的应用阶段成果	1.《清秀课程建设方案》初稿。 2.洵金山课程建构及实施相关材料指引。 3.主题、区域、一日生活相关推进资料。 4.四大行动实施方案。 5.信息化在幼儿学习中的应用	
第五组	1.基本素养提升实施（专项活动+技能提升+自我修炼）。 2.三支队伍的专业提升针对性培养计划、措施制定并初步实施	1.计划总结。 2.学期实施情况分析。 3.专项活动记录（方案、过程、发布文本）	

第三阶段：进一步实施，验证调整（2020年3月—2020年7月）

表3-2-61 实施计划表

	具体任务	阶段成果	负责人
第一组	1.《章程》《制度》《薪酬方案》进一步完善。 2.各岗位工作流程完善。 3.三园联动保证质量的经验梳理。 4.形成绩效评价的信息化管理完整流程	1.《清秀幼教集团管理手册》（出版发行）。 2.《清秀幼教集团信息化管理指南》。 3.各岗位工作流程及质量监控操作指南。 4.《清秀幼教集团绩效评价指引》	
第二组	1.修改完善《公办园筹建指引》 2.组织与团队建设	1.《公办园筹建指引》完成出版。 2.新园团队建设方案	
第三组	1.淘金山新园室内环境设计、户外环境的第三次调整。 2.德弘、荣悦室内外环境调整梳理及环境互动指导	《淘金山室内外环境创设指引》定稿	
第四组	1.完成清秀课程建设方案初稿。 2.淘金山新园课程实施方案初稿。 3.德弘、荣悦课程实施推进（主题、区域、一日生活及环境）。 4.四大行动在课程推进中具体落实方案。 5.信息化在课程幼儿一日生活中的应用阶段成果	1.《清秀课程建设方案》定稿。 2.淘金山课程建构及实施相关材料指引。 3.主题、区域、一日生活手册指引。 4.四大行动实施方案。 5.信息化在幼儿学习中的应用案例集	
第五组	1.基本素养提升实施（专项活动+技能提升+自我修炼）。 2.三支队伍的专业提升针对性培养计划、措施制定并初步实施	1.素养提升案例集。 2.队伍建设实施案例集	

4. 总结阶段（2020年9月—2020年12月）

第一步：组织课题组成员全面整理资料，总结相关经验，写好课题结题报告。

第二步：收集整理课题实施阶段的各项成果。

表3-2-62 计划总结表

预期成果				
序号	阶段成果名称	数量	成果形式	负责人
1	研究报告	1篇	文本	郭 琼
2	新园筹建指引文集	1册	文本	郭 琼、李 艳
3	幼儿园室内外环境一体化创建的论文及方案	论文1篇 方案1册	文本	郭 琼、季 琴
4	集团园所课程建设方案和相关论文和案例汇编集	论文1—3篇 案例1册	文本	黄品新、郭 扬 朱媛媛、廖颖彤
5	集团体制机制建设方案和相关论文	论文1—3篇 方案1册	文本	郭 琼、黄品新
6	集团教师队伍建设方案和相关论文	论文1—3篇 方案1册	文本	郭 琼、黄品新 季 琴、李 艳
7	集团园所管理绩效评价体制创建方案	1册	文本	郭 琼、黄品新 郭 扬、朱媛媛

八、经费分配

表3-2-63 经费分配表

序号	经费开支科目	金额（元）	序号	经费开支科目	金额（元）
1	资料费	2000	6	专家指导费	14000
2	数据采集费	2000	7	劳务费	4000
3	差旅费	1000	8	印刷费	22000
4	会议费	2000	9	其他	1000
5	设备费	2000	合计		50000

九、保障条件

1. 物资条件

本课题园所在的清秀幼教集团是深圳市罗湖区三大幼教集团之一，本集团在集团化办学过程中已有经验，并且正在进行新园所建设（2所公办园、1所正在二装中的园所和2所在建园所）总结和分析，从公立学前教育集团化发展进程中公办园所的“美丽园所”创建（从园所装修到最终的室内外一体化环境创设）、新建公办园所体制机制创建、新建公办园所教师队伍建设（团队建设）到新建公办园所管理绩效评价机制建设的全方面进行研究，以清秀幼教集团化发展过程中的实践经验和课题组成员多年来幼儿园办学经验和理论知识，足以保证本次研究成果顺利完成。

2. 人员条件

本课题主持人为清秀幼教集团的郭琼总园长，曾引领罗湖区教工幼儿园获得“罗湖区五星级健康幼儿园”称号，曾经历过8所公办园的创建、装修、设计过程。还有课程设计经验丰富的黄品新副园长，以及学前教育专业硕士研究生5名，有长期的课题研究经验。大家职责清晰，各有优势。

3. 时间条件

本课题自申报之日时，幼儿园就一直致力于集团化办园各项实践和研究，积淀了研究基础和条件。申报课题后更是成立专项课题组，保障充足的课题研究时间。

以上案例为罗湖区级重点课题《公立学前教育集团化办学模式实践研究——以深圳市罗湖区清秀幼教集团为例》课题申报书的主要内容。

（3）分层施策，提升教师课程意识

教师队伍的发展是影响幼儿园课程质量的关键。清秀幼教集团通过安排研究生带班、成立教研组、搭建教师成长多元平台、以赛促学来落实。

① 安排研究生一线带班，提升研究生实践能力

教研员需要有充分的带班经验，从一线做起，在真实的教育现场发现真问题，才能有效地组织教研活动。教研员进班，不仅把所学的理论知识落实到一线实践中，也要通过配合不同教师组织活动学习到组织幼儿一日生活的不同技巧。最重要的是能更清楚一线老师的需求，了解本园的一线教育教学状况，从而深化教研团队实践，落实课程的推进及成果的呈现。如此既保证研究生的一线实践，又发挥专业学历优势。

表3-2-64　2018—2019学年研究生教研员进班安排表

		周一	周二	周三	周四	周五	备注
第一周	上午	图书借阅课	荣悦中二班（主班）	德弘大班组	图书借阅课	荣悦小班组	
	下午	德弘大班组英语	荣悦大班组	教研三人组会议	德弘中班组	组织教研	

续表

		周一	周二	周三	周四	周五	备注
第二周	上午	机动	荣悦中班组	荣悦中二班（主班）	荣悦混龄组	德弘小班组	
	下午	德弘中班组	德弘大班组英语	荣悦小班组英语	教研三人组会议	组织教研	
第三周	上午	图书借阅课	荣悦中二班（主班）	德弘大班组	图书借阅课	荣悦小班组	
	下午	德弘大班组英语	荣悦大班组	教研三人组会议	德弘中班组	组织教研	
第四周	上午	机动	荣悦中班组	荣悦中二班（主班）	荣悦混龄组	德弘小班组	
	下午	德弘中班组	德弘大班组英语	荣悦小班组英语	教研三人组会议	组织教研	
第五周	上午	图书借阅课	荣悦中二班（主班）	德弘大班组	图书借阅课	荣悦小班组	
	下午	德弘大班组英语	荣悦大班组	教研三人组会议	德弘中班组	组织教研	
第六周	上午	机动	荣悦中班组	荣悦中二班（主班）	荣悦混龄组	德弘小班组	
	下午	德弘中班组	德弘大班组英语	荣悦小班组英语	教研三人组会议	组织教研	
第七周	上午	图书借阅课	荣悦中二班（主班）	德弘大班组	图书借阅课	荣悦小班组	
	下午	德弘大班组英语	荣悦大班组	教研三人组会议	德弘中班组	组织教研	

表3-2-65　教研员工作时间安排表（2018—2019学年第二学期）

单周	周一		周二		周三		周四		周五		备注
上	教研员A	图书借阅课	教研员A（主班）	荣悦园中二班	教研员A	德弘园	教研员A	图书借阅课	教研员A	荣悦园	
	教研员B（主班）	荣悦园中一班	教研员B（配班）	荣悦园中一班	教研员B	德弘园	教研员B	德弘园	教研员C（主班）	荣悦园中一班	

续表

单周	周一		周二		周三		周四		周五		备注
上	教研员C	德弘园	教研员C	荣悦园	教研员C（主班）	荣悦园中一班	教研员C（配班）	荣悦园中一班	教研员C	德弘园	
下	教研员A	德弘园大班组英语	教研员A	荣悦园	教研员A	三人组会议	教研员A	德弘园			
	教研员B	德弘园中班组英语	教研员B	荣悦园	教研员B		教研员B（主班）	荣悦园中一班			
	教研员C	德弘园小班组英语	教研员C（主班）	荣悦园中一班	教研员C		教研员C	荣悦园			
双周	周一		周二		周三		周四		周五		
上	教研员A	机动	教研员A	荣悦园	教研员A（主班）	荣悦园中二班	教研员A	荣悦园	教研员A	德弘园	
	教研员B（配班）	荣悦园中一班	教研员B（主班）	荣悦园中一班	教研员B	荣悦园	教研员B	荣悦园	教研员B（配班）	荣悦园中一班	
	教研员C	荣悦园	教研员C	德弘园	教研员C（配班）	荣悦园中一班	教研员C（主班）	荣悦园中一班	教研员C	荣悦园	
下	教研员A	德弘园	教研员A	德弘园大班组英语	教研员A	荣悦园小班组英语	教研员A	三人组会议			
	教研员B	德弘园	教研员B	德弘园中班组英语	教研员B（主班）	荣悦园中一班	教研员B				
	教研员C（主班）	荣悦园中一班	教研员C	德弘园小班组英语	教研员C	德弘园	教研员C				

②队伍梯队建设，实行教研全覆盖

根据园所教研现状，将教师分为三大教研组，并调整教研组成员的备课时间，各教研组由一名教研员负责。结合师资实际情况制定相应计划、制度，分层、分类开展各项培训，既保证保教人员全员培训、整体提升，又兼顾专家型队伍建设、骨干教师队伍建设、中坚力量培养；积极为教师提供外出学习、专项指导、互动交流的机会，外出培训人员回园后及时分享，并撰写心得。让不同教龄、不同层次、不同水平线上的老师都有个性化的发展，旨在让有经验的老教师们通过自己的反思、归纳和提炼，与大家分享自己优秀的教育教学经验。

③ 梳理不同发展时期教师的发展路径

教师队伍建设的工作目标是“支持教师，成就教师”，即让每一个教师都感受到自己的重要，能成就自己，让每个教师都有自己的目标和人生追求，每个教师都有自己的发展方式。从管理上说，支持教师成就自己就是要延续与升华教师对事业的热爱，尊重教师的个体差异，搭建多元平台，支持不同类型的教师成就自己，实现自主的、专业的发展。清秀幼教集团针对反思创新期教师（12年以上）、成熟提高期教师（8—12年）、适应发展期教师（4—7年）和新手磨合期教师（3年以下）梳理了不同发展时期教师的发展路径。

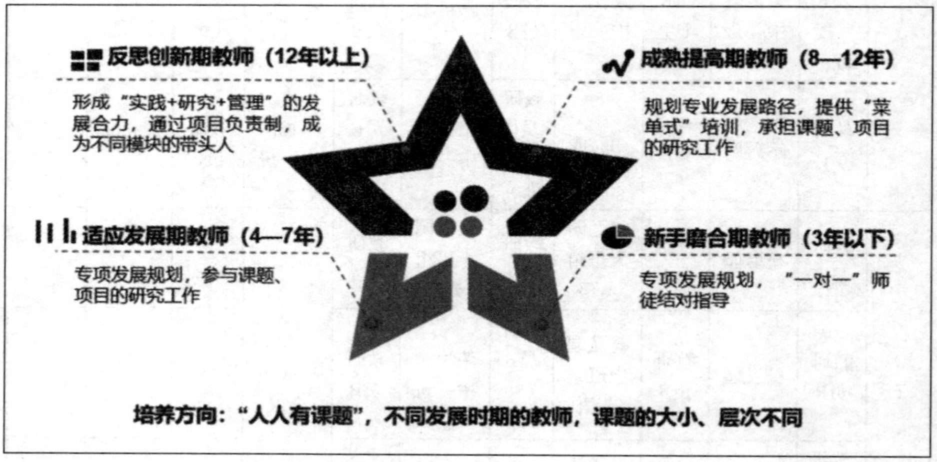

图3-2-184　不同发展时期教师的发展路径

④ 以赛促学

教研管理团队通过专家指导、名师引领、专业护航、以赛促学等方式促进教师专业素养提升。通过调整教师专业考核内容，包括应知应会专业水平测试、幼儿活动观察记录、教育活动设计、室内环境设计、一日生活的组织与安排及基本技能考核等全面提升教师的整体素养。

通过选送22个作品参加原创游戏案例比赛，选送7份作品参加NOC教育信息化发明创新奖2019年度全国教师信息素养比赛，选送9个“好玩具”案例和8个“好童书”案例参加全国“两寻找、三研究”的好玩具、好童书案例评选，以赛促学的方式为年轻教师在追求专业成长的道路上注入了强有力的动力，这个过程中老师们不仅能增加参赛经验，还能形成深度学习案例。

表3–2–66　深圳市幼教百花奖原创游戏案例

序号	年级	案例名称	序号	年级	案例名称
1	小班	《老鹰来啦！》	12	中班	《如果地球被我们吃掉了》
2	小班	《七手八脚》	13	中班	《森林里的回声游戏》
3	小班	《小鸡找吃的》	14	中班	《小矮人与大巨人》
4	中班	《搭桥过河》	15	中班	《套杯子》
5	小班	《请问现在什么灯？》	16	中班	《听声音找东西》
6	小班	《影子的游戏》	17	大班	《织渔网》
7	小班	《揪揪你的小尾巴》	18	大班	《动物园的小小导游》
8	小班	《水果切切乐》	19	大班	《谁偷了我的铃铛》
9	小班	《找数字》	20	大班	《数字猜猜猜》
10	小班	《手指勾勾》	21	大班	《老鼠出洞》
11	中班	《小熊掰玉米》	22	大班	《花、蜜蜂、捕蜂人》

表3–2–66列举了一线教师参加百花奖游戏比赛的22个原创案例。通过比赛的契机，教师将日常生活中的游戏案例进行梳理和改编，教研团队进行打磨修改，形成幼儿园的游戏案例资源包。这些游戏案例经过整理汇编就可以成为幼儿园开展不同年龄段幼儿游戏活动的共享资源。以下选举小中大班各一个游戏案例呈现教师们自编或创编的游戏案例。

案例33

小班——《影子的游戏》

周佩娜

一、游戏形式

集体、小组、个别。

二、游戏过程

游戏背景：平坦宽阔的操场，是孩子们最喜爱的环境。热身活动结束后，到了幼儿自由游戏时间，几名幼儿在操场上互相追逐、奔跑。

轩轩："嘿！豆豆，有一个黑黑的东西追着你，你去哪儿它就去哪儿！"

豆豆说："你也有！哈哈……老师也有。"

乐乐："我也有！我也有！"

轩轩："我们快跑，别让它跟着我们。"

老师则以观察者的身份，观察幼儿的活动。幼儿在操场上不停地跑，三分钟左右，幼儿显然累了，满头大汗，出现故意摔倒的现象。由于幼儿的游戏项目较多，考虑到安全因素，老师并没有及时干预和支持幼儿的游戏。户外活动结束幼儿回到教室，在游戏小结中，老师给全体幼儿分享了轩轩几位小伙伴的游戏，通过老师的分享，有的小朋友说出了"那是影子"的观点。基于幼儿的实际兴趣，老师找出了关于影子的视频并向幼儿介绍，支持幼儿的学习热情。

第二天户外活动中，幼儿依然对"影子"念念不忘。

教师发起游戏：

（一）试一试，有形状的影子

师：我们跟影子玩一个游戏吧，老师扮演，你们猜。（老师分别张开双臂，模仿小鸟飞；将剪刀手放在头顶，蹲着走）

幼儿乐得合不拢嘴，猜出了是"小鸟和兔子"。得到启发后，幼儿纷纷做出各种各样的造型，幼儿在游戏中和自己的影子做游戏、和伙伴互动，幼儿的欢笑声传遍了整个园子。

（二）我来踩，你来躲

在第一轮游戏中，幼儿获得了猜想和创造的快乐。游戏中，也有小朋友发现当两个人距离很近时，影子会出现部分重合现象，尽管幼儿还难以用语言来表述，但个别幼儿故意在其他幼儿的影子上"踩一脚"，博大家一笑。

小宇："我是超级飞侠，要把你们（的影子）踩扁。"

此时，老师珍视幼儿发起游戏的教育契机，作为伙伴，参与幼儿的游戏，进行隐性指导（游戏规则的建立与使用）。游戏规则：1.一名幼儿踩影子，其他幼儿躲闪跑。2.被踩到影子的幼儿停止游戏（不能跑动），直至一轮游戏结束。3.全部幼儿被踩到影子，一轮游戏结束。

（三）画影子

背景：经过前两轮的游戏，乐乐小朋友提出“影子是不会不见的，我们在哪儿影子就在哪儿”，老师随着幼儿的观点顺势提出：“怎样知道影子一直跟着你呢？”乐乐说：“不信的话，我可以画出来。”老师为幼儿提供了粉笔，支持幼儿用“画”的方式证明观点。

玩法：一名幼儿在操场上摆出创意造型，另一名幼儿用粉笔沿着摆造型幼儿影子的边沿勾勒线条，并分享。

（四）影子合体

师：小朋友，我们每个人都有一个属于自己的影子，我们来做一个挑战吧，试试跟你的好朋友两人一起，把两个影子变成一个。（要求影子一定要连在一起，影子重合则挑战失败）

幼儿在老师的帮助下，找到了好朋友，尝试将二人的影子合体。幼儿的造型有很多种，有的抱在一起，有的脚对脚，有的手拉手。

第二轮挑战，尝试三人影子合体，要求同上。

第三轮挑战，尝试男孩女孩分两大组，将影子合体。

第四轮挑战，全班幼儿和老师共同创造一个影子。

（五）寻找各种各样的影子

游戏延伸环节，引导幼儿寻找身边事物的影子，教师帮助拍照记录，并鼓励幼儿大胆分享。

三、游戏的意义

1. 该游戏初始阶段是源自幼儿的发现和兴趣，基于小班幼儿的年龄特点“能够发现生活中的趣事但缺乏生活经验与梳理能力，能够与同伴互动但需要老师的引导以培养深度学习的品质”，老师将幼儿的发现以谈话的方式与幼儿分享，帮助幼儿提炼生活经验。那么，这个游戏的“来源”便是游戏的意义本身之一。

2. 游戏通过教师运用“引导幼儿猜想、模仿”的方式，进一步支持幼儿的探究和兴趣。“模仿”是小班幼儿的学习方式之一，通过以动物影子出现的方式，激发幼儿的兴趣，鼓励幼儿通过肢体造型与自己的影子游戏、与同伴老师互动，从中体会影子与自己的关系。

3. 珍视幼儿自发的游戏，体现出“真游戏、真价值”及幼儿的主动性。幼儿结合前期游戏经验，发起了“踩影子”游戏，这时，教师的作用就是支持、观察和回应幼儿。幼儿在游戏中追逐、躲闪，从中获得身体的锻炼，通过与同伴互动获得极大的快乐和满足感。

4. 游戏的过程体现游戏的层次性、递进性。教师根据幼儿的实际能力和兴趣，设置难度，不断丰富游戏的内容，鼓励幼儿尝试、挑战、合作。

案例34

中班——《森林里的回声游戏》

郭扬 唐兰兰

一、游戏形式

集体游戏。

二、适宜年龄

5岁以上。

三、参加人数

10人以上。

四、游戏材料

眼罩、图片（蝙蝠、蚊子、森林）。

五、游戏过程

1. 选择安静的场地（户外更佳），请孩子们围绕教师布置的中心点围圈坐下。教师出示图片（蝙蝠、蚊子、森林），向孩子们简单介绍森林中食物链的关系，蝙蝠是一种依靠超声波（声音）而非通过眼睛（视力）捕捉食物的动物。蚊子则是蝙蝠爱吃的昆虫中的一种。接下来介绍游戏规则。

2. 游戏是模仿森林中蝙蝠吃蚊子的过程。一个小朋友扮演蝙蝠，需要罩上眼罩，另一个小朋友扮演蚊子，剩下的小朋友扮演森林里的大树围成一圈，把“蝙蝠”和“蚊子”围在中间。

3. 扮演蝙蝠的小朋友开始抓扮演蚊子的小朋友，“蝙蝠”要靠回声判断“蚊子”的位置，“蝙蝠”可以通过拍手（一次或两次）或者跺脚（一次或两次）的方式表示超声波，“蚊子”则需要模仿“蝙蝠”的动作来表示超声波的回应。“蝙蝠”就可以通过声音的位置来抓“蚊子”。“蝙蝠”和“蚊子”在游戏进行中如果碰到外圈扮演树的小朋友，那么扮演树的小朋友则要大声地说“树”来提示。“蝙蝠”抓到“蚊子”后，“蚊子”变身“蝙蝠”，可以指定“树”里面的一个小朋友扮演蚊子，继续玩游戏。

如果游戏的人数较多或者希望调节游戏的难度，则可以通过增加“蚊子”的数量或者圈的大小来调节。

六、游戏的意义

这是一个有关自然科学的游戏，利用自然中食物链的关系——蝙蝠吃蚊子这样的现象制定的一个团体合作的游戏形式，既可以让孩子感受大自然的情景，了解基本的自然知识、动物习性，也可以在游戏的过程中培养孩子的团体合作意识，体验游戏的快乐。同时，游戏还可以根据情况来调节难度，弹性大，增加了游戏的趣味性。

七、反馈

幼儿方面：孩子们非常享受游戏的趣味性，每次户外活动或者室内集体活动时都会要求玩这个游戏。

家长方面：家长们觉得这个游戏很有意思，同时还有自然知识，孩子们愿意跟家长分享，同时适合外出跟孩子们一起玩。

社会方面：这样的游戏适应性比较广，材料简单，通过游戏可以让孩子了解自然中的知识，如果在自然的环境中，更能带孩子亲近自然。

案例35

大班——《花、蜜蜂、捕蜂人》

肖雪紫　郭　扬

一、游戏形式

小组。

二、游戏过程

（一）活动准备

准备3张卡片，分别是花、蜜蜂、捕蜂的网。

（二）情境导入

森林里有很多漂亮的花，花儿随着风摆动身体。一只蜜蜂飞来了，它看到很多的花，左闻闻右闻闻，真香啊，今天我一定可以采到很多的花蜜。突然，来了一个捕蜂人，他拿着网追蜜蜂，蜜蜂飞得很快，它不能被捕蜂人捉到。它飞到花的旁边，奇迹发生了，它变成了花的一部分，而另一部分花则变成了蜜蜂，它继续逃脱捕蜂人的追捕。

（三）提问

刚才的故事里有几个角色？分别是谁？蜜蜂和花是什么关系？蜜蜂和捕蜂人是什么关系？（蜜蜂可以落在花上，捕蜂人可以捉蜜蜂）

（四）游戏环节

第一轮：幼儿围成一圈，每个人都是一朵花，选出两人，一人扮演蜜蜂，一人扮演捕蜂人。捕蜂人追赶“蜜蜂”，“蜜蜂”可以选择落在花上，“蜜蜂”落在“花”上之后另一边的人就变成了蜜蜂，原“蜜蜂”则变成了“花朵”。

第二轮游戏进阶：幼儿围成一圈，捕蜂人两人一组靠近站好的“花朵”，选出两个人，一个人扮演蜜蜂，一个人扮演捕蜂人，捕蜂人追赶“蜜蜂”，“蜜蜂”可以选择落在“花”上，“蜜蜂”落在“花”上之后另外一边的人就变成了捕蜂人，上一个捕蜂人就变成了“蜜蜂”进行追赶游戏。

三、游戏的意义

1. 练习动作躲闪跑，锻炼儿童的身体协调性及灵敏性。

2. 在游戏过程中学习同伴交往及合作。

3. 幼儿在游戏过程中能初步感知“花→蜜蜂→捕蜂人”之间的从属关系。

4. 幼儿在游戏过程中能获得愉快的游戏体验，也能建立规则意识。

四、反馈

幼儿：孩子们很喜欢玩这个游戏，能一直积极参与游戏。

教师：开始用情境导入方式，孩子们就能猜到相应的规则，并遵守游戏规则。

除了原创游戏，联盟园教师还积极参加了2019年度全国教师信息素养比赛。

表3–2–67　全国NOC信息技术与创新大赛比赛案例

序号	案例名称	领域	年级
1	《我的故事我做主》	语言	大班
2	《数字猜猜猜》	数学	大班
3	《小粽子，小粽子》	语言	小班
4	《趣味迷宫》	数学	小班
5	《跑跑镇》	语言	大班
6	《我要去幼儿园》	数学	中班
7	《The Dragon Boat Festival》	语言	中班

表3-2-67列举了一线教师参加2019年度全国教师信息素养比赛案例。依托园所的信息化平台和教学经验，教师们积极将信息技术融入日常教学中，用游戏的方式带着孩子们感受教学的魅力。以下择选小班数学案例《趣味迷宫》来呈现信息化教学案例的开展路径。

案例36

小班信息技术教学案例——《数字猜猜猜》

刘薇薇　李秀梅

一、说教材

《3—6岁儿童学习与发展指南》中指出，儿童早期的数学学习和发展是指他们在与周围环境的互动中自发地或在成人的引导下习得数的知识、技能，发展数学认知能力的过程。它强调儿童对自己周围环境中的数学问题的关注和兴趣，强调在日常生活中通过感知、体验和操作活动理解数的抽象关系，并在解决问题的过程中运用所学数学知识，逐步发展逻辑思维能力。

本次《数字猜猜猜》活动正是结合班级主题《幼儿园里的数字》来展开，我们充分利用多媒体技术，结合情境更生动、有趣地带孩子们探究猜数字游戏。让孩子们在游戏过程中能运用观察、判断、分析、推理等综合能力来玩游戏，也能按线索推理事物之间的关系，并且能在发现数字排列规律的基础上进行创造，同时体验到了数的魅力。

二、谈学情

大班幼儿对数字的认识，我们不能只盯在数学知识的学习上，而应让幼儿在学中玩，玩中学，从中获得数学学习的乐趣，从而在快乐的探索活动中，提高数学学习能力。大班的幼儿在活动中更加主动尝试具有多元化、个性化、挑战性的事物，结合现代信息技术的发展，愿意使用新技术新媒体开展探索活动。那么如何针对这些特点引导幼儿在游戏中体验数的魅力，在生活中主动探索推理事物之间的关系，让信息技术与幼儿教育融合创新呢？我们将相对静态的教学模式与PPT、希沃白板5结合运用，在本次《数字猜猜猜》活动中，幼儿能够以动态的方式来呈现，并加以互动式游戏，让幼儿在游戏中进行新的数字表的创造。

三、注重体验讲目标

（一）认知目标

在希沃白板中将数字结合形成新的数字表，推理出正确的答案。

（二）能力目标

在猜数字活动中让幼儿学会观察、判断、分析、推理等能力。

（三）情感目标

在《数字猜猜猜》游戏中体验与同伴友好合作的乐趣。

四、活动重难点

1. 重点：通过活动让幼儿在日常生活中学会观察、判断、分析、推理，并按线索推理事物之间的关系。

2. 难点：在猜数字的层层递进关系中，学会创编新的数字表。

五、合理选择道具及准备

（一）知识经验准备

1. 幼儿——熟悉一体机及希沃白板5的基本功能，幼儿已认识1—50的数字。

2. 能在具体的情境中观察发现事物，并进行判断、分析、推理。

3. 教师——会使用学习助手，会制作视频，会操作希沃白板5。

（二）物质材料准备

1. 教师——互动式课件《数字猜猜猜》、互动式电子白板。

2. 材料：数字表格5张（填充数字一张、空表格一张）。

新技术环境准备：一体机安装好教学助手软件，教学活动网络顺畅。将课件生成二维码形式扫码登录。

六、翻转课堂述过程

（一）开始部分：数数接龙游戏

1. 请12个小朋友围成圆圈坐下来，随机从一个小朋友开头说1往后报数，到第七个小朋友时要拍手，如果说出来就被淘汰；下一个小朋友继续从1开始往后类推，淘汰的小朋友两两进行萝卜蹲。（注：1.PPT动态制作1—7数字跳格子接龙游戏，数到7的拍手）

2. 播放萝卜蹲动画，请被淘汰的幼儿跟着做萝卜蹲。

3. 在课件制作的过程中，我们结合希沃软件手机助手，扫码导入课件，并挖掘里面的蒙层功能，增加兴趣点。利用PPT路径增加课堂的趣味性，并将希沃里面的游戏巧妙地结合在四、五阶段中，让幼儿自由操作。

4. 刚才我们玩了数字接龙的游戏，对这些数字我们已经很熟悉了，现在我们来玩一个更有难度的游戏，叫作《数字猜猜猜》。

（二）基本部分

1. 出示数字卡片1—7

（注：利用PPT路径，依次出示1—7动态数字）

2. 教师进行猜数字游戏二遍（第一阶段）——找出数字

① 老师背对小朋友，请一名幼儿选择其中一个数字放好，让全体幼儿都能看到这张卡片。但是幼儿不能对老师说选择出来的数字。

② 老师出示一张大数字表格：

表3-2-68　数字表（1）

1	3	5	7
2	3	6	7
4	5	6	7

（注：利用PPT动画制作翻转效果，请幼儿点击翻页数字表，每点击一行就会翻页）

③ 老师提问：

请问第一行里有这个数字吗？

请问第二行里有这个数字吗？

请问第三行里有这个数字吗？

（注：利用希沃白板蒙层功能将每一行的数字卡片挡住，依次擦出每一行数字）

3. 揭开数字游戏的秘密

师：你们说说老师是怎么猜出来的？

幼：这两行都没有数字2。

师：只有这一行里面有数字2。仔细观察一下，秘密就藏在这些数字里面。

（注：利用PPT路径，点击准确答案出现“”）

4. 请个别幼儿进行猜数字游戏表演

师：谁想来尝试一下，挑战一下？

师：请一名幼儿抽数字卡片，另一幼儿转身后闭眼，然后再出来问问题。

师：你们有没有发现在猜数字之前，他们要干什么？这个问题很重要，要学会去问问题，怎么问呀？你们试试看。（老师手指向一行）

幼儿集体问：

请问第一行里有这个数字吗？

请问第二行里有这个数字吗？

请问第三行里有这个数字吗？

（注：利用希沃白板蒙层功能将每一行的数字卡片挡住，依次擦出每一行数字）

5. 将数字表格增加难度（第二阶段）——增加数字

① 师：这几个数字对你们来说都是小儿科，那我们再添加几个数字。（老师出示9—12的数字）

（注：利用PPT路径，依次出示9—12的动态数字）

② 老师出示第二张表格：

表3-2-69　数字表（2）

1	3	5	7	9
2	3	6	7	10
4	5	6	7	12
8	9	10	11	12

（注：方法同上，幼儿操作进行翻页）

③ 请个别幼儿进行猜数字表演。（方法同上）

6. 再将数字表格增加难度（第三阶段）——增加数字的同时以最少的问题找到答案

① 师：看来你们猜出这些数字很容易，我们继续往上加几个数字。（老师出示11—15的数字）

② 老师出示第三张表格：

表3-2-70　数字表（3）

1	3	5	7	9	11
2	3	6	7	10	12
4	5	6	7	12	13
7	8	9	10	11	14
9	10	11	12	13	15

（注：方法同上，幼儿操作进行翻页）

③ 请个别幼儿进行猜数字表演（方法是以最少的提问次数找出答案）：

请问第一列里有这个数字吗？

请问第二行里有这个数字吗？

请问第三列里有这个数字吗？

7. 再将数字表格增加难度（第四阶段）——给出部分数字，幼儿填充数字

① 师：看来小朋友们都能够用最少的提问猜出答案。现在请你们把这些迷路的数字宝宝送回家，放在空的表格房子里。（教师出示1—10的数字）

（注：利用希沃软件制作趣味数字游戏，请幼儿补充数字表）

② 老师出示第四张表格：

表3-2-71　数字表（4）

	3		7		10
2		5		7	
	2		7		1
3		7		9	
	6		9		3

（注：方法同上，幼儿操作进行翻页）

③ 请个别幼儿进行猜数字表演（方法是以最少的提问次数找出答案）。

请问第一列里有这个数字吗？

请问第二行里有这个数字吗？

请问第四列里有这个数字吗？

（注：如有重复的数字则继续提问，直到猜出正确的数字）

8. 将数字表格增加难度（第五阶段）——给空表格填充数字

① 师：看来这些表格里面的数字已经难不倒你们了，现在请你们在这张空的表格上设计数字。（教师出示1—10的数字）

② 老师出示第五张表格：

表3-2-72　数字表（5）

（注：利用希沃软件制作趣味数字游戏，请幼儿补充空的数字表）

9. 幼儿两两一组进行猜数字游戏，老师巡回指导

（三）结束部分

1. 刚才在分组进行猜数字游戏时，许多小朋友感觉没有尽兴，那我们课后将数字卡片和数字表格投放在益智区，小朋友可以在区域活动时间继续进行。

2. 我们还可以将这个《数字猜猜猜》的课件带回家跟爸爸妈妈一起玩，看看谁更厉害哦！

（注：将动态数字表生成二维码共享给家长群，利用手机版希沃白板和希沃助手APP在家与小朋友进行猜数字挑战游戏）

七、自然融合及反思

在《幼儿园工作规程》中提到“教育活动内容应当根据教育目标、幼儿的实际水平和兴趣来确定”，本次《数字猜猜猜》的数字游戏活动中的数字卡和数字表以循序渐进为原则，有计划地进行选择，以动态的方式来呈现幼儿操作过程。在希沃白板课堂的实时游戏中让幼儿有参与感与体验探索，激发了幼儿继续进行下一步数字推理的兴趣；过程中教师注重支持幼儿的主动探索、在一体机上操作实践，并进行分组合作进行游戏。

《3—6岁儿童学习与发展指南》中也指出，“让幼儿感知生活中数字的有用和有趣”，所以让幼儿感知和获得操作经验在儿童早期数概念的学习和发展中极为重要，儿童对数学概念的理解首先在实物操作的水平上表现出来，然后逐步发展到表象水平，最后发展到抽象的符号水平，并在生活中主动探索推理事物之间的关系，因此我们应将信息技术与幼儿教育融合创新，要开展好每一项教育教学活动。在本次活动中让幼儿使用全触屏白板，作为信息化教育推出的为互动教学而生的教学课件，极大地方便了教学。全触屏白板给孩子提供了更多展示的机会，使教学活动充满乐趣。

表3-2-73　全国“两寻找、三研究”获奖案例统计

案例类型	数量
玩具研究案例	5
童书研究案例	8

联盟园教师还注重积累日常教育教学中的经验，通过观察了解幼儿在学习中的问题并梳理成案例参加了全国“两寻找、三研究”比赛。好玩具案例是教师结合幼儿区域操作材料开展的深度学习活动。好童书案例则是教师

带领幼儿开展的绘本深度学习的主题探究活动。借着比赛的契机，教师们将教学实践进行梳理和汇编，经过教研团队的研讨打磨，汇编成好玩具和好童书案例资源包，既提升了教师的专业能力，同时也通过共享成为全园的资源包。以下呈现的是好童书一等奖获奖案例"《我是霸王龙》——运用绘本开展大班辩论活动的实践探索"的师生互动过程。

案例37

《我是霸王龙》——运用绘本开展大班辩论活动的实践探索

张志华　李蕊

图3-2-185　图书封面

一、绘本简介

翼龙妈妈在悬崖边上生下了小翼龙。它快乐地成长着。翼龙爸爸教它飞行的本领，翼龙妈妈教它"为人"的道理。小翼龙渐渐长大，爸爸妈妈在一个夜晚悄悄地离开了它。它一个人生活着，相信爸爸妈妈一定会回来的。一天，当小翼龙睡觉的时候，可怕的霸王龙来了。就在霸王龙正准备吃掉小翼龙时，火山爆发了。火山爆发后，小翼龙得救了，霸王龙却因此受伤，眼睛好像看不见了，躺在地上不能动了。小翼龙想起了妈妈教它的道理，开始照顾起霸王龙来。最后感动了霸王龙，可惜彼此还是天各一方。这本绘本就是告诉我们有一颗善良的心会有多大力量，能改变多少东西，让我们得到意想不到的收获。小翼龙的这种力量，同样会在宝贝的心里埋下一颗善良的种子。教师借此绘本在大班开展"善良与粗暴"的辩论实践活动，促进幼儿园语言的多元化发展。

二、教育价值分析

（一）图画

《我是霸王龙》绘本图画很有吸引力，整本书以灰色、暗黄色为主调，颜色有些粗犷的夸张，充满了儿童天真的趣味性，让孩子比较容易走进故事。

（二）文字

故事内容丰富，故事情节比较贴近实际生活：翼龙爸爸对小翼龙的期待，妈妈对小翼龙的点滴呵护，小翼龙对霸王龙的悉心照顾，以及霸王龙来不及对小翼龙说声“谢谢”时的辛酸失落……

（三）图文关系

这本绘本是用图画和文字共同叙述的一个完整故事，图文对应，是透过图画与文字这两种媒介在不同层面交织、互动来讲述故事，符合幼儿早期阅读的特点。

（四）绘本故事给幼儿带来的教育价值

基于绘本情节中，霸王龙有粗暴、可怕的原有印象和画面，后来被善良的小翼龙感化，与它的内心有一颗善良的种子的情节冲突，同时结合大班语言发展的核心经验，抓住教育契机开展辩论活动，让幼儿通过活动的开展理解书中图画和文字内容的意义，提升理解故事情节的能力。幼儿对绘本中的不同元素有不同的感受和情绪反应，将绘本内容与身边的事情和生活相联系。幼儿能够用肢体动作、语言阐述等形式呈现自己的理解、感受和想象能力，促进自身语言能力的提升。

三、活动过程及解析

活动一：绘本自主阅读——幼儿兴趣切入

1. 兴趣：餐后阅读，其中一本小图书是恐龙故事，孩子们特别喜欢，图书供不应求。（见图3-2-186）

2. 家园共育，寻求家长资源，收集关于恐龙的图书。

3. 幼儿自由阅读。（见图3-2-187）

图3-2-186　餐后活动阅读

图3-2-187　幼儿自由阅读恐龙的绘本故事

活动二：精读绘本——《我是霸王龙》

加深幼儿对作品的理解，感受小翼龙的情感变化和霸王龙的行为变化。

1. 故事封面导入，猜测故事内容

（1）出示故事封面，提问：小朋友们，你们能从封面中看到什么？

幼儿：这个高高大大的恐龙叫作霸王龙；在山顶上，有翅膀、会飞的恐龙，叫作翼龙。

（2）提问：有哪个小朋友了解霸王龙和翼龙？

幼儿：霸王龙是凶猛的，而且它是吃肉的，饿了的时候也会吃其他的小恐龙。而翼龙是有翅膀会飞的，是吃果子、青草、小鱼的。

（3）今天老师就为大家带来有关霸王龙和翼龙的故事。故事的名字叫作《我是霸王龙》，我们一起来听一听。

2. 分段讲述故事，引导幼儿观察

（1）很久很久以前，山顶上住着翼龙爸爸和翼龙妈妈，它们有一个可爱的蛋宝宝。一天这个蛋骨碌碌地转了起来。提问：看，发生了什么？

一个可爱的翼龙宝宝出生了。爸爸妈妈非常爱翼龙宝宝，精心地照顾它、抚养它。

提问：翼龙爸爸和妈妈是怎么照顾这个翼龙宝宝的？爸爸妈妈希望它成为一只什么样的恐龙？

小结：爸爸妈妈希望小翼龙成为一只善良、强壮、乐于助人的恐龙。

提问：小朋友们，你们的爸爸妈妈是怎么照顾你们的？他们希望你们成为什么样的人？

（2）小翼龙啊，在爸爸妈妈的照顾下，一天天长大了，终于长得和爸爸一样大了。爸爸妈妈决定让翼龙宝宝一个人生活，于是翼龙爸爸和妈妈就离开了。看不到爸爸妈妈的小翼龙开始大哭，哭累了就睡着了。就在这时候——提问：谁来了？你从哪里看出来的？

（3）就在霸王龙的手快要够到小翼龙的时候！接下来有可能发生什么？到底怎么样了呢？

霸王龙从山上骨碌碌地滚了下来。当小翼龙下来的时候，看到霸王龙被石头压住了，动也动不了。

问：如果你是小翼龙，这时候你会怎么做呢？

我们一起来看看小翼龙会怎么做！

（4）小翼龙决定留下来帮助霸王龙。小翼龙把岩石一块一块地挪开。霸王龙伤得好厉害啊！小翼龙轻轻地问："要不要紧啊？"

"哎呀呀……身、身体动不了啦！眼、眼睛也睁不开啦！怎么了，怎么了？我什么都看不见啦！""原来，他连眼睛都受伤了。"这个时候，霸王龙突然用很可怕的声音问："谁、谁在那儿？"

提问：你觉得小翼龙会怎么回答它？为什么小翼龙要这样说呢？

小结：小翼龙想留下来照顾霸王龙，但是它又害怕被霸王龙吃掉，于是他终于鼓起勇气，对霸王龙说："我是翼龙！"

（5）小翼龙很细心地照顾着受伤的霸王龙。

提问：小翼龙是怎样照顾霸王龙的呢？你觉得现在的小翼龙是一只怎样的恐龙？

小结：小翼龙虽然很害怕高大凶猛的霸王龙，但是当霸王龙遇到困难时，还是帮助了它，真的是一只善良、乐于助人的恐龙。

（6）过了几天，霸王龙身上的伤好了，眼睛也能看见了，而且可以站起来了。问：看见可以站起来的霸王龙，小翼龙怎么了？你从哪里看出来的？（引导幼儿观察画面）

当康复了的霸王龙咚咚咚地向小翼龙走来的时候，小翼龙吓了一大跳，红果子噼里啪啦地掉了下来。于是小翼龙就……

（7）提问：看着飞走了的小翼龙，你们觉得霸王龙会怎么样？你是从哪里看出来的？为什么霸王龙会这样呢？

小结：原来是霸王龙想把鱼给小翼龙吃，但是霸王龙还没来得及对小翼龙说一声"谢谢"，小翼龙就飞走了。

（8）提问：现在你觉得这只霸王龙是一只怎样的恐龙？

故事内容引起幼儿之间的争议，有小朋友认为霸王龙是粗暴的，因为它之前做了很多伤害其他恐龙的事情。也有小朋友认为霸王龙是善良的，通过这个故事，霸王龙学会了感恩和报答。面对孩子们的争论，老师却不能论定，然后就想到了辩论活动。

师：既然这个话题大家有不同的意见，那我们就来做一场辩论活动吧。

活动三：辩论赛《我是霸王龙》

辩论赛经验前期铺垫：

1. 观看成人辩论赛视频

幼儿经验总结：

（1）他们说话的速度非常快。

（2）他们说话是等人家说完自己才说，不打断别人说话。

（3）他们说的话是相反的意思。

2. 观看幼儿辩论赛视频

幼儿经验总结：

（1）大人的辩论赛是站着的，小朋友们是坐着的，正方和反方分开坐，面对面。

（2）每个人的前面有一个牌子。

（3）反方和正方说话是一人一句，不抢话。

（4）他们还有一个裁判员。

（5）正方和反方的人数一样多。

图3–2–188 第一次观看成人辩论视频

图3–2–189 第二次观看幼儿辩论视频

3. 辩论活动：霸三龙是粗暴的还是善良的？

鼓励幼儿大胆清晰地阐述自己的想法，并坚定自己的想法。遵守轮流发言、举手示意、有序抢答等辩论的基本规则。

（1）引出辩题，激发幼儿兴趣

① 教师出示“粗暴”“善良”图卡，组织幼儿进行简单谈话，引出辩题。这里有两张图卡，它们分别代表什么意思？

——在你们心目中，霸王龙是粗暴多还是善良多？

——你认为它粗暴还是善良？

② 小结：小朋友们的观念不一样，有的认为是粗暴，有的认为是善良，老师相信你们一定有自己的理由。

（2）辩论环境创设，引导幼儿了解辩论的基本含义，激发幼儿想说的欲望。

① 出示字卡“辩论”，引导幼儿讨论：什么是辩论？

——现在我们来进行一项非常有趣的活动——“辩论”。谁知道什么是辩论呢？

——幼儿自由讨论。

教师小结：辩论赛就是争论。大家有两种不同的观点，每个人都说出自己的理由，最重要的是要说服对方，这就是辩论。

② 请幼儿根据自己的意愿进行选择，分别为粗暴组、善良组，根据情况加以调整。

③ 创设辩论环境，引导幼儿了解辩论的基本含义，激发幼儿想说的欲望。

（3）第一场辩论：轮流发言——幼儿阐述自己最想说的理由。

正方——

芊语：霸王龙是粗暴的，因为它是侏罗纪时期最可怕的恐龙。

晨晨：霸王龙是粗暴的，它的吼声很可怕。

梓豪：霸王龙是粗暴的，它有300多颗牙齿，其中有6颗是香蕉状的。

天保：霸王龙是粗暴的，它一脚就可以踩扁一辆车。

反方——

昱钦：霸王龙是善良的，它跟翼龙做好朋友。

均均：霸王龙是善良的，它给好朋友讲故事。

卢薏：霸王龙是善良的，它还照顾其他的恐龙。

春林：霸王龙是善良的，它偶尔还会吃一些红果子。

教师解析：每个小朋友都说出了各自的理由和观点，表现非常自信而且很清晰。不过你们还需要更多地去了解霸王龙，用更多的理由来证明你们的观点。

图3-2-190　师幼共同总结经验

① 辩论场地的调整：制作席位牌

梓豪：不对呀，我看别人辩论的时候是坐在桌子前的，而且他们还有一个牌牌。

老师：你记得是一个怎样的牌子吗？

春林：应该是正方和反方的牌子吧。这样，别人一看就知道哪边是正方、哪边是反方了。

昱钦：对了，老师，我觉得我们应该做一个自己的名牌。

接下来，孩子们利用区域活动时间制作各自的席位牌。

图3-2-191　幼儿制作席位牌

② 场地布置：座位摆放

晨晨：老师，我们的牌子做好了放在地上吗？别人都是摆在桌子上的。

天保：放在我们前面就可以了。

芊语：不行，这样不好看，要不我们也去桌子上吧？老师你说好不好？

晨谈活动时，老师提到需要招募小能手，帮助辩论活动设计场地的布局，帮忙摆放桌椅等。

冉冉、烁函自告奋勇：我来当设计者。

浩然、东辰、梓烨、庆亮负责按照设计图摆放桌椅。

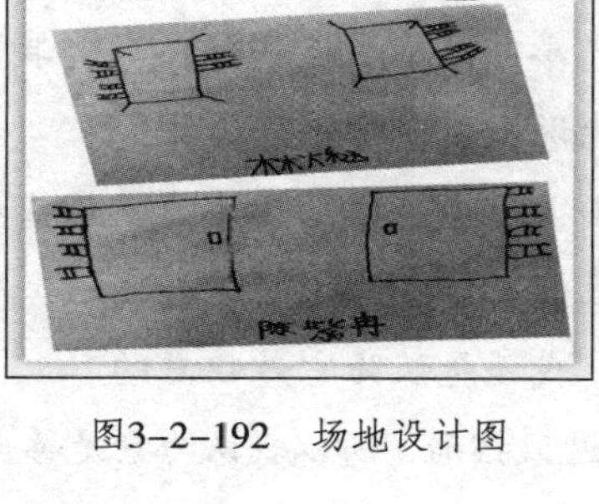

图3-2-192　场地设计图

图3-2-193　桌椅摆放

③ 场地设计第二次调整：桌椅摆放

晨晨：我们这样坐，太挤了。

卢薏：我们的椅子不够摆，站起来发言的时候不方便。

春林：冉冉，你可以帮我们设计一个大一些的场地吗？我们需要一人一个位置，中间还要给张老师留个位置。

冉冉、烁函按照辩论手的要求再次调整设计。

然后，摆放场地的小组成员又一次按照设计图摆放，他们一边调试着桌子，一边讨论方法。这一次，把区域柜挪到旁边，增加空间，在原有的桌子边再增加一张桌子。摆上席位牌，干净明了。

东辰：希望这一次可以让你们满意。

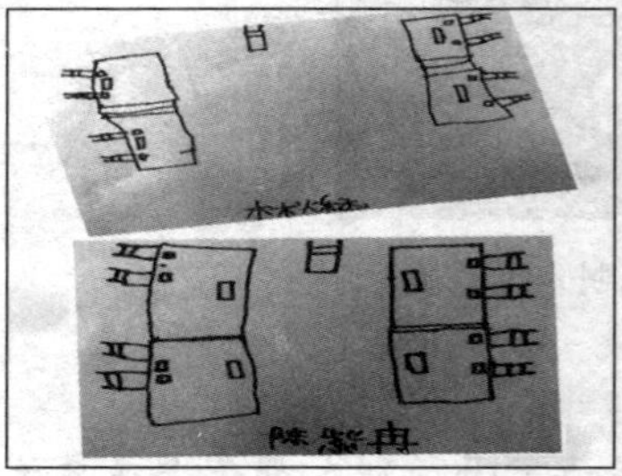

图3-2-194　第二次场地设计图

图3-2-195　第二次桌椅摆放

（4）第二场辩论：举手发言，说出更多不一样的理由

① 鼓励幼儿相互交流，说说自己不一样的理由。

——除了刚才说的理由，你们还有没有其他的理由来证明呢？现在给大家一分钟的时间跟旁边的小朋友互相讨论。

② 鼓励幼儿举手说出更多的理由，并对幼儿的语言在现场及时梳理、反馈，提升幼儿语言的质量

——现在进入辩论的第二个环节："举手发言、安静倾听"。我是主持人，想发言的小朋友们积极举手，看谁能说出更多不一样的理由。

梓豪：霸王龙的皮肤很粗糙，看上去很恐怖。所以我认为它是粗暴的。

均均：霸王龙为了小翼龙学会了捕鱼，所以我认为它是善良的。

晨晨：霸王龙的身体很庞大很恐怖，我还是认为它是粗暴的。

显钦：霸王龙用庞大的身体为小翼龙遮风挡雨，所以我认为它是善良的。

天保：霸王龙的尾巴会扫断一棵树，所以我认为它是粗暴的。

春林：我认为霸王龙是善良的，它看着飞走的小翼龙流眼泪了。

芊语：我认为霸王龙是粗暴的，它欺负其他的恐龙。

卢薏：霸王龙没有吃掉小翼龙，我认为它是善良的。

教师解析：在举手发言环节，小朋友们说出了更多不一样的理由，而且用到了一些小方法来和对方辩论，表现得非常棒。

图3-2-196　第二场辩论“举手发言”

③ 邀请观众

昱钦：老师，我觉得我们在辩论的时候还缺点什么，这么宽敞的地方只有我们自己好像很空。我觉得我们可以邀请一些观众。

老师：嗯嗯，你说得非常棒，那我们一起想想办法，怎么邀请观众呢？

春林：我们直接把他们叫过来就是了。

均均：如果有很多观众的话会吵的，会影响我们辩论。

卢薏：要不我们就请表现好的小朋友来。

老师：嗯，除了邀请我们班的小朋友，还可以邀请谁呢？

芊语：还可以邀请其他班的小朋友和老师。

老师：嗯，我们是直接邀请还是有其他更好的方法呢？

均均：用邀请函吧，就像去喝喜酒的那个邀请函一样。

④ 制作邀请函

老师：辩论小组的小朋友又遇到困难了，他们想邀请一些观众来观看他们的辩论赛，他们想找伙伴帮忙做一些邀请函，有谁可以帮助他们呢？

熹熹：老师，我愿意。

子蔓：老师，我也想帮忙。

梓妤、浩然、昊辰都愿意帮忙。

老师：很高兴有那么多小朋友愿意分担责任，其他小朋友也一起帮忙想想，我们的邀请函要怎么设计，内容要有哪些呢？大家一起讨论……要写邀请函、时间、地点、班级……

接着，小朋友们就开始了制作。

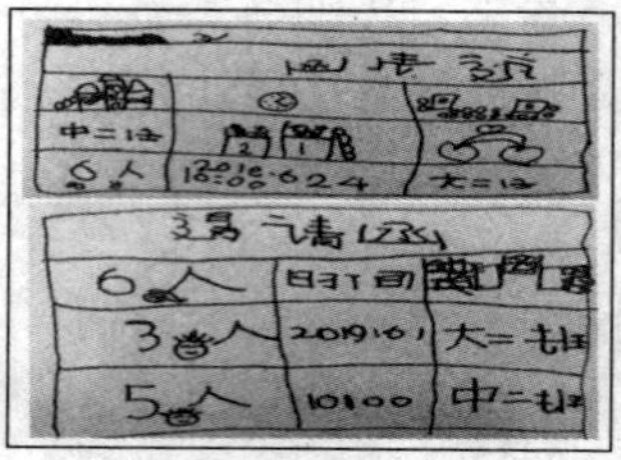

图3-2-197　设计邀请函

（5）第三场辩论：自由辩论，根据对方的观点进行反驳

① 引导幼儿讨论

自由辩论是怎样的辩论？辩论最重要的是说服对方，怎样才能说服对方呢？

教师解析：自由辩论时要仔细听对方说什么，他的理由有没有道理，如果没有道理就抓住这个理由说服他，这是一个好办法。如果你的理由很充分、非常有道理，也可以说服对方，这也是一个好办法。

② 幼儿自由辩论

教师重点鼓励、引导幼儿关注对方的观点进行反驳，并通过解决自由辩论中出现的矛盾冲突，建立有序抢答的规则。

③ 教师根据幼儿现场表现，从阐述观点、遵守规则方面给予积极评价

辩论开始，首先由正方阐述自己的观点。

芊语：我认为霸王龙是粗暴的，它的爪子很锋利，会伤害到其他的恐龙。

春林：虽然它有锋利的爪子，但是它没有伤害翼龙，还背着翼龙去看风景。所以，我认为霸王龙是善良的。

梓豪：它只是对翼龙那么好，可是它没有对其他恐龙那么好，还伤害其他恐龙。所以我认为霸王龙是粗暴的。

均均：我认为霸王龙是善良的，它还保护其他恐龙的蛋。

晨晨：也许是霸王龙把其他恐龙的爸爸妈妈吃掉了，只剩下了恐龙蛋。所以我认为霸王龙是粗暴的。

卢薏：我认为霸王龙是善良的，它带着小甲龙做游戏，教它本领。

天保：也许是霸王龙认为小甲龙太小了，不够它吃，所以教它学多点本

领，等它长大了再吃，因为霸王龙喜欢吃更多的肉。所以我认为霸王龙是粗暴的。

昱钦：如果霸王龙不是善良的，那它为什么放小甲龙走呢？所以我认为霸王龙是善良的。

天保：霸王龙是侏罗纪里面最可怕的恐龙，所以我认为它是粗暴的。

春林：它只是感觉可怕，但是它也有一颗善良的心，它给小翼龙捕鱼吃。

芊语：如果霸王龙是善良的，那它怎么会欺负三角龙呢，还毁掉了整个森林，让那些住在森林里的恐龙没有了家。所以我认为霸王龙是粗暴的。

昱钦：我认为霸王龙是善良的，它带着小甲龙玩赛跑游戏，霸王龙落后了，小甲龙赢了，其实，霸王龙不是真的输了，它是让小甲龙回到爸爸妈妈身边。

梓豪：霸王龙的眼睛很厉害，它可以精准地确定它和猎物之间的距离，它不仅会捕捉活的猎物，还会吃一些腐烂的食物。所以我认为霸王龙是粗暴的。

昱钦：我认为霸王龙是善良的，它会用厉害的眼睛帮助弱小的恐龙发现敌人。

教师解析：你们第一次进行这样的活动，表现都很棒。第一，你们都想说、敢说而且还会说，大家能清楚地说出自己的想法，这是老师最希望看到的。第二，你们都能遵守辩论规则，知道看着对方表示尊重，知道轮流举手发言；自由辩论的时候，一个人站起来其他小朋友都不讲话。这样的辩论活动非常有序，每个人说话都能听得清楚。

以后我们继续辩论，学习和了解更多的方法。有了更多的方法，老师相信你们一定能成为更优秀的辩论家。

图3-2-198 第三场辩论“自由辩论”

四、活动评价

1. 辩论是一个难度比较大的活动，需要教师采用丰富的形式激发幼儿的兴趣和积极性。幼儿辩论有个最大的特点，就是随意性，在辩论期间，很有可能就出现了“天马行空”的现象，自己不自觉地就跑偏了。

2. 这次活动有三场辩论：第一场举手发言，第二场轮流发言，第三场自由辩论，在这些活动之前还有一个预热活动，讨论“什么是辩论”。实际上，该活动是进行了四场讨论，使得幼儿的思维能力呈螺旋式上升，特别是“自由辩论”，更是促使了幼儿“能解释并坚持自己观点的经验”的发展。

3. 通过这次绘本故事的延伸活动，让孩子们知道了，绘本不仅是用来看、读的，还可以有各种形式和方法玩绘本。有了这一次的辩论活动，孩子们的语言发展能力有了明显进步，辩论活动不仅仅是在老师的组织下进行，还有孩子们在餐后活动时自行组织进行的辩论游戏，在各方面的发展中体现，此次活动是非常成功的。

五、辩论学习核心经验和幼儿发展

表3-2-74 幼儿学习发展阶段表

辩论核心经验		发展目标		
概念	示例	初始阶段	稳定阶段	拓展阶段
解释并坚持自己观点的经验	能用不同的理由来证明自己的观点	1.理解讨论的话题并对此有自己的判断能力。 2.用比较清楚的方式表达自己的观点	1.有坚持自己观点的态度倾向。 2.尝试找不同的理由来证明自己的观点	1.在有反驳的情况下，能多阐述观点，坚持自己的观点。 2.针对不同的观点进行反驳
1.运用恰当的方法进行辩论。 2.辩论有多种办法，如陈述、假设、反问等。 3.理解和尊重别人的观点	1.幼儿学会用反问的方式反驳别人的观点。 2.能文明用语，语言平和地进行辩论	1.尝试用个别方法反驳别人的观点。 2.认真倾听别人的发言	1.开始熟练运用方法辩论。 2.不随意插话、抢话	1.能有意识地运用和积累辩论方法。 2.尊重别人的不同观点。 3.能按照一定的规则进行辩论

除了以上教学案例的比赛，园内还积极鼓励教师们参加各级征文比赛，将平时的教学经验进行总结和梳理，查看文献资料，上升为理论经验。表3-2-75呈现的就是园内教师们提交的市级征文比赛的获奖案例。

表3–2–75　深圳市级论文征文比赛案例

序号	论文名称	获奖等级
1	《幼儿园卫生保健信息化管理模式研究》	一等奖
2	《再造新流程，共享保健医》	一等奖
3	《运用信息化技术提升幼儿园教育质量研究》	一等奖
4	《幼儿园绘本戏剧教学策略——以〈一根羽毛也不能动〉为例》	二等奖
5	《培养小班幼儿良好进餐习惯的策略研究》	三等奖
6	《物联网环境下多园联动的3—6岁幼儿阅读活动指导策略研究》	二等奖
7	《幼儿自发活动的价值——以养蚕活动为例》	一等奖
8	《幼儿园园本课程中幼儿深度学习的实践与探索》	一等奖
9	《利用信息技术提升幼儿园一日生活的教育质量》	一等奖

（4）围绕目标高位引领，全面推进课程建设

① 建立教研审计制度

随着教研队伍的扩大，建立教研审议制度是对教研工作成效的有力保证，是解决当前教研队伍年轻化、经验不足的有力举措。教研审议通过专家审议、集体审议等形式实现。审议目的在于确保教研工作的正确方向，确保教研工作聚焦真问题，确保教研工作方法和策略的有效性。审议内容包括：教研计划、教研方案、教研过程及其记录资料（资料上交记录、教研组名单及记录排班、考核等）、现场审议（教研+教管）、儿童学习与发展记录、教师成长档案、教研阶段成效等。

② 基于幼儿学习与发展的基础环境设置

通过“一日生活和基础环境”教研组教研计划的制定、活动开展和总结反思，梳理出幼儿园的基础环境和班级环境的框架内容，形成相应的参考资源包，包括“基础环境资源包”“开学环境资源包”“学期基础环境检核表”及“体验式家长会资源包”。户外环境包括户外区域中的调整与安排。公共环境的创设主要关注园所的安全标识，包括户外教师安全站位点、楼梯安全环境等。

③ 基于幼儿学习与发展的一日生活探究

让幼儿的一日生活更有价值，以理顺一日生活流程、发挥一日生活的教育价值为目标，加强现场教研，形成园所一日生活的资源包。

④ 推进深度学习取向的主题活动

全面推进探究取向的主题探究活动，明确主题探究的思路，帮助教师理解五种组织策略（讨论、实地调查、表征、调查研究、展示）在三个阶段（第一阶段——了解旧经验发现兴趣点；第二阶段——丰富新经验探究新问题；第三阶段——统整发表运用概念）中的运用。

⑤ 推进基于观察的材料投放

在“材料投放、教师指导和幼儿深度学习”三者之间建立有效联结，提升教师观察、分析、指导的能力，提高幼儿学习与发展的质量。

⑥ 推进课程视角的节庆活动

大型活动是幼儿园课程建设的重要内容与载体，将节庆活动的主角真正还给幼儿，将“以活动结果为中心”变为“过程与结果并重”，将“单一的演出形式”变成“多元化的互动参与”。例如，在六一“我的节日我做主”、大班毕业活动“成长初体验——独立的梦，相约十五年后回家”的节庆案例中，幼儿从节日策划（决定庆祝形式——表演、自助餐、向家长发出倡议、参与食谱的制定）到资源收集（讨论、绘本、信息化手段调查儿童节知识，调查家长资源，调查表演资源），再到探究体验（表演：人员分工分组——导演组、服装组、化妆组、摄制组、剧务组、道具组、后勤组）、筛选节目（投票）、筛选演员（演讲）、自主选组（小组练习，区域中投放相关材料）、设计表征（邀请函、座位表、入场券），再到自助餐：筛选食材（投票）、参与购买食材（投票选组、小组采购）、调查食物制作过程（小组参观、采访）、分享食物制作过程（信息化手段）、参与进餐环境布置、文明进餐（讨论、制定相关进餐礼仪），直至最后的汇报分享：家长表演、幼儿主创（导演组、服装组、化妆组、摄制组、剧务组、道具组、后勤组）、自助餐（幼儿自主取用餐点），都体现了“儿童为本”的课程思维，助力幼儿园课程建设。

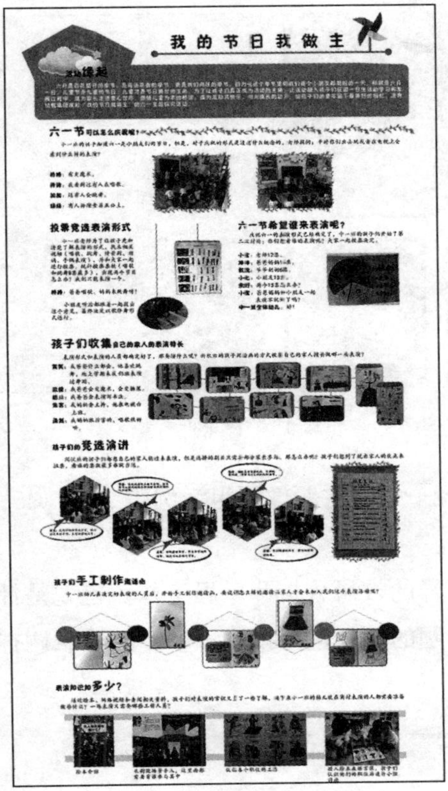

图3-2-199 课程视域下的“六一”节庆活动展板（1）

图3-2-200 课程视域下的“六一”节夫活动展板（2）

图3-2-201 大班毕业活动

图3-2-202 “成长初体验——独立的梦，相约十五年后回家”

（5）清秀幼教集团教研组实施路径——以主题教研组为例

① 教研前准备

主题组在开展教研工作前开展了多样的教研分析和反思工作。首先是针对目前园所主题开展现状及教师开展主题的经验进行摸底了解，并发放调查问卷，为后面的教研计划做数据准备。

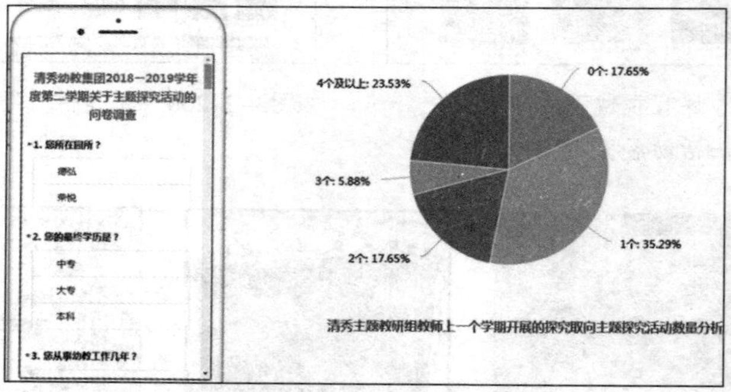

图3-2-203 主题教研的问卷调查表

过去教师们开展主题活动习惯从预设的主题网开始，接下来的活动基本按照预设流程开展。尽管教师网络提纲有比较全面地覆盖主题知识点的优势，但往往忽略了孩子在这个过程中的主观能动性，容易陷入“知识教授型”的主题探究活动。

经过分析和反思，教师认识到对主题的预设应该只是结构性的预设，而非整个活动的流程步骤的预设，这也成为判断主题活动是否以儿童为中心的一个重要评判标准。结构性预设是指对主题发展的三阶段五策略的方法、主题环境创设形式技巧、主题价值观等教师专业能力的知识储备。主题探究活动中教师不是预设主导儿童兴趣发展的路线，而是教师专业能力的预设。

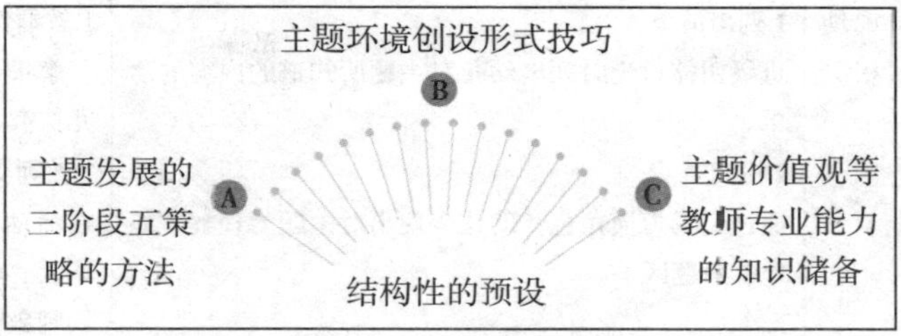

3-2-204　主题开展的结构性预设思路

首先教师要能够判断主题选题背后的探究价值。主题选题往往需要在幼儿的众多兴趣点中做出选择。教师面对孩子们的众多兴趣点，如何结合幼儿已有经验、相关知识和资源可获得性等因素，来判断主题的生发点，这需要教师具备专业的价值判断能力。一旦确定主题选题后，教师要非常清楚在每个时间节点可以为幼儿做什么。

第一阶段：确定选题后与幼儿展开讨论，了解幼儿的相关知识点，孩子们的问题有哪些（列表或图，教师判断问题的价值性和探究顺序），布置相应的探究情境（包括环境和计划）。

第二阶段：上个阶段孩子们的问题和兴趣，综合教师的判断是此阶段的前期准备。教师应能够带领幼儿因地制宜地运用五策略（讨论、实地考察、调查、表征、展示），以“问题——解决问题——新问题——新的解决思路”的深度学习思维，跟随孩子的脚步一步步探究和总结。

第三阶段：当孩子们的问题都已解决，再也没有新问题了，再带着孩子们进行总结展示。针对一次丰富的探究，最后的展示形式其实可以多元化，可以分组完成展示的任务，如第一组：戏剧形式的表演；第二组：绘画形式的展演（如自制绘本故事等）；第三组：如果探究过程中有比较新颖的作品表征形式也可以作为汇报的一部分。

表3-2-76　主题开展的“三阶段、五策略”参照表

阶段	内容	开展幼儿活动的策略	教师作用和方法
第一阶段：了解旧经验，发现兴趣点，确定幼儿想探究的问题	1.发掘幼儿的相关知识	1.列出清单 班级团体讨论时列出幼儿对主题所知道的内容的清单。 2.扮演游戏 通过道具扮演角色，幼儿表现出对主题的理解（如地铁角色区）。 3.绘画 通过绘画作品，分析幼儿对某个主题概念掌握的程度（如画地铁）。 4.建构物 幼儿会在搭建积木时表现出他们的兴趣及最初的知识。 5.画网络图	1.教师作用 了解旧经验，发现幼儿探究兴趣。 2.教师支持 在活动中观察、倾听幼儿；创设环境、提供刺激物
	2.发展幼儿想探究的问题	1.讨论与分享 2.记录单 3.教师决定 教师根据幼儿知道得最多的或者最容易开展的而选择最先开展的活动	
	3.布置提供探究的教室情境	1.收集设备与物品材料 2.主题课程与每日作息表 3.幼儿要负责任	
第二阶段：开展主题探究，建构幼儿新经验	探究阶段	1.讨论 可以在整个班级、小组或两个孩子之间进行。幼儿可以和教师或其他成人（如教师助手、家长助教或来访专家）一起参加讨论。 2.调查 （1）直接研究：从仔细观察及对专家的采访中获得研究结果；在教室里，可以用探讨，以及实验各种材料、实物或物质的形式进行。 （2）间接研究：从书本、视频、网络、博物馆展览及由其他人准备和提供的信息渠道获取信息。 3.访问、实地考察 任何在教室外进行的活动，都可以看作实地考察。 4.表述 幼儿可以通过角色扮演、绘画、建构、书写及设计图表来表述他们的经验、以前的知识、问题、研究、研究结果，以及做出解释	1.教师作用 帮助幼儿丰富新经验，聚焦新问题，并支持幼儿解决问题。 2.教师支持 （1）抛出有价值的问题，发起讨论或行动。 （2）提供适宜的材料，引起操作实践。 （3）引导幼儿解决新问题（迁移经验、同伴合作等）

续表

阶段	内容	开展幼儿活动的策略	教师作用和方法
第三阶段：将新经验进行统整、运用和发表	1.搭建作品 2.编诗歌/绘本 3.发布会/分享会 4.改善生活环境 5.设计作品	用讲述、绘画、建构等方式对探究成果进行发表、将新经验运用于生活实践中	1.教师作用 引导幼儿表达建构概念，将新经验运用于生活中。 2.教师支持 （1）帮助幼儿用多种方式表达自己已经建构的概念。 （2）引导幼儿关注真实生活情境中的问题，并让幼儿讨论和操作解决

② 教研计划和布局

一是教研计划在先。成果导向的教研，需要提前做好充分准备。分析教研组对象的基本情况，“对症教研”，制定教研计划。教研计划也要分门别类、清楚有序。

二是教研计划的全面性和可行性。做事情首先要有计划，但计划不是形式，是为了保障接下来的工作有序进行，所以计划首先要全面。例如，主题组教研计划要对3个园所的主题开展现状进行分析，然后制定相应的计划。表3-2-77是以学期为周期的整个主题教研组的计划模板。

表3-2-77　2019—2020学年第一学期德弘主题教研组教研计划

教研专题	时间	目标	形式	准备	内容	成果	负责人	教研对象	教研对象准备
班级主题内容的确定及主题记录模板	第一周	规划各班本学期主题计划和确定成果记录形式	集体	1.教研员准备教研PPT。 2.教研签到表。 3.教研会议记录表	1.确定本学期各班主题探究内容。 2.提供主题探究记录模板。 3.《小小探索家》共读第一章	各班本学期的主题计划	教研员+教师2	德弘主题教研组	1.组员提前准备各项工作。 2.录入准备。 3.共读负责人准备
各班主题活动进展跟进	第二周	跟进推动各班主题活动开展	走班	教研员制定各班的跟进计划表	1.制定跟进记录表。 2.解决走班中遇到的问题，做好记录和总结	主题跟进记录表	教研员	德弘各班级	各班级负责主题活动推进和环创
……									

从教研成果导向来看，在制定计划时就要做好教研组成员的成果布局，这项体现在成果栏目上。每次教研的成果、阶段性成果和学期末总成果都要提前布局安排，让每位教师都深度参与教研。教研员要做的是帮助教师不仅要做好主题教学的实践工作，同时也要能够沉淀自己的成果。这样教师才能有职业成就感，才能成长，才有成长的动力。

主题组学期教研计划中包括每次教研的专题名称、时间、目标、形式、准备、内容、成果、负责人、教研对象及准备等细节，同时包含保障计划能够得以实施的每次教研的方案、教研组名单、排班表、主题教研活动记录模板、专业书籍共读计划、主题组签到表、教研员进班安排表、主题资料提交情况一览表等辅助计划表。学期教研计划同时要与幼儿园每学期的行事历保持一致，保障教研计划的内容与园所其他计划融合。教研计划越详细，具体执行的可行性越能得以保障。下面以清秀荣悦分园第六周的主题组教研方案为例，呈现教研方案的模板。

案例38

第六周主题教研方案

清秀幼教集团　荣悦园

一、研讨主题

荣悦班级主题环境观摩和指导

二、研讨背景

本学期开学以来，荣悦园8个班级，由每班选出一位教师组成主题专题教研组，在过去的4周时间内共进行集中教研4次及若干次的走班教研和个别教研。专题组已经开展两次主题推进情况的汇报活动。根据当前各班主题环境、教师状态及汇报作业等情况分析，教师们有了较大进步，逐渐进入探究状态，开展了大量丰富的主题相关活动，无论是班级主题墙还是PPT制作都较全面地呈现出目前各班主题进展状态。但在主题进展过程中仍存在一些问题，如主题活动策略使用较为单一，主题方向和主题活动的价值性把握不准，每个阶段活动后缺乏教师对幼儿学习发展的分析（专业性和深度）等，这些问题在接下来的两周主题推进过程中需要重点跟进和解决。在此背景下，特别邀请区教研员李静来园进行班级环境现场观摩及指导。

三、研讨时间

2019年3月25日下午3：00—4：20

四、研讨地点

园长办公室

五、研究目标

1. 通过主题环境的现场观摩提出相应的指导建议。

2. 通过主题整体进展状况提出相应的指导建议。

六、研讨准备

1. A4纸每组一张、记号笔每组一支，供小组讨论使用。

2. 每次活动由当次排班的教师协助教研员准备，并完成活动记录表。（排班表显示：王影）

七、研讨形式

走班+集体教研

八、参与对象

教研员、荣悦教学团队及主题组教师（9人）

九、研讨过程

1. 荣悦各班主题环境现场观摩+指导建议。（30分钟）

2. 教研员介绍目前荣悦主题组推进情况及存在的问题。（郭扬/10分钟）

3. 李静针对现场及现状分析做指导教研。（李静/30分钟）

4. 自由讨论：针对主题推进过程中的问题进行现场讨论，并研讨主题展示方案。（20分钟）

十、预期成果

1. 荣悦主题推进方案（郭扬）

2. 主题活动记录（排班表显示：王影）

十一、活动总结

本次教研处于整个主题活动推进的关键时期，对于主题价值和方向的把握影响整个主题进展情况，以及后期的主题展示，因此能够邀请到区教研员来指导交流，对清秀幼教集团的主题活动推进有重要意义。

三是教师积淀成果前的模板思维。教研要出成果，除了计划详细，还要简化、明确任务，提前制作教研成果的模板非常关键。例如，上文中教研排班表中提到教师要轮流完成每次教研活动记录，那么就要提前准备好教研活动记录表，表中对填表字体、行距等格式明确详细要求，可以提前规范教研成果的形式。

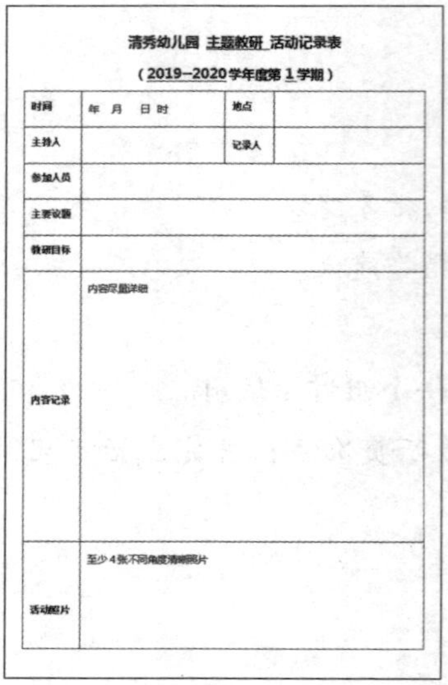
清秀幼儿园 主题教研 活动记录表

（2019–2020学年度第 1 学期）

时间	年 月 日 时	地点	
主持人		记录人	
参加人员			
主要议题			
教研目标			
内容记录	内容尽量详细		
活动照片	至少4张不同角度清晰照片		

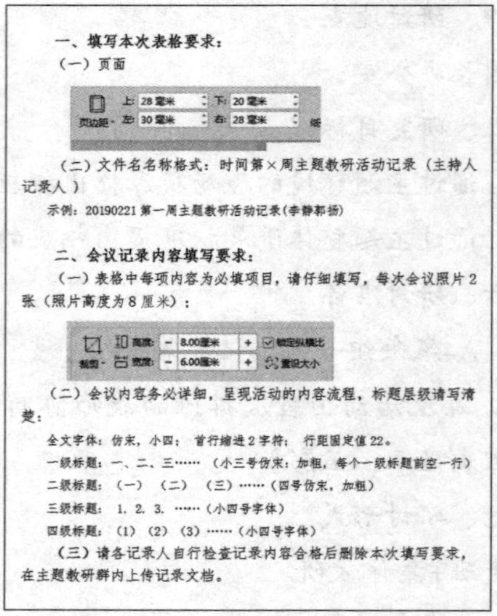
一、填写本次表格要求：

（一）页面

（二）文件名名称格式：时间第×周主题教研活动记录（主持人 记录人）

示例：20190221 第一周主题教研活动记录(李静郭扬)

二、会议记录内容填写要求：

（一）表格中每项内容为必填项目，请仔细填写，每次会议照片 2 张（照片高度为 8 厘米）：

（二）会议内容务必详细，呈现活动的内容流程，标题层级请写清楚：

全文字体：仿宋，小四； 首行缩进 2 字符； 行距固定值 22。

一级标题：一、二、三…… （小三号仿宋：加粗，每个一级标题前空一行）

二级标题：（一） （二） （三）……（四号仿宋，加粗）

三级标题： 1. 2. 3. ……（小四号字体）

四级标题：（1） （2） （3）……（小四号字体）

（三）请各记录人自行检查记录内容合格后删除本次填写要求，在主题教研群内上传记录文档。

图3–2–205　教研活动记录模板

教研员按照计划开展形式多样的教研，除了集中教研外，更多的是小组教研和个别教研。教研员日常跟进和指导教师的教学过程，并帮助教师沉淀教学成果，打磨文本资料。打磨的过程就是教师专业成长的过程，也是教研员成长的过程。以下为教研员和教师共同教研后的主题汇报案例集、主题展板等成果。

表3–2–78　主题案例集

序号	年龄段	主题PPT	序号	年龄段	主题PPT
1	小班	《幼儿园里好吃的糕点》	10	小班	《漂亮的沙堡怎么搭？》
2	小班	《幼儿园里的小小导示员》	11	小班	《保安叔叔采访记》
3	小班	《美丽的蒲公英》	12	中班	《幼儿园里的花花草草》
4	中班	《清秀故事》	13	中班	《幼儿园有多高？》
5	中班	《幼儿园里的人和事》	14	大班	《幼儿园里的平面空间》
6	中班	《幼儿园里好玩的游戏》	15	大班	《未来幼儿园》
7	大班	《我心目中的幼儿园》	16	混龄班	《美味的点心从哪里来？》
8	大班	《幼儿园里忙忙碌碌的大人们》	17	混龄班	《幼儿园里的功能室》
9	大班	《幼儿园里的数字》	18	大班	《幼儿园里来了新朋友》

图3-2-206 清秀幼教集团“六一”主题展板（20个主题48块展板）

以上为主题教研组按照成果导向教研模式沉淀的主题案例集和主题展板资源包，以下将分别节选一个主题案例和一个主题展板，展示主题教研组的成果。

案例39

小小思维导图带孩子探世界

唐兰兰 孙 元 陈宇丽

这个学期阅悦班的小朋友们对于自己的生肖特别感兴趣，家长和老师们为孩子们提供了很多与“十二生肖”相关的绘本和操作材料，供孩子们深入了解和探究。于是一场关于生肖故事的探究活动开始啦！让我们跟随孩子的脚步走进他们的世界吧！

一、主题探究情境的布置

表3-2-79 主题资源表

资源类别	内容
语文区资源	生肖童话故事、生肖立体剧场、生肖的故事、生肖头饰、生肖指偶
美工材料资源	生肖纸盘半成品、十二生肖储蓄罐半成品、生肖剪纸、生肖刺绣
家长资源	绘本、手指偶、头饰、储蓄罐、剪纸、刺绣、摆件、纸盘、挂饰
环境资源	生肖摆件、生肖挂饰

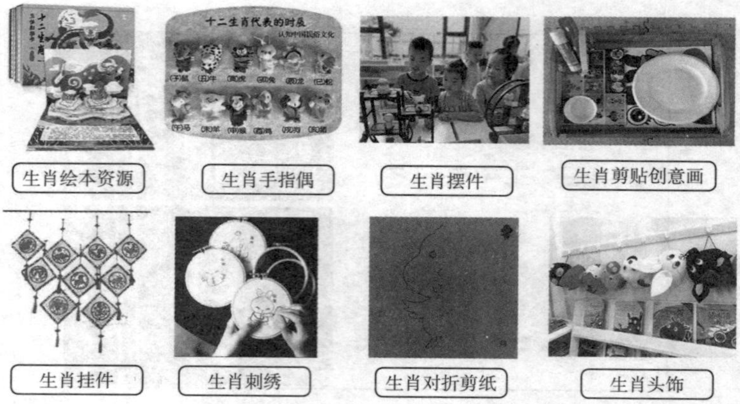

图3-2-207　主题部分资源展示图

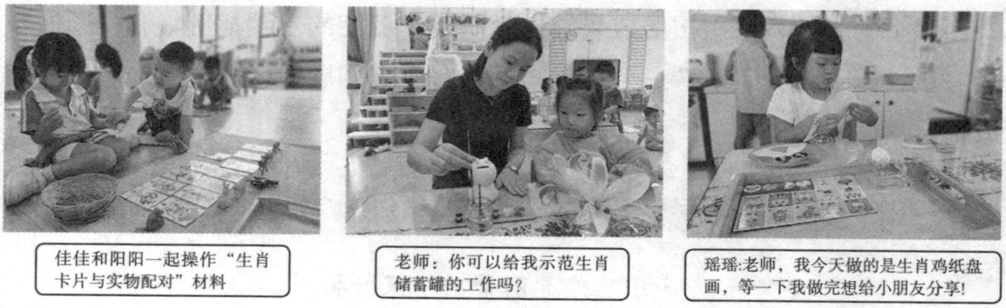

图3-2-208　“圆圈图”——生肖知多少

图3-2-209　分组讨论

教师：小朋友都发现了我们班级增加了很多十二生肖的物品，大家知道十二生肖都是哪些吗？

骞骞：马、羊、牛、猪、狗……嗯！不知道了。

奕岚：我知道，十二生肖有鼠、牛、虎、兔、龙、蛇、马、羊、猴、鸡、狗、猪。

建宇：为什么猫不是十二生肖呢？猫比老鼠还厉害，可以把老鼠赶走啊！

教师：为什么猫不是十二生肖呢？为什么猫比老鼠厉害反而老鼠在十二生肖里呢？

奕岚：我知道，我读过这个故事。

图3-2-210 幼儿绘画生肖图

图3-2-211 教师用圆圈图的形式展示幼儿的十二生肖作品图

（PS：圆圈图属于八种思维导图的一种，由一大一小两个同心圆组成，用于呈现与某个主题有关的信息。）

二、“气泡图”：生肖怎么来的

在几千年的中国传统文化中，生肖不仅是一种形象生动的纪年、纪月的方法，更是与每个人结合起来，被赋予了一种神奇的性格。

轩轩：老师，为什么十二生肖里面没有猫呀？老鼠不是怕猫吗？它怎么可以在十二生肖里面？为什么它还是排名第一的生肖呢？

玥玥：老师，为什么只有十二生肖，没有二十、三十、一百生肖呢？

教师：对呀！为什么只有十二生肖呢？为什么它们的排序是老鼠在第一呢？为什么十二生肖里面没有猫呢？我们能通过什么方法找到问题的答案呢？

骞骞：上网查。

杨杨：问爸爸妈妈。

灏灏：问园长妈妈。

芷晴：看电视。

建宇：请黄煜轩的爸爸来给我们讲呀！他爸爸那么厉害，还会研究猛犸象，他肯定知道的啦！

幼儿：对啊！我们可以请黄煜轩爸爸来。

教师：那我们怎么邀请轩轩爸爸呢？

杨杨：我们可以做邀请卡。

芷晴：我们可以让老师给他爸爸打电话问。

佳镁：他爸爸现在上班，我们可以拍一个视频发给他爸爸，等下班了再让老师发给他就好了呀！

芷晴：可是谁给我们拍视频呢？

晨晨：我来给你们拍视频。

佳镁：我可以负责解说。

杨杨：我可以做邀请卡。

奕岚：我也想拍视频。

轩轩：我也想做邀请卡。

教师：商量好了吗？

建宇：老师，我们好多人都想拍视频、做邀请卡，那我们来投票可以吗？

教师：可以啊，那我们今天的餐前活动就进行竞选，你们自己想好发言词哦！

图3-2-212　小组讨论分工图

制作邀请卡及答复卡

绘画内容

录制视频

图3-2-213 视频采访的准备工作图

图3-2-214 幼儿在讨论主题

孩子通过与家长助教的互动，提出了关于十二生肖的新问题。东瑞问道：“我是属马的，我的妈妈是属狗的，为什么会有不同的生肖呢？”

老师对孩子们的问题进行了梳理，根据孩子们的兴趣决定对十二生肖排列顺序与家庭成员生肖属性进行深入探究。

孩子们时常在阅读角进行自主阅读，于是老师抓住契机，以分享十二生肖的绘本故事为线索，与孩子们一起讨论十二生肖出现的顺序问题。

图3-2-215 教师用气泡图展示生肖来源的故事

（PS：气泡图属于八种思维导图的一种，用来描述一个主题内容。该班教师对气泡图圆圈进行了调整。）

根据孩子们对十二生肖故事的掌握，老师将故事制作成气泡图，并请孩子们根据自己对故事的理解，画出故事中关键的元素，让孩子们在自主学习中再次熟悉十二生肖的故事，理解十二生肖的排列顺序。

三、饼状图：家庭成员的生肖大调查

孩子们对十二生肖有了一定的了解，并知道了自己的生肖属相，对于爸爸妈妈的属相很是好奇。在与家长的沟通中，教师了解到孩子们在家里会时常问起爸爸妈妈的生肖属相，于是班级开展了一次家庭成员生肖大调查活动。

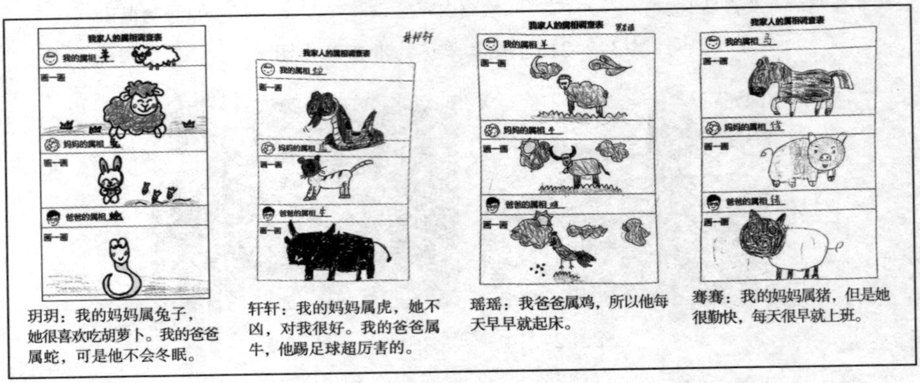

图3–2–216　家庭生肖调查问卷图

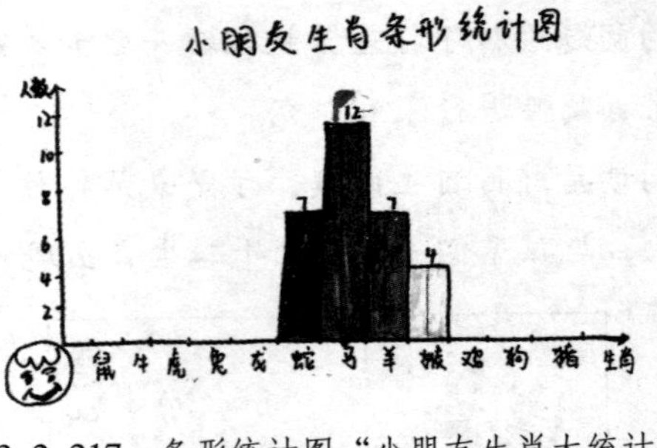

图3–2–217　条形统计图“小朋友生肖大统计”

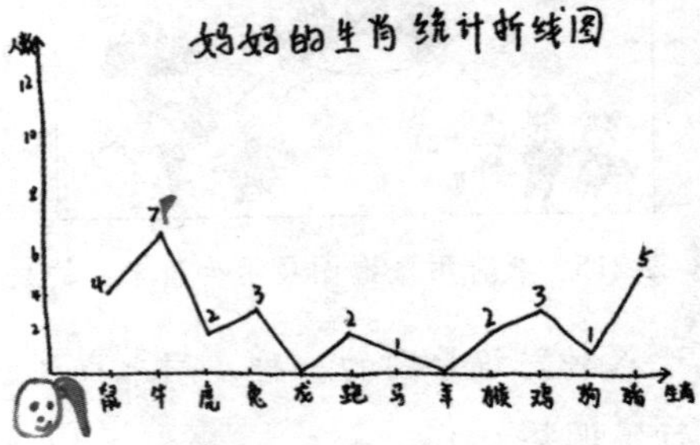

图3–2–218　折线图“妈妈的生肖统计”

哇！阅悦班属马的小朋友最多！原来阅悦班属牛的妈妈最多！

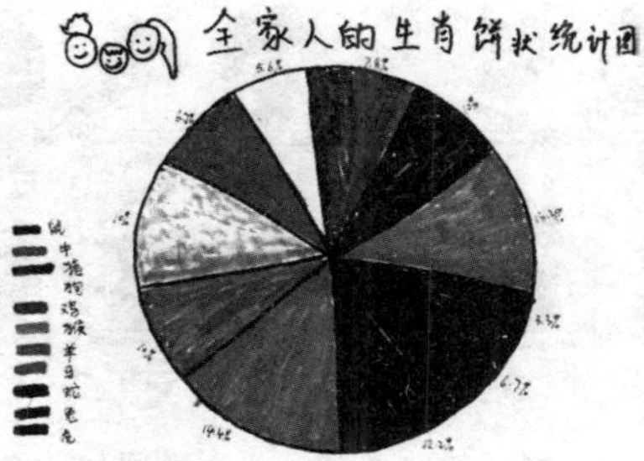

图3-2-219 饼状图“统计全家人的生肖”

四、桥状图：生肖与时辰的关系

图3-2-220 幼儿带来的绘本《十二生肖》

一天，瑶瑶小朋友带来了一本与众不同的立体游戏绘本——《十二生肖》，制作精美的纸板书每一页都有大幅立体的纸艺，而且每页还有小的书中书，以及小的立体剪裁纸艺。其中非常特别的是每一个生肖故事都搭配了一个代表时辰的钟表，孩子们对这个发现特别感兴趣，不停地寻找每个动物代表的钟表盘的区别，并找到老师一起讨论。老师告诉孩子们其实生肖是古代人类用来计时的一种方式，并带着孩子们认真观察书中的时辰故事，用绘画的形式将十二个生肖代表的时辰用桥状图记录下来。

图3-2-221　桥状图“生肖和时间的关系”

桥状图通过类比思维导图的方式，使孩子们很清楚地便将生肖和时间对应起来。

（PS：桥状图属于八种思维导图的一种，可以帮助大家识别关系之间的相似性，常用来进行类比、类推。在纸的左端画一条横线，上、下分别写上有关系的两个事物，然后画上“桥”，在“桥”的下方写上“as”，接下来画第二条横线，上、下写上与第一对有相同关系的事物，以此类推。）

图3-2-222　幼儿绘画的生肖时辰图

在了解到生肖和时辰的对应关系后，孩子们发出了一连串的问题：为什么上面的时间和下面的时间（子时和午时）一样？古时候就有时钟了吗？古时候的时辰和现在的一样吗？古时候的人怎么看时间？……

阅悦班的生肖和时辰的故事还在继续，敬请期待精彩后续！

五、教师小结

思维导图是个有用的工具，可以让我们在混乱的信息中理出条理，从条理中寻找规律，但它更重要的是为了帮助孩子们更好地去探索不同的思维方式。教师在主题探究中灵活运用思维导图来开展活动和展示环境，让孩子们能够自然而然地运用思维导图在实际生活中发现问题、分析问题、解决问题，培养孩子结构化思考方式和批判性思维，学习做更好的自己。

我们的稻草人

活动缘起：

中一班幼儿在探究“幼儿园里的花花草草”课程中，跟随孩子们的脚步，我们一起经历了“小种子发芽了”的实地观察活动、“猜猜我是谁”的投票统计活动、“鸡蛋壳的趣事”自然观察活动、“搭建我们的菜园”活动……可是有一天孩子们去天台观察植物时，发现我们种的青瓜、番茄和漂亮的向日葵有被啃咬的痕迹，究竟是谁动了我们的蔬菜呢？我们不在的时候谁来保护我们的菜园，孩子们展开了激烈的讨论。

思旭：请警察叔叔来帮我们看着菜地！

余好：让我们的爸爸妈妈来看！我妈妈有时间的！

昊昊：不用不用，幼儿园有摄像头，可以看见小偷的！

老师：但是，摄像头被小偷用东西挡住了怎么办？

七七：那样子我们的青瓜就会不见了！

锟锟：老师，我们还是先把青瓜都摘了吧！

老师：那我们漂亮的向日葵怎么办？

余好：那我们就请小朋友到上面看着！

张珩：可是我们还要区域活动呢？

昊昊：如果，要是有个人在上面的话就好了……

七七：咦，一个假的人~

余好：对！稻草人！

七七：我们来做一个幽灵稻草人，把他们吓走！这样我们的菜就不会被偷走了！

经过讨论决定制作一个假的人帮我们照看菜地——稻草人！

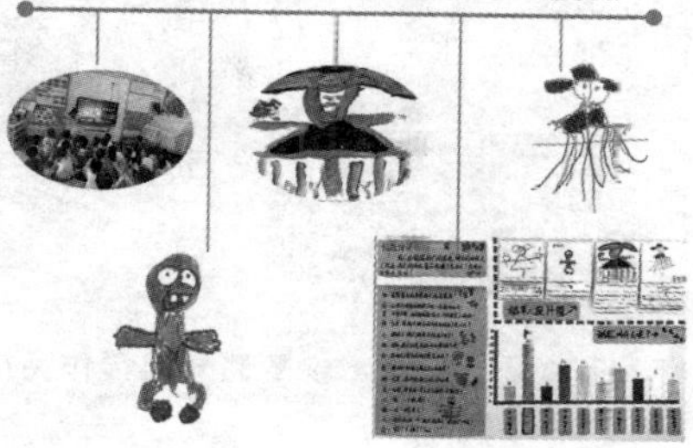

稻草人设计图：

孩子们讨论后决定做一个稻草人，可是怎么做呢？要先制作设计图，于是每个孩子都设计了属于自己的稻草人设计图。

制作稻草人

1.和爸爸妈妈一起收集竹竿、旧衣服、裙子等材料，然后选出合适的材料。

2.将竹竿用绳子牢牢地困住固定。

3.确定稻草人的位置放在最漂亮的向日葵地里。

4.给稻草人穿衣服、带包帽子，打扮起来。

5.将稻草人放在向日葵地里，完工！

希望稻草人能够完成保护菜地的任务！

给稻草人取名字

稻草人做好了，孩子们想给稻草人取名字，大家你一言、我一语，想出了很多名字，到底用哪个呢?最后我们用投票的方式来决定。

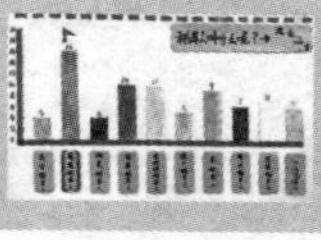

最后，“魔鬼稻草人”以最高票数获胜，我们菜地的稻草人正式取名为——魔鬼稻草人！

魔鬼稻草人　美女稻草人　巫婆稻草人　牛稻草人　怪兽稻草人　老奶奶稻草人　鬼鬼稻草人　幽灵稻草人　僵尸稻草人　猪八戒稻草人

魔鬼稻草人

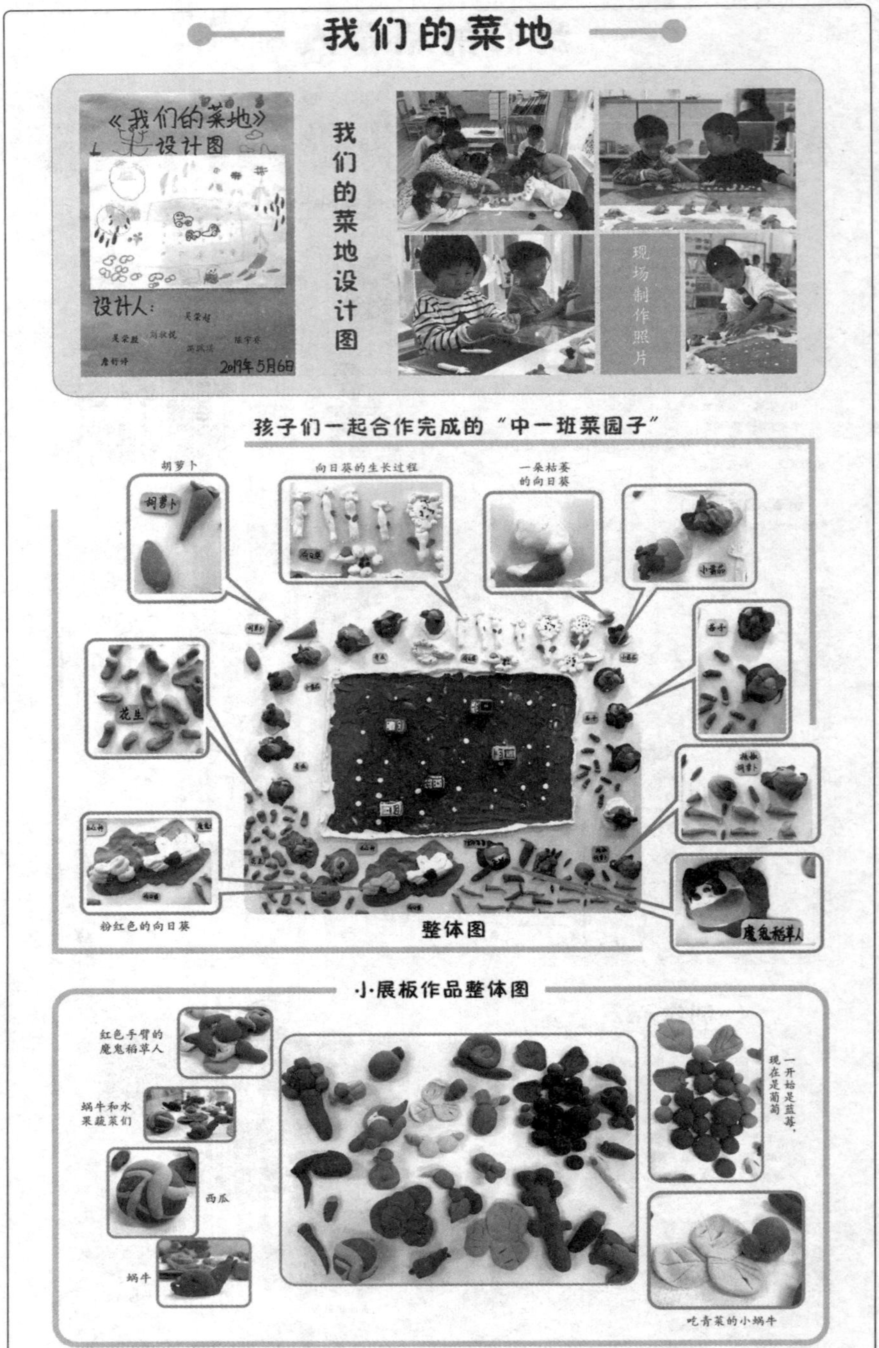

图3-2-223　中班主题展板节选

③ 教研总结和反思

教研是一个阶段性的工作，每个阶段结束后梳理教研成果并总结经验，对于下个阶段工作的开展有着重要意义。每个学期结束后都要开展阶段性的教研总结和反思。以下列举清秀幼教集园学期教研总结的形式，主要通过梳理学期内开展的各项教研活动、研讨、观摩等回顾路径。教研工作应当坚持在实践和反思中不断完善。

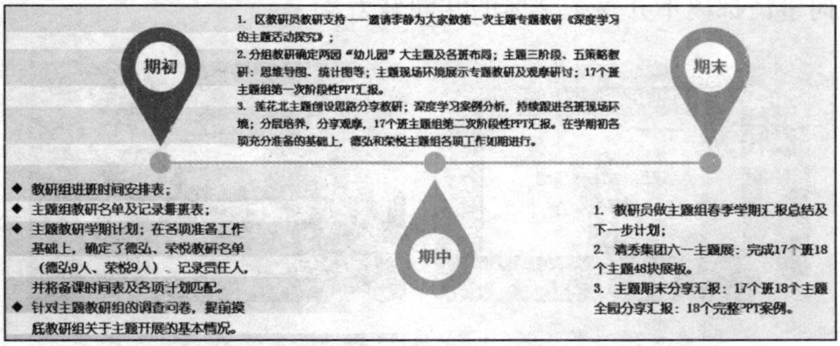

图3-2-224　主题组学期工作内容梳理

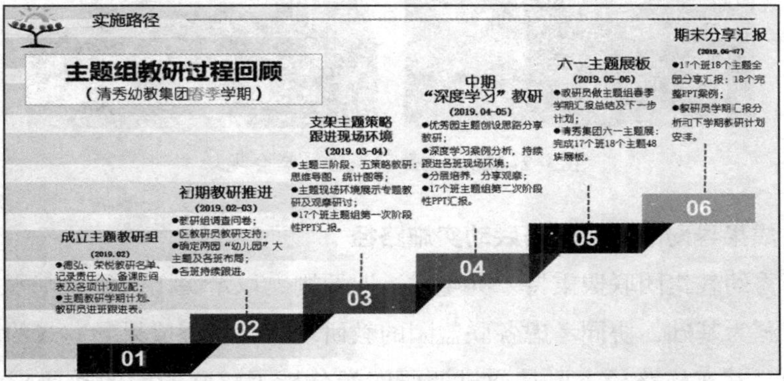

图3-2-225　主题组教研过程梳理

在幼儿园里保教质量很重要，要提高保教质量，教研活动具有很重要的地位和作用，它是幼儿教育必不可少的重要组成部分。有效的教研活动是全面提高幼儿园教育质量的关键，有效教研活动能真实地解决教师在实践中遇到的问题，能调动教师的教研积极性、主动性，切实解决教师专业成长中的实际问题，提升教育教学质量。教研平台的高质量搭建是教研活动有效进行的保证。幼儿园因地制宜地整合和利用各种资源，为教师创造了一个可供其展示、探讨、交流与提升的舞台。教师的专业化成长需要内力与外力的共同推进。内力是成长过程中的主动力元素，外力是促进教师专业成长过程中的辅助动力。积极向上的教育研究环境和氛围，有助于教师进行深度的教研及活动的开展与指导。清秀幼教集团的教研模式也在随着园所的发展，不断完善和更新，总的教研方向为：专研——专业与研究并行，促进有质量的教学现场，教师成长；反思——时常反思，学会慢下来，把路走稳；计划与执行——继续保持并优化计划在前、行动在后的工作路径；团队合作——幼儿园的任何事情都离不开每个个体的共同努力。

图3-2-226 主题组课程分享会现场

2. 成果导向的联盟教研联动实施路径

清秀幼教集团联盟秉持“共生共进”原则，以牵头园教研“基本式”的优势资源为基础，协同考虑各联盟园的教研现状，发展成果导向式的教研联动带动。其实施路径主要是通过调研问卷分析了解联盟园的教研现状，打破园际壁垒，成立联动教研组，共享教研计划模板，创建联盟内名师工作室，实现优质教师共享，提升联盟园的教研策略，以实现成果导向的联盟教研联动。

（1）联盟园的教研现状分析

为了更准确地实施成果导向的联盟教研联动工作，清秀教研中心设计了针对联盟园园长和教师的关于教研活动的相关调查问卷，通过调查问卷数据的收集，形成联盟园教研现状的分析数据，形成更好的教研联动实施措施。

①教师专业发展需求量大

选项	小计	比例
A 系统理论知识	107	45.53%
B 保育能力	15	6.38%
C 组织教学的实践能力	63	26.81%
D 教育信息技术运用能力	97	41.28%
E 教学研究能力	120	51.06%
F 对《幼儿园教育指导纲要（试行）》精神、《3—6岁儿童学习与发展指南》的理解	54	22.98%
G 观察幼儿的能力	36	15.32%
H 其他（可自填）	16	6.81%
本题有效填写人次	235	

图3-2-227　关于教师专业发展的调查问卷数据

第35题　关于联盟园培训内容，您希望获得的帮助是：　[多选题]

选项	小计	比例
A 当代国内外幼儿教育理论	90	38.3%
B 教师基本功（如讲故事）	89	37.87%
C 课题研究和论文写作	80	34.04%
D 教育教学技能（如一日活动组织、主题探究）	201	85.53%
E《幼儿园教育指导纲要（试行）》《3—6岁儿童学习与发展指南》解读	82	34.89%
F 教学智慧	80	34.04%
G 教师和幼儿的心理调适	107	45.53%
本题有效填写人次	235	

图3-2-228　关于联盟园培训需求的调查问卷数据

调查问卷数据显示，联盟园中，部分园所形成了较为完善的教研机制，能够实现每周一次的教研活动，但大部分园所的教研活动存在针对性和实践性不高、教研缺乏计划、教研转化实践成效低、教研会议行政化等问题。参与调查问卷的联盟园教师半数以上认为自己缺乏教学研究能力，并希望联盟园内能够提供教育教学技能（如一日生活组织、主题探究等）的教研培训。可以看出联盟园各园教师对教研的需求比较高，且每个园的需求层次不同。

②园长教研指导需求普遍

各联盟园园长教研的调研数据显示，各园长对于一日活动的安排、学习环境创设、主题探究活动的教研需求较为普遍。园长表示希望联盟园能够提供更多的教研互动活动，如互动式教研、教研观摩、教研方法分享等。

（2）打破园所壁垒，成立联动大教研组

根据联盟园教研现状分析结果，统筹协调联盟园现有教研资源，成立了清秀教研中心，并将联盟各园按照各自优势划分为不同的教研组，每个教研组成立教研负责园，抓重点、集中教研，以成果导向模式带动各园的园本教研。最后再形成各园之间的教研成果分享、观摩，实现联盟园内的教研联动，提升教学质量，园园有特色，园园有强势，实现联盟式发展的共生共进总目标。

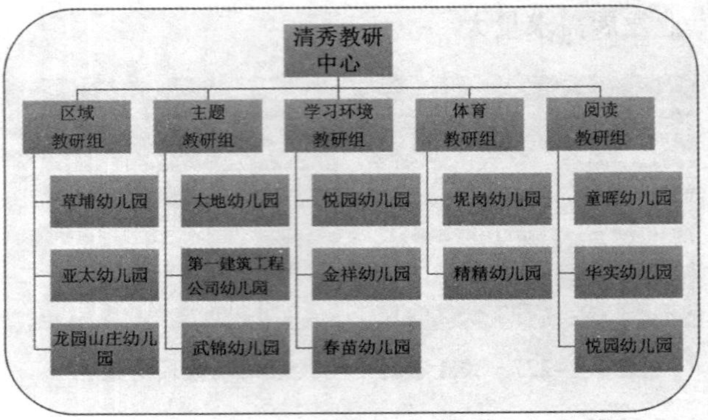

图3-2-229 清秀幼教联盟园的教研分组图

（3）创建联盟内名师工作室，实现优质教师共享

幼儿园有效教研活动的最终目的是解决教师在实际教育教学活动中遇到的问题，不断提高教师自身业务能力，实现先进的教育理念向教育教学行为转化，从而有效提高幼儿园保教质量。所以首先要为教师创造良好的教研氛围，多请专家教授为他们引路，调动他们参与教研的热情，并脚踏实地地计划和实施好每一次教研活动，让每一次教研都是有效教研，就能使教师更快地成长。清秀幼教联盟园成立联盟内的名师工作室，实现优质教师资源共享，每学期定期开展教研研讨交流、教研指导、教研观摩等多种形式的教研互动，促进整个联盟园的教研联动活动，提升教研质量。

（4）成果倒推——模板+布局

成果导向型的联动教研，就是在清秀幼教集团现有的教研模式基础之上，将现有的教研经验在联盟园内进行分享和复制，在实施过程中不断改善和提升联盟园的教研水平。首先要提供相应的计划和成果的模板，如教研计划模板、教研活动记录表、教研签到表、教研排班表等。

表3-2-80 联盟园教研计划模板

教研专题	时间	目标	形式	准备	内容	成果	责任人	教研对象
……								

教研计划的辅助计划——教研组名单及记录排班表，是为了加强教研对象的参与度，同时保证每次会议有文本资料留下。按照主题组人数排班列表，每个人都有机会有责任。排班表上要明确具体人员的顺序、工作职责及教研时间。

表3-2-81 教研组名单及记录排班表模板

<table>
<tr><th rowspan="2">教研次数</th><th rowspan="2">教研主题</th><th rowspan="2">主持人</th><th>协助人/记录人</th><th rowspan="2">教研组成员</th></tr>
<tr><th>园所</th></tr>
<tr><td>1</td><td></td><td></td><td></td><td></td></tr>
<tr><td>2</td><td></td><td></td><td></td><td></td></tr>
<tr><td>3</td><td></td><td></td><td></td><td></td></tr>
<tr><td>……</td><td></td><td></td><td></td><td></td></tr>
<tr><td colspan="5">备课时间
单周一三五主题组备课，二四区域组备课
双周一三五区域组备课，二四主题组备课</td></tr>
<tr><td colspan="5">记录人工作职责：
1.记录人按照表格教研的次序排班，每次排到班的记录人需要按照教研活动记录表的模板要求填写当次教研活动的详细记录表，提交时间为教研后三天内上传工作平台；
2.当次记录人协助教研员做教研相关各项准备和记录工作，以及当次的主题教研签到表（记录人自行提前打印各项材料，不再提醒）；
3.所有主题组本学期的计划、记录模板资料请大家在群内下载保存，平台也会有一份备份。</td></tr>
</table>

表3-2-82 教研活动记录表模板

时间	____年__月__日__时	地点	
主持人		记录人	
参加人员			
主要议题			
教研目标			
内容记录	内容尽量详细		
活动照片	至少4张不同角度清晰照片		

表3-2-83 教研考核表

评分人					评分时间				
评分标准说明	A								
	B								
	C								
	D								
	E								
序号	考核教师	班级	考核主题	A	B	C	D	E	得分
1									
2									
3	……								

表3-2-84 教研资料提交一览表模板

2019—2020学年第一学期				
园所	资料主题 班级姓名	提交资料名称及日期		
		上交日期		
某某园	（小一班）			
	……			
备注：红色字体——未按时上交 空白——还未上交				

表3-2-85 教研签到表

日期 主题	签到人（手写）								应到	实到	备注
1											
2											
……											

成果导向的教研联动关键在布局和联动。清秀幼教集团联盟园15所园各有优势，除了牵头园教研中心的优质资源，还包含以草埔幼儿园为首的区域教研组、以大地幼儿园为首的主题教研组、以悦园幼儿园为首的学习环境教研组、以童晖幼儿园为首的阅读教研组和以坭岗幼儿园为首的体育教研组，各联盟园现有教研水平不同，各自优势不同。要推动以清秀幼教集团为中心的教研“基本式”的辐射影响作用，首先要将成果导向的教研路径和计划模板共享复制，各园再优化调整为自己使用的形式。其次就是要对各园进行重点教研方向的布局，发挥好联盟园内的“混龄”互动作用，优势发展，观摩分享，共享成果，最大化地发挥联盟教研效果，提升联盟园的教研质量。

（5）联盟园辐射案例

在牵头园成立不同主题的教研组后，每个组别分别开展不同的教研讨论，在教研计划审计+教研培训+教学观摩等多种形式的教研辐射下，各联盟园所分别沉淀相应的教研成果，最后再进行联盟园所之间的成果资源共享和观摩。

表3-2-86 联盟教研组成果表

序号	联盟教研组	园所	教研成果
1	区域教研组	草埔幼儿园 亚太幼儿园 龙园山庄幼儿园	（1）区域材料投放清单。 （2）区域深度学习案例。 （3）区域布局资源包
2	主题教研组	大地幼儿园 一建幼儿园 武锦幼儿园	（1）主题学习案例。 （2）主题环境资源包。 （3）主题和区域融合案例
3	学习环境教研组	悦园幼儿园 金祥幼儿园 春苗幼儿园	（1）基础环境模块资源包。 （2）班级学习环境资源包
4	体育教研组	坭岗幼儿园 精精幼儿园	（1）体育课例。 （2）体育器械使用说明资源包
5	阅读教研组	童晖幼儿园 华实幼儿园 悦园幼儿园	（1）阅读教学活动案例。 （2）阅读活动方案资源包

以牵头园为中心的联盟园教研组经过成果导向的教研模式实践，最终形成幼儿园的区域、主题、学习环境、体育、阅读等教研成果，共同形成联盟内的基本课程资源共享库，大大推进了联盟的课程建设道路，形成优质的学习共同体，达到联盟内共生共进的目的。以下列举联盟区域教研组、主题教研组和阅读教研组案例各一个，呈现教研成果。

案例40

联盟园区域教研组材料深度学习案例——翻斗吧，猴子

谢秀媚

一、玩具介绍

玩具适用于3—6岁不同年龄段的孩子，在孩子发展的不同阶段具有比较大的开放性，目前主要投放在大班益智区。见图3-2-230。

图3-2-230 “翻斗吧，猴子”材料

（一）玩具构成

“翻斗猴子”由树干、底座、树顶、骰子各1个，猴子30个，橙色、绿色、蓝色塑料棒（树枝）共30根构成。

（二）玩具玩法

该玩具根据孩子的兴趣爱好可有不同的玩法，在玩之前孩子需将树干、底座、树顶拼搭好，然后将彩色棍子（树枝）插入树干中。

合作玩法一：将小猴从上往下撒入，猴子自然挂在树枝上，孩子轮流掷骰子，按骰子颜色取对应颜色的树枝，尽量使猴子保持不掉落，游戏结束后猴子掉下来最少的为赢。

合作玩法二：插好“树枝”，孩子用骰子轮流掷出不同的颜色，然后将猴子挂在对应颜色的树枝上，可请孩子同步记录对应“树枝”上猴子的数量。

个人玩法：（骰子去掉）孩子将猴子撒入“树枝”，统计出挂在不同颜色“树枝”上猴子的数量。孩子根据个人喜好选取一个颜色的“树枝”去挂猴子，将猴子逐个撒入，感知猴子成功挂上同一颜色“树枝”的概率。

（三）玩具价值分析

这是一套充满技巧与活力的玩具，可通过不同的玩法培养孩子不同的兴趣，其中渗透着多方面的数学核心价值目标。

1. 中小班

（1）色彩感知与分类：玩具由不同色彩的“树枝”组成，孩子可进行颜色的识别与分类。

（2）空间方位感：玩具的分层可以帮助孩子建立空间方位感。

（3）社会性发展：通过合作游戏，发展孩子的语言沟通能力和协作能力。

（4）手眼协调发展：游戏过程中的猴子悬挂需要孩子细致地操作，可促进孩子手眼协调发展。

2. 大班

（1）社会性发展：孩子共同商讨创编不同的玩法和游戏规则，此过程中孩子们学会了合作与商量，促进了社会交往的发展。

（2）语言发展：孩子通过语言沟通、商讨游戏规则，需要对游戏规则进行表述，这些过程都可以促进孩子语言能力的发展。

（3）集合、统计、概率等数学核心价值的感知：通过记录单，孩子体验到了统计、概率的乐趣，也将发现其中的奥秘。

（4）逻辑思维与挑战：每一次游戏规则的改编和游戏难度的升级都能促进孩子逻辑思维能力的发展。

（5）学习品质：游戏需要孩子静心、耐心、细心地去完成，在过程中造就孩子良好的学习品质，孩子在一次又一次的挑战中获得成功的喜悦。

二、游戏过程与解析

（一）第一次玩"翻斗猴"

1. 游戏过程

可可是一个耐心与细心兼备的女孩子，这是她和思恩第一次玩翻斗猴子。游戏开始时，孩子没有将所有颜色的"树枝"插上，便迫不及待地开始挂猴子了，两人开始轮流挂猴子上树，直到所有猴子终于被挂上"树枝"。两人开始使用骰子抽取树枝，2—3个回合的小心翼翼抽取，两人旗鼓相当。突然，思恩的骰子甩出了橙色，但是树上已没有橙色"树枝"可以抽取了，商议了一会儿后，可可决定让思恩重新投骰子。这一次，思恩甩出了蓝色，但是蓝色"树枝"上挂满了猴子，思恩不想抽，两人再次发生争议。

2. 教师分析

"树枝"未被全部插入，孩子就迫不及待地挂猴子，说明孩子并未意识到"树枝"未安装齐全会影响到猴子被成功挂到树上的概率；孩子懂得使用骰子对应树枝的抽取，说明他们已有颜色匹配的经验，初步知晓了游戏规则；两人经过商议后继续游戏，说明孩子已具备合作意识；此番游戏过程中，孩子也因"树枝"未被完全插入而影响游戏的进行，游戏的两次争议及游戏规则的限定击退了孩子获得成功的信心，成就感的失去影响了孩子继续游戏的兴趣。

3. 指导策略

放手让孩子去摸索，给予孩子探索的时间和环境。孩子在自由的环境里可以摸索出属于自己的游戏玩法，虽然规则不尽完善，但也是他们探索的开始。

在孩子需要支持时，用提问的方式去帮助孩子追溯和寻求解决问题的方法。比如，当孩子遇到没有“树枝”可抽取的时候可以这样提示孩子：“我们可以再投骰子吗？”

（二）第二次玩“翻斗猴”

1. 游戏过程

可可告诉我说：“老师，我觉得这个翻斗猴很好玩，可是两个人一起玩的话，我们就经常吵架。”“能告诉我，你们因为什么争吵吗？”一番沟通和分析后，可可明白了“树枝”未安装齐全会影响到猴子被成功挂到树上的概率，与此同时我告诉孩子，她可以按照自己的想法去玩。

第二次“翻斗猴”，可可同样只插入了一小部分“树枝”（3根橙色、3根绿色、1根蓝色），她选择先投骰子，然后将猴子挂到对应颜色的“树枝”上。当她投骰子时，刚好停到了蓝色面，可是仅有的一根蓝色“树枝”在全部“树枝”的下层，孩子尝试了很多次都没法将猴子挂好；转瞬间，她留意到未插入树干的蓝色“树枝”，于是可可拿起了一根蓝色“树枝”插在了最上层，这下，猴子终于挂好了。

2. 教师分析

孩子转换了游戏玩法，不再因不愿意抽取而闹矛盾，但与此同时新的问题又出现了，猴子未被成功挂到对应颜色的“树枝”上，孩子在此过程中不断思考、探索如何能让游戏玩得更有意思，让规则更完善。孩子有方位、空间地添加“树枝”的行为也意味着孩子的概率、空间意识在增强，但上层空间是有限的，孩子如未能恰当插入“树枝”的话也会影响下层猴子的悬挂，这就促使孩子去调整空间结构。

图3-2-231　幼儿合作操作“翻斗猴”

3. 指导策略

倾听孩子的困惑，了解孩子游戏规则的误区，帮助孩子转变思路，调整原定的游戏规则。“我们不希望猴子被抽下来，我们可否选择将猴子挂上去？”“将几只猴子放在一起不好挂，我们可否一只一只地挂？”

继续观察孩子，及时给予提示，如在孩子无法将猴子挂在蓝色“树枝”上时，用手指一指躺在旁边的“树枝”，让孩子了解，她还可以选择插入更多的“树枝”。

（三）第三次玩“翻斗猴”

1. 游戏过程

第三次游戏时，可可将自己的新玩法告诉了思恩，她邀请思恩再次加入游戏。两个人经过一番交流和商议后很痛快地开始了游戏，还邀请我观战。两人先后将所有“树枝”都插到了树干上，可可有意识地将不同颜色的“树枝”插在不同的层，便于她悬挂猴子。两人有序地进行游戏，玩得津津有味。渐渐地，孩子发现自己只是一味地投骰子，便失去了挑战性和耐性。我问孩子们建立了新规则后觉得游戏好玩吗？可可转转小眼珠说：“好玩。虽然我们不争吵了，但是我们也不知道谁赢了。”可可的说法让我内心激动了一番，我说：“怎样算是赢呢？”“谁挂的猴子多，谁就赢。”“那你们谁挂得多呢？”“我不记得了。”“那如果我们把自己成功挂上的猴子都记录下来呢？”可可眼睛发亮地直看着我。我继续引导：“我们一起来想一想，可以怎样记录呢？”思恩机灵地说：“我觉得可以像我们能量站那样，谁喝水了就贴一个扣子。”“嗯，思恩的想法很不错，那我们一起来设计这张记录单吧。”孩子们兴奋极了。我说：“我们先看看能量站里有什么？”可可争先恐后地说：“有名字。”“还有小纽扣。”“那我们要把名字和小纽扣替换掉，谁换谁呢？”思恩说：“猴子可以变成纽扣，挂一个猴子就贴一个纽扣。”“那‘树枝’呢？”可可说：“‘树枝’可以变成名字吗？”思恩说：“我觉得可以，一根‘树枝’就是一个名字。”我说：“好。那么现在，请你们来画出这张记录单吧。”孩子们照着能量站的形式，拿出彩色笔，将自己插入的“树枝”一根一根点数出来，替换名字，然后开始了新一轮游戏的记录之旅。

图3-2-232 幼儿记录“翻斗猴”数量

表3-2-87 “翻斗猴”的操作单

数一数，涂一涂

姓名：______ 日期：______

猴子数量？	16			
	15			
	14			
	13			
	12			
	11			
	10			
	9			
	8			
	7			
	6			
	5			
	4			
	3			
	2			
	1			
	颜色			

2. 教师分析

可可开始有意识地插“树枝”，说明她从上一次的受挫中吸取了经验。游戏一开始可可便懂得了在空间上做调整帮助自己抢占先机。随着游戏规则的改变，两人成就感增强的同时也因游戏缺乏挑战和竞技而消磨了部分耐性。根据前经验及老师的引导，增加了统计记录单后，两个小伙伴再次萌生了决战之心。

3. 指导策略

教师的观战陪伴与适时介入让孩子的游戏得到了延伸，引导出来的判断与记录问题，在支持了孩子游戏规则的同时也让孩子有了新期待。

教师引导孩子发现问题，并结合孩子的前经验引导孩子思考解决问题的方法，进而解决问题。统计记录单的设计是根据孩子自发的游戏规则制定的，因为有了统计记录单的出现，孩子的游戏规则出现了转机和竞争性，教师的介入与支持促进了大班孩子学习品质的良好发展。

（四）第四次玩“翻斗猴”

1. 游戏过程

翻斗猴子的玩具吸引了不少孩子来挑战。一天，振宇看了操作单和玩具，二话不说就开始了游戏。他从上而下平行地插入了5根“树枝”（3根蓝色、2根橙色），舍弃了骰子。第一次顺利地将猴子挂在了蓝色树枝上，只见振宇在蓝色格子里涂上了颜色，但后续再投时，他多次投放猴子都没挂上，他发现“树枝”太少了，不由得开始增加“树枝”（绿色增加3根，蓝色增加2根，橙色增加1根），开始时他几乎是按同一个方向去增加，发现猴子仍无法挂上去，他有些着急了。我走上前去指着其中一根交叉的“树枝”提示道：“你看，为什么这根‘树枝’可以挂上猴子呢？”振宇有些茫然，“虽然它在下面，但是有没有被上面的‘树枝’挡住？”振宇摇了摇头，“那你想想怎样插‘树枝’才能使下面的‘树枝’尽可能不被挡住？”几经尝试后，振宇找到了交叉插‘树枝’的方法，最后把所有的猴子都成功地挂上了“树枝”。

“恭喜你让猴子们都成功地找到了家。我刚刚看你挂猴子时发现有的一次就挂上了，而有的要挂好几次，那你还记得第一次挂上去的猴子挂在哪个颜色的‘树枝’上吗？”振宇挠挠头说：“不记得了。”“这份记录单能帮助你记录吗？”振宇细致地看了一遍统计记录单，对我使劲地摇了摇头说：“不可以。”我提示道：“如果我们把每一次猴子成功挂上都记录下来，是不是就可以知道了呢？”振宇点了点头。我接着提示道：“我们首先要知道挂了多少次猴子，可可和思恩他们用跟能量站一样的方式去统计猴子的数量，那你觉得我们可以怎样记录挂猴子的次数呢？”振宇眯眼思考了许久说："可不可以跟我们记录楼梯一样，每走一层写一个数？"我惊喜地看着振宇说："宝贝，你的想法太棒了，那你想挂几次猴子？你想挂几次猴子就可以写几个数字。"振宇说："我想挂10次。""好，那我们把1—10写下来吧。"振宇指着统计记录单说："老师，我觉得'树枝'的颜色还可以跟这个一样，可以吗？"我微笑着说："你试试吧。"振宇抱着尝试的态度，摸索着前进，孜孜不倦地记录着自己什么时候成功挂上猴子的。最后，我让振宇把每一次的点都连起来，形成了一段段蜿蜒的线，振宇看着这蜿蜒的线，脸上露出了喜悦的表情。我说："下次你再来试一试，看看下次记录的曲线和这次是不是一样的。（见图3-2-233和表3-2-87）"

图3-2-233　第四次调整后的记录

2. 教师分析

振宇在游戏过程中同样遇到插"树枝"问题，跟可可不同的是，他没有可可的前经验，更需要观察和老师的引导，但是在游戏过程中，他很快便能找准方向并准确地进行统计，所以老师可以把更深层次的任务交给他。新记录单的创设是关于成功概率的，孩子有这个意愿去探索、思考和记录，老师根据孩子的前经验介入引导，这便是孩子最大的动力。

3. 指导策略

游戏到了升级阶段，老师的鼓励与介入让孩子有了坚持玩下去的动力，新挑战的出现让孩子更愿意去钻研和探索。老师结合孩子的前经验，引导孩子积极思考。适时地将任务交给大班孩子，鼓励、引导孩子去探索更多未知，让孩子在创编玩法和规则的过程中从不同角度去感知数的统计和概率的概念。

三、教师反思

整份材料的乐趣非常多，给孩子提供了一个自由建立游戏玩法与规则的空间，孩子根据自己和同伴的“能力”与可接受程度去建立他们可接受的玩法，可以说玩具本身具有非常大的包容性。

大班幼儿对事物存在极强的挑战心理，规则感也非常强，对于不同的玩具他们都会有自己的创新玩法，老师“无声”的支持是帮助幼儿独自探索与建立游戏规则的良策。一个班同一年龄段的孩子动手、思维等能力存在差异性，一份玩具如果只有唯一或固定的玩法，幼儿很快便会觉得乏味，但如果一份玩具适合不同能力层次的孩子去玩，我相信这样的一份玩具是成功的。

3—6岁五大领域幼儿发展目标指出，大班（6—7岁）幼儿要形成集合概念，懂得用统计图来记录物品的数量，感知统计在生活中的运用。通过游戏引导孩子去思考，而游戏过程中，孩子们也能恰当地结合自己已有经验去品味游戏带给他们的无限可能性和乐趣。

老师的细致观察、语言或行为的鼓励，以及适时的介入是帮助孩子不断挑战自我的催化剂。给幼儿创造一个主动学习的环境并充分尊重其规则意识，这也是促进幼儿发展的阶梯。其实，幼儿建立游戏玩法的过程也是促进老师思考的过程，老师根据幼儿的玩法并结合幼儿发展核心价值进行引导，在无形中渗透概念，让幼儿从感知中获得相关经验。

案例41

联盟园主题教研组探究案例——幼儿园里的花花草草

王姗姗

一、主题缘起

2019年春季开学初，中一班的张老师带着班级孩子们开辟了经过一个寒假已荒芜的四楼菜地。松土、播种、浇水、施肥，一个月的时间，原本荒芜的菜地冒出了许多绿色的嫩芽，孩子们在这个过程中也逐渐对这些植物产生了浓厚的兴趣。中一班老师们决定跟随幼儿兴趣开展“幼儿园里的花花草草”子主题探究课程，于是我们的故事开始了……

二、主题资源利用

表3-2-88 主题资源表

资源类别	内容
物质资源	美工材料、记录文具、种植工具、种子、肥料、植物、自制绘本、立体作品
教师资源	通过各种渠道收集、获取植物种类，以及共享种植信息资源，组织幼儿采摘成熟的果实，并进行烹饪、分享
家长资源	班级群共享植物种类和种植信息资源，家长助教进课堂和小朋友分享青菜种类，家委会提供班级植物种子和肥料
环境资源	创设班级主题墙面、主题展板、活动足迹

三、活动过程

活动一：小种子发芽了

开学初，播种的蔬菜种子发芽了。孩子们带着浓厚的兴趣，开始了观察、记录，讨论蔬菜生长的趣事。

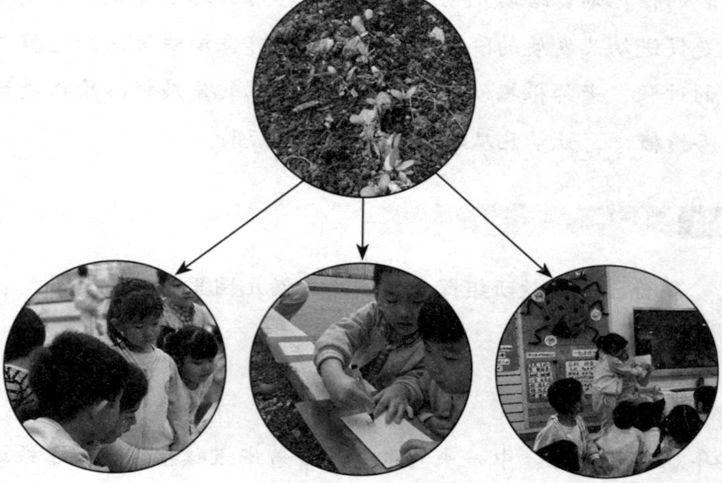

图3-2-234 幼儿观察、讨论、记录植物生长过程

（1）讨论：我们种的种子发芽了吗？发芽后的它们都长什么样子呢？

（2）到四楼菜地进行实地考察，引导幼儿仔细观察种子发芽后的叶片形状、气味等特征。

（3）引导幼儿使用记录单，运用绘画的方式将自己观察到的现象记录下来。

（4）分享与交流幼儿观察到的植物特点。

图3-2-235 幼儿观察和记录植物生长过程（1）

图3-2-236 幼儿观察和记录植物生长过程（2）

图3-2-237 幼儿观察和记录植物生长过程（3）

活动二：猜猜我是谁

（1）小组讨论：班级菜园的蔬菜们发芽了，那么到底都种了哪些菜呢？

（2）实地考察：请小组成员到四楼菜地再次进行实地考察，通过猜测、讨论得出结果。

（3）讨论：怎样验证结果呢？

经过小组讨论得出三种方法：方法1：发动家长资源；方法2：等待果实成熟；方法3：请教中一班植物专家张老师。

（4）发动家长资源，跟孩子在家通过网络途径验证，将家长助教活动和主题内容相结合。

图3-2-238 家长助力植物探究活动

图3-2-239 家长助教介绍蔬菜

图3-2-240 幼儿观察蔬菜

教师解析：在探究“幼儿园里的花花草草”课程中，跟随孩子们的脚步，我们一起经历了“小种子发芽了”的实地观察活动、“猜猜我是谁”的投票统计活动、“鸡蛋壳的故事”自然观察活动……

孩子们的意外发现：

有一天孩子们去天台观察植物时，发现我们种的青瓜、番茄和漂亮的向日葵有被啃咬的痕迹，究竟是谁动了我们的蔬菜呢？我们不在的时候谁来保护我们的菜园？孩子们展开了激烈的讨论。

图3-2-241　孩子们的意外发现（1）

图3-2-242　孩子们的意外发现（2）

谁来保护我们的菜园？

思旭：请警察叔叔来帮我们看着菜地！

余好：让我们的爸爸妈妈来看！我妈妈有时间的！

昊昊：不用不用，幼儿园有摄像头，可以看见小偷的！

老师：但是，摄像头被小偷用东西挡住了怎么办？

七七：那样子我们的青瓜就会不见了！

锟锟：老师，我们还是先把青瓜都摘了吧！

老师：那我们漂亮的向日葵怎么办？

余好：那我们就请小朋友到上面看着！

张珩：可是我们还要区域活动呢！

昊昊：如果，要是有个人在上面的话就好了……

七七：咦，一个假的人。

余好：对！稻草人！

七七：我们来做一个幽灵稻草人，把它们吓走！这样我们的菜就不会被偷走了！

经过讨论：最后决定动手制作一个“假人”——稻草人，帮我们照看菜地！

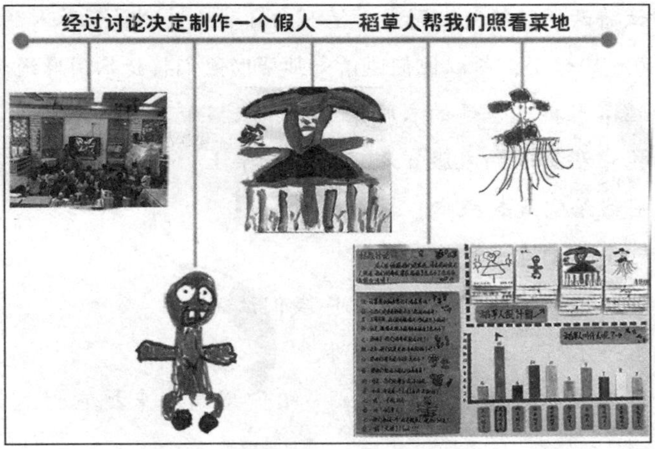

图3-2-243 幼儿设计稻草人

活动三：稻草人的设计图

稻草人怎么做呢？首先，要制作设计图！于是每个孩子都画出了属于自己的稻草人设计图。

图3-2-244 幼儿表征自己心目中的稻草人图

活动四：一起动手制作稻草人

（1）和爸爸妈妈一起收集竹竿、旧衣服、裙子等材料，然后选出合适的材料。

（2）讨论：稻草人应该放在什么地方最合适？

幼儿：向日葵地里！因为这里是我们菜地最美丽的地方。

（3）尝试将两根竹竿交叉固定，插入向日葵地，测量稻草人的大小。（由于孩子们的力气比较小，所以他们邀请老师帮助他们将竹竿用麻绳绑紧）

（4）为稻草人挑选合适的衣服，进行穿衣搭配。

（5）讨论：稻草人的衣服穿在了两根竹竿上，裙子怎么穿上去？

小宝：用线给它缝起来吧！

余好：可是我们这里没有针呀！

思旭：那就用绳子给它绑起来吧！我们试试！

余好：不行不行，这样就没法穿啦！

小宝：我来看看还有什么工具……咱们用这个来把它钉起来吧！（订书机）

余好：好办法！好办法！

思旭：要小心点啊，别钉到手了！

小宝：老师，你来帮我们钉一下吧，太难按了。

（6）讨论：帽子怎么戴？

余好：我们来试试这个帽子。

思旭：哎呀，没有脑袋怎么戴呀？

小宝：有了有了，这个枕头塞进去！

余好：不行，也要把它钉起来才行的！

（7）稻草人完工了，一起把它插到美丽的向日葵地里吧！希望你能够帮助我们好好地照顾菜地哦，别让小偷来偷我们的向日葵！

图3-2-245 幼儿在制作稻草人

大家都很满意制作的魔鬼稻草人，有它替我们保护菜地肯定没问题，不仅可以赶跑小鸟，也可以赶跑想偷摘我们果实的坏人，真是一举两得的计划。

活动五：给稻草人取名字

稻草人做好了，孩子们想给稻草人取名字，大家你一言、我一语，想出了很多名字，到底用哪个呢？于是，我们决定用投票的方式来确定稻草人的名字！

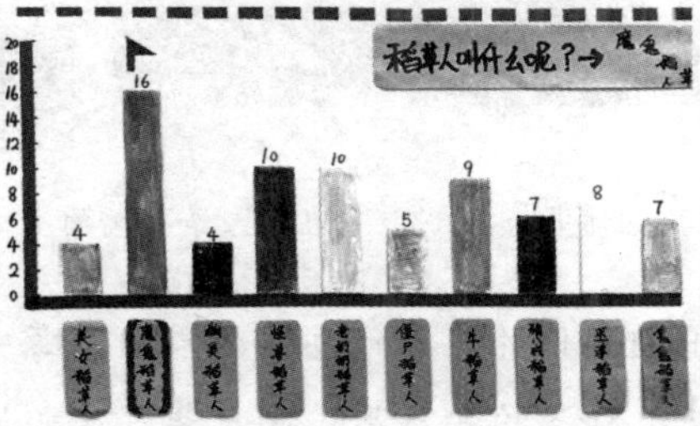

图3-2-246　幼儿通过投票决定稻草人的名字

回到教室后和班级小朋友分享我们的成果，并给我们的稻草人取了一个霸气外露的名字，大家一起进行民主投票，最后，“魔鬼稻草人”以最高票数获胜，我们菜地的稻草人正式取名为——魔鬼稻草人！

活动六：我们的菜地

春去夏来，这片可爱的菜园给中一班的孩子们带来了无穷的乐趣。有一天孩子们在区域活动时，提出也要在班级里制作一片“菜地”，有兴趣的孩子们组成小组并进行了分工：选取材料、设计菜园图纸、捏制各种自己喜欢的蔬菜和果实……

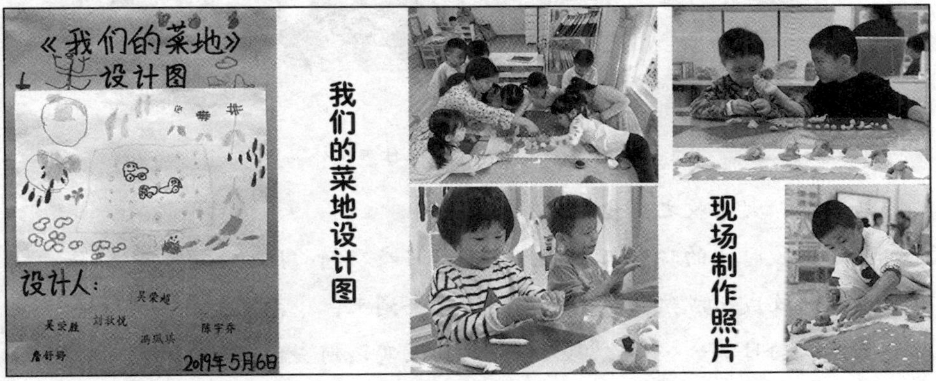

图3-2-247　幼儿共同设计菜地

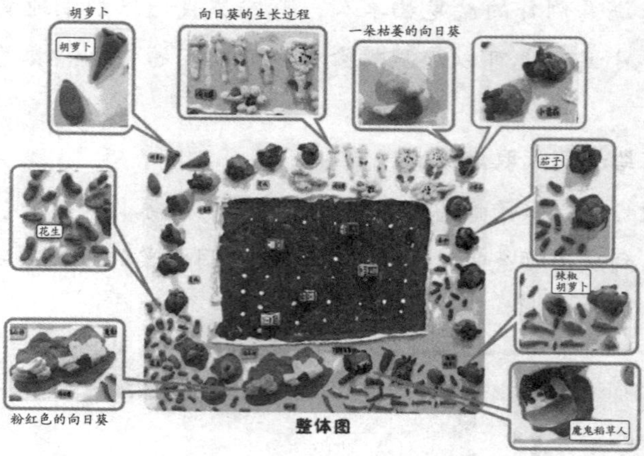

图3-2-248　幼儿合作“中一班菜园子”墙面立体作品

教师解析：从孩子们制作的黏土作品可以看出，每一个孩子在主题探究过程中都在细心地观察：枯萎的向日葵、向日葵的生长过程，以及期盼着能够早日收获胡萝卜、小番茄、茄子……

自“我们的菜地”大型墙面工程结束后，孩子们用黏土制作植物的兴趣越发浓厚，顿时班级的美工区热闹非凡。就是这样，mini版本的“菜地”逐渐诞生。

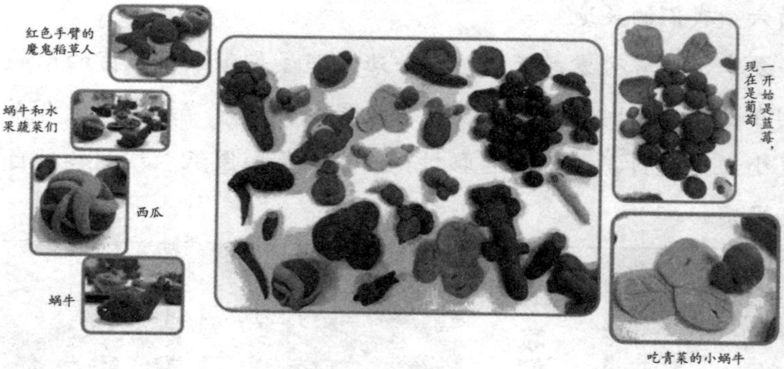

图3-2-249　幼儿主题集体表征作品

活动七：大丰收之美食节

经过一段时间的观察与记录，我们日日夜夜精心照顾的菜地，陆陆续续有了不少的收成。成熟的时刻一个接着一个到来，小葱、艾叶、番薯叶、秋葵、青瓜、向日葵……那么，这些成熟的果实该何去何从呢？经过所有小朋友一致决定——把它们做成美食来分享！

图3-2-250　蒜香番薯叶——采摘、清洗、剥蒜皮、切蒜头、烹饪、分享劳动成果

图3-2-251　芹菜饺子——采摘、清洗、揉面粉、切芹菜、绞肉馅、包饺子、煮饺子、分享劳动成果

图3-2-252　小葱鸡蛋饼——采摘、清洗、切小葱、搅拌面粉、烹饪、分享劳动成果

图3-2-253 凉拌青瓜——采摘、清洗、切成小块、焯水、凉拌、分享劳动成果

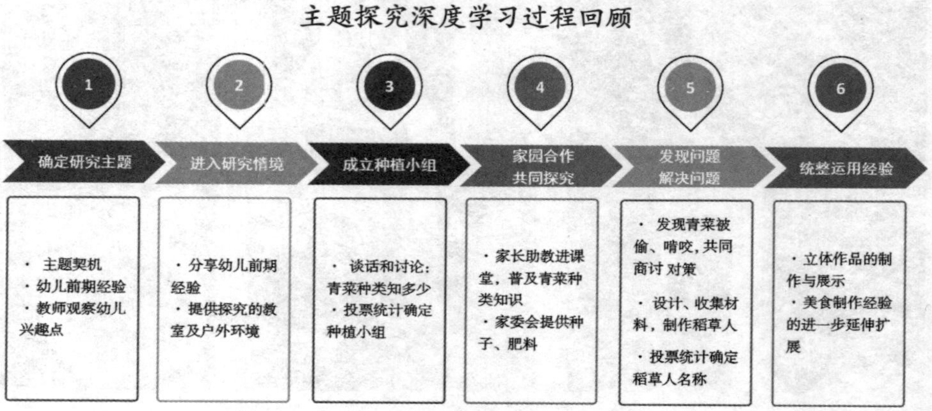

图3-2-254 幼儿的探究路径

案例42

联盟园阅读教研组材料深度学习案例

——绘本引发的小班亲近自然主题探究活动

郑永青 尹永庭

一、绘本背景介绍

图3-2-255 图书封面

《我是一条快乐的鱼》是启发绘本馆已出版的启发精选世界优秀畅销绘本系列之一，适合0—8岁儿童阅读。本书讲述的是鱼儿的世界，在大海里，有很大的鱼，也有很小的鱼。有的鱼圆圆的，有的鱼细细的；有的鱼一身雪白，有的鱼一身漆黑；有的鱼天生浪漫，还有的鱼天生蛮横……不管哪种鱼，每天生活在大海里都像过节一样快乐。

这是一本充满创意与想象的认知绘本，作品不仅以活泼的画风向孩子们展示了海洋里鱼儿的天地，幽默之余，又能让孩子借由想象的翅膀，尽情翱翔。书的结尾，作者特意设计的大拉页，有各种各样的鱼儿，虽然它们样子不同、性格不同，但是共同生活在海洋里。

二、教育价值分析

（一）阅读活动以“趣”引领

1. 选材“趣”：《我是一条快乐的鱼》中各种鱼的形象符合小班幼儿的年龄特征，整个故事内容贴近幼儿的生活经验，就好像这些鱼就生活在我们身边一样。这样的绘本故事更能引发幼儿情感上的共鸣。

2. 教具“趣”：根据绘本中最后的大拉页，富有童趣，能形象生动地表现各种鱼的动态。利用“放大镜捉迷藏”的课件，能帮助幼儿更加直观具体地找出各种鱼之间的不同特征，很好地成为幼儿理解绘本的活动工具。

（二）绘本价值分析

1. 色彩鲜艳：这本书整体以海洋的蓝色为背景，鱼儿也是五颜六色，视觉效果很赞。

2. 语言有趣：对于鱼儿的描述和形容很有意思，充满想象。

3. 细节有趣：书中每一页都隐藏着两个小海星，它们表情丰富可爱，孩子们喜欢找海星。

4. 最后一页的折页是惊喜：爱鱼的娃娃最喜欢在上面指指点点，大鱼在哪里，小鱼在哪里，爱亲亲的鱼在哪里，流浪汉一样的鱼在哪里……

三、活动流程

（一）选择绘本并投放，自主阅读，观察记录孩子的兴趣点

书香阅读——创设宽松的互动阅读环境，让每个幼儿都有说话的时间和权利，是提高幼儿阅读能力的一个切实可行的办法。选择符合幼儿年龄特点的童书，引发幼儿自主阅读的兴趣。

幼儿园借书日开始进行时，孩子们纷纷到幼儿园阅读区自主挑选一本自己喜爱的书进行了借阅登记，一本《我是一条快乐的小鱼》，由林子淇小朋友带到了教室，投放在教室图书柜，让幼儿自由邀约同伴一起阅读。这本好书深受孩子们喜爱，他们一边用手指点画面，一边用语言描述画面内容，每个幼儿既表达了自己对故事的理解、疑问，又不断与同伴共同探讨、交流，绘本从一本新书变成了一本有痕迹的书，通过一段时间的自主阅读，教师持续地观察幼儿的兴趣点，孩子们则发现了海里各种各样的鱼。

因为故事内容简单，易理解，画面形象又有趣，所以教师并不急于带着幼儿一页一页阅读，而是把图画书投放在阅读区，供幼儿自主阅读，自由选择。通过教师的观察记录，我们看到幼儿的阅读兴趣和阅读习惯是不一样的。

图3-2-256 同伴共读

图3-2-257 独立阅读

小语：这里有一条红色的鱼。

语蘅：这两条鱼喜欢打架。

牧宁：这条鱼好可怕呀，这是刺鱼，它们打架啦。老师，海里有小蜗牛吗？好多鱼，这是八爪鱼，它有爪子的。

子悦：这不是八爪鱼，这是水母，这是彩虹鱼，这条黑鱼有尖尖的牙齿，会咬人的。

媛媛：它的身体太长了，这是长长的海蛇；这是胖鱼，因为它太胖了；这是美鱼，很美；这是蓝鱼，它的身体是蓝色的；白鱼、黑鱼、彩鱼，它太漂亮了，它是彩虹色的，这亲亲鱼在我妈妈手机里也有；打架鱼、剑鱼，这长长的鼻子像一把剑；这是怪鱼，它太丑了。哇，它们开开心心地跟好朋友一起玩，我要给这本书取个好听的名字。

教师解析：小班幼儿年龄虽小，但心智吸收性强。这本绘本图案丰富，文字少，语言夸张有趣，符合小班幼儿年龄特点及发展水平。幼儿对于生动形象、色彩鲜艳的读本是非常感兴趣的，根据小班幼儿主要以具体形象为主的思维特点，本活动重点是通过仔细观察绘本来获得阅读信息并理解故事内容，同时养成良好的阅读习惯。这对于发展幼儿语言、提高口语水平，以及提升幼儿自主阅读能力非常重要。在幼儿自主阅读的过程中，教师更多是静静地观察两个幼儿在阅读过程中的交流和表达，透过幼儿的行为和语言，分析其不一样的阅读兴趣和特点。

昊昊：老师，这本书叫什么呀？老师，你可以给我讲讲这个故事吗？这本书里面有好多好多的鱼呀，它们都是些什么鱼呀？

围绕这个话题，教师进一步引导并开展以下活动。

（二）集体阅读，完整欣赏，师幼共读深入理解绘本

图3-2-258 集体阅读

图3-2-259 师生共读绘本

教师将图书制作成PPT，引导幼儿仔细观察每一幅画面。教师会提问：这是一条怎样的鱼？这条鱼长什么样子？这条鱼看起来怎么样？你是怎么知道的？幼儿开始描述得比较笼统、简单，但随着教师的引导，幼儿开始关注细节，并积极地发表他们的想法。

满足孩子们的兴趣和好奇心是开启学习活动的前提。幼儿看着最后一页说：为什么最后一页像花一样大？有这么多的鱼呀，它们都在干什么呀？这是小黑鱼，这是打架鱼……幼儿最感兴趣的就是最后一页出现了各种各样的鱼。

教师：那我们一起来玩游戏吧，小鱼在和我们捉迷藏，请你找找自己喜欢的鱼在哪里？

芯畅：老师，我知道彩虹鱼躲在哪里！

子淇：老师，我知道流浪汉鱼在哪里！

教师解析：师生共读促进幼儿深度阅读。小班幼儿的阅读主要是凭兴趣，他们的目光往往被自己感兴趣的画面所吸引。所以我开门见山地介绍绘本，让幼儿初步了解绘本，并且通过电脑课件、设置放大镜、捉迷藏的课件作为教具，巩固了孩子们对绘本故事的兴趣，为接下来的学习做好了铺垫。

雨淇：老师，我能借这本书吗？我想把它装到图书漂流袋里，带回家和爸爸妈妈一起分享。

围绕这个话题，教师进一步引导并开展了以下活动。

（三）图书漂流活动

图3-2-260 我与妈妈的快乐阅读

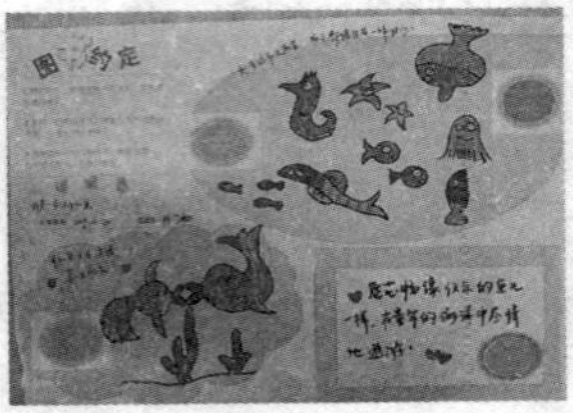

图3-2-261 幼儿的阅读记录

图3-2-262 幼儿的阅读记录

教师解析：亲子阅读是一种能给孩子带来无限乐趣的娱乐活动，同时，也是他们获取知识、开阔视野的一种学习方法。在充满父子、母子亲情的氛围中，和孩子一起陶醉在书的世界里，一起享受读书带来的快乐与幸福。

亲子阅读后回园分享交流。

教师：大海里的鱼很快乐，它们生活得很幸福，我们怎样保护大海里的鱼呢？

康康：老师，我上次去海边玩，发现了一条鱼，可是它死掉了，好可怜。

致远：老师，我也发现了，有水母，还有海星，它们都死掉了，再也找不到妈妈了。

教师：它们一定很痛，都死掉了，那你们知道它们为什么会死掉吗？

牧宁：他们中毒了吧！被人打死了。

教师没有正面回答，而是将这个问题又抛给幼儿：那我们应该怎样保护它们呢？

围绕这个话题，教师进一步引导并开展以下活动。

（四）参与保护海洋的行动

1. 集体讨论

教师：快乐的鱼生活在海洋里，那我们应该怎样保护它们呢？怎样能让小鱼不生病，不死掉？

刘韬：去海边贴禁止标志，禁止向海里扔垃圾，不给小鱼吃脏东西，要提醒人们把垃圾扔到垃圾桶里。和爸爸妈妈买捞斗，去海边捞垃圾。

明康：在海边贴标语喊口号。

浩骅：要保护大海，保护小鱼。不能乱丢垃圾在海里哦，禁止丢垃圾给小鱼吃。

有了这样更进一步的讨论，幼儿知道了要保护环境、保护自然，这样小鱼才不会生病，才会快乐地生活在海洋里。

2. 组建环保小卫队，设计图标口号、保护海洋宣传标语，一起保护环境

图3-2-263　幼儿组建环保小卫队

3. 一起清洁沙滩，细心的孩子连一个小烟头也不放过

图3-2-264　幼儿在海边捡垃圾

4. 放生小螃蟹，让它回到海洋的家

图3-2-265 幼儿放生小螃蟹

教师解析：通过参与保护海洋的行动，幼儿进一步获得了社会感知经验，从而真正体验到亲近自然环境，并在整个过程中培养了幼儿的语言表达能力、社会交往能力及爱心和责任心。

教师给幼儿分享海边的故事。

教师：小朋友放假去了海边。他们在干什么呀？我们一起来看一看。

薇薇：他们在宣传要保护环境，保护海洋，禁止乱丢垃圾。

教师：他们去了海边做环保小卫士，他们还带回了很多石头，我们可以用它们来做什么呢？玩什么游戏？

子淇：老师，我知道，可以用来拼石头，可以画石头。

围绕这个话题，教师进一步引导并开展以下活动。

（五）用不同的方式表达对绘本的理解

阅读后的精彩：支持幼儿运用多元方式，进行创意表达。《3—6岁儿童学习与发展指南》指出，应鼓励幼儿用故事表演、绘画等不同的方式表达自己对图书、故事的理解，这就需要教师为幼儿提供多渠道、多样化的表演氛围，允许幼儿用多种方式大胆地表达自己的感受、意愿、想法。

1. 石头艺术创作拼贴

游戏规则：教师分享完故事，幼儿选择自己喜欢的石头拼搭成一幅作品，也可以与同伴合作创作一个作品。

基本材料：各种不同大小的石头、贝壳。

能力发展：培养幼儿的动手操作能力、想象力和审美能力。

在海边收集石头和贝壳，餐后开展“石头鱼拼贴”活动。

子淇：老师快看，这是我拼搭的彩虹鱼。老师，这是小黑鱼，眼睛也是黑色的……幼儿开始展示和介绍各自小组的创意石头作品。

图3–2–266　幼儿创作石头画

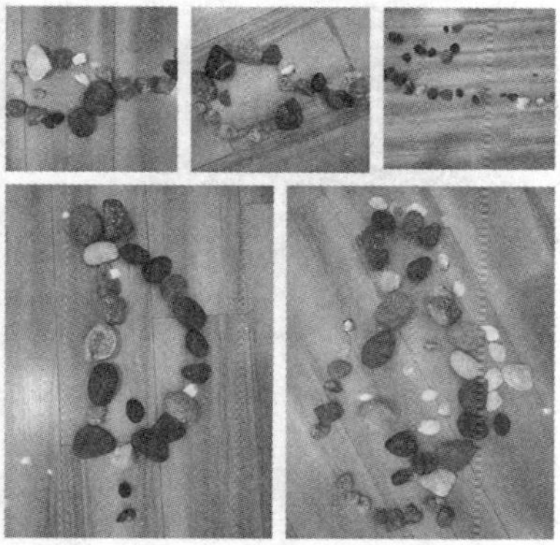

图3–2–267　幼儿的石头画作品

子淇：我拼了海豚。

诗滢：我喜欢公主，所以我拼了公主鱼。

教师引导幼儿把拼的鱼画出来，幼儿个个创意无限，作品丰富，最后用拍照的方式用图片展示出来，让幼儿投票选择最心仪最理想的作品。

教师解析：通过介绍《我是一条快乐的鱼》的绘本，激发孩子的创意思维，幼儿通过自主拼贴，大胆想象，把想象中快乐的鱼变成现实，用自然物跟语言建立联系。通过绘本故事让小朋友参与到游戏过程中，孩子通过游戏来学习，这种方式可以让孩子学得更有趣、更有效率。这种形式的创作活动也可以在餐后活动中进行。幼儿不仅能够从中寻找到更有创意的乐趣，也能够通过此活动，让孩子更喜爱一本绘本。

2. 妙笔生花——石头艺术创作

游戏规则：教师先跟孩子一起分享有趣的故事《我是一条快乐的鱼》，再请小朋友用颜料在石头上进行创作。

基本材料：绘本、颜料、石头。

绘本解说：一看封面就让人爱不释手，好多不同类型的鱼。每一条鱼形状、大小、身上的花纹各不相同。

能力发展：空间想象力、耐心观察能力、思维能力、动手操作能力。

图3-2-268　幼儿作品（1）

图3-2-269　幼儿作品（2）

教师解析：绘画是幼儿的第二语言，借助此书，班级生成了石头艺术创作活动。通过这个活动，让幼儿一起创新思维，让幼儿通过不一样的方式进行美工创作，进一步拓展了幼儿的感知经验，让幼儿的表征能力、想象力、表达表现能力都得到提升。

教师：小朋友们画了这么多漂亮的鱼，我们应该把它放在哪里呢？

文文：老师，它们都没有家，需要回家，我们一起给它做一个家吧。

教师：那我们需要什么材料呢？

桐桐：像书本一样，海洋是蓝色的，我们用颜料涂上颜色吧。

大家讨论后，决定给小鱼安一个家。围绕这个话题，教师进一步引导并开展以下活动。

图3-2-270　幼儿集体创作作品

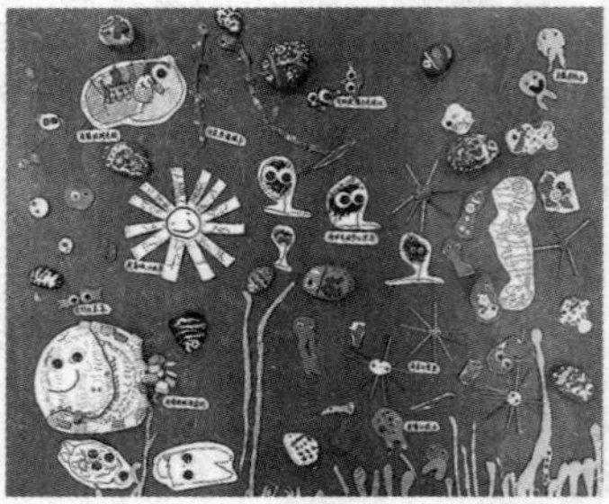

图3-2-271　幼儿作品完成图

3. 给小鱼建立一个家——作品展“快乐的鱼”

卓桐：我们把白色的展板涂上跟书本一样的颜色。

芯畅：大海很大的，里面住了好多好多的鱼。

依桐：我要让彩虹鱼住在最上面，再喂点海草给彩虹鱼吃……

果然，孩子们的作品是令人赞叹的。每个人的作品都完成后，孩子们迫不及待地开始和同伴交流讨论。“我画的是男孩子。”“我做了一条流浪汉鱼，特别可怕。鱼儿回到了海洋，快乐地生活。”“我画的鱼胖胖的，就像皮球那么大，那么圆。”

4. 表演游戏

图3-2-272 幼儿进行表演

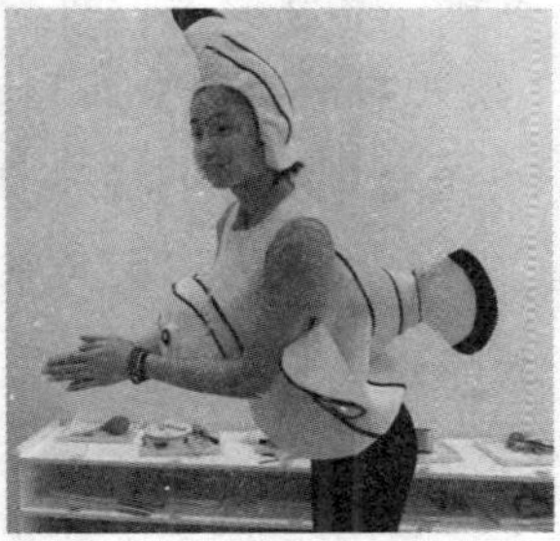

图3-2-273 教师进行表演

在阅读完绘本之后，牧宁很兴奋地说：我要做彩虹鱼，我们一起变成彩虹鱼吧。

表演活动得到了家长的极力支持，为幼儿提供服装。孩子之间转换角色，对鲸鱼、小丑鱼、鲨鱼、小黑鱼等进行分组表演游戏，并邀请教师参与，在表演游戏中，幼儿的合作意识逐渐增强，在表现自己的同时，也能够理解他人的想法和感受，交往能力进一步提高。

牧宁：老师，我也要像小鱼一样，每天快乐地生活。

梓馨：我是一条小黑鱼，我爱唱歌跳舞。

诗滢：我是一条彩虹鱼，我有这么多的好朋友。

教师解析：阅读的快乐与游戏的乐趣同在，让阅读充满童趣。教师无论是在有目的的师幼互动过程中，还是在故事表演游戏的过程中，始终尊重幼儿的兴趣，追随幼儿，让阅读充满童趣。其实，阅读一定不仅仅是读书本身，相信孩子们都能够从阅读中获得更多的滋养，这需要教师进行专业的引领。创设能够激发幼儿表演兴趣的环境，给幼儿想象的空间，他们就会不断产生新想法，其理解、表达、交流能力都会得到锻炼。

五、活动总结

这样的活动全面地促进了幼儿的学习与发展：

（一）感受阅读的快乐

在整个活动过程中，幼儿自主阅读，自主表达，充分感受到了阅读的快乐，在各大领域都有所成长与进步。通过生活情境和图书故事，幼儿能够掌握一些必要的社会行为规则和环保意识。

（二）发展主观能动性

在多元呈现的过程中，幼儿运用自己喜欢的方式表现和表达，如讲、演、画、做等，充分发挥了幼儿的主观能动性，体现了他们的个性特点。

（三）幼儿得到身心全面和谐发展

在整个活动过程中，充分发挥了童书蕴含的丰富教育价值，幼儿的语言、思维、个性品质、情感态度等也逐渐地发展了起来。

二、教师的成长与发展

（一）观察分析能力

在整个过程中，教师的引导立足于对幼儿的观察和分析，了解幼儿的发展水平，掌握幼儿身心发展特点、规律和促进幼儿全面发展的策略与方法。

（二）课程设计能力

通过对绘本的深入分析，教师也进一步发现了绘本的多元价值。制定阶段性的教育活动计划和活动方案，通过活动进行反思和改进教育活动，有效运用评价结果，指导幼儿下一步教育活动的开展。

（三）环境资源利用能力

在教育活动中，教师合理利用资源，为幼儿提供合适的材料和工具，引发和支持幼儿的活动，鼓励他们自主地去获取经验，并提升能力。

（四）活动组织能力

在教育活动的设计和实施中体现趣味性、综合性和生活化，教师灵活运用各种组织形式和适宜的教育方式，并给幼儿提供材料和空间，让他们能够自主学习，教师逐渐学会退到幼儿身后，支持他们的发展。

（6）联盟园教师成长心得

成果导向的教研在联盟园经过阶段性实践后，各个园所都积淀了一定领域的教研成果案例。清秀幼教联盟也开展了园所之间的教研互动和教学现场的观摩研讨活动，最后还开展了联盟园之间的成果导向式的课程案例分享会，共享优质课程资源。教师们也纷纷表示在成果导向式的教研中收获特别多，专业能力和专业成就感都大大提升。

大地幼儿园教师：

这次的分享会让我紧张又感动。先来说一说感动吧！首先让我感动的是，园所领导的智慧引领，以及教研团队在背后的辛勤付出。从主题的最初开展到现在的分享汇报，我记忆很深刻。开始不知道如何着手，每次遇到困难都有我们教研团队在背后帮助，帮我梳理思路，给出方法策略的指引。教研员每次都认真负责地帮我梳理主题资料，利用自己的时间时常加班加点，希望我们能有那么一点进步与成长。

其次让我感动的是我们的孩子。在做主题的过程中，孩子们会有很多不可思议的惊喜给到我，他们能从一个问题发展到另外一个问题，在孩子遇到问题、解决问题的过程中，我想主题课程就是孩子身边的一句话、一棵植物及发生的每一件事情引发的，我们只有用心去感受，以孩子的眼光去看待，科学性地去观察和评价幼儿的行为，才能形成园本的生成课程，最后才能内化为园本课程框架。所以，未来的园本课程之路应且行且思。

同时，也感谢身边前辈老师的帮助、指点与放手。我想没有什么事情是一蹴而就的，只有在做的过程中不断反思才能有所成长。

说实话，这次的分享会令我很紧张，紧张得在台上都不知道自己说了什么。我从小一上台就会紧张，但我觉得我在慢慢克服自己的压力，希望未来自己能变得越来越自信勇敢，变得更加专业。

亚太幼儿园教师：

在这次成果案例汇报的过程中，让我更加深刻地体会到了一句话，“台上一分钟，台下十年功”。我们花了一个学期的时间跟孩子一起去探究学习，用了一个星期去整理整个主题PPT，上去展示只用了8分钟。在整个汇报的过程中虽然很紧张，但还是很好地完成了。感谢联盟园提供这样展示自己的平台，以后我们要继续加油，做到更好！

童晖幼儿园教师：

本次分享前做好了充分的准备，为了不超过8分钟的分享时长，在台下练习了很多遍，但还是非常遗憾，因为超时没能分享完，内心又自责又失落。但我需要告诉自己一味地自责是没用的，就当这一次是很好的成长经历。在接下来的教育生涯中需要吸取更多的经验，让自己变得自信大方，上舞台能表现得更加从容淡定，这才是让自己对教育生涯不留遗憾最好的方式。谢谢清秀联盟给予我这次很好的锻炼机会！

悦园幼儿园教师：

这次清秀幼教联盟园举行的课程分享会，共分享了18个案例，每个案例都来自老师们和孩子们共同进行的一些活动，包括我们在幼儿的一日生活中，在基础环境的创设、在区域活动和探究活动中的各方面案例。每个案例都是那么的鲜明、有趣、生动。孩子们参与性很强，老师分享得很细致。老师们分享了很多关于主题开展的方式、方法，自然有效地引导孩子们主动去探究、解决。同时，通过简短的课程分享，在有限的时间内，用简洁明了的语言突出分享的重点和亮点，也考察了老师们的表述功底，锻炼了老师们的表达能力，让他们更加从容、自信地站在台上，面向同行，面向家长。

武锦幼儿园教师：

还记得刚开始进行主题活动时自己当时的焦虑。我们带着小班孩子去探究户外游戏，这个主题探究活动真是让我不知如何下手。后面经过联盟教研组多次指导和来园开展现场观摩研讨，我慢慢理解了探究活动中老师适时的支持和策略是多么的重要，只有老师本身思维逻辑清晰了，才能适时地给予孩子们所需的东西。因此，我在心里暗暗告诉自己一定要不断地去学习、去请教，努力让自己成为那个能给予孩子更多东西的老师。

在分享前期每个人都在不断地完善和整理本次分享的资料，当我得知自己是第二个分享的时候，内心非常的紧张，当天中午自己还在不断地进行试讲。这次的主题探究活动特别感谢郭老师，如果不是她一步步地指导，一次次地鼓励，可能最后呈现出来的效果会有所出入，非常感谢。

大地幼儿园教师：

四月的阳光带着夏的热情，孩子们在一次户外活动时，偶然发现了鸟妈妈在玉兰树上筑了窝，并且窝里有4个蛋宝宝。从那以后，我和孩子们就陷入了“幼儿园来了新朋友”这一生成性主题课程活动中，一发不可收……

我们天天坚守岗位，秉承“一来二探三记录”的探究活动。对于这意外接手的生成性主题课程，我是有感而发呀！我全新审视了自己，即使没有理论知识的支撑和扶持，我依旧有心去挑战、完成自己想做和感兴趣的主题。我一直坚信，吃透主题，受益自己，回归教育。

抛开疑虑和旧思想，重新认识主题探究。我把主题比作一块饼，不管是老师，还是孩子，它都需要平分、细分，细嚼慢咽，仔细回味，最后学会自己做一块饼。那么，我对主题经验的沉淀是：试试就知道，做做就明白，捋捋就习得。主题活动就是不停歇地探究、解决问题和积淀方法，紧接着摸索经验发现新问题，然后继续挖掘解决问题策略。

在这一探究过程中，我和孩子们是一起的，是快乐的，是幸福的，是有故事的……

草埔幼儿园教师：

清秀幼教联盟园成果案例分享之后内心是抑制不住的喜悦，这种喜悦不仅因为紧张的内心可以平静了，更因为原来我与孩子们一起做了这么多有意义有价值的事情，不仅仅是孩子在成长，我也有很大的收获。从模糊的主题开展到清晰的思路，再到每一步的进行，这其中离不开教研员的指导和建议。还有每一次的上交作业，从简单、散漫、没有美感的排版，到句句精练，突出重点，看起来很舒服。在分享的过程中，我有些紧张，语言不够精练和顺畅。在以后的活动中，我要把功课做好，做扎实，放开心态，展现更好的一面。

一建幼儿园教师：

还记得学期初当联盟教研组的教研员和我们商议开展主题活动时，那时的自己其实是抱着些许的抵触心理，直接说就是自己处在了前人留下的模式中安于现状不愿接受新事物的心理状态。经过教研员手把手的带领，我也慢慢地走进了这个全新的篇章，并且乐在其中。此刻回想起自己从分享讲台上走下来时，我的心情是那么的激动而又有成就感，我知道今天的成长和丰收都离不开各位教研员及领导的帮助，感恩成长的路上有你们相助，也愿接下来的自己不忘初心，砥砺前行。

第四章　幼儿园联盟式发展的成效

第一节　课程建设成效

一、课程建设有实效

在联盟式发展的过程中，罗湖区清秀幼教集团联盟发挥了示范引领作用，借助信息技术手段为各联盟园提供了共享资源的平台，增强园际、园内的沟通与学习，使各联盟园在互动互助中促进专业发展。与此同时，联盟园内各园的课程建设也有了显著提升。

（一）联盟发展见成果

罗湖区清秀幼教集团联盟在罗湖教改的顶层设计下，通过实施集团化办学与联盟式发展，推动优质教育资源辐射发展到15所园。近两年，在此合作模式下，联盟共获得了431项荣誉成果。其中包含集体和个人的奖项，包含课题研究、先进单位、优秀集体，以及年度教师、教师论文、先进个人等荣誉称号，颁奖单位从国家级到区级不等。详见表4–1–1。

表4–1–1　罗湖区清秀幼教集团联盟园荣誉汇总

（统计时间：2017年9月—2019年9月）

序号	单位	全国	省	市	区	合计
1	清秀幼教集团	50	11	111	113	285
2	童晖幼儿园	6	8	83	2	99
3	亚太幼儿园	1	3	9	26	39

续 表

序号	单位	全国	省	市	区	合计
4	坭岗幼儿园	2	2	8	13	25
5	一建幼儿园	–	3	8	12	23
6	武锦幼儿园	–	3	6	8	17
7	悦园幼儿园	–	3	5	6	14
8	大地幼儿园	–	2	6	5	13
9	春苗幼儿园	–	1	6	4	11
10	草埔幼儿园	–	1	5	3	9
11	华实幼儿园	–	1	4	3	8
12	龙园山庄幼儿园	–	1	3	4	8
13	金祥幼儿园	–	1	2	3	6
14	为民幼儿园	–	1	3	2	6
15	精精幼儿园	–	1	3	2	6

（二）联盟园所各有所长

在联盟发展的过程中，各园都在稳步前行。特别是在课程建设的发展过程中，联盟园经历了从畏惧课题到尝试课题再到把课题融入教育教学的过程，清秀幼教联盟园正是在这样的过程中共进共生，共同发展。

2018年3月8日，罗湖区清秀幼教集团联盟园召开2017—2018学年度第二学期工作会议。罗湖区基础教育二科科长李米莎出席本次会议，在了解了幼儿园的实际情况后，鼓励多家园所积极申办等级园，并向园长提出园所发展的建议。牵头园园长郭琼肯定了联盟园近两年来的明显进步，鼓励各园园长继续扎实肯干，结合督学和视导员的工作，获得更大的进步。郭琼园长提醒各园园长尤其要注意以下事项：一是幼儿园要规范办园行为，保证幼儿伙食、幼儿园人员配备齐全、政府下拨经费合理合规使用等；二是狠抓日常教学管理，加强科研工作，提高保教质量。对部分园所提出整改意见，如增设硬件设备，挖掘优势资源等，各园积极回应。罗湖区清秀幼教集团联盟重点围绕课题研究、大阅读活动、教师大练兵等方面工作，做出系统部署和细致的工作安排，进一步提升联盟园的教育品质。

图4-1-1　联盟园工作每学期会议讨论

图4-1-2　联盟园园长合影

在课题研究过程中，很多园所都在不断学习、探索。坭岗幼儿园就是这样的一所园，园内所有教师均未参与过课题研究，均无课题研究经验。该园的课题研究之类从无到有，一步步发展而来，以下为坭岗幼儿园陈玲玲园长关于本园课程发展的总结，呈现了该园的课题研究历程。

案例1

坭岗幼儿园课程发展

坭岗幼儿园　陈玲玲

依托课题研究的契机，坭岗幼儿园从2018年4月开始，便进行了全园环境资源库的创建工作。

一、考虑为什么要创建环境资源库

一方面，我们幼儿园有15个班级，幼儿园老师比较多，而且每年有一定的流动率。同时，老师年轻化对创设适宜的班级环境存在随机性。因此，创设适宜的环境资源库对老师而言，是一种拐杖，也是一种抓手。另一方面，虽然网络上充满了各种环境资源图片，但我们有自己的现实情况，班额较大，教室空间方位也不一样。如何根据幼儿园的特点，有针对性地创设环境资源给老师以参考呢？这成了我们创设环境资源库的出发点。

二、创设环境资源库需要注意的点

如何保证资源库的适宜性与低控制性？如何做才能让老师既能从资源库中得到参考，也能吸收其背后的创设要素，实现自主创新呢？通过实践与教研，我们决定通过创设三级资源库来解决这些问题。

三级资源库指班级环创包括的内容、每个内容的要求，以及根据要求制作出的具体照片。比如，班级环创包括小、中、大班的进区卡，要求体现小、中、大班的差异性，主要是表征的差异性、进区方式的差异性：小班幼儿照片、中班自画像、大班汉字或者进区计划本；进区方式可以选择精细动作，如粘贴、夹、扣、插等。

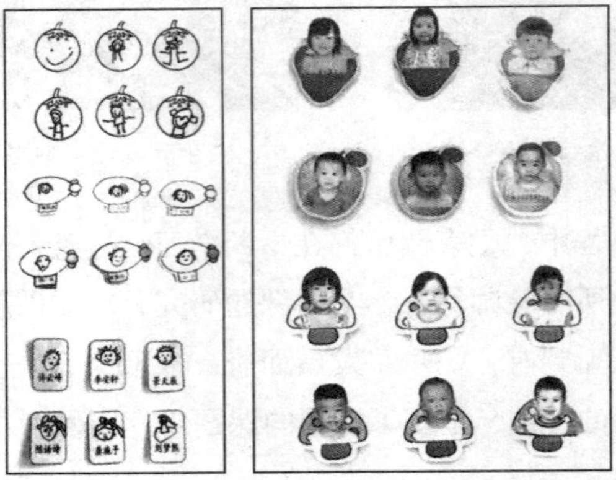

图4-1-3 坭岗幼儿园幼儿不同进区方式资源库示例

这样创设了三级资源库，有经验的老师可以根据内容要求自主创设，新手老师可以参考图片，对色调搭配、排版布局、表征方式进行适当调节。经过一学期的创设，尤其是暑假创设完资源库后，新的学期开始，老师们在此基础上，创新出多种适宜的环境，呈现出“举一反三，百花齐放”的态势。再也没有老师说不知道如何创设班级环境，也很少出现无意义的返工了。

三、环境资源库创设的流程

第一步，环境诊断。邀请罗湖区教科院教研员匡欣老师和李静老师入园和我共同对班级环境进行诊断。经过对每个班级的细致诊断，我们发现了共性的问题：小、中、大班环境的差异性不明显，表征方式不符合该年龄段，缺乏艺术表征美。

第二步，科学培训。我们再次请来李静老师给老师们进行环境创设培训。明确环境创设的出发点是儿童，要符合儿童心理，同时也为我们列举了适宜的环创是什么，可以产生什么效果。

第三步，集体进班观察。我们组织全体老师进入所有班级逐一讲解、讨论，再集中老师进行集体研讨，规划下一步的工作，并申购材料。

第四步，试点先行。我们选择小、中、大各一个班级，然后以年级为单位，共同帮助该班级创设环境。我再次带领教师研讨试点班环境，在创设与讨论的过程中，老师们再次理解做法。

第五步，经过试点班级的创设，效果显著。于是，幼儿园全面铺开。

第六步，一对一完善。作为园长的我，在巡班过程中侧重关注班级环境，并根据孩子的活动等情况再次与班级教师沟通环境的改善。

第七步，环境观察与分享。经过系列创设，我们举行了全园环境观摩会，每个班级教师讲解班级的亮点。

第八步，专业拍照。聘请专业的摄影师拍摄幼儿园环境。

第九步，分级分类存档。按内容分类，再按内容的年龄段分类。

1家园栏	2018/7/12 14:36	文件夹
2计划板	2018/7/12 14:36	文件夹
3进区卡	2018/7/12 14:37	文件夹
4点名牌	2018/9/8 17:06	文件夹
5区域牌	2018/7/12 14:37	文件夹
6班级公约	2018/7/12 14:38	文件夹
7指引牌	2018/7/12 14:38	文件夹
8一日生活流程	2018/7/12 14:38	文件夹

图4-1-4　班级基础环境资源库

当然，每个学期的资源库不是一成不变的，随着老师们的灵动性和创新，资源库也会不断更新、丰富。

通过环境诊断、科学培训、集体进班观察、试点先行、全面铺开、一一完善、环境观察与分析及专业拍照、整理存档等步骤，形成园里的资源库。最终课题成果突出，教学成效获得区内一致好评。（此部分作为成果案例已发布在“广东省匡欣名教师工作室”公众号上）

我认为，对于课题研究和教学现场的改善，开展基于幼儿园实际的课题研究是提高保教质量、提升教师素质的重要途径。

陈玲玲园长采访语录：

清秀幼教集团郭琼总园长在召开联盟工作会议时，一再强调幼儿园开展课题研究的重要性和必要性。会后，我园查阅了大量资料，多次探讨，明确认识到：课题研究要以教师在平时教学中遇到的问题为研究对象，以教师为研究主体，以教师自主探究为途径，逐步形成“问题——研讨——交流——成长”的课题研究方式，从而提高教师的业务能力。因此，我园于2018年1月，根据幼儿园的实际需要，引领教师向罗湖区教科院申报了小课题《小班幼儿离园活动有序组织的实践研究》，并于同年底顺利结题，取得相关研究成果若干，包括教学笔记、观察记录、经验总结等。在开展课题研究的过程中，我们发现不少教师研究积极性不高，缺乏主动研究的精神，处于被动研究状态；参与教研活动欠积极，“任务式”完成研究资料的积累；缺乏独立思考和尝试解决问题的态度和能力；管理人员及教师个人的业务素养不能满足课题研究的需求；等等。

根据幼儿园管理人员的专业发展现状及教师队伍在课题研究中反映的问题，清秀幼教集团郭琼总园长及其团队给予了我们强有力的支持，邀请专家开展课题研究专题培训，加强教学管理人员及骨干教师的专业培训，提高相关人员对课题申报书、开题报告书、结题报告书等书面文件的撰写能力，提高教学管理人员教科研管理能力和课题引领能力，为教师做好课题研究提供强有力的支持。

二、教学现场改善快

多次的联盟园入园研讨的结果是各联盟园所教学现场的变化，包括基础环境有效性的提升、深化区域的学习及主题的发展。通过入园指导的方式，由牵头园的教学骨干按照“3+1”的模式，即“3人梯队小组”——组长（成熟骨干教师）、成员1（成长期骨干教师）、成员2（新教师）+联盟园1名教师，随同入园研讨学习。以下案例为牵头园入园研讨的跟进表，该表格会将每次入园看到的问题进行拍照记录，然后提出相应的解决方案，反馈到相应园所。

表4–1–2　罗湖区清秀幼教集团联盟园入园研讨跟进表

所在幼儿园：龙园山庄幼儿园　填表人姓名：董迎青　入园研讨时间：2019年10月16日

清秀园工作人员：董迎青、张志良、马雨荷　研讨主题：区域活动

聚焦问题（图文）	解决方案
1.  	在流程处可以增添孩子的标志，可以根据植物生长过程实时移动标志

续 表

聚焦问题（图文）	解决方案
2.  	班级公约应根据其功能，调整为师幼共同协商约定的内容
3.  	区域计划本的设置，可以增设一一对应的夹子和名字贴，方便幼儿取放
4. 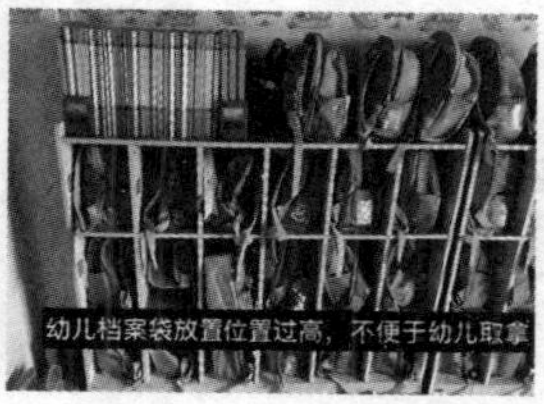 	幼儿档案袋的存放位置要符合儿童视角，方便幼儿取放
5.  	水杯架上增加相应的幼儿名字标识，方便幼儿取放
6.  	植物角可以增设种植相关绘本，以及照顾植物的流程和注意事项等标识

续 表

聚焦问题（图文）	解决方案
7. 	大班语言区标识可以选用语言领域相关素材，如用甲骨文、常用汉字等制作为图片标识
8. 	大班语言区无区域标识，增加区域标识
9. 	数学区增加相应的区域材料标识，方便幼儿取放材料
10. 	中班语言区标识可以运用绘本的角色，或者与语言区有关的内容
11. 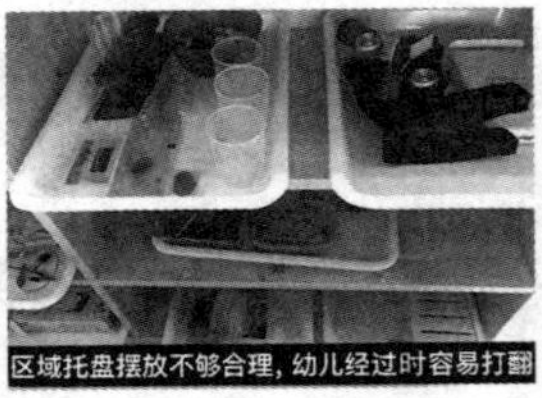	区域托盘摆放不够合理，幼儿经过时容易打翻，与幼儿讨论后设计

续 表

聚焦问题（图文）	解决方案
12. 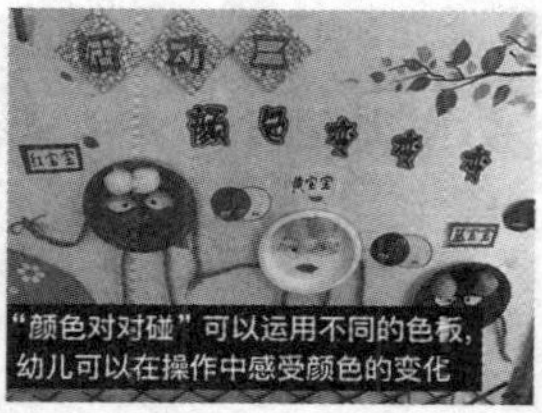	“颜色对对碰”可以运用不同颜色的透明色板，便于幼儿在操作中感受颜色的变化
13. 	教师可以在植物角投放观察单，让幼儿记录土培与水培的区别
14. 	教师可以提供观察记录单，幼儿可以运用绘画进行表征
15. 	一日生活流程可以增添幼儿图标。到哪一个活动环节，就由当天的负责人贴挂幼儿图标，从而让幼儿清晰地看到自己目前的活动环节
16. 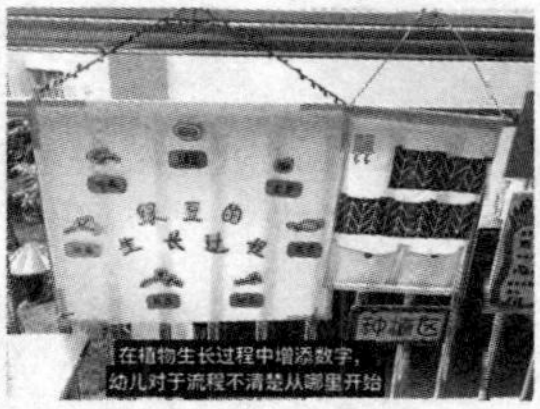	流程无法使幼儿清晰地看出先后顺序，在植物生长过程中增添数字

续 表

聚焦问题（图文）	解决方案
17. 	流程类环境应增加箭头指引，方便幼儿操作。环境展示中增加幼儿表征作品
18. 	在“超市”中可以增加相关职业服装
19. 	“天气预报”标题要符合幼儿视角，进行下移调整
20. 	增加相应的材料操作单，丰富插塑玩具的玩法
21. 	养殖区可以增加观察记录单，方便幼儿记录养殖小动物过程中的换水、投食量、成长过程等细节

续表

聚焦问题（图文）	解决方案
22. 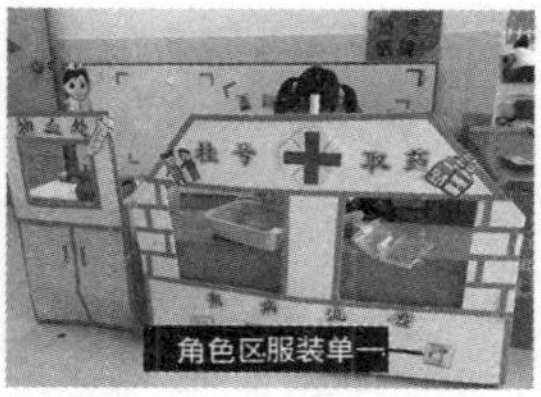	投放多元角色区材料，满足幼儿扮演游戏的需求
23. 	小班区域规则应以图为主，中班是图文并茂，大班则增加文字
24. 	水杯下方可以贴点，方便幼儿快速摆放
25. 	材料筐上增加一一对应的标识标签，方便幼儿取放
26. 	教师可以通过不同的玩法，为幼儿提供不同层次的操作单
27. 	区域标识可以选择该区域相关的内容

续 表

聚焦问题（图文）	解决方案
28.  	语言区可以做区中区，分为两个不同的功能区
29.  	危险物品处增设安全标识，从而提醒幼儿
30. 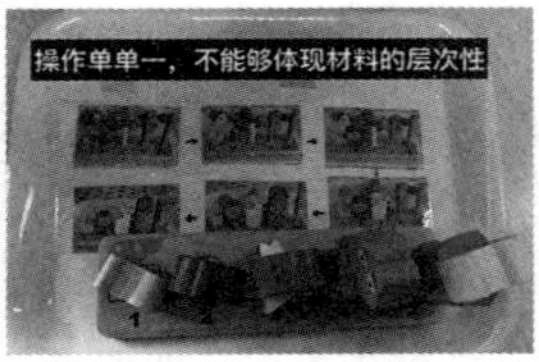 	操作单单一，不能够体现材料的层次性
31.  	可以提供不同的工具，让幼儿进行分拣，为了幼儿安全，不建议使用黄豆

通过前期的入园指导，园所在得到有效建议后能够更加有针对性地进行整改，并完善教育教学活动。联盟园整改完成后，会将整改后的现场通过手机、照相机等拍照记录下来，并交给相关负责人员存档记录。

牵头园精心组织的“3+1”入园现场交流，扎实开展区域教研活动，切实为联盟园所构建交流与学习、互相借鉴与共同提升的平台。2019年11月20日上午，深圳市罗湖区清秀幼教集团开展了以“室内外区域材料投放及材料管理”为主题的教研活动。罗湖区大地幼儿园成为开放园所，参加本次活动的有清秀幼教集团联盟的园长、骨干教师及来自全区的幼教同行近百人。整个活动以室内外活动观摩——集中分享——小组讨论——分享交流的方式进行了深入的学习与研讨。

在这样的活动交流中，教师们不仅获得了专业上的成长，更是获得了一份友谊、一份支持和一种能量。以下为清秀幼教集团教师入园研讨的感想与反思。

罗湖区清秀幼教集团张志良老师：

与大地幼儿园开展了为期半天的学习交流。第一次参加此活动的我既兴奋又紧张，在肖老师的带领下，整个帮扶的过程非常愉快。

大地幼儿园热情接待了我们。我们在会议室共同研讨并收集了教师的聚焦点和困惑点。首先提出了主题和区域不知道怎么结合、主题和本园课程安排时间冲突、主题课程适合放在哪个时间段、美工区的时间如何安排等一系列困惑。我们进行了激烈的探讨，整合过去的做法，在经验的基础上做出了新的调整，给出了一系列解决方案，如教师可以级组为单位进行讨论主题相关课程；可以把本园课程放在餐前活动；可以把主题活动放在区域活动的小组活动里，完成小组活动后可进行自选区域活动；安排区域小组活动时，可以分时间安排，如一周安排两次。通过交流，帮扶双方教师都获得了很多启示，大家都受益匪浅。

随后，我们参观了大地幼儿园的室内环创及区域环境的布置，各班老师结合幼儿的年龄特点，设置了富有特色的区域活动，班班有特色，处处有亮点。大地幼儿园的老师也提出了自己的困惑：自己制作区域材料，做出来的材料孩子不爱玩；很难让小班幼儿理解主题内容，不知道如何融合区域活动。肖老师对此也给出了良好的建议及努力的方向。

罗湖区清秀幼教集团汪琳老师：

虽然短暂的入园研讨活动已结束，但是老师们之间结下了深厚的情谊。活动让我深刻明白教师不仅仅是教育者，更应是受教育者，要处处丰富自己的知识，时时为自己“充充电”，要有一种永不衰竭的求知欲望，不断超越自己。相信通过共同努力，我们一定能够成为优秀的幼儿园教师！

我跟随帮扶组组长董迎青老师、组员马雨荷老师来到深圳市罗湖区龙园山庄幼儿园进行幼儿园区域材料现状及困惑入园研讨。入园前帮扶组对联盟园做了详细的研讨方案。我们本着遵从罗湖教改精神，充分发挥优质示范园的带头作用，做到进园有目标、有内容、有方案地完成结对帮扶工作。

研讨过程中，帮扶组对龙园山庄幼儿园的区域材料投放及老师的困惑进行了基本的了解。针对各班级区域材料的共性问题，帮扶组结合实际做出了及时的指导与帮助。特别是在班级区域规划、材料投放、进区标识、如何投放新材料等方面现场给予了一些具体解决的意见和建议。

园所老师们的学习积极性很高，她们迫切希望帮扶组的老师能持续稳定地给予指导，使其能够尽快优化和提升区域活动的质量。

优化学习环境，提升区域活动质量是一个循序渐进的过程。幼儿园结对帮扶工作除了及时进园指导，还要充分考虑联盟园的实际情况，定时进园进一步细化活动内容、目标、方法、步骤、措施等，持续稳定地给予园所帮助，真正提高帮扶工作的实效性和科学性。

参观完不同年级的班级后，我印象最深刻的是园所班级的区域规划。由于教室的结构比较特殊，老师们在区域的设计上会比较被动或者受限制，所以我认为学习班级区域平面设计是对整个班级环境规划的重中之重，也是所有幼教老师今后应该努力突破的一个研究方向。只有学会了区域设计与规划，老师们才能更好地把控班级的区域和班级环境。孩子们也能够根据自己的兴趣、能力与发展，有效地达成某一学习目标。在今后的工作中，我更应该多多学习与思考，真正为幼儿一日生活环节提供支持。

杜威曾经说过：“想改变一个人，必先改变他的环境；环境改变了，他自然也就跟着改变。”环境的能动作用不仅可以试探孩子们的个性方向，发挥其潜能，更可以促使幼儿在人我互动中，有一个完整的发展。

有老师觉得这像是蜘蛛织网，把联盟园所通过这样的途径紧密地相连。

罗湖区清秀幼教集团陈蕾老师：

蜘蛛觅食需要织网，而在织网的同时，蜘蛛的经验也在不断地增加。我们与联盟园的老师们就像蜘蛛与网。每一次的研讨就像一次织网，我们需要把网织得更大更好，在织网的同时，自己也积累了经验，就像研讨时老师们提出来的问题，我自己也有过迷茫，只是我们先织过网，才知道如何织得更坚固一些。有时候我也在老师们的讨论中学会他们所用过的好办法。蜘蛛与网，我们一起学习，一起探索，相信一定可以把网织得更大更好，收获更多的知识！

三、多元评价促发展

在清秀幼教集团联盟的课程建设过程中，园所课程获得了多方的肯定与鼓励。对于家长来说，他们肯定老师的教育教学工作，从孩子的学习和成长中感受到幼儿园教育的专业性。

（一）家长肯定，家园同心

通过学期开展的一系列家园活动，如联盟园教育教学成果分享会、联动大阅读、主题建构活动等，让家长代表了解园所的课程建设情况、教师教育教学的情况、幼儿学习与发展的情况至关重要。这样的方式不仅能够让家长知道幼儿园在做什么，无形之中也巩固了家园之间的联结。

家长感言之一：

老师们结合日常教学工作及实践活动，分享教育心得，让我感觉每位老师都在用心地教育孩子，希望孩子在逐渐成长的过程中，能更好地学习和展现自己。

家长感言之二：

参加完清秀幼教集团联盟园期末课程分享会，很是感动！感谢幼教集团给了我们家长这么好的平台！我们可以了解老师们的备课和课题发展情况，能了解孩子们在学校接受什么样的教育……让我看见了关于孩子们的日常研究、分享的课题状态。

很荣幸能受邀参加学校举办的这次活动，从入场开始就已经体会到了学校对这次活动的用心布置，为你们的认真教学模式点赞。

家长感言之三：

十二位老师给出了精彩的主题分享，感恩孩子能在如此优良的环境中学习生活。台上的8分钟分享，只是你们工作的一个缩影，你们付出的辛劳是这些事情的上万倍。

家长感言之四：

非常荣幸能够作为家委成员参与清秀幼儿园2018—2019第二学期期末课程分享会，会议中老师们围绕活动缘起、主题探究过程、主题评价对孩子们在幼儿园的生活点滴进行分享。每一个精彩的主题都源于孩子们的兴趣、好奇心。老师站在孩子的视角，进一步引导孩子们更深层次地认知。比如，“美味的点心从哪里来？”“沙子城堡怎么堆？”“班级区域布置”“幼儿园中的人和事”“冷冷清清的表演区变热闹了”。

细心的老师总会抓住契机给孩子们创造良好的学习成长机会，把孩子们生活当中的好奇、疑问及细微的事情，通过生动又有趣的课程设置展示出来，让孩子们在玩中学习，在学习中玩。其中印象颇为深刻的是生成性主题“幼儿园来了新朋友”，感触是老师抓住了每一个能够让孩子成长的机会，感叹的是领导的高度重视，还迅速地安装了摄像头帮助孩子们观察鸟儿的成长，既有天时、地利，也有人和。

虽然咱们没有像很多私立幼儿园对孩子提前进行小学化的教育，但正是这种一切以孩子为本的原则，才能够让孩子在这个该玩的年龄好好地玩、尽情地玩、认真地玩、科学地玩。比如，“数字探究”“幼儿园有多高？”这些主题都涉及大量的数字，大量运用了思维导图、统计图、韦恩图等数据归纳与分析统计图表。这些远比生硬地教孩子写几个字来得生动有趣。

寓教于乐，感谢幼儿园给孩子创造如此丰富的体验，也给作为父母的我们上了一堂精彩的家长课：从育儿观念上改变——发掘什么才是孩子学习成长最重要的东西，重视孩子每一个成长的机会！希望以后有更多的家长能够参与进来，一起分享孩子们的快乐时光。

家长的支持与肯定是教师开展教育教学工作的重要动力，更为重要的是，让家长看懂我们的工作，肯定我们的工作，进而支持我们的工作，这样课程才能有效地开展下去，课程才会有活力。

（二）资源盘活，园长共成长

联盟式发展是手段而不是目的，联盟是指大家形成一个新的团体，每个成员都很重要。牵头幼儿园不应该是优质资源稀释，而应实现盘活优质资源存量、做大优质资源增量。通过“1+N”式的发展，老师、园长都在这个过程中获得了成长。以下，亚太幼儿园园长郭英将以一篇课题研究报告作为案例呈现该园的课程成长历程。

案例2

亚太幼儿园课题研究案例

亚太幼儿园　郭　英

一、前言

亚太幼儿园是一所有22年办园经验的市一级幼儿园，设有11个教学班，在园幼儿375人。三年前，我们对幼儿园课程的定义和课程体系建设可以说是一片茫然，随着《深圳市罗湖区深化教育领域综合改革实施方案（2018—2020）》的实施和加入清秀幼教集团联盟式发展的契机，我园不断促进内涵发展和规范、优质办园。特别是我园于2016年12月由集团总园长郭琼和我园郭英园长研究的小课题获得中国学前教育研究会“十三五”课题《幼儿园建构游戏组织策略的研究》立项，2017年10月子课题在罗湖区第三期智慧课堂小课题重点立项后，近年来幼儿园坚持以课题研究为引领助推幼儿园课程建设，凸显幼儿园室内外建构游戏特色。

二、课题研究助推课程建构的破冰行动

（一）第一阶段（2017年2月—2018年2月）

课题立项后，“以人为本、终身学习”的理念冲击着我们老师的思想；在每一次课题小组的研讨、资料查阅、个案分析活动中，新的教育观、课程观、儿童观让我们懂得了教师应是幼儿学习活动的支持者、合作者和引导者；教学园长、教研组开始思考我们的课程目标、内容架构……于是，幼儿园课题研究和日常教学活动中的师幼关系研究成了我们的重点。如何让孩子和教师在教育活动中更加自主？如何把握好“自主”与“自由”的度？带着这些问题我们成立了课题小组，小组成员都是教龄5年以上的骨干教师，在园内都担任着年级组长或学科负责人。2017年2月—2017年7月，我们的研究方式确定为“1+3+N”，即以课题主持人（郭琼园长、郭英园长）为中心，以3个教研组（建构游戏材料组，万能工匠建构游戏组，培训、资料组）为骨干，全员教师参与的团队研究模式。

（二）第二阶段（2018年3月—2018年7月）

1. 借助专业引领，依托课题研究开始进行课程探索

我们认真梳理了本园园舍自然特点（园舍条件较好，户外场地资源丰富，规模适宜），探究师幼学习的路径（发现问题——实践、操作、解决问题——获得新经验），在开展建构游戏活动时，教师可以根据自己在组织活动过程中经常出现的典型问题进行筛选梳理，引领教师直接进入教育教学“反思与实践”的层面，使幼儿教师真正参与到课题实践中，促进教师教育能力的提升。而孩子通过观察、比较、操作、实验等方法，学习发现问题、分析问题和解决问题，从而获得发展。

2. 形成了初步的课程思想

（1）幼儿园主题教育课程思想

在幼儿园中围绕特定主题展开的教育活动，是指师幼围绕具有独特发展脉络或发展价值的主题开展的教育活动，通过主题的综合而形成的综合性课程，旨在以主题为载体，将各种情况下的知识和技能融为一体，它以帮助幼儿形成关于世界的整体认识、促使幼儿发展成为身心和谐的“完整的人”为主旨。

（2）学科（领域）课程的思想

幼儿园学科（领域）课程是将幼儿园课程分成若干个学科（领域），以学科或领域为单位组织或实施教育的课程。我们根据幼儿发展需要，制定教学目标，灵活安排到幼儿学习过程中，使幼儿课程内容保持动态平衡，切实满足幼儿全面发展的需要。

（3）《3—6岁儿童学习与发展指南》的基本思想

《3—6岁儿童学习与发展指南》强调要关注幼儿学习与发展的整体性，尊重幼儿发展的个体差异，理解幼儿的学习方式与特点，重视幼儿的学习品质，建立对幼儿发展的合理期望，实施科学的保育和教育，这些都是我们课程的重要依据。

（三）第三阶段（2019年2月至今）

课题总结归纳，将课题研究的方法和亮点融入园内课程实施中。

通过近三年的小课题研究，现在的亚太幼儿园无论在环境中还是在课程中建构游戏的特色已经凸显。幼儿园室外设有大型积木区，室内操场投放不同材质的建构材料（高低结构、自然物），一楼设有深圳市学前基金会万能工匠建构室，室内走廊墙面设有乐高搭建区，三楼增设建构乐园主题区（提供不同材质的桌面搭建及辅助材料）。各班级根据主题和领域课程需求将建构游戏融入细节之处。例如，美术区的作品展示架由雪糕棍搭建、语言活动中故事和古诗的场景很多是幼儿在老师指导下用万能工匠、积木、纸箱搭建……

2018年9月，幼儿园因垮塌停办。重建后的围墙和重新开园的经历，蕴含着多种教育价值，能激发孩子们主动学习、自主探索。因此，我们充分发挥课题组成员的主体作用，集体研讨实时的课程资源，生成丰富的园本课程，建构我们课题研究的“活课程”。2019年5月，大班组进行了围墙微型场景的制作，在一个多月里，课题组老师引导孩子们在讨论——观察——设计——制作——探讨——思考——制作中，逐步形成新建围墙的微缩景观。

在这个过程中，小朋友的逻辑思维能力、想象力、动手能力、语言能力、表征能力、计划能力、合作能力都得到了质的飞跃，所有老师的教研能力和组织策略都得到了有效提升，这成了我园参与市一级复评的亮点，也是课题研究推动课程建设非常独特的一个学习展示过程。

随着我园课题研究的深入实施，我们感受到课题研究为课程建构指明了方向，提升了教师的教科研能力。

幼儿园园长是一个园所的灵魂，其专业性和管理能力是引领园所成长的风向标。联盟式发展不仅能够促进幼儿、教师的发展，更是园长之间相互联通、相互协助、共同成长的有效路径。清秀幼教集团联盟园经历的发展之路促使了每个个体的成长。

第二节　教师专业成长

孩子的成长需要有适宜的环境和有效的支持，教师的专业成长也不例外。清秀幼教集团联盟园为联盟园教师提供了成长需要的环境，并全力支持教师的学习与发展，培养了一批又一批优秀的幼儿园教师。

一、反思积淀，助力教师成长

联盟的建设与发展最终目的是为了让我们的孩子能够获得更好的身心发展，以及我们的教师能够得到更加专业的支持。我们培养了一批又一批的区教育系统先进工作者、优秀教师、优秀班主任、鹏城幼教“十佳教育工作者”、区年度教师和年度教师提名，一批教师荣获深圳苗圃工程“教科研骨干”、深圳市学前教育协会“指导师”及深圳市名园长的荣誉。

王姗姗、舒珍珍等有幸参与年度教师展示平台的联盟园教师，用心扎根一线，用心磨砺专业。在老师们的成长感悟中，可以感受到清秀幼教联盟及幼儿园的培养与关怀是与其切身成长密不可分的，以下为坭岗幼儿园舒珍珍老师的感言：

今天的我，是在同事们的帮扶下，在联盟园的指导与帮助下，以及在自己的努力中，慢慢成长起来的。记得在2018年举行的罗湖区幼儿园“年度教师”评选中，身为民办园教师的我，在清秀幼教集团郭琼总园长及本园领导的支持下，在同事姐妹们的鼓励下，很荣幸获得年度教师“提名奖”。感恩罗湖区教育局给了我一次成长的机会及展示的舞台，感恩在我第一次跨入幼教的大门时就遇见了最好的园长、最好的姐妹。现在回顾自己的成长历程，我觉得自己付出的一切都源于感恩，我将在感恩中静心学习，尽力工作，用爱心回报社会。（舒珍珍，坭岗幼儿园教师，2018年区年度教师“提名奖”）

当然，教师的专业成长离不开园所的思想引领。但是让一个教师能够沉下心来做教育，将工作作为事业，将单位视为家园这样的想法更是离不开一个温暖的集体、一个具有底蕴的文化组织。

案例1

“漫漫人生路，坚守当如歌”

——王姗姗获评2019年罗湖区幼儿园“年度教师”

罗湖教育（微信公众号）

2019年7月2日，罗湖区幼儿园“年度教师”现场评选在罗湖高级中学初中部举行。深圳市教育局副局长王水发、罗湖区教育局党组书记宾华、罗湖区教育局副局长郭天明、罗湖区教育局调研员尹先明、罗湖区教育局副调研员杨文君及深圳市多位学前教育专家、罗湖区幼儿园园长及本园“年度教师”、人大代表、政协委员、媒体代表、罗湖区中小学校长、家委代表等参加了本次评选活动。

图4-2-1　王水发局长、郭天明副局长等教育局领导、专家及市民参加“年度教师”评审

评选现场，从初赛21名优秀选手中脱颖而出的6名幼儿教师依次登台讲述自己的从教故事和教育理念，并且经历现场答辩、无领导论坛等环节的比拼，最终，经专家评审团、园长评审团、社会评审团、家委代表团现场评选，罗湖区清秀幼儿园的王姗姗老师荣获罗湖区2019年幼儿园“年度教师”称号。

图4-2-2　宾华书记为年度教师王姗姗老师颁奖

同时新闻媒体也对此事做了报道。

主领域@学习榜样

今秋新学期 5G将全覆盖深技大校园

大湾区首席经济学家论坛在深召开

罗湖区2019年幼儿园“年度教师”揭晓，原来是她!

图4-2-3　王姗姗老师荣获罗湖区“年度教师”事迹

对于姗姗老师来说，成长是一步一个脚印稳稳地走出来的，以下是王姗姗老师的获奖感想。

案例2

成长之路

清秀幼教集团　王姗姗

2016年春节后，我非常幸运地来到了罗湖区清秀幼儿园。一个人走得快，一群人走得远。在清秀团队的包容和引领下，开启了我的幼教事业的新篇章。郭琼园长是我幼教路上的指路明灯和伯乐，对我的专业成长倾注了浓厚的期望，同时也为我搭建了各种有助于我成长的平台，让我自由地展翅翱翔。郭园长将2016—2019年三年间的“沙沙讲故事·我讲书中的故事”总决赛的大型活动主持工作全权交付于我，让我在三年间不断地在大中小型各类活动中锻炼和成长。

郭园长曾经跟我说：“要想真正地成为一名研究型教师，你必须不断学习、不断反思、不断地提升自我！”而当时年轻气盛的我，稍有成就便翘起了自己骄傲的小尾巴。记得有一次参加“音乐骨干教师培训”的选拔活动，需要通过音乐素养考核、现场教学、才艺表演三个环节进行选拔。当时已经翘起尾巴的我，没有认真地对待这次活动，准备很不充分。可想而知，原本自信的我没能通过这次比赛的选拔。郭琼园长和彭小琪老师就我这次的表现和态度，给予了非常严厉的批评教育。当时的我也真正地意识到了自己的问题所在和严重性，辜负了一腔热血倾注于我的郭琼园长。就当我觉得自己已经彻底完蛋了，所有人都会放弃再培养我的时候，郭园长多次找我谈心，帮我重新梳理自身的缺失和不足。她仿佛最亲的家人一样，鼓励我、引导我，对我不离不弃！

此后，我开始重拾自信，摆正态度，重视起自己的专业素养提升。而清秀也为青年教师提供了丰富的学习平台，三年间我有幸参加了两次国培、两次区培，大大小小的公开课和中小型培训更是数不胜数。因为这种学习活动的充电，让我从新手型教师成功地转变为熟练型教师，未来我将朝着自己的目标“研究型教师”继续出发！

2019年7月，在清秀团队的帮助引导下，已恢复自信的我认真努力地准备参加“2019年罗湖区教育系统年度教师”的评选活动。从初赛、复赛、决赛一路向前，最终获得了2019年罗湖区教育系统“年度教师”的殊荣！这一切的一切，都仿佛做梦一般。这一次的我，不会再是当年那个翘着小尾巴的我了。因为我深深知道园领导对我倾注的心血和期望，也知道自己赢得这份殊荣之后身上的担子有多重，这些都不允许我翘起骄傲的尾巴。我必须脚踏实地，一步一个脚印地走下去。

成长的路，是在不断教学实践、反思和学习中走过的……

幼儿园联盟式发展作为一个发展契机，不仅能促进一线教师的快速成长，也能促进幼儿园不同岗位的人对于本职工作的认同、对学前专业的认同及对自我发展的认同。

案例3

我与幼儿教育——慢慢地走，幸福的路

清秀幼教集团 季 琴

人生没有什么捷径，每一步对我们来说都是当下，都是珍贵的。当你真实地体验过，就是一种存在，无论酸甜苦辣；当你带着感恩的心去体验，就是一种幸福的获得。

我是一名普通的幼儿教师，爱唱、爱笑、爱游玩、爱做梦，每天和孩子们一起快乐地成长。选择幼师职业，对于我来说，是一种缘分，也是一种归属！

一、童年回忆——彩色多梦

童年是彩色的，充满想象！

小时候的我，以为自己与众不同——我从来不会生病。而当外公背着发烧的我去诊所打针时，我挣扎着，还暗自安慰自己——这是意外，我怎么可能会生病！随着自己渐渐成大，我慢慢接纳了自己的普通。

记忆中的每天早上，外婆牵着我的手去幼儿园，一路上我不停地蹦蹦跳跳。在幼儿园，我和小伙伴一起自由自在地嬉戏，做着公主和王子的梦，梦幻而幸福！

幼儿园的敏老师，高高的个子，亲切和蔼，每天带着我们游戏，唱歌跳舞。这些快乐的片段一直印在我心中，暖暖的！这就是我对幼儿教师的最初记忆。

二、大学记忆——拼搏青春

在我的成长中，我不是拔尖的学生，但我一直保持着对学习的热情。中学阶段，家里出现变故，父母生活艰难，需要找亲戚借钱帮我凑学费。这大大激发了我要好好学习积累知识，通过努力让自己越来越幸福的信念。当我考入市重点高中，并在高一期末拿到奖学金时；当我在大二获得田家炳助学金，并亲手还了1000元给亲戚时；当我考研成为同学眼中的一匹黑马，以专业第一的成绩被南京师范大学学前教育专业录取时，我看到了自己拼搏的力量。

如果说安徽师范大学本科学习对我来说是综合素质的奠基，那么南京师范大学硕士研究生学习便是对我研究能力的提升。

还记得高考填报志愿时，当我看到“学前教育”专业时，脑海中不禁

浮现的是我和一群孩子一起游戏的情景，这份纯真、快乐吸引着我。我不由得选择了学前教育，走入安徽师范大学。在这里，我庆幸自己遇到了一群好老师。刘萍老师的才艺、朱立新老师的钻研、吴玲老师的幽默、赵学菊老师的文采、束丛敏老师的博学都给我留下了很深的印象！在我考研的道路上，束丛敏老师大大地助推了一把。她给我们讲解答题的思路，鼓励我们不要害怕，大胆报考南京师范大学！就是因为她，我才终于下定决心报考！最终成为她的师妹！

对于求学的日子，我感受到的是青春那股勃发的生机，敢闯，敢爱，敢拼！在安徽师范大学，我与男友结识。我比他高一届，他比我大两岁。我们从田家炳楼相遇，一直相知相守了这么多年。最让我佩服自己的是大四去上海找工作的经历——扎着一条马尾辫，背着一个包，直奔上海嘉定、青浦区找了几家幼儿园，面试、试教，一个不落！一副天不怕地不怕的姿态，雄赳赳，气昂昂！利索地和青浦区一所幼儿园签订了合同，又在考研成功后果断解约。还有大四那段忘我的考研准备时光！教学楼一楼通宵教室的人气永远是那么旺！我每天晚上奋斗到夜深人静，赶到宿舍关门前回到寝室。奋斗的日子是充满斗志的，也是充满希望的！

在南京师范大学学习期间，我跟随许卓娅教授一起去幼儿园观摩教研，自己尝试教学，和幼儿园老师一起做课题。

图4-2-4　季琴副园长与南京师范大学许卓娅教授的合照

当时我的毕业论文题目是《在打击乐活动中发展幼儿创造力》，导师给我提供了很多学习奥尔夫教学的机会。我将新颖的教学法与合作伙伴进行沟通，尝试研究。这个研究从小班一直持续到大班。其中给我最大的触动就是——幼儿园也可以有很多值得研究的问题，也可以大有作为。

图4-2-5 幼儿在进行打击乐表演活动

三、初入职场——稚嫩懵懂

毕业之际，由于男友南下深圳，我头也不回地跟随到了深圳。我小时候经常听说有人下海到了深圳，深圳对我来说，是一个充满机会、充满神秘感的地方。可是，2007年正是深圳幼教改革之时，幼师待遇并不好。我带着对导师和南师大的留恋，选择了一所香港国际幼儿园，其中的一位专家教授是来自南师大的。

图4-2-6 教师与幼儿在进行户外活动

我开始了带班的日子。刚上岗一个月，迎接我的就是主班老师离职，由我来接任。面对一群稚嫩的孩子，我常常很无助，不知如何有效组织一日生活，让孩子既自主又有序。面对一群陌生的家长，我很难自信地去沟通。我不知道如何把学到的理论和知识自如地运用在工作上。当时我多么希望有一位资深老师教教我如何带班！可惜，没有。我只能发挥音乐教学研究方面的经验，组织各种音乐游戏。奇妙的是，孩子们很快喜欢上了我！同时，我积极走近孩子们，了解他们的喜怒哀乐、个性特点。这让我体悟到，当你眼中有每一个孩子，熟悉了他们，你自然就有话题和信心与家长沟通了。家长关注的焦点是他的孩子喜不喜欢这个老师，这个老师心中有没有他的孩子，能不能帮助孩子健康成长。

图4–2–7 教师在组织音乐游戏

带班的日子，给我最大的帮助是，“儿童”不再是抽象的认知概念，而是一个个鲜活的生命，有着不同的个性与脾气。在系统学习与实施“专题研习”活动中，我和孩子们一起体验主题探究的乐趣，这对于成长在传统教育模式下的我来说，是一种新的学习！我对学习产生了新的理解！在这里，我获得的是一种质朴的幸福——与孩子一起的那份单纯与快乐！

初踏幼师岗位的我，对孩子，对自己，都是一个新的认识开启！还记得自己参加研讨的时候，那种自信满满又气势逼人的架势，现在看来，那就是青春的能量与青涩！自我彰显又缺乏自省！

图4–2–8 教师与幼儿共同阅读

抱着对0—3岁教育的好奇，我接受邀请去早教中心做了课程助理。经历了才体验到，我还是适合幼儿园工作，少一些市场运营，多一些系统的教育与研究，这促使我回归幼儿园工作至今。

四、打破瓶颈——整合学习

2013年，我遇到我的另一位恩师——郭琼园长，应聘进入她所在的区属公办园。她教我如何做人做事做管理。在她的引导下，我不断成长，历任教研员、教学副园长岗位，并被评为深圳市幼教苗圃工程“教科研骨干”、深圳鹏城幼教蒲公英奖“十佳教育工作者”、先进教师等，被聘为深圳市学前教育协会指导师团成员、广东省学前专委会讲师团“骨干讲师”。进行了多场讲座，大大提升了我作为学前教师的自信。

图4-2-9　家园共育公益项目现场

从教学岗位转变为管理岗位，尤其是面对在编、资深又年长的公办园老师，临聘又年轻的我，该如何胜任？这曾经大大困扰过我，并促使我走入心理学的世界，寻求自我提升的途径。我报考心理咨询师，报名学习精分、意象对话、舞动治疗、贝克认知疗法、戏剧治疗、沙盘等各种流派，并参加了为期两年的小组学习，逐渐地，我发现殊途同归，归一于心。于是，我放慢了学习的脚步。我体察到重要的成长不是外求，而是内求。外在的学习只是积累知识，关键的还是自我的体察、认知与调节。

2015年暑假，我和同伴去川藏线进行了一次深度文化游。当看到一路虔诚磕头前往拉萨的藏民，我看到信念的力量！当看到土拨鼠、野兔等野生动物满山自在地奔跑，我看到的是人与自然的和谐共生！当看到曲尼活佛筹资建造希望小学与技艺园，为当地的儿童、少年提供免费学习的机会，保存当地的传统技艺，我对人生有了新的体悟——人生的幸福，不仅仅是每天健康平安，如果你能为别人做一些有意义的事情，有利于他拥有更好的发展，那更是一种幸福，是一种大爱。

人的成长如一棵大树，幼儿教育好似“养根”，正所谓“根本不美，枝叶茂者，未之闻也”。作为幼儿教师，为孩子提供快乐健康成长的环境，呵护与培育他们，担当“护根者”，就是非常有意义的事情；作为幼儿园教学管理人员，为老师们提供学习提升的机会，使他们幸福地生活与工作，这同样也是值得我去努力的事情！

现在的我，刚刚二胎产假结束，回归工作岗位。在产假期间，我思考过自己接下来要做的事。那就是，如何针对性地帮助幼儿园团队中每一位老师成长，为孩子们提供更优质的教育服务，这是我作为教学副园长应该关注的焦点问题！

图4–2–10　幼儿在进行戏剧活动

图4–2–11　幼儿利用积木搭建戏剧表演的场地

创意戏剧《老鼠嫁女》，孩子们根据绘本儿歌创编有趣的手指游戏，小组合作扮演这个意味深长的民间故事。

（大一班毕业之际，发现幼儿园有一个鸟窝。小鸟长大飞走后，孩子们创编了故事“小鸟历险记”——勇敢的小鸟飞到阴暗森林，遇到闪电、老鹰……一次次躲过危险，最终回到自己的家！在建构区，孩子们小组合作搭建森林，演绎了这个惊险故事。）

五、回首感悟——感恩与爱

在幼教行业，我度过了12年。我以此为荣，继续前行！今年，我为9岁的儿子添了一个可爱的妹妹。我重温陪伴小生命成长的惊喜与波折，体验小学生家长的心路历程，学习如何和刚刚开始叛逆期的儿子进行有效的沟通！这一切经历都是不可复制的，是珍贵而美好的！我亲身体验到了育儿的酸甜苦辣，可以在日后帮助更多的家庭少走弯路，获得育儿经验。

回顾我的幼教之路，最大的收获是学习感恩。在感恩中成长，让我的心更加澄澈，也让我学习如何去爱，爱自己，爱身边的一切！

二、顶层设计，借力专家引领

清秀幼教集团联盟园之所以要联盟发展，不仅是为了响应政策号召，更是为了办出一方理想的教育，不辜负罗湖区委区政府和广大市民的期待。团队的成效离不开专家、领导的专业引领，遵循《深圳市罗湖区深化教育领域综合改革实施方案（2018—2020）》的精神，清秀幼教集团联盟在各个方面进行了课程、资源配置、队伍优化等改革，不断改善罗湖区学前教育质量和教育服务水平，提升辖区居民对教育发展的满意度。

我想我们做学前教育的事业，本质上是促进个人的成长。儿童的成长毫无疑问是最核心的，但是我今天到清秀来特别开心的是看到老师们的成长。我在观察会场老师和教研员们的表情，我能感觉到这种共生的关系了，也就是我们研究生跟各位资深老师在共同工作中发现了自己的价值。（李敏谊，北京师范大学学前教育系副教授）

清秀幼教集团联盟园通过打破校际壁垒，建立联盟园发展“1+N”模式，通过依托信息技术，开展一系列的教育教学活动，涵盖保育教育管理各领域，开展面向联盟园全体教师的教研活动，优质资源共享，优质保健医共享；通过共同学习、借鉴清秀幼教集团“生活课程”、春苗幼儿园“阅读课程”、坭岗幼儿园“基础环境资源库”等资源，实现优质课程共享。此项实践成果对教育集团联盟发展具有现实指导意义。（王水发，深圳市教育局副局长）

三、侃侃而谈，保健医走上讲堂

以课题促进教师发展，也能让幼儿园中其他岗位的工作人员获得专业的成长，联盟借力信息技术开展“共享保健医”的举措，是基于幼儿园卫生保健医生需要承担大量的数据测量、采集、录入、计算、统计、上报的工作，其工作量大，数据专业性强，导致多数幼儿园缺乏专业称职的保健医生情况的考量。

保健医大约每天需要花3小时进行相关的登记工作，基本无暇与教学等部门进行对接。（一位保健医生谈常规工作）

在这样的举措下，依托信息化管理平台，探索新的卫生保健信息管理模式及保健医生共享策略，帮助片区保健医生提高工作效率，促进保健医生与教育教学沟通的频率与质量。以幼儿园为核心，建立幼儿健康原生数据档案库，既满足幼儿园卫生保健工作的需要，同时这些原生数据可以实时送达相关环节，各部门依据有效的数据分析便可做出及时、恰当的决策。

每次无论是片区园保健医生集中会议还是在各园的现场交流过程中，大家都非常珍惜每次的交流时间，积极发言、提问，大家都感慨自己成长了，爱学习了。联盟园的园长们也给予我们整个保健团队极大的支持。（保健医生谈共享保健医生的举措）

在联盟式发展的氛围熏陶下，清秀幼教集团的保健医生可以站在讲台上侃侃而谈，自信地分享经验，包括保健工作的经验、保健与教育教学的有效结合策略，等等。

大家都知道，在幼儿园里保健医生是多干活少说话的群体。最开始让我站上讲台对大家汇报信息环境下卫生保健管理模式的研究时，我非常紧张，看着台下的老师们，大脑一片空白，语无伦次……讲着、讲着，我能坦然面对台下做汇报了。在这个过程中，非常感谢园长对我的鼓励与帮助。每次PPT的制作、讲稿的整理，郭园长都会亲力亲为帮我把关，让我能自信地站上讲台，让我不断地成长。（张琴，罗湖区清秀幼教集团德弘总园保健医生）

清秀幼教集团联盟成立几年来，一直在不断的摸索中探寻共生共进发展的道路。牵头园一方面不断提升自身的教育管理和发展水平，一方面积极承担优质教育资源辐射的责任，通过各种引领带动举措，联动联盟园共同前进。牵头园在尝试突破解决优质教育资源稀缺问题的过程中，从幼儿园管理、教学、后勤和家园等模块分别启动帮扶计划和行动，尤其是在课程建设和队伍建设方面取得了一定的成效。也希望能够在实践经验的基础上，梳理出联盟发展的工作思路和模板，从而更好地提升和带动联盟园的教育水平，并为当下幼教行业的联盟式发展提供一些借鉴。

附录

《融合共生 守正创新——幼儿园联盟式发展路径探索》一书于2019年12月定稿。从定稿到出版，经历了比较长的时间。而这段时间，正是深圳学前教育的一个历史性转变的过程。政府将推动学前教育深化改革，规范发展，作为重要的民生工程。2020年，深圳公办园从2018年的68所增至856所，公办园在园儿童从占比不到4%跃升至51.9%，普惠性幼儿园在园儿童占比已达到86.2%，圆满完成5080任务目标。2021年，将深圳经济特区学前教育条例纳入立法计划，在推进学前教育扩容提质的同时，进一步打牢法治基础。创新集团化办园和学区化治理等模式，健全机制，提升质量，构建起以公办园为核心，普惠园为主体，鼓励民办园多样化发展的学前教育新体系，走出了普惠优质的发展路径。

罗湖区清秀幼教集团联盟园在政府大力度发展学前教育的背景下，更是如虎添翼。2020年，联盟园中有3家"民办园"顺利转型为"公办园"，原"亚太幼儿园""大地幼儿园""龙园山庄幼儿园"转型后分别更名为"金湖幼儿园""马古岭幼儿园""龙苑幼儿园"，原来的14所民办园，转为公办园3所，停办1所，具体情况见下表：

等级	2019年12月园所（性质）	2021年7月园所（性质）	备注
省级	罗湖区清秀幼教集团（公办）	罗湖区清秀幼教集团（公办）	
市级	罗湖区坭岗幼儿园（民办） 罗湖区武锦幼儿园（民办） 罗湖区亚太幼儿园（民办） 罗湖区第一建筑工程公司幼儿园（民办） 罗湖区童晖幼儿园（民办） 罗湖区大地幼儿园（民办）	罗湖区坭岗幼儿园（民办） 罗湖区武锦幼儿园（民办） 罗湖区金湖幼儿园（公办） 罗湖区第一建筑工程公司幼儿园（民办） 罗湖区童晖幼儿园（民办） 罗湖区马古岭幼儿园（公办）	

续表

等级	2019年12月园所（性质）	2021年7月园所（性质）	备注
区级	罗湖区春苗幼儿园（民办） 罗湖区悦园幼儿园（民办） 罗湖区龙园山庄幼儿园（民办）	罗湖区悦园幼儿园（民办） 罗湖区龙苑幼儿园（公办）	春苗幼儿园因地区改造停办
规范园	罗湖区清水河为民幼儿园（民办） 罗湖区精精幼儿园（民办） 罗湖区草埔幼儿园（民办） 罗湖区金祥幼儿园（民办）	罗湖区清水河为民幼儿园（民办） 罗湖区精精幼儿园（民办） 罗湖区草埔幼儿园（民办） 罗湖区金祥幼儿园（民办）	
新办园	罗湖区华实幼儿园（民办）	罗湖区华实幼儿园（民办）	

幼儿园联盟式发展，本身就是一个动态的过程，其中的成员园随时可能发生变化，同时，在联盟式发展的不同时期，作为“牵头园”，也要采取不同的策略。2021年整个集团联盟园园所总格局发生了变化，接下来的工作思路就要进行调整。依托清秀集团联盟的“发展共同体”力量，变革学习方式，向内涵式、高品质发展。重点思考的问题主要包括：一是如何进一步形成共同体理论视角下的松散型集团化管理模式，形成常态化有效的交流机制。二是如何促进松散型集团内教师教学实践能力，提高教师的专业素养。三是如何帮助“民转公”园在自身内涵发展的同时发挥帮带作用。这些育人理念、园所文化、教学方法、管理方式、师资建设等方面的现实问题，需要认真思考，积极实践才能更好地解决，只有不断探索、与时俱进，才能实现区域内各园最大化地共同发展的目标。期待借助“清秀幼教集团联盟”这个成长共同体促进集团内各幼儿园办学质量的提升，让更多的幼儿享受优质服务和教育。

郭 琼

2021年8月

后记

在幼儿园的走廊窗户下面，一个孩子跪趴在地上，另一个孩子站在他背上，一边偷偷扒着窗户往里看，一边向下面的孩子报告教室里的情况，两人频繁地轮换角色，不亦乐乎。30来平方米的教室里面，孩子一个挨着一个，正在田字本上认真地写字，每个字要写满一页，老师拿着教鞭来回查看、指导……这个画面在我的脑海里挥之不去，一边是因为写不好字而无奈的眼睛，一边是跪趴在地上快乐的笑脸。这个画面不断冲击着我的内心，幼儿教育究竟要给孩子什么？幼儿教育工作者应该如何办园，才能回应幼儿的需要？

清水河片区是深圳历史遗留“三不管”地带——“插花地”，人口多、问题多，这里的幼儿园很多是为了解决打工人员子女无人看管的问题，收费低廉，对师资水平相应也没有太高要求。2014年，我调任清秀幼教集团联盟（原清水河片区）牵头园园长，在入园指导与研讨交流的过程中，我深深体会到园所之间发展不平衡的问题突出，多数民办园办学水平有较大的改善空间。如何借助清秀幼教集团的现有课程资源带动区域内14所姐妹园共同发展？我们尝试以优质教育资源辐射带动教师队伍的建设，以优质管理经验促进园所之间的相互学习、共进共创。

基于集团共同发展的愿景与优势带动的思路，我带领清秀幼教集团及姐妹园一起，采取“一园一案”“区域联动”“岗位结对”“课题推动”等措施，整体推进联盟各成员幼儿园共同前进，走上联盟式发展的实践道路。寻求如何能够将优质资源融入联盟园发展中，如何能够促进联盟园互助互利，形成共生共长的幼儿教育共同体。经过多年的深耕实践，联盟园办学环境不断变化，幼儿的学习探究不断深入，原来觉得“课题研究”是遥不可及的教师，现在也能进行“研究”。从课题研究来看，整个联盟园（不含清秀幼教集团）从最初的不敢碰，到2017年的7个区级小课题，再到2019年的13个小课题立项和1个中国学前教育研究会“十三五”课题“幼儿园建构游戏指导策略研究”的结题，联盟园进步显著，令人感慨与欣慰。

2017年，时任深圳市罗湖区教育局局长王水发带领制定实施《深圳市罗湖区深化教育领域综合改革实施方案（2018—2020）》，推动罗湖区实现学前教育集团化办园、联盟式发展全覆盖。在这样的契机下，我开始思考梳理联盟式发展的实践经验，结合政策背景，整理系统完善的学前教育区域联盟发展思路，以期能够总结经验，提炼联盟式发展的精髓，为公办、民办幼儿园联盟式发展提供实践经验，推动优质教育资源的均衡发展。

在2019年9—12月间，编写组对14所联盟园展开数据和信息收集工作，就罗湖区清秀幼教集团联盟园发展情况与实践经验进行研究和梳理，并在此基础上形成这本书。我们在梳理的过程中遵循以下原则：一是方向性。深刻把握联盟式发展"共生共进"的核心，梳理实践经验，为这一核心提供事实支撑；二是系统性。对联盟式发展的理念、目标、内容及路径进行了系统梳理；三是科学性。采用文献研究、问卷调查、访谈等方法，对数据进行反复核对，避免可能影响研究信度的因素；四是推广性。清秀幼教集团联盟以"名园+民园"模式，打造学前教育发展共同体，实行联盟园质量导向式发展，围绕幼儿园课程建设，组织区域教研培训、帮扶指导，推动联盟园共同发展，这些实践经验为幼儿园区域联盟发展提供了实践样本和范例。

在本书稿成书的过程中，我们得到了很多人的帮助。在此首先感谢深圳市教育局副局长、罗湖区教育局原局长王水发高屋建瓴系统设计联盟式发展的总体思路，为清秀幼教集团联盟式发展提供政策基础，指明发展方向；感谢罗湖区教育局教育二科李米莎科长、罗湖区"四位一体"工作机制（行政、教研、督导、培训）为此项工作提供的大力支持；感谢罗湖区教育科学研究院幼教教研员李静老师对本书的多次指导和审稿；还要特别感谢罗湖区清秀幼教集团联盟园各园长和老师的实践与创新，给予联盟发展的成长样例；感谢清秀幼教集团编写组，多次收集资料，编写、审稿、修订，不辞辛劳，最终成稿。本书由郭琼园长编著，郭扬教研员负责统稿，各章作者分别为：第一、二章——郭琼、季琴；第三章——郭琼、郭扬、廖颖彤、朱媛媛，其中，黄品新参与少部分内容；第四章——郭扬。

期待本书能为幼儿园联盟管理者提供有益的参考。由于编写组水平有限，未能尽善尽美，衷心希望幼教同仁提出宝贵意见。

郭 琼

2019年12月